삼성현 원효 · 설총 · 일연

스토리텔링연구

김종국 · 이동근 · 정호완

대구대학교출판부

[화쟁국사 원효편]

김종국

경북대학교 행정대학원(행정학석사)
대구대학교 대학원 국어국문학과(문학박사)
경산시립박물관장 및 경일대학교 겸임교수 역임
현 대구대학교 삼성현연구소 수석연구위원
시인, 프리랜서
munwha49@hanmail.net

[홍유후 설총편]

이동근

서울대학교 국어국문학과, 동대학원(문학박사)
현 삼성현연구소장
현 대구대학교 국어국문학과 교수
수필가
dglee@daegu.ac.kr

[보각국사 일연편]

정호완

공주사범대학 국어교육과
충남대학교 대학원 국어국문학과(문학박사)
대구대학교 사범대학장 및 삼국유사학회 대표
현 대구대학교 국어교육과 명예교수
현 대구대학교 삼성현연구소 고문
시조시인
hwjeong@daegu.ac.kr

발행 | 2010년 8월 31일
지은이 | 김종국, 이동근, 정호완
펴낸이 | 홍덕률
펴낸곳 | 대구대학교출판부
경북 경산시 진량읍 대구대로 201
전화 053) 850-5661~3 | 팩스 053) 850-5669
홈페이지 주소 | http://press.daegu.ac.kr/
등록 | 2007년 4월 19일 제2007-3호
찍은곳 | 초록뱀디지털
ISBN 978-89-7794-552-4-93380
값 15,000원

서문

경산시에서는 일찍이 이 지역이 배출한 역사적 인물인 원효 대사·설총 선생·일연 국사를 일컬어 삼성현이라고 명명하고, 삼성현 현창사업을 추진해왔다. 그 결정판이 경산시 남산면 인흥리 일대 8만여평의 부지에 조성되고 있는 삼성현 역사문화공원이다.

그러나 삼성현의 역사기록이 미미하여, 이를 기반으로 하여서는 삼성현의 인간적 문화적 면모를 제대로 조형해 낼 수가 없다. 이럴 때 도움이 될 수 있는 보조자료가 전해 오는 설화를 바탕으로 한 역사적 인물을 재창조하는 스토리텔링 자료집일 것이다.

이러한 요구에 부응하기 위하여 작가를 겸한 설화연구자 3명이 팀을 구성하여 삼성현 스토리텔링 작업의 첫 단추를 열었다. 우선 역사기록을 정독했다. 이어서 설화자료를 총망라하였다. 마지막으로 설화와 역사의 현장을 찾아서 전국 방방곡곡을 다니면서 지금으로부터 7세기 이전 인물들의 삶을 상상의 나래를 펴면서 재구해 보았다.

원효에 대해서는 전해오는 원효에 대한 기록과 설화를 총망라했고, 설총에 대해서는 경주 설씨 문중에서 전해오는《홍유후실기》와 설화가 크게 도움이 되었으며, 일연에 대해서는 《삼국유사》내용을 천착하여 편찬자 일연 스님을 자료 속에서 만나보려고 노력을 하였다.

삼성현 스토리텔링 원고를 마무리하고 현장답사를 하기 위해 연구자들은 경산과 경주 일대 그리고 인연이 있는 곳이라면 전국 방방곡곡을 운수납자처럼 찾아다녔다. 원효와 관련하여 경산의 원효암·불굴암·초개사·제석사·반룡사·유곡동, 경주의 덕동댐·분황사·남산·기림사, 포항 오어사, 기장의 척판암, 양산의 원효암, 광주의 원효암, 양양의 낙산사, 동두천의 자재암, 화성의 당항성을 다녀왔고; 설총과 관련하여 경산의 도동재·유곡동, 경주의 설총묘·서악서원·남산·요석궁·분황사, 동두천의 소요산 요석궁터를 다녀왔으며; 일연과 관련하여 군위의 인각사, 포항의 오어사, 감포의 감은사, 남해의 정림사지, 광주의 무량사, 양양의 진전사지, 강화도의 선원사를 다녀왔다.

그 결과 화두 같던 역사기록이 문을 열기 시작했고, 신이하기 짝이 없던 설화가 베일을 벗고 사실성을 드러내기 시작했으며, 때로는 삼성현이 구름·비·안개·물·나무·돌·꽃과 함께 현장에 나타나 계시하고 때로는 한밤의 꿈에 나타나 현몽하기도 하였다.

이제까지 말로만 삼성현이라고 했지, 원효 대사·설총 선생·일연 국사의 어떤 정신을 이어받아야 할지에 대하여 경산 지역에서의 합의가 없었다. 이번 삼성현 스토리텔링 자료집을 면밀히 분석해 본다면 삼성현의 실체와 인간적 면모가 드러날 것이기 때문에, 이를 통해 삼성현 현창사업을 하기 위해서 우리는 삼성현의 캐릭터적 성격을 도출하는 것이 무엇보다도 시급한 과제라고 생각해 본다. 잠정적으로 연구자는 원효가 중생구제를 위하여 파계의 길을 걸어간 순교자요, 설총은 유교적 교육체계를 세운 실천적 교육자이며, 일연은 위민보국하고자 한 평생을 바쳤던 학승이라고 소결론을 내려 보았다.

보다 정확한 삼성현의 캐릭터적 성격에 대하여는 본 삼성현 스토리텔링 자료집을 정치하게 분석하여 새롭게 학계에 제출할 것을 약속하면서, 이로써 서문에 갈음하는 바이다.

2010. 8.

이 동 근 씀

목차

서문/iii

원효·설총·일연 관련 주요 행적지…1

원효·설총·일연 스토리텔링 해제…10

1. 원효 스토리텔링의 유형과 캐릭터적 성격 …… 10
   1) 원효의 역사적 기록 …… 10
   2) 원효 스토리텔링의 유형 …… 12
   3) 원효의 캐릭터적 성격 …… 35
   4) 결론 …… 52
2. 설총 스토리텔링의 유형과 캐릭터적 성격 …… 52
   1) 설총의 역사적 기록 …… 52
   2) 설총 스토리텔링의 유형 …… 56
   3) 설총의 캐릭터적 성격 …… 64
   4) 결론 …… 66
3. 일연 스토리텔링의 유형과 캐릭터적 성격 …… 67
   1) 일연의 역사적 기록 …… 67
   2) 일연 스토리텔링의 유형 …… 69
   3) 일연의 캐릭터적 성격 …… 81
   4) 결론 …… 84

화쟁국사 원효…85

1. 율곡(栗谷)과 사라수(娑羅樹) …… 87
   1) 동방의 새벽 …… 87
   2) 사라사(娑羅寺) 창건 …… 90
   3) 율곡(栗谷)의 밤톨 …… 92

2. 청소년기 원효 ··· 93
1) 잉피공의 훈도 ··· 93
2) 낭도의 눈물 ··· 96
3) 번뇌와 갈등 ··· 98
4) 새로운 길 ··· 102

3. 일체유심 ··· 108
1) 해골 물의 교훈 ··· 108
2) 저잣거리 거사 ··· 112
3) 어머니의 화신 ··· 115
4) 불지촌 초개사 ··· 120

4. 원효 · 의상의 힘겨루기 ··· 122
1) 팔공산의 두 스님 ··· 122
2) 낙산사 관음보살 ··· 125
3) 구룡과 송림사 ··· 127

5. 예욕(穢慾)의 끝자락 ··· 137
1) 요석궁 법회 ··· 137
2) 여왕의 꿈 ··· 144
3) 금란가사 ··· 148
4) 자루 없는 도끼 ··· 149

6. 화쟁과 무애 ··· 156
1) 나를 찾는 여로 ··· 156
2) 사복과 암소 ··· 161
3) 소요산의 메아리 ··· 165
4) 대나무와 「무애가」 ··· 171
5) 수행자의 고뇌 ··· 174
6) 구룡산 백의관음 ··· 176

7. 법력과 예지 ··· 184
1) 척판구중(擲板救衆) ··· 184
2) 원효대와 호리병 ··· 190
3) 화작으로서 원효 ··· 192

8. 끝없는 여정 ··· 197
1) 재회(齋會)와 해후(邂逅) ··· 197

2) 기억과 환상 ······ 200
3) 구룡의 현신 ······ 203
4) 체로 담은 물 ······ 206
5) 동상이몽 ······ 207
6) 예욕의 늪 ······ 213
7) 전장의 보살 ······ 215

9. 사라지지 않는 별 ······ 220
1) 찾아온 스승 ······ 220
2) 잊혀진 메시지 ······ 223
3) 영원한 동방의 별 ······ 229

❖ 홍유후 설총…233

1. 하늘을 받칠 기둥 ······ 235
1) 남악산의 삼신당 ······ 235
2) 왕재에서의 해후 ······ 238

2. 그림자를 따라 ······ 241
1) 무애의 거울 ······ 241
2) 갈림길 ······ 244
3) 부전자전 ······ 245
4) 수리파(修離破)의 길 ······ 247
5) 설총의 효심 ······ 253

3. 설총의 지혜 ······ 254
1) 구경(九經)의 해독 ······ 254
2) 이두 언해 ······ 256
3) 신문왕과 「화왕계」 ······ 258

4. 남은 명성 ······ 263
1) 입신양명 ······ 263
2) 유학의 체계 ······ 264
3) 현종의 꿈 ······ 268

5. 설총의 유적 ······ 271
1) 출생과 성장 ······ 271

2) 인연 사찰 ······ 273
3) 묘(墓) ······ 274
4) 재실 ······ 276
5) 배향서원 ······ 277

◈ 보각국사 일연…279

1. 탄생과 시련 ······ 281
1) 장산의 빛 ······ 281
2) 유년의 시련 ······ 282
3) 행자의 길 ······ 286
4) 방황과 번뇌 ······ 290
5) 선불장의 꽃 ······ 294

2. 깨달음의 순례 ······ 295
1) 비슬산의 해탈 ······ 295
2) 고골관(枯骨觀) 수행 ······ 298
3) 원종의 부름 ······ 302
4) 강도(江都)의 봄바람 ······ 305
5) 인흥사의 향기 ······ 307
6) 용천사의 샘물 ······ 309
7) 행재소의 탄식 ······ 311
8) 《고기(古記)》의 홍익인간 ······ 313
9) 큰 바위 얼굴 ······ 315
10) 하양관 연회 ······ 317
11) 오어사의 향수 ······ 320
12) 팔만대장경의 증의 ······ 323
13) 사람 공부가 어려워 ······ 326

3. 만년의 효선 ······ 329
1) 그리운 얼굴 ······ 329
2) 영원한 미소 ······ 334
3) 구산문도회의 화두 ······ 337
4) 열반의 언덕 ······ 340
5) 다비장의 연꽃 ······ 344

4. 저술과 사유 ······ 345
1) 정림사의 종소리 ······ 345
2) 재가 된 대장경 ······ 347
3)《중편조동오위(重編曹洞五位)》 ······ 350
4) 조산과의 대화 ······ 352
5) 대장낙성회의 주맹 ······ 355
6)《삼국유사》 담론 ······ 357

5. 문학적 상상력 ······ 363
1) 하룻밤 쉬어 가오 ······ 363
2) 연화장의 안식 ······ 365
3) 지는 꽃의 향기 ······ 367
4) 손바닥을 뚫는 아픔 ······ 371
5) 꽃비가 내리던 날 ······ 372
6) 와룡의 남행 ······ 375
7) 온 세상에 평화를 ······ 377
8) 도솔천의 봄 ······ 378
9) 서러움 다 씻고 ······ 379
10) 지옥의 뿌리 ······ 382

원효·설총·일연 관련 주요 행적지

1. 원효 대사 탄생시 급히 산실을 꾸렸던 밤나무가 있었다고 전해지는 경산시 압량면 율곡 버들지

2. 원효 대사의 탄생지에 세운 것으로 전해지는 경산시 자인면 북사리 제석사

3. 원효 대사의 생가터에 세운 경산시 동부동의 초개사지

전 초개사(初開寺)지

4. 원효 대사가 수도정진한 곳으로 알려진 경산시 와촌면 대한리의 원효암

5. 원효 대사가 황룡과 담판하여 지었던 경산시 용성면 송림리의 송림사지

6. 원효 대사가 31세에 승려가 되어 수도정진한 경주시 황룡사의 복원도

7. 원효 대사 입적 후 소상(塑像)을 모신 경주시 분황사의 모전석탑

8. 원효 대사가 요석 공주와 인연을 맺기 위해 일부러 개울물에 빠진 경주시 요석궁 부근의 월정교 복원도

9. 원효 대사와 혜공 대사가 도력을 시험한 포항시의 오어사

10. 원효 대사가 관음보살을 친견하기 위해 갔던 양양군의 낙산사

11. 원효 대사가 도력으로 판자를 던져 중국에 있는 운제사 1천여 명의 승려를 구했다는 기장군의 척판암

12. 원효 대사가 관음보살로부터 도력을 시험당한 동두천시 소요산 자재암

13. 원효 대사가 해골 물을 마신 화성군 당항성

14. 설총 선생의 탄생지 경산시 유곡동

15. 설총 선생의 성장지 경산시 여천동

16. 요석 공주와 설총이 기거했던 경산시 용성면 용전리의 반룡사

17. 설총 선생이 외할아버지 태종 무열왕을 만났던 경산시 용성면 용전리의 왕재

18. 설총 선생이 어머니 요석 공주와 함께 아버지 원효 대사를 찾아갔던 구미시 선산읍의 도리사

19. 어린 시절 설총 선생이 기거했던 경주시 요석궁

20. 설총 선생의 탄생지 경산시 유곡동 불당곡에 세워진 불광사

21. 설총 선생을 제향하는 경산시 남산면 하대리의 도동서원

22. 경주시 보문동에 있는 설총 선생의 묘

23. 설총 선생을 제향하는 경주시 서악동의 서악서원

24. 일연 국사가 승려가 된 양양군의 진전사지

25. 일연 국사가 대선사가 되고 원종의 명에 의해 주지를 한 강화도의 선원사지

26. 일연 국사가 일본 정벌을 독려하기 위해 온 왕을 친견한 경주 행재소

27. 일연 국사가 주석했던 청도군 운문사

28. 일연 국사가 주석했던 달성군 용천사

29. 일연 국사가 주석했던 달성군 인흥사지

30. 일연 국사의 고향 경산시 남천면 산전리

31. 신라 호국용을 고기로 변환시켜 귀국하던 중국 사신들이 머물렀던 경산시 하양 포교당

32. 일연 국사가 만년에《삼국유사》를 편찬한 군위군 고로면 소재 인각사

33. 일연 국사가 선원사에서 판각한 팔만대장경이 보관되어 있는 합천군 해인사의 장경각전

34. 일연 국사가 몽고군을 물리치기 위해 대장경을 판각한 남해군 정림사지

35. 일연 국사가 처음으로 출가했던 광주광역시의 무량사지 (현 동오층탑이 있는 연화사)

원효· 설총· 일연 스토리텔링 해제

1. 원효 스토리텔링의 유형과 캐릭터적 성격

1) 원효의 역사적 기록

원효(元曉 : 617~686년)는 신라시대의 고승으로, 속성은 설씨, 법명은 원효, 법호는 화쟁(和諍), 초명은 서당(誓幢)이다.

신라 진평왕 39년(617)에 압량군 불지촌(押梁郡 佛地村 : 지금의 경산시)에서 태어났다. 스님은 남달리 총명하여 출가 때부터 스승을 따라 경전을 배웠다. 성인이 되어서는 불법의 오의(奧義)를 깨달음에 있어서는 특정한 스승에 의존하지 않았다. 스님은 경학뿐만 아니라 유학(儒學)에 있어서도 당대 최고의 선지식이었다.

고구려 고승으로서 백제 땅 전주 고대산에 주석하고 있던 보덕 화상(普德和尙)의 강하(講下)에서 《열반경》, 《유마경》 등을 수학하였다. 영취산 혁목암(靈鷲山 赫木庵 : 지금의 통도사 산내암자)의 낭지 화상(郎智和尙)에게서도 사사하였으며, 당대 최고의 신승(神僧)인 혜공 화상(惠空和尙)에게서도 사사하였다.

34세에 의상과 함께, 당나라 현장법사와 규기 화상에게서 유식학을 배우려고 요동까지 갔지만 그곳 순라군에게 첩자로 몰려 여러 날 옥에 갇혀 있다가 겨우 풀려나 신라로 되돌아왔다.

10년 후 45세 때에 두 번째로 의상과 함께 이번에는 바다를 이용하여 입당하기 위해 백제국 항구로 가던 도중 비를 만나 산속에서 길을 잃고 헤매다 겨우 토굴을 찾아서 하루 밤을 지내게 되었다. 갈증이 나 토굴 속에서 고여 있는 물을 마셨는데 물맛이 매우 달고 시원하였다. 그러나 아침에 깨어보니 토굴이 아니고 오래된 공동 묘지였고 물을 마셨던 그릇은 바로 해골이었다. 부득이한 사정이 생겨 하룻밤을 더 지내게 되었는데 이 때 귀신의 작란(作亂)으로 활연대오(豁然大悟)하였다.

唯心(유심)	모든 사물의 법칙은 오직 마음에서 일어남
知心生故種法生(지심생고종법생)	마음이 생기면 만물의 갖가지 현상이 일어나고,
心滅故髑髏不二(심멸고촉루불이)	마음이 멸하면 삼도 죽음이 둘이 아님을 깨달았구나.

활연대오를 한 원효 스님은 발길을 되돌려 신라로 돌아왔다. 그리고 미친 사람처럼 또는 거지 행세를 하면서 거리에서 노래하고 춤추며 민중 포교에 들어갔다. 이러한 생활 속에서도《화엄경》을 주석하였다. 스님은 "누가 자루 없는 도끼를 허락하겠는가, (그러면 내가) 하늘을 받칠 기둥을 깎겠노라.(誰許沒柯斧 我斫支天柱)"라는 노래를 불렀다. 당시 대부분의 사람들은 스님이 노래한 뜻을 이해하지 못하였다. 다만 태종 무열왕이 그 노래를 듣고 원효 스님이 귀부인을 얻어 훌륭한 인재를 낳고 싶어 하는 것이라고 알아차린 후 스님을 요석궁으로 들게 하였다. 이후 스님은 요석 공주와 부부의 인연을 맺어 설총(薛聰)을 낳았다. 그 후 파계(破戒)하였다 하여 속복(俗服)으로 갈아입고 스스로 소성거사(小性居士)라 하면서 광대들이 무롱(舞弄)하는 큰 박을 본 따 무애호(無导瓠 : 나무를 깎아 만든 바가지)를 만들어 천촌만락(千村萬落)을 돌아다니면서 노래하고 춤추며 교화하였다. 이로 인하여 가난한 사람, 어린아이들까지도 모두 부처님의 이름을 알고 염불을 할 수 있게 되었다.

스님은 일생 동안 화쟁(和諍)의 교법(敎法)에 의하여 자리(自利)를 버리고 대중 교화를 통하여 이타(利他)를 행함으로써 상구보리 하화중생으로 일관하였다.

스님은 인간의 청정한 마음이 현실에 훈습되어 불각심(不覺心)이 일어난 무명업상(無明業相)을 미오한 현실생활 속(俗)에서 깨달음의 세계를 끊임없이 추구하고 수행함에 의하여 완성된 인격[眞]을 이루어 갈 수 있도록 인도하는 데 전생을 바쳤다.

현존하는 그의 저술은 20부 22권이 있으며 특히 그의 《대승기신론》은 중국 고승들이 해동소(海東疏)라 하여 즐겨 인용하였고 《금강삼매경론》은 인도의 마명(馬鳴)이나 용수 등과 같은 고승이 아니고는 얻기 힘든 논(論)이라는 평가를 받은 저작으로서 그의 세계관을 알 수 있는 대저술이다.

그는 학승으로서 높이 평가될 뿐만 아니라 민중 교화승으로서 당시 왕실 중심의 귀족화된 불교를 민중불교로 바꾸는 데 크게 공헌하였다. 또 종파주의적인 방향으로 달리던 불교 이론을 고차원적인 입장에서 회통시키려 하였는데 그것을 오늘날 원효의 화쟁사상(和諍思想)이라 부르며, 이것은 그의 일심사상(一心思想) · 무애사상(無导思想)과 함께 원효사상을 가장 특징적으로 나타낸 것으로 평가되고 있다. 그의 사상은 너무나 다양하여 헤아리기 어려우나 항상 '하나' 라는 구심점을 향하였고 화쟁과 자유를 제창하였다.

신문왕 6년(686)에 세수 70세 법랍 60세로 입적하셨다.

2) 원효 스토리텔링의 유형

원효 스토리텔링의 유형은 크게 1)출생담, 2)성장담, 3)출가 수련담, 4)득도담, 5)파계담, 6)중생제도담, 7)사찰창건담, 8)사후담 등으로 나눠볼 수 있다.

(1) 출생담

원효 역시 고승답게 출생 관련 설화가 다음과 같이 자못 신비롭다.

> ①잠시 휴식을 취하고 있을 무렵 사라부인은 잠깐 생각에 잠긴다. 그것은 자신이 열 달 전 아기를 가질 때 꾸었던 태몽 때문이었다.
> "아무래도 그 꿈이 보통 꿈은 아닌 듯합니다."
> 한참을 걷던 그의 아내가 문득 꿈 이야기를 하자 남편 담날은 귀가 쫑긋하였다.
> "그래! 그 때 그 꿈의 내용이 어떠하였소?"
> 남편은 바싹 아내 옆에 다가서며 캐물었다.
> "지금 생각하니 정말 이상한 꿈을 꾸었어요. 하늘에서 별이 하나 쏜살같이 내려

오더니, 내 품안으로 뛰어드는 것이 아니겠어요? 바깥에는 천둥소리도 번개가 친 것도 아닌데, 아무 소리도 없이 별 하나가 떨어져 제 품에 안기는 꿈이었어요."

남편 담날은 조심 조심 아내를 부축하며 아내의 까만 눈동자를 바라보았다.

"그것 참 신기한 꿈이군요. 아마도 부처님께서 우리 내외에게 훌륭한 아이를 점지 하시려나 보오."

이들 부부는 이른 아침에 마을을 나섰으나 워낙 아내가 만삭이라 걸음걸이는 뒤뚱거릴 수밖에 없었다. 해는 어느덧 중천에 걸렸다.

"나리! 해전에 친정에 도착하려면 부지런히 걸어야겠습니다."

"아무래도 그럴 것 같소. 여기서 경주라면 먼 길이 될 터이니 말이오."

이런 저런 얘기로 두 사람이 대화하며 밤 밭에 이르렀을 무렵, 이씨 부인이 황급히 배를 움켜쥐고 그 자리에 주저앉고 말았다. 갑자기 산기가 돌기 시작한 것이다.

"아이고! 배가 터질 것만 같습니다."

이에 남편 담날은 안절부절못하며 발을 동동 굴렀다.

"이거 야단났구나! 고개만 넘으면 인가라도 찾을 수 있을 터인데, 부인! 정신을 차리시오."

남편 담날이 어깨에 아내의 팔을 걸고 안간힘을 다하였지만 이씨 부인은 더 이상 꼼짝하지 못하였다.

"아니 되겠습니다. 더 이상 견딜 수가 없습니다. 걸음을 뗄 수가 없어요. 어쩌면 좋지요?"

아내는 이를 악물고 어찌할 바를 몰라 했다.

"어허! 이를 어쩌지? 사방이 산인데 이거야말로 진퇴양난이군."

그 때 그의 아내가 황급한 김에 밤나무 밑을 가리키며,

"저기라도 어서 자리를 준비해 주십시오. 어서요!"

담날[남편]은 대답 대신 아내를 끌어당기기라도 하듯 길섶의 밤나무 아래로 자리를 옮겼다. 순간 아내의 비명소리는 계곡을 휘감았고 담날은 이러지도 저러지도 못한 채 얼떨결에 자신이 입고 있던 관복을 벗어 나뭇가지에 걸친 후 밖에서 산실이 보이지 않게 한 후 주변의 풀들을 손으로 뽑아 밤나무 아래에 포근하게 깔았다. 그리고는 두 손을 모아 아내의 순산을 기원하였다.

얼마간의 시간이 흘렀을까……. 갑자기 오색 구름이 소용돌이처럼 산실을 휘감더니 차츰 사방으로 번져 어느덧 밤나무 골짜기를 가득 메웠다. 그것은 마치 무지개가 온 누리를 휘감은 듯한 아름다운 광경이었다.

"응애~ 응애!"

> 지금 막 장막 안에서 샛별처럼 영롱한 아이가 태어났다. 그의 고고지성은 불지촌 일대까지 울려 퍼졌고, 산새도 들새도 모두 몰려와 그의 성스러운 탄생을 축하해 주었다.(「동방의 새벽」)

원효의 탄생설은 석가모니의 탄생설과 너무나 공통점이 많다. 즉 인도의 왕비 마야부인이 태자 석가모니를 출산하기 위하여 친정인 코올리성으로 이동하던 중 "룸비니동산"에 이르러 갑자기 산기를 느꼈다 한다. 급한 김에 수행한 시종들이 무우수(無憂樹)에 장막을 치고 산실을 만들어 그 아래에서 무우수 가지를 쥐고 태자를 낳았으며, 이때 하늘에서 영롱한 불빛이 갓 태어난 아기를 향해 뻗어 그의 탄생을 축하해 주었다 한다.

여기서 나타나는 무우수와 사라수는 모두 신령스러운 나무로서 둘 다 세계를 떠받드는 기둥으로, 지상의 근심과 걱정을 날려 보내는 성수(聖樹)로 상징되고 있다.

훗날 원효가 태어난 그 밤나무를 사라수라 하였는데, 여기 사라수란 산모의 급한 출산을 앞두고 원효의 아버지 담날이 자신의 웃옷을 벗어 장막처럼 걸었다 하여 붙여진 이름인데, 이때 "사(裟)"는 "사라비단" 또는 "가사"를 의미하기도 한다.

밤나무 밑에서 태어난 설서당[원효의 아명]은 할아버지 잉피공과 아버지 담날의 사랑 속에 보배처럼 자랐다. 그러나 어린 원효는 어머니가 일찍 세상을 떠나버렸기 때문에 어머니의 사랑을 받지 못하였고, 어머니를 잊고 자라야 했던 슬픔과 외로움은 언제까지나 그의 가슴 한 구석에 남아 있었다.

(2) 성장담

원효는 무럭무럭 자라 어느덧 초채지년에 이르렀다. 할아버지 잉피공은 훌륭하게 자라주는 그의 늠름한 모습에 감사하였다. 그러나 늘 공부에만 빠져있는 서당의 모습에서 적잖은 걱정도 하였다. 그러던 중 잉피공의 강력한 권고로 서당은 화랑에 입문하게 되었다.

①서기 617년, 율곡(栗谷)의 밤나무 아래에서 태어난 설서당은 그가 태어난 뒤 얼마 후 어머니를 여의고 만다. 그의 어머니는 그를 출산하는 산고로 목숨을 잃은 것이다.

서당은 어릴 때부터 할아버지 잉피공에 의하여 자랐고, 훈육을 받았던 것으로 알려지고 있다. 그의 할아버지는 그를 어릴 때부터 신라의 김유신 장군과 같은 훌륭한 장수로 자라기를 바랐지만, 따로 스승을 정하여 공부하지는 않았다.

당시 그의 아버지 담날은 신라의 17관등 중 11관등에 속하는 내마라는 벼슬을 한 관리로 줄곧 도성인 경주에서 지냈던 것으로 보인다. 그러므로 서당의 어린 시절은 당연 그의 고향인 불지촌에서 보낼 수밖에 없었다. 그는 현성산 아래에서 호연지기를 길렀으며, 그에게 엄격한 스승은 할아버지였다.(「잉피공의 훈도」)

(3) 출가 수련담

원효의 초명은 설서당(薛誓幢)인데, 어릴 때 어머니를 여의고 할아버지 잉피공의 슬하에서 유년기를 보내게 되었다.

①할아버지 잉피공은 불지촌에서 서당을 직접 가르치며 학문에 정진하게 하였는데, 늘 그의 마음속에는 신라의 대장군인 김유신과 같은 훌륭한 장수로 성장하기를 기대하였다. 본래 '서당(誓幢)'이란 이름은 조부인 잉피공이 그를 훌륭한 장수로 성장할 것을 바라는 뜻에서 지어 부른 이름이라 하지만, 이는 신라의 군사조직이라는 뜻이 담겨져 있다. 이러한 조부의 가르침에 유년기의 설서당은 초채지년[지금의 14살에 이르는 시기]에 이르러 조부 잉피공의 강력한 권고로 화랑에 입문하였다. 하지만 서당은 서로가 죽이고 죽는 전장 속에서 자신이 하여야 할 일이 무엇인가에 대하여 많은 고민을 하게 되었고 급기야는 다음과 같은 사건으로 화랑의 세계에서 떠나야겠다고 결심하였다.(「낭도의 눈물」)

②'검술과 활쏘기를 익히는 것은 결국 사람의 목숨을 빼앗는 짓이 아닌가? 그렇다면 나는 지금까지 사람의 목숨을 빼앗기 위하여 저토록 힘든 시련을 겪어왔단 말인가?'

서당은 갑자기 자신의 모습이 싫어졌다. 그는 그 길로 부대를 빠져나와 고향 불지촌을 찾아온 것이다. 갑자기 나타난 서당을 맞이한 할아버지 잉피공은 크게 놀라며 손자 서당의 이야기를 듣고서 깊은 한숨만 내 쉬었다. 그는 할아버지의 기대를 저버린 자신에게 또 한 번 가슴을 쳐야만 했다.

"네가 그토록 싫다면 할 수 없는 일이 아니냐? 난 내가 죽기 전에 네가 나라를 위하여 큰 공을 세우는 것을 보고 싶었는데……."

이러는 할아버지의 얼굴에는 실망의 빛이 역력하였다.

"할아버님의 뜻을 거슬러 죄송합니다. 그러나 꼭 화랑이 되어야만 나라를 위하여 훌륭한 일을 할 수 있는 것만은 아닐 것입니다. 화랑이 아니더라도 신라를 위해 꼭 필요한 사람이 되는 것이 무엇인가를 찾겠습니다."

서당은 진심으로 할아버지에게 용서를 빌었다. 그러는 서당을 바라보던 잉피공은 말없이 고개만 끄덕이었다.(「새로운 길」)

(4) 득도담

원효는 고승답게 득도와 관련된 일화가 많은 편이다. 그중 대표적 일화만 제시하면 ①해골 물의 교훈, ②팔공산의 두 스님, ③낙산사 관음보살, ④소요산의 메아리 등을 들 수 있다.

①얼마 후 피로에 지친 두 스님은 누워서 스르르 잠이 들었다. 얼마나 밤이 깊었을까, 원효는 목이 말라서 눈을 떴다. 비는 그사이 그친 모양이다. 다시 눈을 붙이려 했으나, 갈증이 심하여 잠이 오지 않았다. 바깥에는 바람소리만 들릴 뿐이었다.

'골짜기에 내려가면 물이 있을 테지만, 어두워서 나가지도 못하고 이를 어찌하나.'

원효가 몸을 반쯤 일으키며 무심코 땅바닥을 더듬거렸다. 그러자, 뭔지 손에 닿는 게 있었다. 바가지다, 물이 담긴 바가지…….

"허, 이거 참 고마운걸. 비가 들이쳐서 바가지에 물이 괴였구나."

원효는 바가지를 들어 입에다 대고 벌컥벌컥 들이마시고 타는 듯한 갈증을 없앴다.

"아! 시원하다. 이것이 감로수로구만. 허허허……."

의상도 잠을 설친 듯 원효에게 말을 걸었다.

"스님! 나도 좀 주시지요."

"여기 있소."

의상은 물 바가지를 받아들고 단숨에 남은 물을 죄다 마셔버렸다.

"정말 감로수가 따로 없습니다그려!"

그리고나서 두 사람이 깊이 잠에 들었다. 이튿날 날이 밝았다. 아침 햇살이 토굴 속으로 비스듬히 비쳐들자 원효와 의상은 마치 약속이라도 한 듯 일어났다.

"원효 스님, 잘 주무셨습니까?"

"예, 자다가 목이 말라서 한 번 깼지만, 다시 잠이 들어 아주 잘 잤습니다."

순간 의상과 원효는 옆에 뭔가 둥글넓적한 바가지 같은 것을 발견하였다.

"아니! 원효 스님, 저게 뭐지요?"

"간밤에 물을 마신 바가지가……."

"아니! 이건 물 바가지가 아니고… 해골, 해골 바가지가 아닙니까?"

그것은 사람의 해골이었다. 물바가지가 아니라, 해골 바가지였다. 두 사람이 하룻밤을 묵은 토굴은 보통 굴이 아니라, 오래 된 무덤이었던 것이었다. 원효는 소름이 끼쳐왔다.

"그럼, 내가 자다 마신 물이……."

그것은 빗물이 고인 것이 아니라, 해골이 썩어서 괸 물이었다. 원효와 의상은 절로 구역질이 나는 것을 참을 수가 없었다. 그러나 다음 순간, 하나의 생각이 번갯불처럼 원효의 머리를 스쳐지나갔다. 간신히 구역질을 가라앉히고서 아침 햇살을 받아 그 무참한 형상을 드러낸 해골 바가지를 새삼스럽게 바라보며 이런 생각을 했다.

"밤중에 이것을 빗물이 괸 것인 줄 알고 들이마셨을 적에는 감로수처럼 시원했는데, 이제 해골 썩은 물인 줄 알고 보니 뒤늦게 구역질이 나는구나. 이 차이는 어디서 오는 것일까?"

원효는 잠시 동안 삼매에 들었다.

"물은 어둠 속에서나 햇빛 밑에서나 같은 물이다. 물 바가지거나 해골 바가지거나 그릇에 담기기는 마찬가지다. 그렇다면, 그 차이는 물 자체에서 온 게 아니라 내 마음에서 일어난 것이라고 보아야 하지 않는가! 옳지! 그렇다! 부처님께서…… '모든 분별은 사람의 마음에서 일어나며, 사람은 분별의 마음을 버려야만 해탈의 경지에 들어간다.'고 말씀하신 것은 바로 이 이치를 가르치신 말씀이었구나, 그래 신라로 다시 돌아가자!"(「해골 물의 교훈」)

② "스님! 오전 내내 선문답으로 시간을 보냈더니 몹시 시장기가 도는군요. 아니 그렇소이까?"

하자 의상은 얼떨결에 문밖의 해를 바라보니 벌써 정오가 훨씬 넘은 시각이었다. 의상은 급한 김에 다과를 다시 권한 후 밖으로 뛰쳐나가 하늘을 쳐다보며 동동걸음을 쳤으나, 아무런 기척도 보이지 않았다. 그때부터 당황하기 시작한 의상은 어쩔 줄 몰라 했으며, 의상의 속셈을 미리 알고 점심 초대에 참석한 원효는 더욱 점심 독촉을 종용하며 의상을 난처하게 만들었다.

'아니! 이게 어찌된 일인가?'

의상은 사립문 앞을 내다보며 안절부절못하였다. 이윽고 원효는 자리에서 벌떡 일어서며,

"오늘은 의상 스님 덕분에 맛난 점심을 공양하나 하였더니 아무래도 글렀나보오!"

하며 홀연히 자리를 떠났다. 바로 그때다. 원효가 돌아간 지 불과 1분도 채 안 된 시각이다.

"스님! 늦어서 죄송합니다."

선녀가 허겁지겁 숨을 몰아쉬면서 밥그릇을 들고 나타났다. 의상은 몹시 화가 나서,

"왜 시간을 지키지 않았소!"

하며 소리치자 선녀는 급한 숨을 가누며,

"스님과 약속한 시각에 점심 준비를 하여 들어오는데 암자 주위에 갑자기 수많은 신장들이 암자를 에워싸고 있어 도저히 그를 뚫고 들어올 수가 없어 몇 시간을 지체하고 있다가 이제 막 원효 스님께서 자리를 뜨시자 그들도 물러가므로 늦게 되었습니다."

했다. 그제야 의상은 자신의 무릎을 치며,

'역시 형님이야!'

하며 원효를 시험하려 했던 자신의 어리석음을 뉘우쳤다 한다.(「팔공산의 두 스님」)

③한편, 원효는 의상이 낙산사에서 관음보살을 친견했다는 소식을 듣고 그도 낙산사로 관음보살 친견 길에 나섰는데, 도중에 관음보살을 만나고도 그를 제대로 알아보지 못해 스스로 불심이 부족하여 결례했다고 하여 크게 뉘우쳤다고 한다.

하루는 원효가 남쪽에서 낙산사를 향하여 걸어오던 중, 어느덧 양양 땅에 들어섰다. 가을철이 되어 농부들이 추수를 하고 있었는데, 길가의 논에 흰 옷을 입은 아낙네가 벼를 베고 있었다. 원효는 장난삼아 그 여인에게 벼를 좀 달라고 요구하자 그 여인은 올해에는 흉년이 들어 벼를 줄 수 없다고 잘라 말했다. 여자로부터 무안을 당한 원효는 가던 길을 계속 걷다가 갈증을 느껴 이번에는 개울가에서 빨래하는 아낙네에게 물 한 모금 마실 것을 청하였다.

"보살님! 극락전에 올릴 물 한 바가지를 시주하시지요."

라고 하자, 빨래하던 여인은 아무런 대꾸도 없이 자신의 월경대를 빤 물을 한 바가지 떠 주었다. 이를 받아든 원효는 화가 나서 그 물 바가지를 쏟아버리고 손수 개울물을 떠 마셨다. 그때 마침 근처 소나무 위에서 파랑새 한 마리가,

"휴제스님! 그만 두십시오."

라고 알 듯 말듯하게 지저귀면서 숲 속으로 사라졌다. 새가 앉았던 그 나무 아래 여자 신발 한 짝이 놓여있었다.

원효는 궁금하기도 하고 이상하게 여기면서 길을 재촉하여 낙산사로 향했다. 해질 무렵에야 낙산사 홍련암에 다다른 원효는 문득 법당 댓돌 위에 놓인 여자 신발 한 짝을 발견하고 크게 놀랐다.

"아니! 저 신발은?"

그 신발은 조금 전에 소나무 아래에 버려졌던 다른 한 짝과 꼭 같은 것이어서 놀랍고 두려운 마음이 들지 않을 수 없었다.

"그렇다면……?"

문득 그의 머릿속에는 지난 시간들이 스쳐 지나갔다. 오던 길에 만났던 벼 베는 여인, 빨래하는 여인은 범상한 사람이 아니라고 생각했다. 그는 이들 여인이 관음보살의 화신으로 나타나 자신의 불심을 시험한 것으로 보았다.

원효는 관음보살을 직접 보았으면서도 알아보지 못하고 희롱 당한 데 대하여 심한 자격지심을 느꼈다. 관음보살이 원효에게 계시를 주기 위하여 새로 변신하였는데, 그 새를 훗날 관음조라고 불렀고, 그 새가 앉았던 소나무를 관음송이라 하였다. 원효는 그날 시골 여인으로 현신한 관음보살과 자기도 모르는 선문답을 나눈 것이다. (「낙산사 관음보살」)

④"스님, 스님! 문 좀 열어 주세요."

여인의 음성은 너무나 또렷했다. 원효는 삼매에 들어 다른 소리는 다 초월했으나 이상하게도 여인의 목소리는 뛰어넘지를 못했다. 그가 자리에서 일어나 문 있는 곳으로 가려는데 이미 문안에 들어선 물체가 있었다. 거기에는 한 여인이 비에 흠뻑 맞고 서 있었다. 등잔불에 비친 비에 젖은 여인의 육체는 더욱 아름답고 요염하게 보였다. 원효는 자신의 눈을 의심했다.

……(중략)……

"스님! 추워서 견딜 수가 없습니다. 그렇게 가만히 앉아 있지만 마시고 제 몸 좀 주물러 주세요. 몸이 얼었나 봅니다."

원효는 그 순간 후회했다. 공연히 여인을 들여놓았다는 생각이 들었다. 하기는

원효가 들여놓았다기보다 여인 스스로 들어온 것이었다. 원효의 눈에는 서 있을 때와는 달리 누워 있는 젊은 여인의 모습은 더욱 요염하게 아름다웠다. 가끔씩 신음소리와 함께 꿈틀대는 여인의 육체는 원효의 말초신경을 자극해 왔다. 아무 것도 보이지 않았다. 그냥 그녀와 한바탕 질펀하게 놀아 보고 싶었다. 원효는 심호흡을 했다. 그리고 중얼거렸다.

'모든 것은 마음에서 비롯되는 것이다. 마음에 색심이 없다면 아무리 아름다운 여인이라도 목석과 같은 것이다.'

그는 여인의 옆에 앉아 그녀의 몸을 주무르기 시작했다. 목을 주물렀고 가슴을 주물렀다. 손가락에서 어깨로, 어깨에서 손가락으로 그리고 무릎에서 발목까지 열심히 주물렀다.

'나는 오랫동안 수도를 했다. 나의 공덕이 자칫하면 하룻밤 새에 무너질 수도 있다.'

원효는 여인을 목석으로 볼 것이 아니라 여인 그대로 보아야 하며 다만 마음에 색심이 일지 않으면 된다고 마음먹었다. 그것이 자신의 공부가 익어가는 것이라고 보았다. 그는 오직 이 일념으로 여인의 몸을 주물렀다. 이제 그의 앞에 놓인 여인은 여인이 아니라 하나의 고귀한 생명이었다. 그녀는 지금 비를 맞고 온몸이 마비되었다. 생명을 살리는 일은 무엇보다도 소중한 것이다.

그는 처음과 달리 여인의 몸을 구분해서 주무르지 않았다. 그의 손길이 닿아 생명이 깨어날 수 있다면 어떤 부위라도 상관하지 않았다. 생명을 일깨운다는 것은 신성하고도 기쁜 일이었다. 원효는 지금 자신을 찾는 마음으로 손끝 하나하나에 온갖 정성을 다 기울였다. 이윽고 여인의 몸이 따뜻해지기 시작했다. 정신이 드는 모양이었다. 그녀는 자리에서 일어나 앉았다. 여인이 깨어나고 나니 원효는 다시 자신과 여인의 경계를 느꼈다. 이젠 생명으로서가 아니라, 여인으로 보이기 시작한 것이다.

'모든 것이 헛된 망상이야.'

순간 원효는 밖으로 뛰쳐나왔다. 날은 이미 밝아 있었다. 폭풍우가 지나고 난 아침. 아침 햇살은 유난히 상큼했다. 간밤에 내린 폭우로 인해 계곡의 물은 한층 거세게 흘러갔고, 폭포도 자랑이라도 하는 양 천지를 뒤흔들며 하얀 속살을 드러냈다.

원효는 땀과 애욕으로 범벅된 자신의 몸을 계곡에 씻어내고자 하였다. 그는 옷을 훌훌 벗어 던지고 물 속으로 뛰어들었다. 초가을이라 그런지 물은 차가웠지만 간밤에 시달린 엄청난 열기를 녹이기에는 안성맞춤이었다. 바로 그때다. 그의 등 뒤에서 여인의 목소리가 나직이 들려왔다.

"스님! 저도 함께 목욕하고 싶어요."

하면서, 대답을 기다릴 것도 없이 그녀는 물 속으로 뛰어들었다. 그녀는 속옷 하나 걸치지 않고 원효에게 가까이 다가왔다. 물이 맑아 그녀의 속살은 물빛에 투영되어 그대로 드러났다. 속옷을 안 입기는 원효도 마찬가지였지만, 그는 자신의 몸은 아랑곳하지 않았다. 그의 눈에는 여인의 부드러운 곡선이 꽉 차 있을 뿐이었다. 원효는 모든 것을 거부하였다. 그리고 결국 그는 눈을 부릅뜨고 소리 질렀다.

"그대는 나를 유혹하여 어쩌자는 것이오? 어젯밤에 죽을 목숨을 살려 놓으니 이 무슨 무례한 짓이오?"

여인이 요염하게 웃으며 말했다.

"하하하! 내가 스님을 유혹했다고요? 천만에요. 스님께서 스스로 색안을 갖고 저를 보실 뿐이지요. 색안으로써 말입니다."

원효는 순간 어떤 커다란 방망이로 얻어맞은 듯 정신을 가다듬을 수가 없었다. 여인의 말이 백 번 천 번 옳았다.

'그래, 맞는 말이다. 내가 색안으로써 저 여인을 대한 것이다. 색안. 색안. 색안 말이야…….'

원효의 머리 속에는 여인이 내뱉은 '색안으로 본다'는 말이 꽉 차 있었다. 그 순간 그의 귓전에는 엄청난 폭포소리도 들려오지 않았다. 여인의 요염한 몸매도 그의 그 생각을 헤집고 들어오지는 못했다. 얼마의 시간이 흘렀을까, 원효가 삼매에서 깨어날 때 비로소 온갖 법이 마음 하나에 달려 있다는 도리를 깨달았다.……(중략)……

원효는 정신을 가다듬고 여인을 바라보았다. 그녀가 거기 있었다. 원효는 그녀의 알몸을 일으켰다. 모든 게 새로웠다. 산도 계곡도 폭포도 아침의 햇살도 그리고 자신과 여인도 모두 생동하고 있었다. 그는 비로소 알몸의 여인 앞에서 자신의 알몸을 드러내고도 자제되었다.

그때였다. 여인은 어느새 금빛 찬란한 원광을 지으며 관음보살의 모습으로 폭포 윗 쪽으로 사라지고 있었다. 원효의 마음에는 관세음보살마저 각인되지 않았다.(「소요산의 메아리」)

(5) 파계담

원효가 요석 공주와 부부의 인연을 맺은 설화는 원효 관련 이야기 중 가장 홍미있는 부분이라고 할 수 있다. 만일 원효가 요석 공주와의 로맨스가 없었더라면 아마도 원효는 마장을 극복하고 고승의 반열에 오르지 못했을 것이라는 점에서 파계하고 다시 승려로 돌아오는 과정은 자못 신비스럽기까지 하다.

①40대 중반의 원효가 저잣거리를 돌면서 노래를 하고, 그 뒤로 개구쟁이 아이들이 덩달아 춤을 추며 줄을 잇고 있다.

"누가 자루 없는 도끼를 나에게 줄 꺼나? 내 하늘 받칠 기둥을 만들겠느니……."

"마마! 궐 밖에서 이상한 노래 소리가 들려온다 하옵니다."

"이상한 노래라니 그게 무슨 말이오?"

"마마! 웬 스님이 아이들과 함께 괴상망측한 노래를 부르고 다닌다 하옵니다."

"괴상한 노래?"

"그렇다 하옵니다."

"스님이라면?"

"아뢰옵기 황공하옵니다만, 그 스님은 원효라 하옵니다."

순간 무열왕은 그제야 자신의 제의에 화답을 보내는 원효에 대하여 고마운 마음이 들었다. 실은 무열왕이 원효가 불교 대중화에 몰두할 즈음, 이를 수락하는 조건으로 왕가의 권력 중심에 원효가 있어 주기를 청했던 것이다. 하지만 원효의 반발은 만만치 않았고, 무열왕 역시 불교의 대중화에 한 치의 양보도 보이지 않았던 터였다. 하지만 무열왕은 원효의 이 같은 화답에 자신의 내심을 보일 수도 없었다.

"원효 대사가 ……?"

"몰가부(沒柯斧)란 노래라 하옵는데, 자신은 자루를 가졌으니 누가 자루 없는 도끼를 주면 하늘을 떠받칠 기둥을 깎겠다고 하는 노래라 하옵니다."

"그래! 음… 원효의 몰가부라……."

무열왕은 한참동안 깊은 상념에 사로잡혔다.

"아무래도 대사가 혼인을 하고 싶은 게로구먼 ……."

그러나 이날 무열왕은 생전 처음으로 가슴을 열고 활짝 웃을 수 있었다. 이 같은 무열왕의 기쁨을 알고나 있는 듯 그날따라 저잣거리 아이들의 '몰가부'가 골목길에서 신이 났고, 그 노래는 신라의 도성을 맴돌았다.

"저 노랫소리가 무엇이더냐?"

요석궁의 아유다 공주 역시 이 괴상한 노랫소리에 놀라지 않을 수 없었다.

"네, 몰가부라 하옵니다."

"몰가부라니, 누가 지어 부른 노래라든가?"

"네, 원효 스님이라 하옵니다."

"무어라? 원효 대사라구?"

"벌써 해괴한 저 노래가 장안에 파다하다 하옵니다."

"그래! 무언가 깊은 뜻이 있는 듯하구나,"

신라 왕궁에서도 원효의 몰가부에 심각해지고, 드디어 무열왕과 왕비가 처방에 나서게 되었다.

"그래 대사를 우리 아유다와 짝을 맺게 해 주는 거야 ……."

무열왕은 급히 내관을 불렀다.

"밖에 내관 있느냐?"

"네, 마마!"

"필시 내일 저녁 무렵이면 원효가 요석궁 앞의 문천교를 건널 것이다. 너희들은 그 돌다리를 흔들리게 하여 대사가 물에 빠지도록 하고, 요석궁에 일러 대사를 정중히 맞이하도록 일러라…, 추호도 실수가 있어서는 아니 되느니라!"

무열왕의 명은 추상같았다.

"네! 대왕마마! 분부대로 거행하겠사옵니다."

명을 받은 내관이 종종 걸음으로 사라지고 무열왕은 무언가 깊은 생각에 사로잡힌다.

'그래! 밀사를 시켜 원효를 요석궁 앞 돌다리를 건너게 하는 거야, 미리 돌다리도 무너지게 해 놓고 말이야…….'

무열왕의 사전 계획은 치밀하였다. 계획대로 원효가 개울을 건너고 있었다. 그날따라 개울물이 불어 징검다리를 건너기는 쉽지 않았지만 원효에게는 매일같이 분황사를 오르내리는 개울길이라 개의치 않았다. 그러나 그날의 걸음걸이만은 유난히도 중심을 잃고 비틀거렸다.

원효가 서둘러 개울을 건너던 중 갑자기 비틀대며 물에 빠지고 말았다. 이는 미리 무열왕이 밀사를 시켜 짜 놓은 각본이나 원효는 이를 알지 못하고 그만 급류 속으로 빠지고 만 것이다.

"아이고! 이걸 어쩌나?"

이 광경을 멀리서 지켜보던 요석궁의 노비가 급히 냇물 속으로 뛰어들었다.

"아이고 스님! 어쩌다 이렇게……."

원효는 부끄러운 듯 몸을 움츠리며,

"고맙소이다. 큰 신세를 지게 되었군요."

하지만 노비는 오히려 고맙다는 듯이.
"저기 공주님 궁으로 가셔서 옷부터 말리시죠."
"아니! 아니오. 그냥 가겠소."
그러나 이미 요석궁의 노비는 온몸이 물에 젖은 원효를 부축하면서 이미 요석궁에 이르고 있었다. 요석궁의 공주가 5~6명의 시녀들과 함께 원효를 맞이하였다. 공주는 그를 정중히 맞이하며,
"대사! 어서 오십시오!"
"공주마마! 부끄럽고 황공하옵니다."
"원 별말씀을… 우리는 구면이 아닙니까?…… 어서 드십시오. 우선 옷부터 갈아입으시고요."
공주가 처소를 안내하자, 원효는 고개를 숙이고 부끄러운 듯 따라갔다. 그 곳은 요석 공주의 처소였다. 공주의 처소에는 남정네의 옷이 가지런히 준비되어 있었다. 잠시 후 공주가 직접 차를 준비하여 들어왔고, 두 사람의 대화 모습은 창밖으로 길게 새어나왔다. 밤은 깊어갔다.(「자루 없는 도끼」)

요석궁에서 꿈결 같은 나날을 보내고 있던 원효의 머리 속에 갑자기 자신의 지금 모습과 그 다음의 모습이 바람처럼 스쳐지나갔다. 순간 그는 무엇을 생각하였는지 후딱 자리를 박차고 일어났다. 그리고 요석궁을 떠나게 된 것이다. 요석궁을 나온 원효는 뒤도 돌아보지 않고 곧장 걸어가다가, 커다란 고목 앞에 이르러 걸음을 멈췄다. 아유다와 헤어지면서 다시 분황사로 간다 하였지만, 실은 정해진 곳이 아무데도 없었다. 그 이유는 그가 승려로서 계율을 깨뜨린 파계승이 되었기 때문이었다. 그러나 언제까지나 이 갈림길 앞에 서 있을 수는 없었다. 어디로 가든지 가야 한다. 원효는 다시 석장을 내 짚으면서 무거운 발길을 내 디디었다. 초여름 하늘에는 한 조각의 흰 구름이 떠돌고 있었다. 동서남북이 다 구름이 흐르는 곳이라 원효는 그 아래 한 조각의 구름처럼 발길을 옮겼다.

(6) 중생제도담

요석궁에서 나온 원효는 다시 불도에 정진하여 득도의 경지에 이르게 되어,

이제는 자신의 역할은 하화중생(下化衆生)밖에 없다고 생각하고 전국 방방곡곡을 다니면서 중생구제에 힘을 쏟았다.

대표적인 설화를 들어보면 ①척판구중(擲板救衆), ②저잣거리 거사, ③원효대와 호리병 등을 들 수 있다.

①하루는 차를 마시던 원효가 급히 소반을 북쪽을 향해 던졌다. 그 소반은 당나라 운제사로 날아간 것이다. 당나라 운제사는 당에 제일가는 대찰이었고, 그곳에서 수도하는 스님만도 무려 1천여 명에 달했다. 하루는 사노(寺奴)가 마당을 쓸다가 주위에서 들리는 이상한 소리에 언뜻 하늘을 쳐다보던 중 뭔지 소반 같은 둥근 물체가 동쪽에서 운제사 쪽으로 날아오고 있는 것을 보았다.

"하늘에서 소반 같은 게 날아온다!"

하고 법당 구석구석을 뛰어다니며 소리치자 방안에서 참선하던 스님들이 이 소리에 놀라 모두 밖으로 뛰쳐나와 그 광경을 지켜보며 소반이 날아가는 쪽으로 자리를 옮기던 중, 갑자기 천지가 진동하는 폭음과 함께 사찰의 큰 건물들이 한꺼번에 우르르 무너졌다.

순식간에 일어난 엄청난 사고에 스님들은 모두 까무러치고 말았는데, 얼마 후 정신을 차려 주위를 살펴보니 종전까지 스님들을 유인하며 하늘을 나르던 소반이 쓰러진 스님들 틈에 광채를 낸 채 떨어져 있었다. 주위의 스님들이 얼른 주워 그 소반을 살펴보니 소반 속에는 다음과 같은 글귀가 새겨져 있었다.

"바다 건너 동쪽, 신라의 원효가 이 소반을 던져 너희를 구하노라.[1]"

원효가 던진 소반으로 인해 목숨을 구한 1천여 명의 스님들은 모두 동쪽을 향해 일제히 큰절을 올리고, 그 중 고승 오백 명을 뽑아 신라로 보내 그 고마움을 전하기로 하였는데, 사절단이 신라에 도착하여 원효를 만나자 그들은 모두 원효의 인품에 경탄하여 스스로 모두 그의 제자가 되었다.[「척판구중(擲板救衆)」]

②하루는 당나라 구법 길을 마치고 돌아오던 의상이 문득 원효를 찾아왔다. 그때 원효는 저잣거리 민중들 속에서 무애춤을 추면서 그들에게 '나무아미타불'을 일러주면서 대중교화에 나서고 있었다. 그는 너무나 자유로웠다. 멀리서 이를 지켜보던 의상이 급히 군중 속을 가르며 뛰어들었다.

"원효 스님! 이 어인 행색이시오?"

1) 海東元曉擲板救衆

정신없이 춤을 추다 10여년 만에 의상을 만난 원효는 기쁨을 감추지 못하고 그의 손을 꼭 잡으며 함께 춤을 추었다. 그러나 의상은 그러는 원효를 이해할 수 없었다.

"원효 스님! 이 춤은 무엇이고 그 행색은 또 무엇입니까?"

의상은 10여년 만에 원효를 만난 터라 그 간의 사정은 아무것도 알지 못했다. 원효는 의상의 손에 이끌려 부근에 있는 한 초막으로 들어갔다. 뒤에 안 일이지만 그 초막은 원효가 기거하는 거처였다. 의상은 주위를 두리번거리다 문득 원효에게,

"아니! 원효 스님, 어쩌면 그리 자유로울 수 있습니까?"

하고 먼저 말을 걸었다. 원효는 그 물음에 껄껄 웃으며,

"모든 것이 계율에 얽매이지 않으면 자유로울 수 있고, 거친 것 또한 없을 것이오."

이러는 원효의 얼굴에는 어린아이와 같은 동심이 그려져 있었다.

"화광동진(和光同塵)이군요?"

"그렇지요. 티끌 같은 세상에 어울렸으나 그 진심은 더렵혀지지 않았고, 빛을 섞었으나 그 본체는 변하지 않았으니 무슨 두려움이 있겠소?"

하며 너털웃음을 웃었다. 의상은 그러는 그를 말없이 바라보았다. 원효의 말은 계속되었다.

"저기 연꽃을 보시오!. 저 더러운 물속에서도 저렇게 아름다움을 피우지 않소이까? 하하하…….”(「저잣거리 거사」)

③원효는 문득 시자를 불러 이르되,

"아랫마을에 가서 호리병 다섯 개를 구해 오너라."

원효는 시자에게 그런 심부름을 시킨 뒤, 산 위 성 안에서 가장 높은 바위에 신라 장군기를 꽂게 했다. 그리고 이내 호리병을 가져 온 시자에게 또 다른 일을 시켰다.

"아랫마을로 가면 길손 둘을 만날 것이다."

시자는 곧장 내려갔다. 거기엔 두 사람이서 서로 나직이 대화를 주고받고 있었다. 시자는 그들이 왜구 병사라는 걸 알아차렸다. 한 명은 저 위에 장군기가 있으니 분명히 많은 신라 군사가 매복되어 있을 것이라 주장하고, 다른 한명은 군사들이 있기엔 너무 조용하기 때문에 그렇지 않다는 주장이었다. 그러던 중에 그들은 시자를 발견하고는 그에게 물었다.

"우리가 길을 잃었는데 길 좀 물읍시다."

"예, 어디로 가십니까?"

"저기 저 깃발 너머엔 군사들이 있는지요?"

"글쎄요……. 저는 이 산에 온 지 얼마 되지 않아 잘 모릅니다."

그 말을 들은 그들이 산 아래로 향하려 할 때였다.

"거기 두 분은 잠시 들렀다 가시오!"

원효가 산 아래로 소리 쳤다. 그들은 곧 원효 앞에 나아갔다.

"어디서 오셨소?"

"기장에서 왔습니다."

"왜군을 보셨죠?"

"아니오. 보지 못했습니다."

"너희 자신을 못 봤다고. 이 왜놈들!"

원효는 호리병 중 두 개의 목에 붓으로 선을 둘렀다. 그러자 그들의 목에 피멍이 드는 고통을 주었다. 그리고 원효는 나머지 세 개에도 붓으로 선을 그은 후 이들에게 내밀면서 말하였다.

"가서 너희 대장에게 알려라. 이대로 돌아가지 않으면 죽음을 면치 못할 것이라고……."

그들은 이내 대장에게로 갔다. 모든 걸 소상히 들은 대장은 분노하여 칼로 그 호리병을 베어버렸다. 그러자 대장 자신의 목이 꺾이더니 피를 토하며 죽어버렸고 왜구들은 곧장 뱃머리를 돌려 돌아갔다.

그로부터 오늘날 범어사가 있는 금정산 중턱에 당시 원효가 깃발을 꽂았다는 곳을 원효대라 한다.(「원효대와 호리병」)

(7) 사찰 창건담

전국에 원효가 창건하거나 주석했던 사찰은 80여 곳이 넘는 것으로 알려져 있다. 요즘도 법당을 하나 짓는데 기초(基礎)부터 불상 안치까지 수 년이 걸린다고 볼 때 원효 스님이 직접 창건했다는 창사연기 설화는 대부분 사찰의 역사성을 높히기 위해 후대인들이 원효의 명성을 빌린 것으로 생각된다. 그러나 진위를 떠나 그만큼 원효 스님이 한국 불교에 미친 공덕이 크다고 볼 수 있다. 여기서는 원효의 고향 경산 땅에 있는 원효 창사연기 설화만 몇 가지 소개하고자 한다.

①불지촌 초개사에서 정진하던 원효가 어느 날 자신이 태어난 율곡을 찾았다. 그리고 그는 그 율곡 밤 밭에서 자신을 낳아주신 어머니를 생각하였다.

"이 밤나무 아래에서 나의 어머니께서 나를 낳으시다니……."

원효는 감개가 무량하였다. 당시 그의 어머니는 신라의 미관말직이었던 아버지 담날과 떨어져 현성산 아래 자그마한 산촌 마을에서 시아버지인 잉피공을 봉양하면서 가난한 살림을 꾸려왔다.

원효의 어머니는 신혼 초부터 가세를 일으키기 위하여 그가 할 수 있는 일이라면 무엇이든 가리지 않았다. 낮에는 품앗이와 땔감을 구하고, 밤이면 길쌈과 바느질로, 그의 하루생활은 한 시각의 여유도 없었다. 그는 만삭의 산모였다. 그러나 그에게는 우선 생계가 우선이었다.

그러던 그의 어머니가 한 해 겨울 눈보라 치던 어느 날 그를 품안에 안은 채 추위를 이기지 못하고 세상을 떠난 것이다. 원효는 그런 어머니가 너무나 그리웠고, 자식에 대한 지극한 애정은 그의 가슴을 아프게 하였다. 그러던 그가 문득 이 율곡을 찾았다.

'내 어머니께서 여기서 나를……, 얼마나 힘들었을꼬…….'

원효의 가슴은 타들어가는 듯하였다. 원효는 밤 밭을 오르내리며 자신이 태어났다는 그 밤나무 아래에서 문득 그 때 어머니의 모습과 어머니의 그 사랑을 그렸다.

만삭의 어머니가 친정인 경주로 해산 길에 나서다 갑작스런 산기로 다시 집으로 돌아갈 겨를도 없이 해산을 맞이하여야만 하였던 급박한 상황에서 자신의 아버지가 할 수 있었던 것은 아무것도 없었다. 급박한 순간에 그가 준비하였던 것은 길섶에 있는 밤나무 아래에 아내의 산실을 꾸리는 것이었다. 담날은 급한 김에 주위의 풀을 뜯어 모아 방석을 만들고, 길가를 가리기 위하여 자신이 입고 있던 관복을 벗어 나무에 걸쳤다. 산실로 꾸며진 밤나무는 눈송이처럼 밤꽃이 만개해 있었다. 그 산실은 마치 룸비니 동산의 무우수 나무를 연상하게 하였다.

'아버님께서 당신의 옷을 벗어 이 나무를 가리셨구나!'

원효는 그 밤나무 아래서 당시 자신의 어머니와 아버지의 경황없던 모습을 그리며 깊은 상념 속으로 빠져들었다.

'그래! 이 나무는 사라수야, 일찍이 석가모니께서도 무우수 아래서 태어나셨듯이 나의 부모님께서도 여기다 장막을 치신 거야!'

원효는 그 밤나무 아래 피어나는 이름 모를 풀과 들꽃들을 어루만지며 어머니의 체취를 더듬었다. 그때 동행하였던 시자가 말했다.

"큰스님! 이 밤나무가 곧 사라쌍수가 아니겠습니까?"

"사라쌍수……?"

그는 대답 대신 유별나게 아래로 늘어져 있는 가지를 어루만지며 혼자 중얼거렸다.

'내 어머니께서 이 가지를 쥐고 나를 낳았을 것이다. 아! 얼마나 힘들었을꼬?…….'

원효의 마음은 애절하였다.

그 때 어디선가 파랑새 한 마리가 그의 머리위에 맴돌다 날아갔다. 그는 스쳐지나가는 파랑새를 덧없이 쳐다보았다. 그가 사라지는 율곡에는 운무가 가득하였다.

'그래! 이곳은 나를 위해 당신을 버렸던 어머님의 자비심이 머문 곳이다. 세상 어머니가 다 그렇듯 나의 어머니도 당신의 몸을 보살피지 않고 오로지 자식을 위해 희생하였으리라…….'

어느덧 해는 서산에 걸려 있고, 그날따라 낙조는 타오르는 불꽃과도 같았다. 율곡에 내려 깔린 운무는 율곡 일대를 솜털처럼 포근히 감쌌다. 그 때 문득 원효의 머리 속을 스쳐지나가는 것이 있었다.

'그래! 여기에다 어머니의 자비를 그리는 절을 짓자, 절을…….'

그는 어머니의 한량없는 사랑과 자비를 생각하며 관세음보살을 그렸다.

그는 그 자리에다 움막을 짓고 다음 날부터 자그마한 암자를 짓기 시작했다. 밤골에 밤이 익어갈 무렵, 원효는 그 자리에 작고 아담한 그의 어머니 모습을 닮은 암자를 완성하였다. 그리고 그 암자를 아버지가 자신의 옷을 벗어 밤나무 가지를 가려 산실을 만들었다 하여 "사라암"이라 하였다.[「사라사(裟羅寺) 창건」]

②고향집에 걸망을 벗은 원효는 그 날부터 보름동안이나 아무것도 먹지도 않고 자지도 않고 면벽참선만 하였다. 이를 지켜본 시자는 자신의 고통보다 더 안타까웠다.

"큰스님! 어제도 공양을 아니 하셨습니다."

오늘도 변함없이 시자는 원효에게 아침 공양을 준비하여 올렸다. 하지만 원효는 아무런 반응이 없었다.

"큰스님! 이러시다가는 큰일 나십니다."

시자는 가슴이 타는 듯하였다. 그러는 원효는 꼼작도 하지 않았다. 옆에서 바라보는 시자의 눈에는 마치 그가 열반에 들은 듯하였다.

"스님! 큰스님!"

시자는 불길한 예감이 들어 원효를 흔들었다.

"시자는 나가 톱과 나무를 준비하도록 하여라."

시자는 깜작 놀랐다. 보름간이나 물 한 모금 먹지 않았던 원효가 느닷없이 그에게 톱과 나무를 준비하라 하니 그는 원효가 혹시 실성하지는 않았나 걱정하였다.

“아니! 큰스님! 갑자기 톱과 나무는 왜?”

시자가 원효에게 다그치니 원효는 오랜 침묵을 깨고 말을 이었다.

“절을 지어야겠다. 절 말이야!”

의외에 말에 시자는 더욱 놀랐다.

“절이라면…….”

그 때 원효가 자리에서 박차고 일어나 마당으로 나서며 말했다.

“이 집을 절로 만드는 거야, 절로 말이다.”

원효는 스스로 광에 들어가 톱과 큰 널판자를 꺼내와 시자에게 말했다.

“비록 집은 작지만 조상님께서 물려 주신 것이니 여기를 절로 고치면 훌륭할 것이야.”

순간 시자는 원효를 이해할 수 없었다. 그도 그럴 것이 보름동안이나 묵빈 대처하다가 느닷없이 절이라니 도대체 무슨 말인지 이해가 가지 않았다. 그는 집을 고치겠다고 나선 원효를 만류하였다.

“큰스님! 이 집은 조상대대로 살아오신 집인데 절로 만들다니요?”

시자는 원효의 장삼자락에 매달리듯 만류하였다. 그러나 원효의 의지는 단호하였다.

“그러니 더욱 절로 만들려 하는 것이 아니냐?”

하고는 넓은 널빤지를 펴고는 필묵을 가져와 그 위에 “초개사(初開寺)라 적었다. 그리고는 시자를 쳐다보며,

“어떠냐? 그럴싸하지 아니하냐?”

하면서 껄껄 웃었다.

시자는 원효의 이 같은 행동에 대하여 잠시 후 그에게 엎드려 절을 올렸다.

“큰스님의 깊은 뜻을 몰랐습니다.”

하며 스스로 원효의 뜻을 따랐다. 이렇게 하여 원효는 자신의 집을 고쳐 초개사라 하였고, 이 초개사가 훗날 신림사로 고쳐졌다.(불지촌 초개사)

③이 때 불지촌 초개사에 정진하던 원효도 늦여름 오후, 운무가 가득한 매화산 깊은 계곡을 지나치고 있었다. 문득 그는 급히 돌아서는 계곡 줄기 아래 한 소(沼)를 발견하고 갑자기 발길을 멈췄다. 그는 짙푸른 소 아래 마치 자신을 희롱하듯이 한가로이 노니는 한 마리의 용을 발견한 것이다.

원효는 순간 깊은 상념에 사로잡혔다. 얼마간의 시간이 흘렀을까. 긴 계곡 사이에 운무가 내려앉고 어느덧 어둠이 깔리기 시작하였다.

'그래! 아직까지 이 계곡은 용들이 차지하고 있구나!'

원효는 어둠 속에 희미하게 나타난 구룡의 잔상을 그리며 초개사로 돌아왔다. 그러나 그의 머리 속에는 낮에 보았던 그 황룡의 모습이 지워지지 않았다.

'왜 그 용이 나에게 모습을 나타낸 것일까? 그렇다면 아직까지 구룡산의 용이 아직 승천하지 못하였단 말인가 ……?'

원효는 지난날 구룡산의 전설을 상기해 보았다.

동해 용왕의 서녀가 계모의 학대에 견디다 못해 부왕의 허락을 받아 인간 세상에 나온 것이 금강산인데, 그 곳에는 이미 그의 삼촌이 영역을 굳히고 있었던 터라 할 수 없이 동해 인근에 머물게 되었던 곳이 현재의 구룡산이다. 본래 이 산은 매화산이라 하였는데, 아홉 용이 승천하였다 하여 후대에 이르러 구룡산이라 칭하게 된 것이다.

'옳지! 이 곳에다 절을 짓는 거다. 그래! 지난 전쟁에서 수 없이 죽어간 젊은 영혼을 위로하기 위해서라도 내 기필코 불당을 세울 것이야.'

원효의 의지는 단호하였다. 이튿날 원효는 시자와 함께 다시 매화산 아래 계곡을 찾았다. 그리고는 불당을 세울 자리를 찾아 나섰다. 매화산에서 흘러내리는 계곡은 모두 푸른 물들로 가득하였고, 산기슭은 이외로 가팔랐다.

'그렇다면 저 물길을 돌려야 할 터인데…….'

원효는 흐르는 계곡물을 내려다보며 무엇인가 골똘히 생각하였다.

'그래! 저 물길을 돌려야 한다. 물길을 말이야.'

이윽고 원효의 결심은 굳어졌다. 그는 흐르는 계곡을 바라보며 그로부터 보름동안이나 그곳에서 물길이 바뀌지도록 부처님께 기도하였다. 그러던 마지막 날 오후 갑자기 마른 하늘에 먹구름이 하늘로 치솟더니 뇌성벽력과 함께 장대 같은 소나기가 밤새껏 쏟아져 내렸다. 계곡물은 원효가 앉은 자리까지 잠겨버렸다. 그러나 원효는 그 자리에서 꼼짝도 하지 않았다. 원효는 잠깐 삼매에 들었던 것이다. 그때 그의 앞에 큰 황룡이 나타났다.

"대사! 이 곳은 나의 영역인데 어이 물길을 바꾸려 하시오?"

황룡은 원효의 지난 행동이 못마땅한 듯 따져 물었다. 원효는 비몽사몽간에 벌어진 일이라 우선 그를 달래었다.

"나의 태생이 본래 압량이오. 그런데 지난 전쟁 때 이 곳에는 수많은 젊은이들이 신라를 위해 목숨을 바쳤소. 하지만 정작 나는 그들을 전장에 몰아넣고도 아무것도 하지 못하였소. 하여 이 곳에다 절을 지어 그들의 영혼을 위로코자 하니 부디 그대는 나의 기도를 방해하지 마시오."
하며 정중히 용을 설득하였다. 그러자 황룡은 자세를 바꾸며,
"내 본시 동해 용왕의 딸이었소. 하지만 모녀간의 정이 여의치 못하여 이렇게 인간 세상으로 나오기는 하였지만 난 항상 그대의 불력에 감탄하였소. 하지만 이 곳은 나와 내 가족들의 보금자리이니 그대가 다른 곳에다 절을 지을 수는 없겠소?"
하며 도리어 원효를 설득하려 들었다. 이에 원효는 그에게 더욱 가까이 다가서며,
"지난 전쟁 때 신라가 승리할 수 있었던 것은 모두가 그대와 같은 호국 신들이 이 땅에 있었기 때문이오. 만약 이번에 그대가 저 죄 없는 중생들을 위하여 자비를 베푼다면 그대의 명성은 더욱 빛날 것이오."
하였다. 그러자 황룡은 잠시 깊은 생각에 잠긴 듯하더니,
"그렇다면 한 가지만 약조해 주시오."
"약조라면?"
원효는 처음과 달리 자신의 생각에 동조할 의사가 있는 듯한 황룡을 바라보며 말했다.
"그대가 여기다 부처님을 모신다면 나 역시 거절할 수는 없소. 하지만 이미 이 땅은 동해의 용왕인 부왕의 영역인 바, 마땅히 부왕의 허락을 받아야만 할 것이오. 그렇지 않다면 이 일은 성사되지 못할 것이오."
하였다. 원효는 황룡의 말에 의아한 듯 그에게 다가서자,
"그대가 이곳에다 터를 닦아 법당을 짓고 난 후 그대의 소원이 이루어진다면 그 때는 마땅히 나의 땅을 되돌려주시오."
하였다. 황룡은 사실상 원효의 조건을 수용한 것이었다.
"좋소이다. 좋소이다. 그리하지요."
하며 벌떡 일어나 그에게 고맙다는 인사를 하였다. 그러나 그는 잠시 동안 꿈을 꾸었던 것이다. 그의 앞에 놓인 현실은 밤새 내린 폭우로 거대한 물바다 그 자체였다. 원효는 세차게 흘러내리는 물줄기를 따라 이리저리 뛰어다니며 소리쳤다.
"내 그리하리다. 그러니 부디 부처님의 당우(堂宇)를 지을 터를 내어 주시오."
하였다. 물줄기는 오후 늦게까지 세차게 흐르다 낙조 시간에 이르자 서서히 그 바닥을 드러내었다. 그러자 어제까지 보지 못했던 넓은 산기슭이 매화산 중앙 내룡을 따라 펼쳐졌다. 원효는 뛸 듯이 기뻐 어찌할 바를 몰랐다. 그저 어린 아이마냥 이리저리 뛰어다니며 자신에게 땅을 허락한 부처님께 감사드렸다. 그리고 그는 그 자리에다 움집을 짓고 백일기도에 들었다. 멀리서 이 소식을 전해들은 압량 주민

(州民)들이 다투어 원효를 친견하려 찾아들었다.

"어찌 이럴 수가……."

현장을 목격한 대중들은 모두가 원효의 도력으로 큰 불지를 이루었다 하여 모두가 그의 앞에 조아렸다. 이 때 원효는 그들에게 조용히 입을 열었다.

"본래 시주님들이 살고 있는 이 압량벌은 신라가 삼한을 통일하기 위하여 여러분의 가족은 물론 많은 신라인들의 남편과 아들들의 목숨을 버리게 하였습니다. 그러나 정작 전쟁이 끝나고 보니 모두가 자신들의 공덕인 양 그들의 외로운 영혼들을 위로할 생각은 하지 못한 것이지요."

하였다. 장내는 물을 끼얹은 듯 조용하였다.

"그러니 그 원망이 얼마나 크겠습니까? 이제 살아남은 우리들이 그들을 위하여 외로운 영혼들을 위하여 추선하여야 할 때입니다."

원효의 눈가에는 어느덧 굵은 이슬이 맺혔다. 주변에 앉은 대중들은 모두 원효의 뜻에 감읍하여 그에게 절을 올리고 모두가 성심껏 불사에 동참할 의지를 밝혔다. 그리고 이러한 사정들이 사람들의 입과 입을 통하여 전해지자 주변의 신심 깊은 불자들도 다투어 시주에 동참하였다. 그 후 1년여의 세월이 지났다. 매화산 깊은 계곡에는 큰 물 도리가 생기고 그 안 쪽에 웅장한 가람이 형성되었다. 원효는 이렇게 성대한 법전을 이루게 된 것이 모두 부처님의 뜻이라 생각하고 부처님께 깊이 감사드렸다.(「구룡과 송림사」)

(8) 사후담

신화적 인물은 사후에도 후대인에게 영험한 사건을 종종 재현하는데, 원효스님의 경우 아들 설총에게 잠시 그리고 후대 불자들에게 영원히 가피(加被)를 보이고 있다고 생각된다.

①설총이 세상을 떠난 건 686년 3월, 신라 신문왕 때로, 깊은 산 속에 들어앉은 혈사(穴寺)에서 그는 일흔의 생을 마쳤다. 세상 사람들은 모두 그와의 작별을 슬퍼하였으며, 그리고 아버지를 여의었기 때문에 남달랐던 사람은 설총이다.

설총은 곧 혈사에 다녀와서 아버지 원효의 유해를 경주로 옮겨 크게 장사지내고, 화장한 그의 유해를 부수어 그 진용을 소상(塑像)으로 만들어 분황사에 모시고 항상 경천사모하며 예배를 올렸다. 그가 예배할 때마다 소상은 고개를 돌려 돌아보았다 하여 그 소상을 고상(顧像)이라고 불렀다.(「고개 돌린 원효상」)

그 소상은 일연이 《삼국유사》를 쓰던 고려 말까지 분황사에 소장되어 있었다 한다. 이는 설총이 아버지 원효를 얼마나 극진히 사모했느냐 하는 것을 말해 주는 것으로, 지금은 물론 당시의 상이 없다. 그러나 원효의 홍미진진한 생애와 관련하여 한결 그의 따스한 인품을 돋보이게 하는 이야기이다.

②원효는 그 후 조용한 절로 옮겨 다니며 여러 가지 불교 경전에 주석을 달아 후세 사람들이 공부하기 편하게 하는 일로 남은 세월을 보내었다. 그리하여 원효가 써서 남긴 책은 120여부에 240여권이 되었다고 하는데, 그 중에 23권만 오늘날까지 전해지고 있음은 참으로 안타까움이 아닐 수 없다. 하지만 이것만으로도 원효가 얼마나 많은 공부를 하였는지를 알고도 남음이 있다. 대사가 쓴 책은 우리나라 뿐 아니라, 중국과 일본에도 건너가서 한국불교를 이해하는 데 큰 가르침이 되고 있다.

원효는 신라 지역의 명산을 두루 편력하고 경관이 좋은 곳에 암자를 짓고 수행하였다. 그러나 그의 중요한 저술들은 분황사에서 이루어졌다. 자장법사 이후의 분황사 주석은 원효로, 그는 스스로 서민들에게 대승불교를 펴면서 소승불교를 지양한 실천의 성자였다. 그가 주장한 불교사상 때문에 법성종 . 해동종 . 분황종 . 중도종 또는 원효종이라고 불리는 종파가 이루어지기도 한 것이다.

생전에 원효는 일심사상, 화쟁사상, 무애사상으로 대중을 교화시켰다.

원효의 일심사상은 그의 저서 ≪금강삼매경론≫·≪대승기신론소≫ 등 그의 모든 저술에서 철저하게 천명되고 있다. 인간의 심식(心識)을 깊이 통찰하여 본각(本覺)으로 돌아가는 것, 즉 귀일심원(歸一心源 : 일심의 원천으로 돌아가는 것)을 궁극의 목표로 설정하고 육바라밀(六波羅蜜)의 실천을 강조하고 있다. 그는 만법귀일(萬法歸一)·만행귀진(萬行歸眞)을 굳게 믿고 사상과 생활을 이끌어갔다. 그리고 일심이야말로 만물의 주추(主樞)이며, 일심의 세계를 불국토 극락으로 보았고, 이것을 대승·불성(佛性)·열반이라고 불렀다.

또한 원효는 어느 한 종파에 치우치지 않고 ≪화엄경≫·≪반야경≫· ≪열반경≫·≪해심밀경≫·≪아미타경≫ 등 대승불교 경전 전체를 섭렵하고 통효(通曉)한 사람이다. 그리하여 전체 불교를 하나의 진리에 귀납하고 종합 정리하여 자기 분열이 없는 보다 높은 입장에서 불교의 사상체계를 세웠다. 이러한 그의 조화사상을 화쟁사상이라고 한다. ≪십문화쟁론≫은 바로 이러한 화쟁사상을 단적으로 보여주는 그의 핵심적인 저술이다.

그는 여러 이설을 십문으로 모아 정리하고 회통함으로써 일승불교의 건설을 위한 논리적 근거를 제시하였다. 그의 이와 같은 통불교적 귀일사상은 한국불교에 커다란 영향을 끼쳤다. 화쟁의 논리는 다음과 같이 전개된다.

'쟁론은 집착에서 생긴다. 어떤 이견의 논쟁이 생겼을 때, 가령 유견(有見)은 공견(空見)과 다르고 공집(空執)은 유집(有執)과 다르다고 주장할 때 논쟁은 더욱 짙어진다. 그렇다고 하여 이들을 같다고만 하면 자기 속에서 서로 쟁(諍)할 것이다. 그러므로 이(異)도 아니요 동(同)도 아니라고 설한다.'

'또 불도는 광탕(廣蕩)하여 무애무방하다. 그러므로 해당하지 않음이 없으며, 일체의 타의가 모두 불의이다. 백가(百家)의 설이 옳지 않음이 없고 팔만법문이 모두 이치에 맞는 것이다. 그런데 견문이 적은 사람은 좁은 소견으로 자기의 견해에 찬동하는 자는 옳고 견해를 달리하는 자는 그르다 하니, 이것은 마치 갈대 구멍으로 하늘을 본 사람이 그 갈대 구멍으로 하늘을 보지 않은 사람들을 보고 모두 하늘을 보지 못한 자라 함과 같다.'라고 하였다. 원효는 이처럼 철저한 논리의 근거를 가지고 화쟁을 주장하였다.

다음은 무애사상이다. 원효의 무애사상은 그의 사생활에서도 잘 나타나고 있다. 그는 어디에도 걸림이 없는 철저한 자유인이었다. '일체에 걸림이 없는 사람은 단번에 생사를 벗어난다.'라고 한 그의 말을 보더라도 그의 무애사상은 짐작된다. 그는 부처와 중생을 둘로 보지 않았으며, 오히려 '무릇 중생의 마음은 원융하여 걸림이 없는 것이니, 태연하기가 허공과 같고 잠잠하기가 오히려 바다와 같으므로 평등하여 차별상이 없다.'라고 하였다.

그러므로 그는 철저한 자유가 중생심에 내재되어 있다고 보았고, 스스로도 철저한 자유인이 될 수 있었으며, 그 어느 종파에도 치우치지 않고 보다 높은 차원에서 일승과 일심을 주장하였던 것이다. 이 밖에도 원효는 여래장사상 등 불교의 모든 사상에 대하여서도 독자적인 사상체계를 확립하였다.(「영원한 동방의 별」)

3) 원효의 캐릭터적 성격

(1) 신통적 캐릭터

(1)어머니가 처음 유성이 품속으로 들어오는 꿈을 꾸고서 임신하였다. 달이 차

길 기다려 해산하려 할 때 갑자기 오색 구름이 특별히 어머니 거처를 덮었다.(「高仙寺誓幢和尙碑」)

(2)원효는 어린 나이에 마음을 다잡고 불법에 들어갔는데 스승을 좇아 학업을 전수받았지만 노닐던 곳은 일정치 않다. 의로움의 범위에서는 용맹하게 쳐올랐고, 문장의 진영에서는 웅장하게 횡행했다. 용감하고 굳세어 나아감에 있어서 먼저 물러섬이 없었다. 삼학(三學)을 두루 연마하여 두루 통하였고, 신라에서는 만인과도 대적할 만한 사람으로 일컬어졌다. 오묘한 이치가 신의 경지에 이르렀다.(贊寧, 《송고승전》 권4)

(3)그 뒤 원효 법사가 와서 관음보살에게 예배코자 하였다. 처음에 남쪽 교외에 이르니 논 한가운데서 흰 옷을 입은 한 여인이 벼를 베고 있었다. 법사가 농담삼아 그 벼를 달라고 청했더니 그 여인도 농담으로 벼가 열매를 맺지 않았다고 하였다. 법사가 다시 어떤 다리 밑에 이르렀을 때 한 여인이 월경 서답을 빨고 있었다. 법사가 먹을 물을 달라고 하니 여인은 그 더러운 물을 떠서 바쳤다. 법사는 그것을 쏟아버리고 다시 냇물을 떠서 마셨다. 이 때 들 가운데 선 소나무 위에 있던 파랑새 한 마리가 말했다. 제호(醍醐)도 마다하시는 화상이여! 파랑새가 갑자기 간 곳이 없었다. 그 소나무 밑에는 신발 한 짝이 벗어져 있었다. 법사가 절에 이르렀을 때 관음상 자리 밑에서 보았던 신발 한 짝을 또다시 보게 되었다. 그제서야 법사는 앞서 만났던 성녀(聖女)들이 관음의 진신임을 알았다.(일연, 《삼국유사》 탑상편)

(4)스님은 또한 바다용의 권유에 의하여 노상에서 조서(詔書)를 받고 <금강삼매경소(金剛三昧經疏)>를 저술했다. 그것을 저술할 때 붓과 벼루를 소의 두 뿔 위에 놓아두고 했다고 해서 그것을 각승(角乘)이라고 불렀다.(일연, 《삼국유사》 권4 원효불기조)

(5)왕비의 신병을 치료하기 위하여 용왕으로부터 구한 《금강삼매경》을 원효로 하여금 주석을 지어 강론토록 용왕으로부터 권유를 받았고, 이를 구해온 대안이 친히 왕에게 원효 이외에 강론자가 없다고 하였다. 원효에게 전달할 경전이 중도에 도둑질 당하자 그가 주석을 단 5권을 다시 3일 연장 받아 완성하여 약소를 만들었다.(《송고승전》 唐 新羅國 黃龍寺 沙門 元曉傳)

(6)원효의 강론에 있어 왕과 신하, 승려, 심지어 속인에 이르기까지 법당을 구름처럼 에워쌌다. 이에 원효는 "예전에는 백 개의 서까래를 고를 때 비록 그 모임에 참석하지 못하였지만 오늘 아침 한 개의 들보를 놓는 곳에는 나만이 할 수 있구나."라고 말했다.(《송고승전》 唐 新羅國 黃龍寺 沙門 元曉傳)

(7)개암사에서 500m 떨어진 곳에 울금바위라는 큰 바위가 있고, 이 바위에는 모두 세 개의 동굴이 있는데, 그 가운데 원효방이라는 굴 밑에는 조그만 웅덩이가 있어 물이 괴어 있다. 전설에 의하면 본래 그곳에는 물이 없었으나 원효가 이곳에서 수도하면서부터 샘이 솟아났다고 한다.(김종국, 「개암사와 울금바위」, 《원효설화대계》, 프린트본, 2009.)

(8)경기도 과천시 갈현동에 예부터 전해 내려오는 찬 우물이 있다. 이 찬 우물은 수리산에서 수도하던 원효 대사가 사용하였다는 우물로 그 수질이 매우 좋고 수량이 끊이지 않는다. 그 연유는 수리산 지형은 마치 호랑이가 누워 있는 형세로, 찬 우물은 그 가슴 부분에 해당되므로 샘물이 마르지 않는 이유는 원효 대사가 우물을 만들 때 호랑이의 젖줄 부위를 택하였기 때문이라 한다.(김종국, 「수리산 찬 우물」, 상게서)

(9)원효 대사가 서른이 넘어 동두천시 상봉암동 소요산의 한 토굴에 머물면서 수행을 쌓았던 곳이다. 원효가 이 산에서 수도한다는 소식이 인근 마을에까지 알려지자 많은 사람들이 그를 찾아 소요산에 모여들었다. 갑자기 많은 사람들이 소요산에 몰려들자 그들이 마실 식수가 모자랐다. 그러나 소요산은 돌산으로 마땅한 샘터를 찾기가 어려웠다. 모두들 걱정만 하고 있던 차에, 하루는 선정에 들었던 원효 대사가 이 소식을 듣고 바위틈을 꿰뚫어 깨끗한 물을 흐르게 하였다. 그 이후 이물을 마신 사람들은 신기하게도 속병이나 갖가지 위장병이 나았다고 한다. 그 후 이 샘[사진]은 원효 대사가 만든 것이라 하여 '원효정(元曉井)'이라 불리었고, 이 샘이 각지에 만병통치의 약물로 소문이 나 특히 음력 3월 3일 삼짇날에는 물을 마시러 오는 사람들의 행렬이 끊이지 않는다고 한다. 더욱 놀랄 만한 것은 이 물은 아무리 가물어도 그 물줄기가 그치지 않고 계속되며, 반면에 이 산에서 수도하는 승려들이 수행에 어긋남이 있을 때는 물이 조금씩밖에 나오질 않는다고 한다. 또한 마음속에 음흉한 생각을 조금이라도 품고 있는 사람이나, 몸이 청결하지 못하다거나 부정한 짓을 한 사람이 물을 마시려 하면 실 그림자 같은 벌레가

꿈틀거리고 있어 끝내 물을 마시지 못하고 돌아서야만 한다는 속설이 있다.(김종국, 「원효정의 영험」, 상게서)

(10)원효가 봉화에서 청량사를 짓기 위해 진력하고 있을 때, 하루는 그 아래 사하촌을 들리게 되었다. 농부는 뿔이 셋이나 달린 소를 데리고 논을 갈고 있었다. 그러나 뿔이 셋인 황소는 도무지 농부의 말을 듣지 않고 제멋대로 날뛰고 있었다. 그러자 농부는 화를 가누지 못한 채 식식거리며, "이제 이놈의 소를 잡아먹든지 내다 팔아야겠습니다."하고 귀찮은 듯 말했다. 원효는 농부에게, "농부가 평생을 같이 하였던 소를 잡아먹는다는 것은 도리가 아니니 그 소를 소승에게 시주나 하시지요." 하였다. 그러자 농부는 아무런 생각도 없이 대답하였다. "그렇게 하지요." 원효는 몇 번이고 농부에게 고맙다는 인사를 남기고 그 소를 데리고 불사 중인 토굴로 돌아왔다. 그런데 신기하게도 이 소는 절에 온 후부터 고분고분해지기 시작하였다. 그 소는 청량사를 짓는 데 필요한 재목이며 여러 가지 물건들을 밤낮을 가리지 않고 운반하다가 준공을 하루 앞두고 그만 죽고 말았다. 이 소는 원효를 도와 불사를 일으키기 위하여 문득 한 농부의 소로 나타난 '지장보살'의 화신이었다. 원효는 죽은 소를 지금의 삼각우총(三角牛塚) 자리에 묻었는데, 그 후 그 자리에 가지가 셋 달린 소나무가 솟아났다.(김종국, 「지장보살 화신」, 상게서)

(11)원효가 여주의 한 조그만 암자에 머물고 있을 때다. 어느 날 그의 꿈에 흰 옷을 입은 한 노인이 나타나 여주에서도 이름난 큰 연못을 가리키며 신성한 가람이 설 곳이라고 일러주고 사라졌다. 그 말을 따라 원효가 연못을 메우고 절을 지으려 하였으나 뜻대로 이뤄지지 않았다. 이에 원효가 7일 동안 기도를 올리고 정성을 드렸더니 그 연못에서 9마리의 용이 나와 하늘로 승천하였다. 후에 그곳에 절을 짓고 신륵사라 하였다.(김종국, 「구룡의 화신」, 상게서)

(12)신라 신문왕 때, 당시 왜구들은 툭하면 신라에 쳐들어와서는 약탈을 해 가기 일쑤였다. 여기저기 군사들이 경계를 섰지만 나라 내의 첩자들이 왜구와 내통하여 조금만 허술한 곳이면 쳐들어와 약탈해 갔다. 원효는 고민에 빠져 있었다. 왜구를 죽일 것인가, 아니면 백성이 죽고 다치는 것을 보고만 있어야 할 것인가? 어쨌든 둘 다 사람이 죽게 되는 일이다. 그는 5만의 군사가 쳐들어올 것이라는 예견을 하고 있던 터였다. 원효는 왜구를 타이르기로 하고 그래도 말을 듣지 않으면 살생을 하기로 마음먹었다. 바다 멀리서 새까만 왜구의 배들이 보이기 시작하였

다. 원효는 무엇인가 깊이 생각하다 문득 시자를 불러 이르되, “아랫마을에 가서 호리병 다섯 개를 구해 오너라.” 원효는 시자에게 그런 심부름을 시킨 뒤, 산 위 성 안에 가장 높은 바위에 신라 장군기를 꽂게 했다. 그리고 이내 호리병을 가져온 시자에게 또 다른 일을 시켰다. “아랫마을로 가면 길손 둘을 만날 것이다.” 시자는 곧장 내려갔다. 거기엔 두 사람이 서로 나직이 말을 주고받았다. 시자는 그들이 왜구 병사라는 걸 알아차렸다. 한 명은 저 위 장군기가 있으니 분명히 많은 신라 군사가 매복되어 있을 것이라 주장하고, 다른 한명은 군사들이 있기엔 너무 조용하기 때문에 그렇지 않다는 주장이었다. 그러던 중에 그들은 시자를 발견하고는 그에게 물었다. “우리가 길을 잃었는데 길 좀 물읍시다.” “예, 어디로 가십니까?” “저기 저 깃발 너머엔 군사들이 있는지요?” “글쎄요……. 저는 이 산에 온 지 얼마 되지 않아 잘 모릅니다.” 그 말을 들은 그들이 산 아래로 향하려 할 때였다. “거기 두 분은 잠시 들렀다 가시오!” 원효가 산 아래로 소리 쳤다. 그들은 곧 원효 앞에 나아갔다. “어디서 오셨슈?” “기장에서 왔습니다.” “왜군을 보셨죠?” “아니오. 보지 못했습니다.” “너희 자신을 못 봤다고, 이 왜놈들!” 원효는 호리병 중 두 개의 목에 붓으로 선을 둘렀다. 그러자 그들의 목에 피멍이 둥글게 생기더니 고통을 안겨 주었다. 그리고 원효는 나머지 세 개에도 붓으로 선을 그은 후 주면서 말하였다. “가서 너희 대장에게 알려라. 이대로 돌아가지 않으면 죽음을 면치 못할 것이라고…….” 그들은 이내 대장에게로 갔다. 모든 걸 소상히 들은 대장은 분노하여 칼로 그 호리병을 베어버렸다. 그러자 대장 자신의 목이 꺾이더니 피를 토하며 죽어버렸고 왜구들은 곧장 뱃머리를 돌려 돌아갔다. 그로부터 오늘날 범어사가 있는 금정산 중턱에 당시 원효가 깃발을 꽂았다는 곳을 원효석대라 한다.(김종국, 「원효대와 호리병」, 상게서)

(13)신라가 삼국을 통일한 지 수십 년이 지난 어느 해, 당나라 운제산의 한 사찰에는 흉측한 요승(妖僧)이 살고 있었다. 그는 천명이나 되는 젊은 학승을 거느리면서 그들에게 부처님의 가르침은 염두에 두지 않고 늘 그들을 혹사시켜 재물을 긁어모으는 데 전전긍긍하였을 뿐, 먹을 것은 물론 잠도 제대로 재워 주지 않았다. 하지만 이들은 그 곳을 도망칠 수도 없었다. 그 이유는 요승이 요술(妖術)을 잘 부렸기 때문이다. 이 때 원효가 단석사에 있었는데, 그는 이 소식을 전해 듣고 단석산 바위 더미에 올라서서 서쪽을 향하여 지팡이를 던졌다. 원효가 던진 지팡이는 비행접시 모양으로 이상한 소리를 내면서 날아갔다. 원효의 지팡이는 서해를 건너 마침내 요승의 절을 덮어 버렸다. 일천 명의 제자들은 이제 지옥 같은 요승

의 우리에서 벗어나게 되었다. "아! 저 지팡이 덕으로 우리들은 살아났다. 우리들은 저 지팡이를 위하자! 모두들 저리로 갑시다."하고 모두가 달려가 땅에 떨어진 지팡이를 살펴보니 지팡이에는 해동 원효라 새겨져 있었다. 요승의 1천명 제자들은 감격하여 원효를 뵈옵기 위해 바다 천리를 건너고 육지 천리를 걸어 단석사까지 찾아왔다. 그러나 그 때는 이미 원효가 열반하고 이 세상에 없었다. 1천 제자들은 슬픔을 못 이겨 각각 바위더미에 돌을 동개어 탑을 쌓아 원효의 명복을 빌고 갔다. 그래서 이 바위가 천탑암이 되었다. 천탑암 남쪽 입구에 불상을 새긴 석굴이 있고, 북쪽에는 하늘 받침돌이라 부르는 돌기둥이 있다. (김종국, 「요승과 1천 제자」, 상게서)

(14)원효 대사가 어느 해 수미암에서 불경을 읽고 있었을 때다. 하루는 부엌에서 인기척이 있었다. 사람 그림자 하나 찾아볼 수 없는 암자에서 갑자기 이상한 인기척이 나니 원효는 얼떨결에 문을 열고 밖을 내다보았다. 순간 원효는 깜짝 놀랐다. "누구냐?" 부엌에 나타난 옥골선풍의 남자 한 사람이 놀란 듯 원효를 쳐다보고 멈칫하다가 자신을 소개하였다. "나는 이 산중에 사는 영랑이라는 신선입니다." "아니! 영랑 신선께서 어찌?" 뜻밖에 영랑을 만난 원효는 놀란 듯 그를 마중하는데, "저는 이곳에서 두 번이나 뽕나무 밭이 푸른 바다로 변하는 것을 보았는데, 이제는 나이가 들었는지 올해는 유난히도 추위를 타는군요. 내 그래서 부엌에서 원효 스님께서 피운 불을 쬐며 한기를 피하려 하였습니다." 하였다. 원효가 영랑 신선을 불쌍히 여겨 불생불멸의 법을 설하여 주자 영랑은 도를 깨치고 머리를 깎고 스님이 되었다 한다. 영랑은 원효의 제자가 되어 여운이란 이름으로 옆 봉우리에서 수도를 했다. 그로부터 수미암 왼쪽 봉우리를 영랑봉이라 한다.(김종국, 「수미암의 신선」, 상게서)

(15)신라 진평왕(眞平王) 5년, 원효 대사가 제자 송파(松玻)와 함께 지금의 경남 창녕군 옥천 화왕산 아래에서 백일기도를 드리는데, 기도를 마치는 날 갑자기 오색 채운이 일어나더니 화왕산 마루 월영삼지(月影三池)로부터 아홉 마리 용이 승천하는 모습이 그의 눈앞에 들어왔다. 원효는 그 광경을 쳐다보면서 부처님께 한량없는 감사의 인사를 올렸다. '이는 필시 부처님의 현신이야!' 하면서 다시 백일기도에 들었다. 원효는 지난번과 같이 부처님의 현신이 다시 나타나기를 고대하였다. 하지만 온종일 화왕산 아래를 내려다보았지만 아무런 일도 일어나지 않았다. 원효는 자신의 토굴로 돌아와 다시 철야 기도에 들었다. 그의 간절한 소망은 오로

지 다시 부처님의 현신과 만남이었다. 원효는 열흘 동안이나 물 한 모금 먹지 않고 기도 정진하며 부처님의 계시를 받고자 하였다. 그의 온몸은 지칠 대로 지쳐 기진맥진하였다. 그러든 어느 날 비몽사몽간에 그의 앞에 부처님이 나타났다. "멀리서 답을 구하려 하지 말고 가까이에서 네가 구하는 것을 찾도록 하여라!" 원효는 꿈인 듯 생시인 듯 깜작 놀라 정신을 차리고 보니 눈앞의 부처님은 흔적도 없이 사라지고 없었다. "부처님! 감사합니다." 원효는 다시 일어나 부처님이 사라진 쪽으로 삼배를 올리고 제자를 불러 자신이 부처님과 만난 그 자리에 절을 짓기 시작하였다. 그가 절을 세우기까지는 그 일대가 항상 안개로 감싸져 있어 바깥에서는 그 누구도 절 짓는 모습을 바라볼 수 없었다. 그러든 1년여의 권선 끝에 가람은 웅장한 모습을 드러내었다. 문득 연전에 용이 승천한 자리를 쳐다보았다. 그는 그날 하늘에 오색 구름이 영롱하게 비치고 뇌성벽력과 함께 화왕산 꼭대기 월영삼지에서 아홉 마리의 용이 영롱한 오색 구름을 타고 승천하는 것을 바라보고 곧 큰 상서로운 일이라 기뻐하였던 그때의 모습을 생각하였다. 그때였다. 화왕산 정상에서 한 줄기 불빛이 안개 속을 파고 대웅전 지붕 속으로 사라졌다. "아니! 이럴 수가……." 원효는 이 경이로운 사실에 놀라지 않을 수 없었다. 그는 화왕산 정상을 향해 수없이 절을 올렸다. 바로 그 때 옆에 있던 제자 송파가 원효를 일으키듯 흥분하며 말했다. "저 쪽을 보십시오. 마치 큰 불이 일어난 것 같습니다. 온통 산 정상이 불빛입니다." 원효가 제자의 말을 듣고 그곳을 바라보자 화왕산 정상은 마치 거대한 산불이 일어난 듯 이글거리고 있었다. 그리고 원효는 그 속에서 그 때 보았던 아홉 용이 희롱하는 모습을 보았다. 그 후 원효는 화려한 낙성식을 가지고 용을 보았던 절이라 하여 절 이름을 관룡사라 하고, 그 산을 구룡산이라 했다. (김종국, 「구룡사의 영험」, 상게서)

(16)원효 대사가 어느 날 설악산 비선대 위에 솟은 듯한 바위벽 석굴에서 수도 중에 있었다. 그는 높디높은 암벽 굴속에서 오로지 수도에만 정진하고 있었는데, 그곳에는 먹을 물도 양식도 없었다. 그러니 수백 길 낭떠러지로 매일 힘들게 오르내릴 수도 없고 하여 그저 기도정진만 하였다. 이를 바라보던 산 아래 사람들의 걱정은 태산 같았다. 여러 사람 중에 용기 있는 한 젊은이가 절벽 꼭대기에서 외줄을 타고 석굴 쪽으로 내려왔다. '과연 스님이 지금까지 살아있을까?' 그는 반신반의하면서 목숨을 건 모험을 시도한 것이다. 청년은 자신이 타고 내려온 긴 밧줄을 석굴 쪽으로 끌어 당겨 넣고 그 안으로 들어갔다. "스님! 그동안 먹을 것도 마실 것도 없는 이 석굴에서 수 개월 동안 어떻게 연명할 수 있었는지요?" 청년은

너무나 궁금한 것이 많았다. 그러자 원효는 대답 대신 껄껄 웃었다 그리고 그에게 말했다. "저기를 보십시오. 그러나 오늘은 큰일이군요." 순간 청년은 또 한 번 놀랐다. 그가 가리키는 바위벽에는 이상하게도 자그마한 구멍이 하나 있는데 그 곳에서 또닥또닥 쌀알이 떨어지고 있었다. "밖에는 눈보라가 치는데 예까지 목숨을 걸고 내려왔으니 얼마나 목이 마르겠소? 어서 이거라도 한 모금 마시시오." 하며 발우 속에 담긴 물은 내밀었다. "스님! 도대체 어찌된 일입니까? 이 산중 특히 하늘을 찌를 듯한 이 가파른 석굴 속에서 쌀은 무엇이고 또 물은 무엇입니까? 도대체 이해할 수 없습니다." "모두가 부처님의 뜻이지요." "그렇습니다. 처음 며칠간은 단식기도에 들었는데, 어느 날부터 부처님께서 매일 같이 소승에게 먹을 쌀과 물을 보내 주셨지요. 좀 전에 시주께서 보신 바와 같이요." 지금도 비선대 위 깎아 세운 듯한 절벽 바위에는 3~4평 남짓한 석굴이 있고 그 아래까지는 철골로 만든 계단이 석굴 입구까지 이어져 있다. 이 석굴은 후대에 와서 원효가 한 때 이 석굴에서 금강경을 공부하였다 하여 금강굴, 또는 원효방이라 하였다.(김종국, 「서로 다른 욕망」, 상게서)

(17)어느 날 원효가 전라남도 사선암에서 주석하고 있었다. 그는 아침저녁으로 법당을 오르내리면서 그에게는 남들에게 이야기하지 못하는 한 가지 발원이 있었다. 그것은 이 장엄한 가람 속에 약사여래부처님을 모시는 것이었다. 하지만 모두가 지난 수삼 년 동안 계속된 불사로 지쳐 있어 약사전을 권선하기에는 엄두가 나지 않았다. 그러나 원효는 하루도 빠짐없이 부처님께 약사부처님을 모실 수 있도록 발원하였다. 그러던 어느 날 원효가 사선암을 오르다 보니 문득 깎아 세운 듯한 바위가 눈에 띄었다. 그는 온종일 그 앞에 서서 꼼짝도 하지 않았다. 그리고 그는 그 앞에서 선정에 들었다. 그러던 날이 꼬박 보름이나 지나갔다. 그러던 원효가 문득 그 바위 앞에 다가선 것이다. 그는 그 바위 앞에서 두 팔을 걷어 붙였다. 그리고 첫째 손가락부터 시작하여 그 서있는 넓은 바위면에다 약사부처님의 상호를 그리기 시작하였다. 그리고 그는 발원하였다. "유리광세계의 약사부처님이시여! 부디 이 바위에 머무르소서!" 하며 손가락에 힘을 주어 상호를 그렸다. 한 손가락의 손톱이 닳아 없어지면 다음 손가락으로, 또 닳아 없어지면 다음 손가락으로 그의 열 손가락에서는 검붉은 피가 흘러내렸다. 그는 삼일 낮밤을 그렇게 그 자리에서 부처님의 상호를 그렸다. 이제 그의 손가락은 뼈까지 닳아 없어졌다. 그리고 그는 그 자리에 스러져 정신을 잃고 말았다. 얼마나 많은 시간이 흘렀을까 그의 눈에 자신이 그렸던 약사부처님 나타났다. 그리고 조용히 그를 불렀다. "어

서 일어나라! 그리고 모든 중생들의 아픔을 쓰다듬도록 하라!" 약사부처님의 목소리는 너무나 인자하였다. 원효는 그 말에 벌떡 일어났다. 잠에서 깨어난 원효는 문득 꿈에 보았던 부처님을 생각하며 자신이 그린 약사부처님의 상호를 쳐다보았다. 그런데 이 어찌된 일인가. 그가 바라다본 약사 부처님의 상호에는 자신이 그릴 때 피 범벅이 되었던 상호와는 달리 빙그레 미소를 머금은 채 자신을 굽어보고 있지 않은가. 순간 원효는 두 손을 합장한 채 부처님을 향해 일어섰다. 그런데 이게 또 웬일인가? 양손이 모두 닳아 피투성이가 되었던 자신의 손가락이 본래 상태 그대로가 아닌가. 그는 너무나 자비로운 부처님을 바라보며 깊은 감사의 마음으로 인사를 올렸다. 이 소식을 전해들은 전국의 신도들이 구름같이 몰려들어 부처님을 찬양하고 이를 조성한 원효의 법력에 찬미의 예를 올렸다. 지금도 오산 정상의 사선암에는 당시 원효가 선정에 들면서 기암절벽 큰 바위에 자신의 손톱으로 음각하였다는 설화와 함께 마애약사여래불이 보존되어 오고 있다.(김종국, 「살신공양」, 상게서)

(18)부산 기장의 앵림산 안적사는 신라 문무왕 원년에 원효 대사가 창건한 사찰이다. 앵림산에서 수도 정진하던 원효와 의상이 하루는 누구든 같은 시각에 공부를 시작하여 먼저 오도하면 만나자고 약속하고 각각 토굴에서 피나는 정진을 시작하였다. 그러든 어느 날, 의상에게 언제부터인가 하늘에서 천녀가 나타나 매일같이 천공을 올렸다고 한다. 의상은 이를 원효에게 자랑하고 싶은 마음에서 원효를 청하였는데, 그날따라 천녀가 나타나지 않았다. 원효가 천공을 기다리다 지쳐 그냥 처소로 돌아가자 그제야 천녀가 나타났다. 화가 난 의상이 천녀를 나무라니 천녀는 사찰 주변에 화광(火光)이 가득 차 도저히 들어올 수가 없었다고 말했다. 이는 원효가 미리 의상의 내심을 알고 신통력으로 그의 교만함을 자제하도록 금강삼매화(金剛三昧火)를 놓은 것이다. 이로써 의상은 원효의 도력이 자신보다 훨씬 높음을 알고 원효를 사형(師兄)으로 정중히 모시며 그 곳의 수선실(修禪室)을 넓힌 후 많은 대중들에게 금강삼매론경(金剛三昧論經) 등 일심법계(一心法界)를 설파 · 지도하므로 화엄사상으로 신라인들의 구국정신을 일깨우게 되었다고 한다.(김종국, 「안적사 꾀꼬리」, 상게서)

(19)부산 금정산 고당봉 아래 큰 동굴이 하나 있었다. 이 동굴에는 언제부터인가 사악한 이무기가 살면서 나쁜 조화를 부려 마을 사람들을 괴롭혔다. 그는 어느 날 마을 촌장의 꿈에 나타나 16세의 처녀와 아이를 매년 제물로 바치라 하였다.

촌장과 마을 사람들의 걱정은 태산 같았다. 그러던 어느 날 전국 산천을 편력하던 원효 대사가 이 마을에 나타났다. 원효는 수심에 잠겨 있는 마을 사람들을 바라보고, "아니! 모두가 얼굴에 수심이 가득한 듯하니 도대체 무슨 일입니까?" 하면서 주위를 살폈다. 이 때 촌장이 그의 앞에 나서며, 이실직고를 하였다. 원효는 그들에게 그를 잡을 비방을 가르쳐 주었다. 마을 사람들은 모두 원효가 시키는 대로 따르기로 했다. "모두 집으로 가서 명주실을 가지고 오세요. 그리고 그 실에 독을 바르고 저 굴로 들어가는 것입니다." 마을 사람들은 그제야 안심을 하고 모두가 집으로 돌아가 명주실을 갖고 나왔다. 원효는 명주실에다 미리 준비한 독약을 바르고 그 실타래를 자신의 온몸에 두르고 이무기가 산다는 굴속으로 들어갔다. 그러던 얼마 후 갑자기 마른하늘에 뇌성이 일어나더니 날벼락이 동굴 안으로 떨어졌다. 마을 사람들은 모두가 겁에 질려 그 자리에 엎드렸다. 얼마간의 시간이 흐르자 동굴 밖으로 원효가 불경을 외우며 검은 색 뱀 한 마리를 붙든 채 나왔다. "대사님! 무사하셨군요." 모두가 안도의 한숨을 쉬었다. 이 때 원효는 마을 사람들을 향해 손위에 쥔 검은 뱀을 내다보이며, "아! 이놈이 여러분들을 괴롭혔군요. 하지만 이제 모두 안심하십시오."하고는 그 뱀을 멀리 쫓아 보내었다. 그로부터 이 마을에는 이무기가 나타나지 않았고 또 그들에 대한 보복도 없었다. 그러나 이런 일이 있고부터 그 굴에서 더운 바람이 뿜어 나왔다. 마을 사람들은 그 바람을 당시 이무기의 원한 때문이라 하고 그들을 구해준 원효에게 찬미의 예를 올렸다.(김종국, 「이무기 잡은 원효」, 상게서)

(20)천명의 중이 수도할 수 있는 절을 지어놓자 천 명이 염불하면서 탁발하니 민폐가 이만저만이 아니었다. 그러자 원효는 한 스님을 불러 큰 부자집으로 내려가 빈 자루에 공양미가 가득 차면 돌아오라고 명령하였다. 부잣집에 가서 목탁을 치고 염불을 하니 주인이 나와 빈 자루를 가득 채우고 돌아서려는데, 그 자루는 바로 빈 자루가 되는 것이었다. 주인은 두 번 세 번 반복하다가, 아차 이것은 원효 스님의 도술임을 깨달았다. 이러다가는 우리 집이 언제 다 날아갈지 모르겠다고 걱정하면서 다음날 공양미 백 석을 마차에 싣고 절에 도착했다. 이 소문이 고을 내에 퍼져 부자들이 각각 삼십 석 오십 석씩 공양하여 천명의 중이 양식 걱정을 하지 않고 수도에만 전념하였다고 한다.(《경상남도 향토문화지》, 「원효 대사와 천성산」)

(21)영혈사(靈穴寺)는 인제 화일리 설악산 동남쪽 관모봉 아래에 있다. 원효 대

사가 와서 산세를 보니 절터로 그만이어서 절을 지었는데 물이 나오지 않았다. 그러자 부처님께 간절히 기도하니 대사의 꿈에 백발 노인이 나타나 절 근처 샘이 나올 장소를 점지해 주어 그대로 파 보았더니 물맛이 그만이었다. 그 샘 이름이 영천(靈泉)이고 그래서 절 이름도 영혈사(靈穴寺)가 되었다. 그 후 원효 대사가 인근 낙산사 홍연암으로 이거하였는데 이곳에 물이 나오지 않아 신도와 승려들이 큰 불편을 겪었다. 그러자 다시 백발노인이 꿈에서 나타나 샘터를 알려주면서 이것은 영천과 같은 수맥이니 영혈사 물이 반으로 줄 것이라고 하였다. 샘을 파 보니 과연 그랬다. 식수를 해결한 낙산사는 날로 번창했지만, 영혈사는 과거처럼 신도들을 받을 수 없어 퇴락하게 되었다고 한다.(《한국구비문학대계》 2-5, 「영혈사터와 영혈천」)

(2) 득도적 캐릭터

(1)옛날 동국에 원효법사와 의상법사가 있었다. 두 사람은 함께 당나라에 가서 스승을 찾으려 했다. 그들은 우연히 밤이 들어 노숙하면서 무덤 속에 머물게 되었다. 원효법사가 목이 말라서 물을 찾았다. 그는 왼편에 물이 많은 것을 보고 몹시도 달게 그 물을 마셨다. 다음날 원효는 그 물을 확인하게 되었는데 원래 그것은 시체의 썩은 즙이었다. 그러자 마음이 불편해 토하려 하다가 크게 깨닫고 이렇게 말했다. 내 듣기에 부처가 삼계가 유심이고 만법이 유식이라 했다. 좋고 싫은 것은 내게 있으며, 물에 있지 않다. 마침내 고국으로 되돌아와서 지극한 가르침을 널리 베풀었다.(延壽, 《宗鏡錄》 권11)

(2)처음에 원효가 보여준 자취는 변화무쌍했고, 사람을 교화시키는 방식도 일정하지 않았다. 어떤 때는 소반을 던져 중생을 구하기도 했고, 때로는 물을 뿜어 불을 껐으며, 때로는 여러 곳에서 동시에 모습을 나타내고, 또는 사방으로 자신의 입적을 알렸다고 한다. 또한 배도(盃渡)와 지공(誌公)의 무리와도 같다고 하겠다.(찬녕, 《송고승전》 권4)

(3)전남 나주시 경현동 금정산 남쪽 기슭에 자리한 다보사(多寶寺)는 사방이 울창한 삼림으로 이어져 계절의 변화에 따라 주변 경관이 아름다워 참배객의 탄성을 자아내고 있다. 삼국통일 이후 원효 대사가 전장에서 수 없이 죽어간 젊은 넋들을 추모 공양하기 위하여 창건하였다는 이 사찰은 산 위에서 굴러 떨어지는 큰

바위를 두 손으로 받아 절을 지켰다는 전설이 전해 온다.(김종국, 「다보사 큰 바위」, 상게서)

(4)경남 산청군 신등면 율현리, 지리산 동쪽 자락에 자리한 율곡사는 651년에 원효 대사가 창건한 사찰로 알려지고 있다. 대웅전의 오른쪽으로 향하면 3개의 암봉이 손에 잡힐 듯 보이는데, 그 가운데 암봉이 새신 바위이다. 원효가 이 사찰을 창건할 때 이 바위에 올라 지금의 절터를 잡았다고 전한다. 또한 대웅전에 단청을 할 때 단청 장인이 7일 동안 절대로 안을 들여다보아서는 안 된다 한 후 그가 안으로 들어간 뒤 아무런 기척이 없자 이에 궁금증을 이기지 못한 주지가 마지막 7일째 되는 날 결국 참지 못하고 안을 들여다보게 되었다고 한다. 그가 본 대웅전 안에는 새 한 마리가 붓을 물고 다니면서 벽화를 그리고 있었는데 인기척을 느낀 새가 단청을 완성하지 못하고 날아가 바위가 되었는데, 뒤에 이 바위를 새신바위라 하였다고 한다.(김종국, 「율곡사 새신바위」, 상게서)

(5)어느 날 원효가 꿈속에 푸른 용이 여의주를 물고 날아가는 것을 보았다. 그는 꿈속에서 용이 날아가는 쪽으로 숨을 몰아치며 따라다녔다. 이 때 목이 말라 주위를 두리번거리는데 갑자기 그의 앞에 우물이 나타나고 그 우물가에 한 낭자가 서 있다가 표주박을 건네며 "이걸로 목을 축이시지요." 했다. 이에 물을 마시고 "고맙소, 낭자."하며 표주박을 건네주며 그녀를 쳐다보려 하자 방금까지 그의 앞에 서있던 낭자도 우물도 모두 사라지고 없었다. 그는 낭자가 사라진 곳을 바라보다 곧 꿈에서 깨어났다. 원효는 꿈속에 나타나 자신에게 물을 건네준 낭자가 바로 관음보살의 현신인 것을 짐짓 짐작하고 그가 꿈에서 자신에게 물을 건네준 연유를 생각하였다. "이는 곧 청룡이 있는 곳으로 나를 인도하는 관세음보살님의 계시야!" 하며 그날부터 꿈에서 본 그 우물을 찾아 전국을 편력하였다. 그러던 어느 해 충주시 직동 금봉산 아래에 이르러 자신이 꿈에서 본 우물을 발견하였다. 원효는 너무나 기뻐서 그날부터 자신에게 물을 건네 준 관음보살을 생각하면서 그곳에서 백일기도에 들었다. 그는 꿈에서 보았던 청룡과 우물에서 자신에게 물을 건네준 낭자가 다시 나타나기를 서원하였다. "관세음보살님! 저에게 이곳에 사찰을 짓도록 지혜를 주십시오."하며 백일 동안 기도 정진에 들었다. 그러던 어느 날 그에 꿈에 한 낭자가 나타나 그에게 말했다. "이곳은 물이 많은 곳이니 이곳을 지키는 청룡을 달래 보시오."하였다. 그는 문득 잠에서 깨어났다. 그리고 주위에 있는 우물가로 가서 소리쳤다. "이곳에다 부처님의 도량을 만들고자 하니 청룡은 어서

나와 나를 도우시오." 하였다. 그러나 아무런 반응이 없었다. 원효는 다시 우물 안을 들여다보며, "어서 나서지 않으면 내 이 우물을 막아 버릴 거요." 하자, 문득 우물 속에서 천둥 번개가 일어나더니 한 마리의 청룡이 치솟아 올랐다. 그는 꿈에서와 같이 솟아오르는 청룡을 따라나섰다. 그러자 청룡은 원효를 힐끗 내려다보더니 어느덧 구름 속으로 사라졌다. 원효는 자신에게 지혜를 안겨준 그 낭자가 전에 꿈에 나타난 그 낭자가 틀림없다 생각하고 그의 뜻을 따라 그 곳에다 절을 짓기로 하였다. 이 사실이 소문으로 퍼지자 전국에서 신심 깊은 신도들이 다투어 찾아들었다. 그들은 원효의 꿈 이야기를 전해 듣고 다투어 불사에 동참하였다. 원효는 자신의 꿈속에 나타난 한 낭자의 도움으로 성대한 법전을 완성한 것이다. 원효는 뛸 듯이 기뻐 덩실덩실 춤을 추었다. 그리고 법당에 아미타불과 관세음보살을 봉안하고, 그가 꿈에 푸른 용을 보았다 하여 청룡사라 하였다. 그러나 후대에 창룡사로 개칭하였다.(김종국, 「화작[2])으로서 원효」, 상게서)

(6)원효가 어느 추운 겨울날 고행을 떠나다가 해가 저물어 어느 낯선 절에 들렀다. 밤에 잠을 청하였건만 구들목이 어찌나 추운 냉골이라 도저히 잠이 들지 않았다. 급기야 땔감을 찾기 위해 어스름 달빛에 홀로 법당을 뒤져보던 중에 마당에서 있는 목탑을 발견하게 되었다. 그는 바로 이것이다 하고는 냅다 도끼로 그 목탑을 패 넘기기 시작했고, 그리하여 그 나무로 아궁이에 불을 지피고 있었다. 마침 주지가 뭔가 심상찮은 소리에 이상히 여겨 밖으로 나왔다. 원효가 불을 지피고 있는 모습을 보고 몹시 화를 내었다. "이놈의 땡추야! 당장 그만두지 못할까! 그러자 원효는 도리어 이상하다는 듯이 말했다. "그 참 이상하네, 부처님도 불에 타는가?" 그러면서 태연하게 계속 땔감을 밀어 넣고 있었다. 그 후 어느 날이다. 이번에는 그가 밤늦게 소변이 급하여 벌떡 자리에서 일어났다. 문 밖을 나섰지만 도저히 변소를 찾을 수 없었다. 하는 수 없이 그는 급한 김에 아무데나 바지춤을 내리고 시원하게 소변을 보았다. 그 때 주지가 또 나타나 이 광경을 보니 며칠 전부터 묵고 있는 걸승이 목탑에다 대고 소변을 보고 있는지라 화가 치밀었다. 그는 노여움을 참지 못해, "이 놈의 땡추야 썩 떠나거라! 더 이상은 아니 되겠다."하고 호통을 쳤다. 그러자 원효는 바지춤을 올리지도 않은 채, "스님, 그렇다면 부처님이 아니 계신 곳을 가르쳐 주시오."하며 아무렇지도 않은 듯 대답하였다. 주지는 이 말에 당황하여 문득 탑 주위를 살펴보니 아니! 이게 어찌된 일인가 해질 무렵까지도

2) 불보살이 신통력으로 가지가지의 모습이나 사물을 만들어 내는 것으로 이는 원효의 신통력을 의미하고 있다.

원효에 의하여 부서졌던 목탑도 방금까지 그 탑에 오줌을 누었던 원효의 모습도 모두 사라지고 그 자리에는 처음같이 멀쩡한 삼층 목탑만 아무 일도 없었다는 듯 서 있지 않는가? '아니! 우리 절에 큰 도인이 다녀 가신 게로구나!' 주지는 탑을 향해 삼배의 예를 올리며 그간 자신의 어리석음을 후회하였다.(김종국, 「또 하나의 화작」, 상게서)

(7)원효는 장안의 기승인 대안대사의 행각을 보고 여러 사람들이 그를 파계승이라 부를 때, 그는 그 연유를 알아내기 위하여 젖동냥을 하는 그의 뒤를 따른 적이 있다. 하루는 그가 시자와 함께 대안이 기거하고 있는 석굴에 들렀다. 그러나 대안은 그날도 젖동냥에 나서고 자리를 비웠다. 원효가 석굴에서 어미를 잃고 구석에 쭈그리고 앉아 있는 너구리 새끼들을 살피다가 문득 그 중 한 마리가 죽어 있는 것을 보았다. 원효는 그를 보는 순간 몹시 안타깝고 괴로웠다. 그는 바랑 속에서 목탁을 꺼내 죽은 새끼를 나뭇잎으로 덮고는 금강경을 염송하였다. 그 때 밖에서 인기척이 있었다. 그 굴에 들어선 사람은 대안이었다. 대안은 염불에 들은 원효를 등 뒤에서 바라보며, "아니! 원효 스님, 지금 뭘 하시는 거요?" 원효는 짐짓 놀라며 그를 응시하며 말했다. "네, 오늘 아침에 이놈들 중 한 놈이 죽었소. 그래서 지금 극락왕생을 기원하고 있는 겁니다." 순간 대안은 너털웃음을 웃으며. "그래 원효 스님께서 이놈의 영혼을 천도하고 계셨구료, 그러나 잘못되었소. 이 놈에게는 금강경보다 이 놈에게 맞는 경이 있소." 하면서 풀잎에 덮어진 죽은 새끼를 끄집어내어 죽은 새끼를 자신에 볼에 부비면서 곡을 하였다. "아이고 불쌍해라, 어미도 잃고 그 괴로움을 어찌하였느냐? 불쌍하고 불쌍하구나!"하면서 대성통곡을 하였다. 잠시 동안 원효는 어안이 벙벙하여 정신을 차리지 못하였다. 그러나 대안은 얼마 동안의 곡을 마치고 원효를 바라보며 말했다. "이놈에게는 이것이 천도지요. 하하하……." 원효는 문득 또 하나를 깨달았다.(김종국, 「또 하나의 중생」, 상게서)

(8)원효 대사는 척판암에서 10여리 떨어진 곳에 암자를 짓고 제자들과 함께 유유자적하고 있었다. 하루는 원효가 급히 제자를 불렀다. "어서 여기다 물을 가득 담아 오도록 하여라!" 하면서 방안에 걸려 있던 채를 벗겨 제자에게 내밀었다. "아니 큰스님, 이것은 채가 아니옵니까?" 그러자 원효는 아무 일도 없었다는 듯이, "물을 떠오라 하였더니 입으로 물을 떠 오느냐?" 하면서 방문을 닫아 버렸다. 채를 받은 제자는 한동안 머뭇거렸으나 대사가 시키는 일이라 그대로 가서 용심지

(龍深池)의 물을 떠 보고자 했다. 그러나 채에 물이 담겨질 리가 만무하였다. 계속 채에다 물을 받으려고 하다가 이제 어둠이 깔렸다. 제자는 다시 채를 물속으로 담구고 나서 들었더니 갑자기 이상한 일이 일어났다. 좀 전까지 담기가 무섭게 빠져났던 물이 이제는 채에 담기기 시작한 것이다. 그들은 놀라움과 함께 조심조심 채에 물을 담아 들고 일어섰다. 그들은 조심조심 공손이 대사에게 채로 뜬 물을 바치고는 자신들도 모르게 긴 한숨을 내쉬었다. 그러나 원효는 아무 말 없이 제자가 떠다 바친 채를 방안으로 받아들였다. 채를 받아든 그가 북쪽을 향하여 무슨 주문을 외우며 뿌리자 하늘에서 금방 오색의 구름이 일어나더니 북쪽 하늘로 흘러갔다. 제자들은 모두 놀라 환호성을 쳤다. “물이 날아간다.” 그런데 이때 월성의 불국사에서는 불이 일어났다. 대웅전에 불이 붙어 타고 있었을 때였다. “비다, 비!” 갑자기 남쪽 하늘에서 오색의 구름이 날아와서는 한 바탕의 비를 퍼부어대니 그만 불은 꺼지고 말았다. 그 뒤로 원효가 살던 척판암 뒷 골짜기를 도통골이라 하였다.(김종국, 「도통골의 신비」, 상게서)

(3) 무애적 캐릭터

(1)어느 날, 원효는 춘의(春意)가 발동하여 다음과 같은 시가를 지어 부르며 거리를 돌아다녔다. “누가 자루 없는 도끼를 주려나, 하늘 받칠 기둥을 찍어내련다.” 사람들은 모두 이 시가가 무엇을 의미하는지를 깨닫지 못했다. 다만 그때 태종 무열왕이 듣고서 말했다. “이 스님이 귀부인을 얻어 훌륭한 아들을 낳고 싶어하는구나. 나라에 훌륭한 인물이 있으면 이익이 그보다 클 수가 없지!” 그때 요석궁에 홀로 된 공주가 있었다. 무열왕은 궁리(宮吏)를 시켜 스님을 찾아 요석궁으로 인도해 들이게 했다. 궁리가 왕명을 받들고 원효를 찾아다니다가, 그가 이미 남산에서 내려와 문천교[3]를 지나는 스님을 만났다. 원효는 일부러 물에 빠져서 함빡 옷을 적셨다. 궁리는 원효를 요석궁으로 데리고 가 거기서 옷을 끌러 말리도록 했다. 이리하여 그는 그 요석궁에 유숙하게 되었다. 요석 공주는 과연 임신을 하더니 설총(薛聰)을 낳았다. (일연, 《삼국유사》 권4 원효불기조)

(2)바로 대안 성자를 불러 차례대로 엮게 하였다. 대안은 도무지 예측할 수 없는 사람이었다. 외형이나 복식이 아주 이상했고, 매번 저잣거리나 가게 안에 머물

3) 속전에는 <모천> 또는 <문천>이라 하고, 다리 이름은 유교(楡橋)라 한다.

렀는데, 구리로 만든 바리때를 치면서 "정말 편안하다. 정말 편안하다!"고 소리쳐서 그런 이름을 갖게 되었던 것이다. 대안이 말하였다. 빨리 원효에게 맡겨 강독하도록 해야지 다른 사람에게 맡기는 것은 안 될 것이다.(普瑞,「華嚴懸談會玄記」해동원효)

(3)원효는 이미 파계하여 총을 낳은 뒤로는 세속의 복장으로 바꾸어 입고 스스로 소성거사(小姓居士)[사기에는 小性居士로 되어 있음]라 일컬었다. 우연히 광대[優人]들이 가지고 노는 큰 박을 얻었는데 그 형상이 진기했다. 스님은 광대의 그 박의 형상을 따라 도구를 만들어 화엄경의 "一切無㝵人 一道[一乘]出生死"에 의거하여 무애(無㝵)란 이름으로 그 도구를 명명하고 거기에 해당하는 노래 「무애가」를 지어 세상에 퍼트렸다. 일찍이 이 도구를 가지고 그는 많은 촌락을 돌아다니며 노래하고 춤추고 널리 교화를 펼치고 돌아왔다. 이리하여 저 오두막집의 더벅머리 아이들까지도 모두 불타의 명호를 알게 하고 나무아미타불을 부르게 했으니, 원효의 교화는 참으로 크기도 하다. (일연, 《삼국유사》 권4 원효불기조)

(4)얼마 안 되어 미친 소리를 하고, 어그러진 행동을 보이며, 거사들과 함께 술집이나 창가(倡家)에 들어가기도 하고, 지공(誌公)인 듯 금도철석(金刀鐵錫)을 지니기도 했다. 소(疏)를 지어 화엄경을 강론하기도 하고, 또는 가야금을 어루만지면서 사우(祠宇)에서 음악을 즐기기도 하였다. 또는 여염집에 들어가 자기도 하고, 또는 자연 속에서 좌선을 하기도 했는데, 자기 뜻에 따라 형편 되는 대로 지내, 도무지 일정한 규범이 없었다.(贊寧, 《송고승전》 권4)

(4) 원융적 캐릭터

(1)의상은 치악산 아래 구룡사를 창건하면서 아홉 마리의 청룡을 쫓아내고 그 자리에다 사찰을 창건하였다. 하지만, 원효는 구룡산 아래 송림사를 창건하면서 아홉 용을 설득하여 함께 동참하게 하였다는 데서 원효의 화쟁사상은 더욱 빛을 발하고 있다.(김종국, 「송림의 용궁」, 상게서)

(2)청색과 쪽풀은 근본이 같고 얼음과 물은 근원이 같으며 거울이 수많은 형상을 받아들이고 물이 천 갈래로 갈라지는 것과 같다. 통융하여 서술하니 그 이름을 십문화쟁론이라고 한다.(「高仙寺誓幢和上碑」)

(5) 성불적 캐릭터

(1)그가 입적하자 아들 총은 그 유해를 가루 내어서 진용(眞容)을 만들어 분황사에 봉안해 두고서 돌아가신 아버지에 대한 존경과 흠모의 뜻을 표했다. 설총이 그때 아버지의 소상(塑像) 곁에서 배례했더니, 소상이 홀연 돌아다보았다 한다. 지금도 소상은 여전히 돌아다보는 모습 그대로 있다.(일연, 《삼국유사》 권4 원효불기조)

(2)수공(垂拱) 2년(686) 3월 30일 혈사(穴寺)에서 마쳤는데 나이 70이었다. 곧바로 절의 서쪽 봉우리에 임시로 감실(龕室)을 만들었는데, 여러 날이 지나지 않아 말탄 무리가 떼지어 와서 유골을 가져가려 하였다.(「高仙寺誓幢和上碑」)

(3)울주군 삼남면에 작동[까치마을]이 있다. 원효 대사가 이 마을 우물가를 지나다가 목이 말라 물을 한 바가지 얻어먹으면서 "나, 인자 멀지 않아서 세상을 떠납니다. 이 샘에 까치들이 날아와 울어 사커들랑 내가 세상 떠난 줄 아시오."라고 말하고 떠났다. 얼마 후 우물가에 까치들이 날아와 깍깍하고 시끄럽게 울기에 마을 사람들은 원효 대사가 돌아가신 줄 알았다. 그 이후 원효 대사를 본 사람이 없었다고 한다.(《경상남도 향토문화지》, 「원효 대사와 鵲洞」)

(4)경산군 와촌면 대동리 상상봉에 천선암이 있다. 옛날 원효 대사가 수도했던 자리인데 당시 바위 뒤 작은 구멍에서 쌀이 나와서 공양미를 해결할 수 있었다. 그런데 상좌중이 양이 적다고 작대기로 쑤신 후 쌀이 나오지 않고 피가 나왔다. 그래서 상좌중은 죽고 원효 대사는 평소 짚고 다니던 천도복숭아 지팡이를 그 자리에 꽂아두고 떠나면서 이 작대기가 살아있으면 내가 살아있는 줄 알고, 죽으면 내가 죽은 줄 알라고 했다, 그런데 그 꽂아놓은 나무가 자라서 아직까지 꽃을 피운다고 한다.(김광순, 천성암의 샘, 《한국구비전승의 문학》)

이상에서 보다시피 원효의 인물적 성격은 1. 신통적 캐릭터(21), 2. 득도적 캐릭터(11개), 3. 성불적 캐릭터(5개), 4. 무애적 캐릭터(4개), 5. 원융적 캐릭터(2개) 순으로 나타나듯이, 후대인은 신통한 원효가 득도하여 무상무하 시방생(無上無下十方生)을 실천하고 결국 성불의 경지에 이르렀다고 생각하고 있음을 알 수 있었다.

4) 결론

이제까지 원효에 대하여 역사적 기록만 참고하여 화랑으로 출발하여 출가 - 득도 - 파계를 거쳐 무애와 화쟁사상을 실천한 신라시대 명승으로 평가해 왔다. 그러나 이런 점만으로는 원효의 캐릭터적 성격을 제대로 드러내지 못했다는 아쉬움이 있었다.

특히 경산시에서는 이 지역의 역사적 인물로 삼성현[원효, 설총, 일연]을 제시하고 역사문화공원을 설립하는 현창사업을 벌리고 있는데, 구체적으로 삼성현의 무엇을 현창할 것인가 하는 정체성이 도출되지 못했다.

이런 점에서 단편적 역사기술에 추가하여 설화를 추적하여 스토리텔링 작업을 시도한 점은 삼성현의 캐릭터적 성격을 도출하는 데 큰 도움이 될 것으로 생각된다.

본고에서는 원효 스토리텔링의 유형과 캐릭터적 성격 도출을 통해, 한마디로 원효는 "중생제도를 위하여 순교적 파계를 감행한 민중불교의 선구자"라고 특징화할 수 있었다.

2. 설총 스토리텔링의 유형과 캐릭터적 성격

1) 설총의 역사적 기록

설총에 대한 역사적 기록은 《삼국사기》 열전 설총조, 《삼국유사》 원효불기조, 《고려사》 현종조에 간헐적으로 나타난다. 이를 바탕으로 학계에서는 대체로 다음과 같이 설총의 일대기를 기록하고 있다.

신라 경덕왕(景德王; 재위 742~765년) 때의 학자로서 자는 총지(聰智)이며, 호는 빙월당(氷月堂)이다. 경주 설씨(慶州薛氏)의 시조로서 할아버지는 나마(奈麻; 11관등) 담날(談捺)이며, 아버지는 원효 대사(元曉大師)이고, 어머니는 요석공주(瑤石公主)다.

신라 불교의 조종(祖宗)이나 다름없는 원효가 스스로 계율을 어기고 환속한 것은,《삼국유사》에 모두 기록되어 있다. 당으로 가는 유학길에서 '해골 물의 깨달음'을 얻고 돌아온 그가 서울[金城] 시내에서 춤추면서 다음과 같은 노래를 불렀다.

誰許沒柯斧 누가 내게 자루 없는 도끼를 빌려주겠는가?
我斫支天柱 (그러면) 내가 하늘을 떠받칠 기둥을 만들겠노라.

무열왕이 이 소식을 듣고, 비로소 원효가 부인을 얻어 아들을 구하기를 바란다는 것을 눈치챘는데, 마침 이 무렵 백제와의 전쟁 때에 남편을 잃고 과부가 된 셋째 딸 요석 공주와 인연을 맺어주고자 관리를 보내어 원효를 찾게 하였다. 이것을 안 원효는 관리들과 월정교에서 마주치자 일부러 다리 위에서 뛰어내려 물에 빠진 뒤, 젖은 옷을 말린다는 이유로 요석 공주와 자연스럽게 합방했고, 이로써 설총이 탄생되게 되었다.

원효가 혈사(穴寺)에서 입적하자 설총은 아버지 원효의 뼈를 빻아서 진흙에 섞어서 원효 대사의 모습을 본따 소상(塑像)을 만들어 분황사에 모셨는데, 설총이 분향을 마치고 나가는데 그 소상이 고개를 돌려 설총을 바라보았고, 이후 그렇게 고개를 돌린 모습으로 쭉 남아있었다고 《삼국유사》에 전한다.

설총은 어려서부터 성품이 총명하고 예민하여, 배우지 않고도 도술(道術)을 알았다고 했다. 신라 십현(十賢)의 한 사람으로 한림(翰林)을 지냈고 주로 왕의 자문역을 맡아보았다. 유학(儒學)과 문학(文學)을 깊이 연구한 학자로서 일찍이 국학(國學)에 들어가 학생들을 가르쳐 유학의 발전에 기여했으며 그가 창제한 중국 문자에 토를 다는 방법은 당시 중국 학문 수용에 큰 도움이 되었다.

그는 중국 한자의 음과 뜻을 빌려 우리말을 적는 표기방법, 소위 말하는 '이두'의 창시자로 알려져 있다. 그러나 '이두'라는 단어는 고려후기에 가서야 생겨난 단어로, 지방 고을의 아전 즉 향리들이 공문서에 사용했던 것에서 '이두'라는 말이 유래한 것이다. 신라 때에는 '향찰'이라고 불렀다. 《삼국사기》 열전 설총조에는 그 기록에 대해서 "방언을 가지고 구경(九經)을 읽어서 후생을 가르쳤으므로 지금까지 학자들이 그를 높이 받든다."라고 적었고, 《삼국유사》 원효불기조에서는 "우리나라 방언으로 중국과 우리나라의 지방 풍속, 사물의 이름 등을 거침없이 통하여 6경의 뜻을 새김으로 풀었으니, 지금까지 우리나라에서 경학을 전문하는 학자들이 끊임없이 전습하고 있다."라고 기록했는데, 여기서 말하는 방언이란 중국어가 아닌 말, 즉 우리나라 국어를 말한다.

이에 설총 이후의 사람들은 '한문의 음과 훈을 가지고 우리말을 적는' 표기 방식을 설총이 창제했다고 여기게 되었고, 훗날 조선조 《세종실록》에도 설총이 이두의 창제자로서 등장하고 있다. 하지만 고려의 광개토대왕릉비나 백제 목간, 설총이 태어나기 이전에 만들어진 '명활산성작성비'나 '임신서기석' 같은 신라 금석문에서 이두의 표기형태가 나타나고 있는 것에서, 설총이 그 이전에 없던 것을 새로 만들어냈다는 말은 잘못된 것이고, 설총은 단지 오랜 옛날부터 내려오는 것을 그저 '정리'한 것에 지나지 않는다고 보아야 한다. 하지만 그가 정리한 표기 방식 즉 '이두'는 신라가 망한 뒤에도 천년 동안, 심지어 국문이 창제된 15세기를 지나 조선조가 망해가던 19세기까지도, 중인들 사이에서 공문서 작성 등에 숱하게 사용되었다.

이두뿐만이 아니라, 설총은 우리나라에서 기록으로 전하는 가장 오래된 가전(假傳)인 「화왕계(花王戒)」의 저자로 알려져 있기도 하다. 조선조 서거정이 지은 《동문선》에 실린 뒤, 오늘날까지도 여러 곳에서 동화로 숱하게 개작되고 재인용되는 이 이야기는, 재능있는 인재보다 간사한 간신들이 등용되고 있는 세태를 풍자하고 비판하는 내용이라는 것에서, 어찌 보면 6두품 출신 관리인 자신이, 당시의 국왕인 신문왕(神文王; 재위 681~692년)과 진골 귀족들을 빗대어 그들에 대해 은유적으로 비판한 것이라 볼 수도 있을 것이다. 나아가 능력에 따라 관리를 임명해야 한다는 유교적 왕도정치를 강조하고 있다고 볼 수 있다.

그가 태어난 요석궁(瑤石宮) 자리를 《삼국유사》의 주석에서는 지금의 '학원' 터라고 했으니, 고려 때의 향학이자 곧, 신라 시대의 국학을 말한다. 신라 시대를 막론하고, 당시 당나라나 발해, 일본에는 불교를 믿는 사람들이 자신의 집을 내놓아 절로 고쳐 사용하는 일이 잦았다. 신라의 천룡사(天龍寺)나,

일본의 보도인(平等院) 같은 것이 그러한 것이다. 설총은 유학자였으므로, 불교도들이 자신의 집을 사원으로 내놓듯 자신이 태어난 집 역시 유교의 학당으로 내놓았던 것으로 생각된다.

《삼국사기》에는 또 이런 이야기도 있다. 일본국 진인(眞人), 즉 8세기 일본의 황족이자 관리였던 오우미노 미후네(淡海眞人三船)가, 코닌(光仁) 덴노(天皇) 호키(寶龜) 11년 정월에 신라에서 사신으로 온 판관(判官) 한나마(韓奈麻) 설중업(薛仲業)에게 시를 지어준 적이 있는데, 그 서문에서

"일찍이 원효 거사가 지은 《금강삼매론(金剛三昧論)》을 읽고 그 사람(원효)을 보지 못한 것을 깊이 한탄했었는데, 신라국 사신 설씨가 거사의 손자라는 것을 듣고, 비록 그 할아버지를 보지는 못하였어도 그 손자를 만난 것이 기쁩니다. 이에 시를 지어서 드립니다."

고 하였다는 것이다. 설중업이 원효 대사의 손자라고 했다면 그는 설총의 아들일 가능성이 크지만, 정작 그 이후로는 어떻게 후손이 이어졌는지 아는 바가 없다.

그가 지은 글은 오늘날까지 남아있는 것이 별로 없다. 다만 《삼국유사》에는 719년(성덕왕 18) 「감산사아미타여래조상기(甘山寺阿彌陀如來造像記)」를 설총 자신이 직접 찬했다고 하면서 글을 실어놓았다. 한편 《삼국사기》에서는 우리나라의 남쪽 지방에 더러 설총이 지은 비명(碑銘)이 있으나 대부분은 그 글자가 마멸되고 떨어져나가 읽을 수 없고, 설총이 일찍이 당에 가서 공부하였다고 하나 그런지 아닌지는 알 수 없다고 했다.

그는 훗날, 우리말로 중국의 경전을 풀이한 공로를 인정받아 '동방 경학의 스승'으로 추앙받게 되었고, 고려 현종 재위 13년 천희(天禧) 5년 신유(1021)에 이르러, 문창후(文昌侯)로 추증된 최치원과 거의 같은 시기에, 홍유후(弘儒侯)로 추증되었다. 조선조에 이르러서는 해동18현(賢) 가운데서도 으뜸으로 모셔지게 되었으며, 경주에 서악서원(西岳書院)이 지어질 무렵에는 그곳에 최치원, 김유신과 함께 배향되었다.

설총의 무덤이라 전하는 봉분이 명활산 동쪽 능선 아래에 있는데, 족보에는

그의 무덤이 있는 위치에 대해서 “묘월토산 자좌(墓月土山子坐)”라고 기록하고 있다. 산의 이름에서 차이가 있지만 경주 단석산을 월생산(月生山)으로 부른 예가 있음으로 보아, 지금의 명활산을 월토산으로 불렀을 가능성도 있다. 원래는 산록이었겠지만 개간이 이루어져 현재는 주위가 전답이 되어 인근에 10여 가구 정도의 민가가 있다. 둘레에는 아무런 장식이 없어 경주 및 순창 설씨 후손들에 의해 상석과 묘비가 만들어졌고, 외곽에 철책이 둘러져 있다. 호석은 흙 속에 묻혀져 있으나 일부의 흔적은 보이고 있다.

2) 설총 스토리텔링의 유형

(1) 출생담

설총의 경우도 대부분의 영웅처럼 신이한 출생담을 가지고 있다. 삽화소 측면에서 이를 열거해 보면 ①선대의 신비성 ②부부 합궁시 신비 ③석불 전 기도 ④탄생 시의 청수함 등을 들 수 있다.

①선대의 신비성

설총은 당대 명승이었던 아버지 원효 대사와 과공주(寡公主)인 어머니 요석공주 사이에서 태어난 것만으로도 비범성을 갖는다. 더군다나 《삼국유사》 원효불기(元曉不羈) 조에 보이는 원효 대사의 선택은 자발적인 것으로 드러나니 이것을 어떻게 해석할 것인가는 후인의 몫이다.

> 누가 내게 자루 없는 도끼를 빌려주겠는가?
> (그러면) 나는 하늘 떠받칠 기둥을 만들겠노라.[《삼국유사》 원효불기(元曉不羈)]

원효의 유혹은 노골적이었다. 즉 스스로 불가의 계율을 어긴 것이었다. 얼마 전 당나라로 들어가려다가 당항성에서 해골 물을 마시고 크게 깨우친 바 있었기에, 모든 것은 생각하기 나름이니 계율을 깨더라도 그것이 오히려 중생을 구제하는 데 더 도움이 된다면 즐겨 파계하겠다는 각오가 이미 확고했던 것이 아닐까? 생사고락에 시달리는 중생을 구하기 위해서는 자신도 그들과 똑같은 경험을 해야만 중생들을 구제할 수 있었으리라. 이에 원효는 남녀간의 사랑이란 무엇이고, 자식을 양육하는 고통이 무엇인가를 체험하는 길로 자발적으로 들어선 것이었다.

②부부 합궁시 신비

원효가 요석 공주와 인연을 맺은 후 얼마 있어서이다. 경주 남악산 불굴암에 흰 구름이 자욱하여 사라지지 않는 등 이상한 기운이 3개월이 지나도록 사라지지 않았다.(「남악산의 삼신당」)

③석불 전 기도

태사공 원효는 요석 공주와 합궁시 일기의 신비함에 마음으로 무언의 깨우침[靜知]이 있어, 그 신령스런 기운[瑞氣]이 가라앉자 부인 요석 공주와 함께 남악산으로 들어가 정성을 다해 매일 다음과 같이 백일기도를 드렸다.

산신이시여! 승려 신분이었던 저는 한 여자를 사랑하여 파계한 몸이 되었습니다. 그러나 저의 파계는 저의 개인적 욕심이라기보다는 이 나라를 지탱하는 대들보를 낳아보려는 마음에서였습니다. 만일 저희 부부에게 자식을 점지해 주신다면 반드시 큰 인물로 키워 보도록 하겠습니다.(「남악산의 삼신당」)

④탄생 시의 신비

기도의 효험이 있어, 요석 공주는 태기가 있게 되었고, 신령스러운 기운을 타고 설총이 태어나게 되었다. 설총이 태어날 때 역시 동남 방향으로부터 오색의 신기한 구름이 문밖의 땅을 덮었다. 갓 태어난 설총의 골격이 맑고 빼어나자[淸秀] 태사공은 목을 어루만지며 이르기를

"이 아이는 필시 천인(天人)이 내려온 것이 분명하니, 이름을 총(聰)이라."

하자고 하였다.(「남악산의 삼신당」)

(2) 성장담

설총은 성장 과정에서도 장차 나라에 큰 인물이 될 면모와 역량을 종종 보

여준다. 이를 열거하면 ①준수한 외모와 지혜, ②관상자의 예언, ③태종 무열왕과의 만남, ④유학에의 정진 등을 들 수 있다.

①준수한 외모와 지혜

설총의 나이 10세에 이르자, 얼굴이 거인 같았고, 지혜와 사려가 깊고 원대하여 뛰어난 용모[魁]에 군자의 기량이 엿보였다. 이에 요석 공주는 기쁜 마음으로

"하늘이 나를 은밀히 도와 영특한 아들을 얻어, 아들이 뛰어남[超倫拔華]이 있으니, 이는 진실로 우리 가문의 빛을 일으킬 보배로운 자식[興光寶駒]이다. 이에 나는 더욱 정성[依倚]을 다하여 이 아들로 하여금 만년에 반드시 가문의 영광과 부귀를 향유하고자 한다."

라고 말하였다.(「남악산의 삼신당」)

②관상자의 예언

설총이 어렸을 때 하루는 관상자가 와서 보고는

"그대는 제비 목에 호랑이 머리를 가진[鷰頷虎頭] 두상이어서 날면서 고기를 먹으며 만리를 날아가는 제후의 상이라."

고 하였다. 과연 관상자의 예언대로 10살이 채 못 되어 이미 서사(書史)에 두루 통하고 고금의 사적을 두루 꿰뚫었다.(「출생과 성장」)

③태종 무열왕과의 만남

설총의 외할아버지는 태종 무열왕이었다. 태종은 압량주에 훈련중인 군사들을 독려하기 위하여 자주 이곳을 방문했었고, 이때 중간 지점에 있는 호국사찰 반룡사에 들렀는데 이는 국태민안을 기원하기 위해서이기도 하지만 이곳에는 요석 공주와 외손자 설총이 기거하고 있었기 때문이었다. 상면시 무열왕은 어린 설총을 격려했을 것이고. 그 과정에서 나는 무열왕의 외손자라라는 자부심을 갖고 속으로 큰 인물이 되겠다는 다짐을 했을 것이다.

무열왕은 한참 전쟁 중이기는 하였지만 부대 사열과 더불어 병사들을 위로도 할 겸 위험을 무릅쓰고 종종 경주에서 첩첩산중인 산내 지역을 거쳐 지금의 왕재를 통하여 압독 지역을 왕래하지 않을 수 없었다. 이런 순행의 과정에서 중간에 있는 반룡사에 들리기도 하였는데, 그 첫째 이유는 원효가 창건한 이래 일정기간

주석했을 뿐만 아니라 자신의 딸 요석 공주와 손자 설총이 거주하고 있었기 때문이었고, 둘째 이유는 신라 왕실의 기원시찰이니 당연히 중요한 국태민안 법회에 참여했었다고 볼 수 있다. 이와 같이 무열왕이 수시로 넘어다닌 고개이기 때문에 이 고개를 왕재라고 일컫게 되었다.(「왕재에서의 해후」)

④유학에의 정진

요석 공주는 처음에는 승려가 화랑과 버금가는 사회적 지위에 있었기에 설총에게 아버지의 뒤를 잇게 할 마음이 없었던 것이 아니었으나, 시대가 바뀌면서 승려들의 역할이 점차 축소되는 것을 보고, 아들에게 유학에 정진하도록 유도한 것 같다. 더군다나 설총은 나면서부터 재주가 많았고, 하나를 가르쳐주면 열을 깨달았다. 아버지로부터 어머니와 함께 종교적 버림을 받았으니, 어머니에게 효도하는 것만이 자신이 할 일임을 깨달았다. 바로 그것이 학업에 전념하는 것이었으니, 어머니 역시 이런 자식을 가르치는 즐거움을 느꼈을 것임은 자명하다. 당시 설총이 면학정진 하던 모습을 "유년 시절 성장지인 유촌동 독자골에서 독경하는 소리가 경주까지 들렸다"고 기술하고 있다.[「수리파(修離破)의 길」)

(3) 공적담

설총의 공적은 대부분 이 땅에 국학을 세우고 유학을 체계화시키는 점으로 귀착된다. 이를 열거하면 ①구경의 도입 ②국학의 체계화 ③이두의 집대성 등을 들 수 있다.

①구경의 도입

설총이 신문왕조에 백의정륜학사로 중국에 사신으로 갔을 때 천자가 자랑스럽게 구경(九經)을 내어 보이면서

"신라에도 이 책이 있는가?"

라고 물었다. 이에

"저희 나라에는 없습니다. 청컨대 신이 머무는 곳에 반출하여 보기를 원합니다."

라고 하니 허락하였다. 이에 하룻밤만에 모두 다 암기하고 다음날 입조하여

"신라에는 이 책이 없으니, 원컨대 한 질을 하사여 주시기를 원합니다."

라고 하였다. 그러나 천자가 불허하여 설총은 빈손으로 귀국하였다. 그런데 설총

이 귀국하자마자 갑자기 동방에 상서로운 기운[瑞氣]이 보이며 천둥소리가 나자, 천자가 경황없이 가까이 있는 시신(侍臣)들에게 이유를 묻자, 한 신하가 아뢰기를
"설총은 동쪽 나라의 이름있는 현인으로, 만인이 숭앙하는 인물인데, 우리나라에서 제대로 대접을 하지 않아서 하늘이 필시 경계를 보인 것입니다."
라고 하였다. 그때서야 천자는 입조할 때 설총을 제대로 보지 못한 자신의 불민함과 또 9경을 들려보내지 못한 것에 대하여 크게 뉘우쳤다. 그러나 설총은 사행에서 돌아와 하루밤만에 암기한 것을 바탕으로 9경을 편찬하여 후세에 전했으니, 그 총명함을 어찌 말로 다 표현할 수 있겠는가.(「구경의 해독」)

②국학의 체계화

관직을 버리고 田莊으로 돌아와 띠풀[茅]을 잘라 大堯祠를 짓고 舜禹湯文武王을 배향했다. 經을 살펴 당시 찬익지신[贊翊之臣]의 위판을 모시고 제향은 稷과 契임금에게만 하고 동서무에는 제향하지 못하였다. 요임금 사당 동서에다 사당을 짓고, 설(契)을 동쪽 사당에 모시고 탕임금 이후 중홍의 성인인 傅說 比干 箕子 微子 伯夷 叔齊의 무리를 배향했다. 稷을 서쪽 사당에 모시고 公劉 太王 王季 太伯 虞仲 成康을 배향했다. 시경을 고증한 후 仲山甫 尹吉甫 衛武公의 무리를 이곳에 배향했다. 요임금 사당 뒤에 伏羲 神農 黃帝 少昊 顓頊 帝嚳의 묘를, 요임금 사당 앞에 공자의 묘를 세우고 70제자를 배향했다. 또 옛날 중국 先儒 중에서 가히 후세에 스승으로 삼을 만한 자를 뽑고, 본국의 유덕지사를 뽑아서 전후좌우 적절한 공간에 별도의 사당을 지어 위치시켰다.(「유학의 체계」)

③이두의 집대성

《삼국사기》에는 설총이 "우리말(方言)로 구경을 읽고 후생을 훈도하였다(以方言讀九經 訓導後生)."라 하였고, 《삼국유사》에도 "우리말(方音)로 화이(華夷)의 방속(方俗)과 물명(物名)을 이해하고 육경(六經)과 문학을 훈해(訓解)하였으니, 지금도 우리나라〔海東〕의 명경(明經)을 업(業)으로 하는 자가 이를 전수(傳受)하여 끊이지 않는다."라고 하였다.(「이두 언해」)

(4) 인물담

설총의 인물됨은 한 사회인으로서 완벽함을 보여주는데 이를 구체적으로

살펴보면 ①신하의 충정, ②부모에 대한 효심 ③관리로서의 정통성 등의 면모를 보여준다.

①신하의 충정

신문왕은 전제왕권 국가를 만들기 위해 모반 세력을 숙청하고 자신의 왕권을 공고히 하기 위해 고독한 군주의 길을 걸어야 했다. 이러한 그에게 위안을 줄 수 있는 인물은 오직 육두품 귀족 출신의 유학자들이었으리라 생각된다. 때마침 국학을 세우고 경(卿)을 두었으니, 그가 설총이 아닌가 하는 추측을 하여 볼 수 있다. 무열왕(29대)이 외할아버지고, 문무왕(30대)은 외삼촌이니, 신문왕(31대)은 설총의 외사촌이다. 신문왕으로서는 설총이 고종사촌인 셈이다. 그러니 사사로이 술자리를 함께 할 수도 있었을 것이다.

> 온갖 꽃이 피어 있는 꽃나라의 화왕(花王)이 처음에는 꽃 중에서 가장 아름다운 장미를 사랑했다. 그러나 할미꽃이 나타나 "임금님께서는 좌우에서 온갖 물건을 넉넉히 공급해서 비록 기름진 쌀과 고기로 창자를 채우고, 아름다운 차와 술로 정신을 맑게 하오나, 상자 속에 깊이 간직한 양약으로 원기를 돋우어야 하고, 영사(靈砂)로 독을 제거해야 한다."라고 충언(忠言)했다. 이에 감동한 화왕은 요망한 무리를 멀리하고 정직한 도리를 받들게 되었다고 말했다.

위와 같은 「화왕의 이야기」를 다 들은 신문왕은 신하다운 신하가 없는 현 신라의 조정에서 자신의 왕도정치를 제대로 펼칠 수 있는 유일한 길은 충신을 가까이 해야 한다는 설총의 깊은 뜻을 직감적으로 알 수 있었다. 그리고 이 이야기는 전해오는 이야기가 아니라 설총이 직접 만들어낸 이야기라고 생각하였다. 이에 신문왕은 무릎을 치면서 이르기를,

> "그대의 우언(寓言)에는 정말 깊은 의미가 있으니, 글로 써서 후대 왕들의 계감(戒鑑)으로 삼을 수 있도록 해주기를 바라오."

라고 하였다. 그리고 나서 신문왕은 자신에게 치도를 제시해 준 설총을 발탁하여 한림학사란 높은 관직에 임명하였다.(신문왕과 「화왕계」)

②부모에 대한 효심

아버지는 평생 사랑하는 가족과의 인연을 끊는 출가의 길을 걸었지만, 설총은 반대로 유학자의 길을 걸었기에 나라에 충성하고 부모에게 효도하는 것만이 자신이 선택할 수 있는 전부였었다. 그러기에 비단 아버지는 아들을 버렸지만 아들은 아버지를 버릴 수 없었다. 그 구체적인 증거가 다음과 같은 일화에서 그대로 드러나고 있다.

> 설총은 아버지 원효가 세상을 떠나자 유골을 부순 가루로 원효의 소상(塑像 · 찰흙으로 만든 사람의 형상)을 만들어 분황사에 안치하고 예불이 드리니 소상이 고개를 돌려 설총을 바라보았다.(「설총의 효심」)

아버지의 소상을 만든다는 것은 이 겨레의 영원한 스승으로 삼으려는 의도의 일환이다. 여기서 설총은 효심이 지극한 유학자이지만 아버지를 위하여 불교 예식을 주관했음에 종교를 초월한 실천적 유학자였음을 말해 주는 것이다. 그리고 원효가 비단 속세를 떠나 평생 승려로 살아왔지만, 입적한 후에라도 아들의 효성을 모른 체할 수 없었으니, 바로 그것이 사후에 만든 소상이 고개를 돌리는 이적으로 답례한 것이 아니겠는가?

③관리로서의 정통성

> 성덕왕이 정치의 요결[政要]을 묻자, 설총이 권하기를
> 전사(典祀) 전속(典屬) 예부(禮部)를 설치하고, 백관을 규방(規方)에 나아가서 간쟁(諫爭) 고역(告逆)의 도를 익히고, 연장자에게 기민의 구휼과 홀아비와 과부의 봉양 그리고 병을 고치는 법을 배우도록 하여야 한다고 하였다.
> 이에 왕은 모든 것을 따랐다.(「입신양명」)

(5) 사후담

공적 인간은 죽은 후에 다시 평가를 받는데, 생존시의 평가보다도 사후 역

사적 평가가 더 올바른 경우가 많다. 설총은 생존시보다도 사후 평가가 후한 경우라고 할 수 있다. 설총의 사후담은 ①현종에게 현몽, ②홍유후에 추증, ③실묘 위치 현몽, ④서악서원에 배향 등을 들 수 있다.

①현종에게 현몽

고려 현종 신유년(辛酉年)에 가뭄이 극심하여, 왕은 걱정하여 신령을 달래는 곳[妥靈處]에서 정성껏 기도하였으나 별 효험이 없었다.

경인일(庚寅日)에 왕이 꿈을 꾸었는데, 숭수각에서 홀연히 검은 두건에 도복을 입은 선비가 나타나 남쪽으로부터 와서 전각 섬돌 위에서 절을 하는데 그 거동이 범상치 않았다. 이에 왕도 몸을 굽혀 답례하고 손을 들어,

"그대는 누구이고 어디로부터 온 선비냐?"

고 물었다. 그러자 선비가 일어나 다시 절을 하면서 이르기를

"저는 신라 정륜학사 설총입니다. 저의 영혼이 아직도 임금님께 해원해 주십사 하는 바 있는데, 저의 원통함이 풀리면 반드시 단비가 내릴 것입니다."

라고 하였다. 이에 왕이

"삼가 듣고자 하오. 그리고 학사를 만나고부터 광체가 온몸에 넘치니 말하고자 한 바가 어떤 원한인지요?"

라고 하였다. 그러자 학사가 대답하기를

"하늘과 땅[泰極]을 욕되게 하지 않음은 천도이고, 홍진비래는 인간사의 도입니다. 신의 해골이 계림 동쪽 월토산 자좌(子坐) 언덕에 묻혀 있는데, 이제 조복(趙復)의 집 기둥이 그곳에 세워져 있어 회운이 되지 못하고 있습니다."

라고 하였다. 그러자 왕이 이르기를

"그대의 영혼이 이와 같이 곤경에 처해 있으니, 내 어찌 가서 바로잡지 않으리오!"

라고 하였다. 학사가 말하기를

"음택과 양택 사이에는 고랑을 두고 있으며, 아무리 달이 차더라도 해를 흐리게 할 수는 없습니다."

라고 하였다. 왕이 깨어나니 꿈이었다.

이에 문무신에게 전후 사정을 말하고 이자림(李子琳)을 파견하여 조복의 집을 허물고 그 땅을 확보하여 신라 학사 설총의 묘로 삼았다. 그리고 명령하여 다시금 봉분을 만들고 사당을 짓고 묘갈을 세우도록 하였다.

그러자 하늘에서 비가 내려 가뭄을 해결할 수 있었다고 한다.(「현종의 꿈」)

②홍유후에 추증

설총은 육경을 읽고 새기는 방법을 발명함으로써 한문을 국어화하고 유학 내지 한학의 연구를 쉽게 그리고 빨리 발전시키는 데에 공이 컸음은 주지의 사실이다. 이런 업적으로 설총은 죽은 뒤에도 계속 숭앙되어 한국의 유종(儒宗)으로 추앙받았고, 고려 현종 13년(1022) 정월에 홍유후(弘儒侯)라는 시호를 추증받았다.(「입신양명」)

③실묘 위치 현몽

왕의 무덤을 제외하고는 신라시대 사람들 대부분의 무덤을 잘 알 수 없는 것이 일반적 현상이듯이, 설씨 문중에서도 홍유후 설총선생의 확실한 무덤 위치를 몰라 애를 태우고 있었다. 그런데 1954년 경 후손 아무개의 꿈에 할아버지가 현몽하여

"내가 보문리에 묻혀 있는데, 그 마을 이 아무 댁에 가서 물어보라."

하므로, 다음날 보문 마을에 가서 이씨 어른을 만나 인사를 드리니

"그렇지 않아도 홍유후 설 선생 묘라고 전해오는 무덤이 있는데, 관심있는 후손을 못 만나 이러고 있었는데 무덤을 찾아 드리리다."

하면서 설총의 무덤으로 안내했다고 한다.(「묘(墓)」)

④서악서원에 배향

설총 선생은 한국의 유종(儒宗)으로 추앙받아오다가 고려 현종 13년(1021)에 홍유후라는 시호를 추증받았고, 문묘(文廟) 동무(東廡)에 신라2현이라 하여 한국인 최초로 최치원(崔致遠)과 함께 종향(從享)되었다. 또 경상북도 경주시 서악동(西岳洞) 615번지에 있는 서악서원[경상북도기념물 제19호]에도 배향되어 있는데 그 과정은 다음과 같다.

서악서원은 원래는 조선 명종(明宗) 16年(1561) 경주부윤(慶州府尹) 이정(李楨, 1512~1571)이 김유신(金庾信) 장군을 기리기 위해 세운 사당(祠堂)이었다. 그러나 당시 경주지역의 선비들이 설총(薛聰)과 최치원(崔致遠)의 위패(位牌)도 같이 모실 것을 건의하자, 이정은 퇴계(退溪) 이황(李滉)과 의논하여 조선 명종(明宗) 18년(1563) 함께 배향하게 되었다.(「배향서원」)

3) 설총의 캐릭터적 성격

위와 같은 설총 스토리텔링의 유형과 예문을 통하여 볼 때 설총의 대표적

캐릭터적 성격으로 우리는 학자와 관리로서 탁월한 능력을 발휘했고, 모태 불교인이었지만 당대 사회가 안고 있는 문제를 해결하기 위해서 과감히 유학을 도입하고 국학을 설립하는 실사구시적 사고를 실행에 옮겼고, 남들이 생각지도 못했던 향찰을 집대성하고 교육하는 창의성을 발휘한 점을 주목하지 않을 수 없다. 이 점을 조금더 구체화 해보면 다음과 같다.

(1) 탁월한 능력

설총이 신문왕조에 백의정륜학사로 중국에 사신으로 갔을 때 천자가 자랑스럽게 구경(九經)을 내어 보이면서

"신라에도 이 책이 있는가?"

라고 물었다. 이에

"저희 나라에는 없습니다. 청컨대 신이 머무는 곳에 반출하여 보기를 원합니다."

라고 하니 허락하였다. 이에 하룻밤만에 모두 다 암기하고 다음날 입조하여

"신라에는 이 책이 없으니, 원컨대 한 질을 하사여 주시기를 원합니다."

라고 하였다. 그러나 천자가 불허하여 설총은 빈손으로 귀국하였다. 설총은 사행에서 돌아와 하루밤만에 암기한 것을 바탕으로 9경을 편찬하여 후세에 전했으니, 그 총명함을 어찌 말로 다 표현할 수 있겠는가.(「구경의 해독」)

(2) 실사구시적 사고

먼저 요석 공주는 아들을 데리고 소요산에 들어와 조그만 별궁을 짓고 살면서 원효가 정진하는 곳을 향해 매일 기도를 올렸다. 그러나 자식과 함께 석 달 동안이나 산채를 만들어놓고 기다리는 요석 공주에게 원효는 다음과 같은 글을 적어 시종(侍從) 편으로 보냈다.

"나는 소요산의 신선이 되어 세속으로 향하는 발이 없어져 내려가지 못하노라."

천리길을 떠나왔건만 아들에게 아버지를 상면시키지 못하고 서울인 경주로 되돌아가야 할 요석 공주의 마음은 아프기 짝이 없었다. 더군다나 아버지를 만난다고 한껏 고무되어 있던 설총은 코 앞에 있는 아버지를 만나지 못하고 어머니와

쓸쓸히 귀로에 올라야 했으니, 아버지를 아버지라 부르지 못하는 자신의 처지와 남편을 남편이라고 부르지 못하는 어머니의 애틋한 처지를 여러 차례 경험하면서, 이것이 출가자의 길인가라고 회의하게 되었다. 그래서 한 때 신라의 고승이라고 알려졌던 아버지의 삶에 경도되어 자신도 참선수행의 길을 걸을까도 생각했으나, 아버지와 자식의 관계까지 거부하는 불교에 회의를 하게 되면서, 집에 전래되어 오던 불교서적을 모두 불태우고 마음을 바꾸어 현실적 실용학문인 유학자의 길을 걷게 되었다고 생각된다. [「수리파(修離破)의 길」)

(3) 창의적 안목

설총은 삼국시대부터 수용해 온 중국의 훈고학을 익혔으며 당나라 시대에 유학의 경전이 하나로 통일되자 이를 우리말로 해석했다. 그는 이를 위해 석독구결(釋讀口訣)을 창안했는데, 이는 신라의 국학에서 교수용으로 쓰였을 것으로 추정되며 13세기까지도 표준적인 해석법으로 학습됐다. 석독구결은 경전에 우리말의 조사, 어미 등을 나타내는 토를 붙여 한문을 우리말로 풀어 읽는 방법을 표시한 것으로 이 방법이 보급되면서 향찰, 이두, 구결의 발달을 가져왔다.

《삼국사기》에는 설총이 "우리말[方言]로 구경을 읽고 후생을 훈도하였다(以方言讀九經 訓導後生)."라 하였고, 《삼국유사》에도 "우리말[方音]로 화이(華夷)의 방속(方俗)과 물명(物名)을 이해하고 육경(六經)과 문학을 훈해(訓解)하였으니, 지금도 우리나라〔海東〕의 명경(明經)을 업(業)으로 하는 자가 이를 전수(傳受)하여 끊이지 않는다."라고 하였다.(「이두 언해」)

4) 결론

이제까지 학계에서는 설총에 대하여 당대 명승인 원효 대사와 요석 공주 사이에서 명석한 아이로 태어나서 장성 후 이두를 집대성하고 국학을 세운 유학의 종주로 평가해 왔다. 그러나 이런 점만으로는 설총의 캐릭터적 성격을 제대로 드러내지 못했다는 아쉬움이 있었다.

특히 경산시에서는 이 지역의 역사적 인물로 삼성현[원효, 설총, 일연]을 제시하고 역사문화공원을 설립하는 현창사업을 벌리고 있는데, 구체적으로 삼성현의 무엇을 현창할 것인가 하는 정체성이 도출되지 못했다.

이런 점에서 단편적 역사기술에 추가하여 설화를 추적하여 스토리텔링 작업을 시도한 점은 삼성현의 캐릭터적 성격을 도출하는 데 큰 도움이 될 것으로 생각된다.

본고에서는 설총 스토리텔링의 유형과 캐릭터적 성격 도출을 통해, 한마디로 설총은 "실용적이고 창의적 안목을 가진 전지인"이라고 특징화할 수 있었다.

3. 일연 스토리텔링의 유형과 캐릭터적 성격

1) 일연의 역사적 기록

사람의 생애는 짧아도 그가 남긴 작품은 두고 두고 남아 긴 강물처럼 세대를 넘어 세대로 흘러간다. 일연(一然)은 고려 희종 2년(1206) 지금의 경산(당시 章山) 남천면 산전리 어름에서 아버지 김언필공과 어머니 이씨 부인 사이에서 태어났다. 속명이 김견명(金見明)이고, 법호는 일연(一然)이며, 《삼국유사》와 팔만대장경(八萬大藏經)을 만든 승려이며 시인이고 민족사관을 정립한 역사학자였다. 동시에 승려의 몸으로 국사의 자리도 마다하고 노모를 모셨던 효자였다. 그의 시호는 보각(普覺), 탑호는 정조(靜照)였다.

견명은 해가 이씨 부인의 품으로 들어오는 꿈을 세 번이나 꾸면서 잉태하여 낳은 아들이었다. 어려서 아버지를 잃고 9살 어린 나이에 어머니의 손을 잡고 고종 1년(1214) 해양(지금의 光州) 무량사(無量寺)에 들어가 행자로 수행을 하였다. 14살에 설악산 진전사(陳田寺)의 고승 대웅(大雄)의 제자가 되어 구족계(具足戒)를 받고 정식으로 승려의 길을 걷게 된다.

여러 선문을 방문·수행하였고, 22살 승과에 상상과로 장원 급제한 뒤 현풍 비슬산의 보당암(寶幢庵) 주지로 있으면서 참선에 몰두하였다. 이른바, "생계는 줄지 않고 불계는 늘지 않는다(生界不滅 佛界不增)"이라는 화두를 얻어 득도를 한다. 32살에 삼중대사(三重大師)가 되고 41 살에 다시 선사(禪師)가 되었다. 선사의 나이 44살에 당대 최우의 사람으로 실력자였던 정안(鄭晏)의 부름을 받고 남해의 정림사(定林社)로 옮겨 팔만대장경을 판각하던 남해 분사대장도감(分司大藏都監)에 증의(證義)로 참여하였다. 말하자면 총지휘감독이었다. 우리는 흔히 강화도 선원사(禪源寺)의 수기(守其) 승통에 의하여 팔만대장경이 완성된 것으로 알고 있었다. 그러나 자료를 찾아보고 답사를 해 본 결과 우리는 일연 스님에 의하여 팔만대장경이 만들어졌다는 심증을 굳힐 수가 있었다. 간략하게 몇 가지 논거를 대라면 이러하다. 대장경 판각을 위한 책으로 《대장수지록(大藏須知錄)》을 친히 간행하여 경판 조성 과정에 함께 하는 구성원들의 교육을 시켰다는 점, 판각의 재질이 벚나무와 자작나무와 후박나무인데, 이 가운데 후박나무 군락지는 지리산 이북에는 존재하지 않는다는 점, 해인사 장경각에 소장된 판각에 소수이기는 하나 경판을 새긴 사람들의 각인 가운데 남해분사도감(南海分司都監)이란 글자가 있다는 점, 대장 낙성회의 얼굴격인 주맹(主盟)을 일연 선사가 맡았다는 점, 당시의 정치상황을 보면 밤과 낮의 가림이 없이 몽골의 군사들이 강화도를 겨냥하여 으르렁거리는 판에 강화도에서는 경판을 판각할 수 없다는 점 등을 들 수가 있을 것이다.

나이 54살에 대선사로 가자되었다. 55살 남해 윤산(輪山)의 길상암(吉祥庵)에 머무르면서 《중편조동오위(重編曹洞五位)》를 지었다. 그 동안 동산양개(洞山良介)와 조산본적(曹山本寂)에 의하여 이루어졌던 조동오위에 대한 여러 가지 이설과 판본 자체가 마멸되었으므로 일연 선사가 깨닫고 생각하였던 점을 기초로 하여 새로운 얼굴로 태어나게 한 것이다. 원종 2년, 원종의 부름을 받고 강화도로 가서 선원사(禪源寺) 주지가 되어 보조국사 지눌(知訥)의 법을 계승하였다. 그 뒤 경상북도 포항에 있는 오어사(吾魚寺), 달성 인홍사(仁興寺) 등을 다니며 설법과 강론을 폈고, 충렬왕 3년(1283) 청도 운문사(雲門寺)에서 선풍(禪風)을 크게 일으켰다. 이때부터 그 동안 모아오던 《삼국유사》 자료를 정리하여 집필하기 시작하였다. 81살 몽골군의 일본 원정 때, 왕의 부름을 받아 경주 행재소에 머무르며 왕에게 법설을 강론하였고, 83살 국존(國尊)으로 추대되고 원경충조(圓經沖照)의 호를 받았다. 그 해 노모의 봉양을 위하여 귀향하였다. 이듬 해 경상북도 군위의 인각사(麟角寺)를 중건하고 당시의 선문을 전체적으로 망라하는 구산문도회(九山門都會)를 개최하였다. 이 무렵 평생에 소원하던 《삼국유사》의 집필을 마무리하였다. 선사의 나이 84살 되던 해(1289) 대중에게 법문을 마치고 파란과 시련의 한 생애를 마치고 열반하였다. 인각사에 탑과 비석이 남아 있고, 행적비는 운문사에 있다.

그의 생애 동안 단군신화를 비롯한 민간설화를 수집·정리하고 향가는 물론이고 불교관련 기사를 수록한 《삼국유사》를 지었다. 김부식(金富軾)의 《삼국사기》와 함께 한국 고대사 연구에 귀중한 거울이 된다. 그 밖의 저서로는 《대장수지록(大藏須知錄)》, 《조정사원(祖庭事苑)》 등이 있다. 책의 내용은 전하여 오지 않으나 《대장수지록(大藏須知錄)》은 남해 분사도감에서 팔만대장경을 만들 때 정확한 확인과 점검을 위하여 같은 기준에 따라서 대장경을 판각할 수 있도록 중요한 요강을 적어 책으로 내어놓은 대장경 판각의 지침서라 할 수 있다. 조동일 교수는 《삼국유사》를 《삼국사기》와 맞먹는 대안사서(代案史書)라 했다.

2) 일연 스토리텔링의 유형

(1) 출생담

일반적으로 뛰어난 인물 설화에는 그의 출생과 관련해서 신이한 화소가 내재해 있다. 그러면 일연의 경우는 어떠한가.

①해를 쏘이는 신비한 꿈

고려 희종 2년(1206), 날로 격심해 가는 몽골의 간섭과 약탈이 그 도를 넘었고, 그 고통은 실로 엄청났다. 이런 것도 아랑곳하지 않고 한가위를 갓 지난 가을, 장산의 산전 마을은 포근하고 넉넉하기만 하였다.

이 마을을 두른 동학산, 사방이 산으로 둘러싸인 전형적인 농촌 마을인 산전에 동녘에 해가 솟는다. 그러나 이른 새벽에도 두 젊은 내외는 깊은 잠에 들어있다.

방안에 잠들어 있는 부부의 정겨운 모습이 평화롭다. 검정과 붉은 색이 아로새겨진 이불은 바둑판처럼 기워져 있었다. 갑자기 아내 쪽으로 한 줄기 햇살이 굵게 비춰지며 해가 구르듯 이씨 부인의 품안으로 파고든다. 놀라 깬 이씨 부인은 눈이 휘둥그레졌다. 옆에서 누워 자던 남편 김언필도 놀라 함께 일어난다.

"아니! 벌써 해가 중천에…… 그래, 부인은 자다 말고 무슨 일이오?"

"정말 이상하네요, 오늘이 세 번짼데 같은 꿈을 꾸어서……."

"무슨 꿈을 꾸었기에 그리도 놀라시는 게요?"

"해괴하게도 이른 새벽에 해가 내 품안으로 뛰어드는 꿈을……."

"해가 품안으로…… 그것 참 예사롭지 않구려!"

"벌써 사흘째나 같은 꿈이라서……."

김언필은 잠시 천정을 바라보더니

"아무래도 부인에게 삼신할머니가 훌륭한 아기를 주시려나 보오."

"그럼 태몽이라는 말씀입니까?"

"아무래도 그런 듯하오."

이러던 어느 날 과연 이씨 부인은 태기가 있었고 그로부터 열 달 후 해산에 이르렀다. 언필은 방안을 이리저리 오가며 들락거리며 안절부절. 이러기를 두 시각이 지나자 갑자기 아기 울음소리가 집밖으로 퍼졌다.

어제까지 내린 봄비는 오색영롱한 무지개 같은 찬란한 햇살로 바뀌어 문틈사이로 숨어들고, 김언필은 재바르게 사립문에 금줄을 걸고 빨간 고추가 매달았다.

벌써부터 동네 우물가 아낙들은 시끌벅적하다.

"김 훈장댁이 생남을 했데. 우리 마을에 경사야!"

분이 엄마도 맞장구를 쳤다.

"근데 말이야 아침에 애기를 낳았는데, 집 안팎이 온통 오색구름이었다데."

"뭐라고! 오색구름?……."

"그렇다면 우리 마을에 큰 인물이?"

"글쎄 말이야! 이건 분명 예삿일이 아니야!

그 때 훈장네와 가까이 지내던 순이 엄마가 나서며,

"내 얼마 전에 들은 장산댁에게 이야긴데 아기를 가지기 전에 사흘 동안이나 해를 끌어안는 꿈을 꾸었다지."

"해를 끌어안는 꿈?……."

"그렇다면?"

"아무래도 우리 마을에 훌륭한 인물이 태어난 게 틀림없어?"

이들의 이야기는 점심나절까지 이어졌다.

언필은 갓 태어난 아기를, 해를 끌어안는 꿈을 꾸었다 하여 이를 '견명'이라 하였다.

아기는 무럭무럭 자라 벌써 네 살, 어버이의 기대는 물론이고 어린 견명은 이웃 사람들의 사랑과 관심 속에 한 떨기 들국화처럼 커 갔다〔母夢日輪光射于腹〕(「장산의 빛」)

(2) 성장담

누구나 그러하듯 하나의 튼튼한 재목이 되려면 그만한 시련을 극복하여야 한다. 일연 국사도 마찬가지. 주요한 화소로서, ①행자의 수련, ②번뇌와 방황, ③비슬산의 해탈, ④《삼국유사》 갑론을박을 통한 자아의 발견과 선사의 상호 관계에 대한 부분을 다루어 본다.

①행자의 시련

아주 어린 나이에 아버지를 잃고 어머니 슬하에서 자라다 아이의 교육을 걱정한 이씨 부인은 마침내 지금의 광주[당시 해양(海陽)]의 무량사로 보냈다. 5년 뒤에 다시 강원도 진전사에 가서 행자의 수행과정을 하도록 한다. 말하자면 통과제의성 시련을 겪게 된다.

일연 모자가 진전사를 찾아간 것은 찬 바람 부는 늦가을이었다. 밤만 되면 벌써 양양 바다의 바람은 을씨년스럽기 그지없었다. 선방에서 새우잠을 잔 모자의 첫날 밤은 헤어지는 아픔의 시간이었다. 아이를 두고 되돌아서야 하는 이씨 부인은 차마 발길이 떨어지지 않았다. 아침 예불 시간에 일어난 일연은 어머니를 따라서 날이 새도록 탑돌이를 하였다. 애간장이 타는 듯한 어머니의 애원 섞인 흐느낌.

"부처님. 저의 아이를 부처님께 맡기오니 불쌍히 보시고 제발 너그러이 안아 주소서. 나무관세음……."

두 손을 모으고 빌고 또 빌고 벌써 바다에 둥근 해가 솟아 있었고 늦가을 썰렁한 아침의 절은 자욱한 안개에 싸여 있었다. 그렇게 하루 밤이 짧게 지나갔다. 대웅 스님을 찾아 인사를 드렸다.

"큰스님! 이렇게 염치없이 아이를 맡기고 가옵니다. 드릴 말씀이 없습니다."

"보살님! 먼 길에 살펴 가십시오. 제가 편지를 드릴 테니 가시다 날이 저물면

몇몇 절에 들러 보십시오. 그럼, 견명이 너는 어머님께 인사드리고 곧장 내 방으로 오너라.”

눈물로 헤어진 모자의 거리는 점점 멀어져 갔고 손을 흔드는 어머니의 모습은 안개 속으로 묻혀 갔다. 이내 큰스님의 선방으로 들어갔다.

“행자 생활이 어렵다. 적어도 한 사오년은 견뎌내야만 스님의 옷을 입을 수가 있느니라. 나도 그런 과정을 다 거쳤다. 머리만 깎고 되는 게 아니다. 마음 공부를 끊임없이 해야 하느니. 정말 괜찮겠느냐?”

“예, 큰스님! 해보겠습니다.”(「 행자의 길」)

②방황과 번뇌

《삼국유사》의 조신(調信)의 꿈 이야기는 널리 잘 알려진 설화다. 전해오는 이야기를 적었던 것으로 보이나 일연 자신의 정서를 이입하여 삶의 본질이 환몽이라는 선사의 사유를 드러낸 것으로 보인다. 스님의 몸으로 수행은 다 집어치우고 태수의 딸이었던 김 낭자를 연모하여 가정을 이루고 끝내 헤어지고 마는 쓰라린 애정행각을 그린 부분이다. 깨고 보니 꿈이었다. 그 일부를 들어 보이면 다음과 같다.

몸부림치는 조신의 목소리는 아예 아우성이었다.

바로 그 때 조신은 눈을 떴다. 그는 긴 시각을 꿈속에서 자신이 사랑하였던 여인을 만난 환상을 본 것이다. 그것은 긴 시간의 꿈이었다. 온몸에 땀이 흘렀다.

‘아! 모든 것이 꿈이었구나! 부처님께서 나의 그릇됨을 책하신 것이야…….’

일연은 잠시나마 조신을 통하여 헛된 꿈을 꾸게 된 것을 참회하였다.

“부처님! 이 못난이의 죄업을 어찌 씻을 수가 있겠습니까? 참회합니다. 참회합니다. 이 미혹한 중생이 그만 헛된 꿈을 꾸었나이다. 참회하나이다.”

다 꺼져 가는 촛불 위로 관세음보살의 자비로움은 예와 다름없었다. 멀리서 아침 예불을 알리는 범종 소리에 정신을 차려 옷깃을 여미고 밖으로 나왔더니 바람이 차다. 새벽별은 유난히도 밝게 빛나고 있었다.(「방황과 번뇌」)

③비슬산의 해탈

8년 정진 끝에 당대의 한다 하는 승과에서 상상과 그러니까 장원급제를 하게 된다. 바람 앞에 등불 같은 나라와 겨레들의 고통을 덜고 어떡하면 이를 극복하고 겨레의 정체성을 살릴 수 있을까 하는 절절한 염원을 갖게 된다. 비슬산 보당암으로 와서 각고 끝에 생계불감(生界不減)이요, 불계불증(佛界不增)이라는 깨달음을 얻고 고골관 수행을 하면서 자아 속에 깃들인 진정한 우리의 모습을 찾아 나선다.

무극은 순간 이상한 느낌이 들었다. 일연 선사가 사람인가 짐승인가. 아니면 신인이란 말인가. 자장율사께서 수행정진하실 적에 가시로 둘레를 막고 호랑이와 더불어 하셨음을 들었다. 본인이 무슨 경문왕도 아니련만, 뱀을 겁내지 않다니. 본디 도인이란 저런 모습이었던가. 나하고는 너무나도 먼 당신이었다. 더 추워지기 전에 나오셔야 할 텐데.

큰스님 생각에 잠을 이루지 못하는 무극의 꿈에 일연이 수행 글에 써준 화두가 떠오른다. "모든 게 꿈이고 삶이란 줄지 않고 불계란 늘지 않는다." 꿈에서 깨어난 무극은 일연 선사를 전에 없이 참된 스승으로 모시게 되었다.

돌로 변한 중생들은 오늘을 사는 우리들에게 무엇을 원하고 있을까. 고려가 몽골의 말발굽 아래 신음하는 저 소리를 듣지 않고 평화를 되찾고 민족혼의 꽃 피는 그런 시절을 원하지 않겠는가. 그래 바로 그거야. 흩어진 민심을 바로 잡고 땅에 떨어진 민족의 정체성을 바로 세우는 길이다. 그래 그러자면 《삼국유사》부터 그런 역사적인 진실을 바로 알리는 것이라고 굳게 다짐을 둔다. 이 생명 다하도록. 돌들 앞에서 변하지 않을 서원을, 부처님 앞에서 성심을 다할 것을 천배로서 다짐을 둔다. 벌써 새벽이 밝아오고 있었다.(「비슬산의 해탈」)

④ 《삼국유사》 갑론을박

"《삼국유사》에는 바로 극락으로 가기도 하고 용왕이 등장해서 일을 벌이는 이상한 이야기가 많습니다. 어떤 사람들은 큰스님이 세상 사람들을 속인다고 합니다. 안타깝습니다. 이렇게 신비하고 이상한 이야기가 많이 있는 건 왜 그렇습니까?"

"삶이란 사실을 뛰어넘는 게 있다네. 누구나 이해할 수 있는 이야기를 쓰는 건 좋지만 자기가 모른다고 하여 왕따 시키는 건 그르다고 보네. 신비스런 전설에는 사실인가 아닌가를 떠나 그 때 그 시절 사람들의 눈으로 본 높이로 사실들을 담고 있네. 호랑이 담배 먹던 시절에는 그 나름대로의 이야기하는 방식이 다른 걸 가지고 그 게 왜 다르냐고 하는 건 오히려 역사를 그르치는 거지."

한 참 묻고 대답하는 가운데 해양 보림사에서 왔다는 남도 선승이 불쑥 나타나 말을 가로채 묻는다. 어색한 얼굴로 좀 못 마땅한 표정이다.

"《삼국유사》는 신라 서라벌의 얘기가 많습니다. 그래 어떤 이는 '신라유사'가 아니냐고 비판을 하기도 합니다. 큰스님의 이야기를 듣고 싶습니다. 좀 불만입니다."

"《삼국유사》를 쓰겠다는 생각은 20대부터였소. 그래 인연 따라 이곳저곳 절을 옮길 때마다 많은 곳을 답사하곤 했소. 이런 저런 유적과 유물은 물론 마을 사람들의 이야기에 귀를 기울였소. 그러나 내가 살아온 때는 이미 고구려와 백제가 이 땅에서 사라진 지 어언 600여 차례의 봄가을이 지나 자료도 많지 않았고 특히 옛 고구려와 백제 땅에는 그리 갈 일이 많지 않았소. 아쉬운 일이지요. 다음 기회에 보완하도록 할 것이오. 아주 좋은 물음인데……."

"큰스님께서 20대부터 꿈꾸어 온 일을 80대에 마무리했다면 정말 많은 곳을 다니셨을 텐데 가장 기억이 남는 일은 무엇입니까?"

"굳이 꼽는다면 황룡사지. 비슬산 시절 보았던 황룡사에서 이 땅이 바로 부처님께서 나타나신 극락이라는 생각을 했소만 훗날 갔을 때는 몽골군들이 불을 싸질러 잿더미가 되었지. 그 안타까움과 슬픔을 어찌 말로 다 하겠소? 힘을 길러야 된다 이거지요."

"《삼국유사》에는 많은 고승대덕들이 나옵니다. 그런데 딱히 원효(元曉) 스님에게만 성사(聖師)라고 쓰신 이유가 있습니까? 행여 고향이 같기 때문은 아닌가요?

"어허, 그럴 리가. 성사께서는 제왕의 불교를 평민의 불교로, 내생을 현세로, 산림을 세간으로, 출가를 재가로도 전파시키셨지요. 생활은 가장 중요한 화두지요. 생활 불교에 관심이 있다면 성사를 어찌 본으로 삼지 않을 수 있겠소? 그러나 성사의 뛰어난 점만 남기려 했던 것은 아니오. 오어사의 전설에서 성사는 혜공 스님의 도력에 미치지 못했고 의상 법사는 관세음보살을 친견했지만 성사께서는 뵙지 못했다는 이야기도 있소. 법을 말함에 있어 어찌 구구한 감정이 있을 수가 있겠소?"(《삼국유사》 담론)

(3) 공적담

일연 선사의 남긴 빛은 단연 《삼국유사》의 저술과 팔만대장경의 조성으로 요약할 수 있다. 《삼국유사》를 통하여 꺼져가는 고려 백성들에게 꿈과 자존의식을 불러 일으켰다면, 이를 신앙적으로 뒷받침하기 위한 가시적 업적이 팔만대장경 판각 사업이었다. 이들 두 업적이 우리 문화사의 북두칠성으로 빛나는 것이다.

① 《삼국유사》의 편찬

그 어려운 시기에 국사의 몸으로서 실추할 대로 실추된 나라와 겨레의 자존의식을 드높이고 흩어진 민심을 한 데로 모으려는 열정은 《삼국유사》를 통한 역사의식의 재정립이었다.

단군조선의 건국 시기도 중국의 요순의 시기에 맞추었다. 거기서 기자 조선을 뛰어넘어 위만조선과 가락국기 등을 중심으로 한 민족주의 사관에 의하여 겸손하게도 유사(遺事)란 이름으로 글을 발표하였다. 《삼국유사》가 없다면 어디 가서 향가를 찾을 것이며 가락국기의 진면목을 찾을 것인가. 이야기 속에 녹아 배인 우리 민족의 뿌리와 자존심, 귀족과 왕족만이 판을 치던 세상에서 서민과 미천한 신분의 사람들이 먼저 극락에 가며 내공을 쌓는다는 이야기가 《삼국유사》의 근간을 이룬다. 특히 기이 부분에서는 역사상의 모든 나라의 건국신화는 어떠한가를 민족사관의 관점에서 기술하고 있다. 단군신화를 통해서 일연은 홍익인간(弘益人間)의 멀고 큰 화두를 우리 겨레에게 던져 주었다.(「고기(古記)의 홍익인간」)

②팔만대장경의 조성

일체유심(一切唯心)이라고 한다. 또한 뭉치면 산다. 옳은 말이다. 나라는 몽골군에게 점령 당하여 신음하는데 아무리 불상 앞에 열흘 아니라 일 년 내내 빈다고 하여도 전혀 달라질 것이 없다. 그러나 사람들의 사기란 매우 중요하다. 부처님의 가피로 나라도 되찾고 침략군을 물리칠 수 있다는 굳은 신념과 이에 따른 단결력이 있다면 쓰러질망정 정체성을 잃지 않는다.

수도하던 선승의 몸으로 본인이 할 수 있는 과업이란 바로 백성들의 정신세계에 활력을 불어넣고 격려를 보내는 일이라고 믿었던 것이다. 더욱이 팔공산 부인사에 갔을 때 몽골군의 손에 불타버린 장경각을 보고 잿더미로 화한 경주 황룡사터를 바라보면서 끓어오르는 분만을 삭일 수가 없었다.

일연을 모시고 따르던 무극이 나서 재조대장경판각에 대한 이야기로 화제를 돌린다.

"스승님의 《대장수지록(大藏須知錄)》에는 대장경을 만드는데 필요한 요강을 기록하셨는데 남해에서 만드신 팔만대장경과 무슨 관련이 있습니까?"

"그렇고말고. 누구나 한 번 읽으면 쉽게 잘 알 수 있도록 해야 새기는 사람이나 증의를 보는 사람이 빠른 시일 안에 판각을 마칠 수 있도록 한 것이지."

"여기 부인사에 보관되었던 것은 거의 70년 이상 걸렸는데 재조 때에는 30년밖에 안 걸렸는데 《대장수지록(大藏須知錄)》을 보고 했기 때문인가요?"

"그럴 수도 있겠으나 판각에 참여한 이들의 성심과 이를 뒷받침한 정안 거사와 나라의 배려가 한 데 어우러진 열매라고 할 수 있지."

유형 문화재 제 16호로 돌로 된 석등과 통일 신라 후기의 양식을 가진 3층 석탑이 을씨년스럽다. 일연은 어떡해서든 팔만대장경을 다시 만들어 일으켜 세워야겠다는 결심을 굳힌다.

언젠가 저 석등에 불을 밝히며 조국의 통일과 만국 평화를 발원할 날이 있겠지 하면서 떼져 날아가는 겨울 철새들의 군무를 본다. 서산에 해 그림자가 길게 드리워졌을 무렵 일연 일행은 바람 부는 팔공산 기슭을 돌아 내려 선사의 보금자리로 돌아갔다.(「팔만대장경 증의」)

(4) 인물담

일연 선사의 사람됨은 수도승으로서, 보살수행과 아름다운 시를 쓴 시인으로서, 민족사관을 세운 역사학자로서, 어머니에 대한 효자로서의 삶을 동아리지어 볼 수 있다.

①수도승으로서 보살 수행

수도승이자 수도승으로서 일연은, 당시 선종을 대표하는 고승으로서 많은 승려들의 추앙을 한 몸에 받았다. 말년에 인각사(麟角寺)에 머물면서 두 번이나 구산문도회를 열었던 것은 이러한 반증이기도 하다. 당신이 몸 담았던 가지산문을 넘어 선종과 교종 전체를 아울었던 대덕이었다. 동시에 그는 불교학계의 권위를 드높이던 학승이었다. 많은 저술이 있지만 지금은 《삼국유사》와 《중편조동오위(重編曺洞五位)》만이 전한다. 참으로 안쓰러운 일이다.

원종 9년(1268) 운해사에서 열린 대장낙성회의 주맹(主盟)으로 일연 스님은 부름을 받았다. 선종과 교종의 이름 높은 스님 100여명이 모여 밤과 낮으로 교리를 토론하고 불경을 읽고 하는 가운데 일연스님은 깊은 불교의 진리와 신적인 경지를 보여 모두 경탄해 마지않았다고 비문은 전한다. 정안의 초청을 받아 남해의 정림사에 머물면서 대장경 간행의 대들보 구실을 하였을 가능성이 높다. 이렇게 나라가 위란의 지경에 빠졌을 때 사람들의 마음을 다독이고 추스르는 일이 국사로서 보살 수행하는 길이라고 믿었을 것이다.

②시인으로서 열정

쓰지 않고는 견딜 수 없는 충동이 있을 때 시인은 글을 쓴다. 이른바 감정이입을 통하여 자아의 세계화 자아의 민족화를 꿈꾸었을 것이다. 거꾸로 쓰라린 현실의 자기화를 통하여 겨레와 자신의 하나됨에 대한 체험을 통하여 형상화를 하였다. 아니 표현 이전의 나라를 위하고 걱정하는 선혈 같은 정서가 그의 글 내면을 흐르고 있었다.

무극이 시자에게 산화공덕에 대한 이야기를 시작했다.

신라 경덕왕 19년(760) 4월 초하루 두 개의 해가 나타나 열흘 동안 사라지지 않았다. 하늘의 천기를 보는 일관(日官)이 아뢰기를,

"인연이 닿는 스님을 청하여 산화공덕(散花功德)을 쌓으면 이 재앙을 물리칠 수 있을 것입니다."

이에 조원전의 단을 깨끗이 만들고, 임금이 청양루에 나와 인연이 닿는 중을 기다렸다. 그 때 월명사가 남쪽의 논두렁길을 걷고 있는 것을 보고, 임금이 사람을 보내어 그를 불러서 단을 열고 기도문을 지으라고 부탁하였다. 이에 월명사는 국선(國仙)에 속한 몸으로 향가는 익숙하지만, 노래는 낯설다고 하였다. 그러자 왕이,

"이미 인연이 있는 중으로 뽑혔으니 향가라도 좋다."

"알겠습니다."

오늘 여기 산화가를 불러
뿌리는 꽃이여, 너는
곧은 마음의 명을 받들어
미륵님을 모셔지라.

이윽고 두 개의 해 중에 하나가 사라졌다. 왕이 이것을 고맙게 여겨 차 한 봉과

> 수정 염주 108개를 건네주었다. 그 때 문득 한 동자가 나타났는데, 겉모습이 곱고 깨끗하였다. 그는 공손히 차와 염주를 받아 궁전 서쪽 작은 문으로 나갔다. 월명은 이를 내궁(內宮)의 사자라 하였고, 임금은 스님의 시자라고 하였으나 알아보니 모두 아니었다.(《삼국유사》 권5 감통)

③민족정기(民族正氣)의 선구자

역사가로서의 일연이 지은 《삼국유사》는 무엇보다도 우리 겨레의 정체성을 세우기 위하여 지은 대안 사서다. 《삼국사기》에 없는 단군신화를 실어 몽골의 침략으로 신음하던 그 시기에 겨레의 자주의식을 불러 일으켰다. 삼국사기에 빠져 있던 작은 나라들도 빼지 않았다. 그 상징적인 것이 「가락국기(駕洛國記)」다. 《삼국유사》가 아니었다면 가야는 신화와 전설로나 남아 전할 것이다. 만일 《삼국유사》의 향가가 없었더라면 어떻게 우리의 고대문학을 규정 지을 만한 언덕을 마련할 수 있었을까. 화쟁사상이 원효의 인간주의라면 이를 좀더 승화하고 보편화한 것이 단군신화에 나타난 일연의 홍익인간(弘益人間)이었다. 다소 이견은 있을 수 있다. 하나 민족사관으로서 원효의 맥을 이은 일연의 사관이며 사상이었다고 하겠다.

> 마침내 환웅은 잠시 남자로 변해 웅녀와 혼인하였다. 그 뒤 웅녀는 아들을 낳았으니, 그가 단군왕검이다. 왕검은 요임금이 즉위한 50년 뒤인 경인년에 평양에 서울을 정하였다. 나라의 이름을 조선이라 했다. 훗날 서울을 백악산(白岳山) 아래 아사달로 옮겼다. 단군은 천 오백년 동안 조선을 다스렸고 주나라 무왕(武王) 즉위년에 기자를 조선 왕으로 봉하고 자신은 장당경(藏唐京)으로 들어갔다. 아사달로 돌아와 산신이 되었다. 단군의 나이는 1908세였다.
>
> "어때? 여기 홍익인간이 나오는데, 이는 인간에게 두루 이롭게 한다는 뜻이 아닌가?"
>
> "네, 큰스님!"
>
> 일연은 위서와 고기를 읽고 지금까지 고민하여 왔던 민족의 일체감을 생각하였다. 그리고 그는 이로써 《삼국유사》의 첫 문을 열어갔다. (《삼국유사》 권1 기이)

④수행의 미덕은 효선(孝善)

나라에 충성함은 사회 정치적인 자아의 가치일 수 있다, 하지만 내 부모형제를 생각하고 이웃을 생각함은 가장 자연스러운 인간의 참 모습이라 할 수 있다. 《삼국유사》의 마지막 완성편이 효선이다. 일연 국사는 평생에 원을 하되 홀로 사시는 어머니를 모시고 여생을 마치는 일이었을 것이다.

"국존! 어서 오시오, 잘 오셨소. 상한[4]이나 없으신지요?"

"소승은 무탈하오나 전하께서 강녕하시온지요?"

"국존의 별호가 목암이라 했소이까. 당나라에 효행으로 이름 높은 진존숙 화상의 고향이 목주(睦州) 아니더이까? 진화상의 고사를 들려주시겠소? 웬만하면 짐의 옆에 있어 주시오."[5]

"진존숙 화상은 고향으로 돌아가서 어머니를 모시고자 평소 수행을 하는 사이에 틈을 내어 짚신을 삼았더이다. 해서 그 신을 팔아 어머니에게 보내드리고 어머니가 돌아가시고 난 뒤에는 어머니 생각에 만든 짚신을 나그네들이 지나가는 길섶 나무 가지에 걸어 놓았다고 합니다. 나이 든 분들이 신고 다니라고요. 소승은 진화상의 일을 가슴에 담고 지냈습니다. 저의 어미는 90평생을 홀로 사셨으니까요."

"그래, 고향으로 꼭 돌아 가셔야 되겠소?"

" ……."

우부승지 염승익이 말을 거든다.

"전하! 국존의 뜻이 간절하오니 윤허하소서."

우부승지의 나지막한 말소리였다. 다른 신하들도 머리를 조아리며 혀를 찼다. 어느 누가 국존이라는 고귀한 자리를 박차고 고향으로 가기가 쉬울까. 회의는 끝이 났다. 임금은 국존을 다시 불렀다.

"다시 생각을 고쳐 돌릴 수는 없으시겠소?"

왕비는 단호하게 말을 잘라 임금에게 명령조다. 마치 자신이 임금이라도 된 듯,

"국사의 뜻대로 보내드리면 될 것 아닙니까? 무얼 그리 말리십니까?"

왕비의 못 마땅한, 그러면서도 내심 잘 되었다는 속내가 선연하다. 날이 밝자

---

4) 감기를 상한(傷寒)이라 한다. 글자대로라면 추위에 몸이 상한다는 뜻이다. 하기는 감기가 만병의 시초라고 하는 주장도 있으니까 무리가 없는 표현이다.

5) 목암(睦庵). 목주에 살던 진존숙 화상의 효행을 떠올리면서 언제나 어머니를 잊어서는 안 된다는 뜻으로 일연 국사의 별호를 목암이라 하였다.

근시 황수명이 모시겠노라고 찾아 왔다. 그럴 필요가 없는데 사양하였으나 왕명을 거스를 수는 없다는 것이다. 고향에서 다소 떨어져 있는 화산 인각사로 가기로 한 것이다. 근시가 아뢰었다.(《삼국유사》 권 5 효선)

(5) 사후담

①삶과 죽음이 하나

일연 선사의 마지막 입적 과정도 알 수 없는 신이함으로 가득하다. 죽을 날을 미리 예견함은 물론이고, 죽은 뒤에도 화장으로 다비를 올릴 장소도 죽은 뒤에 제자들에게 환몽으로 가르쳐 주고 죽었다가 되살아남을 실증으로 보여주었다.

《인각사 보각국사비첩》(영인)을 따르면 그의 행장이 나타나 있다. 임종할 무렵에 대중을 모아놓고 말씀을 남기시고 눈을 감은 채 숨을 거두었다. 선원사의 정(頂) 스님이 어쩔 줄을 몰라,

"탑비 세울 장소를 여쭐 겨를도 없었으니 이를 어찌할꼬?"

이 때 일연 선사께서 조용하게 깨어 대중에게 이르셨다. 여기서 동남쪽으로 4-5리쯤 가면 숲이 있는데 그런 대로 탑을 세우기에는 안성마춤이라고 하셨다. 이제 다비를 마치고 스님의 사리를 안치하려고 하였다. 이 때 운홍사 인공(印公) 스님이 꿈 이야기를 하였다. 큰스님이 찾아오셔서 궁금하여 물었다.

"다비를 하려는 순간에 다시 일어나셨으니 이 무슨 일입니까?(荼毗而復起此理如何)"

"죽지 아니한 이치니라.(不死故)"

"그러면 불이 능히 태우지 못한 것입니까?(恁麽則火不能燒)"

"그러니라.(如是如是)"

"내일 탑을 세우는데 다시 안 들어가십니까?(明日立塔未審師無還)"

"들어간다.(入進云)"

"꿈과 생시가 같습니까?(夢同列)"

"같다.(同)"

이렇게 입적을 하신 뒤로 제자인 산립(山立) 스님의 꿈에 보연화를 깐 자리에 국존께서 그 위에 앉아 계시다가 잠시 쉬시려고 내려와 느린 걸음으로 마당을 거

니는 것을 보았다. 삶이란 꿈과 같다는 것을 꿈으로 보여준 가르침이었다. 참으로 신비한 이야기 속에 영원으로 향하는 국사의 모습이 아닌가.

3) 일연의 캐릭터적 성격

일연 선사는 민족정기를 바로 세우고 겨레가 뭉쳐서 화쟁(和諍)을 해야 한다는 굳은 염원에서 《삼국유사》를 지었고 여기서 머물지 않고 이를 눈에 보이는 형상화 작업으로 팔만대장경 조성 사업에 뛰어 들었던 것이다. 그는 시인으로서 확고한 불제자로서의 믿음과 논리뿐이 아니고 시적인 형상화를 힘씀으로써 더욱 친근하게 사람들에게 다가설 수 있었다. 실천적인 사고로써 신분의 높고 낮음에 관계없이 진실 앞에서 평등하다는 부처님의 가르침을 몸소 실천한 지성이었다. 개인적으로는 언제나 어머니의 은혜를 잊지 않고 사모하는 마음 따듯한 아들로서 90이 넘은 노모를 모시기 위하여 국존(國尊)의 자리도 마다하고 인각사로 내려가 노모가 돌아가실 때까지 1년여를 봉양하였다. 노모의 별세 이후《삼국유사》를 완성함은 물론이고 구산문도회를 열어 수행자의 올바른 길이 무엇인가를 헌신적으로 보여주었다.

(1) 뛰어난 도량

뒤에 듣고만 있던 유건을 쓴 한 선비가 앞으로 나오면서 다소 격앙된 목소리로 묻는다. 단단히 벼르고 온 것 같은 분위기다. 목소리에 날이 서 있다.

"안동에서 온 서생입니다. 잘 들었습니다. 스님께서는 어디에서도 들어 본 적이 없는 단군 이야기를 적고 있습니다. 당장 《삼국사기》에도 없잖아요? 어떻게 곰이 사람으로 된다 이겁니까? 대체 어찌 된 겁니까? 그러면 우리가 곰의 새끼들이라 이겁니까?"

"선비 말에 일리가 있는 듯하오. 김부식 선생께서 지으신 《삼국사기》와 틀리지 않느냐 그 건데. 그렇지요. 이 어려움을 당한 백성들이 자존감을 잃고 헤매는 것이 너무도 안타까워 어디 좀 시원한 이야기 감이 없나 하여 옛날 기록을 찾아보았어요. 마침 《고기》와 《위서》에 단군과 관련한 기록을 보고 처음엔 나도 선비처럼 허무맹랑하다고 생각했어요. 돌이켜 보면 다른 나라에서도 그런 건국 신화가 있는 걸 알게 됐어요. 중국의 여와 이야기는 본 적 있는지 모르겠어요? 그러면 선비! 중국은 되고 우린 안 되나요?"

"……그러면 김부식 선생의 사기가 틀렸다 이겁니까? 이거 너무 한 것 아닙니까?

"보는 관점의 차이로 봐야 되겠지요. 같은 부모에게서 태어난 형제라도 모양도 다를 수 있잖소? 나와 같이 수행을 하는 이들은 더 많은 사람들, 그 가운데도 어렵고 삶에 지친 백성들의 삶을 북돋우고 영혼을 달래어 세상을 조금은 따뜻하고 밝게 할 책임이 있다고 보는 겁니다. 근거 자료가 전혀 없는 것도 아닌데 말이오. 어렵고 힘든 이 사람들이 우리들의 수행해야 할 도량입니다. 유교에서 제사상 차리는데도 주자 가례 혹은 정자 가례를 택하는 건 집안마다 다르지요. 그래 가가례라는 말도 있잖아요? 어떻소? 잘 생각해 봅시다."(《삼국유사》 담론)

(2) 민족애의 화신

약 보름 동안의 법회가 끝이 나던 날, 다시 모여들었으니 그 때는 학소대 골짜기가 사람으로 꽉 차는 듯했다. 앞으로부터 옆으로 뒤로 구름 같은 사람의 물결이다. 수척한 몸을 가누지 못하는 듯 일연은 숨을 몰아 쉰 뒤 말을 이어가기 시작한다.

"삶과 죽음은 하나. 조상이 뼈를 묻은 이 땅에 우리 겨레에게 필요한 것은 서로가 손을 잡고 가슴을 마주 대는 일입니다. 머리를 깎던 초심으로 돌아가 마음을 비우고 우리 겨레와 나라를 위한 길이라면 그 어떤 경우에도 마다하지 말아야 합니다. 나라는 짓밟히고 겨레의 자존은 땅에 떨어질 대로 떨어졌습니다. 우리 마음과 힘을 모읍시다. 정신 차립시다. 부디 부처님의 가피로 건승하시고 살펴 돌아가시기 바라오. 다음 모임에 또 만납시다."

독경소리는 물소리와 함께 어우러지고 구름은 산을 넘어 간다. 바람을 거슬러 오르는 독수리의 날개 짓이 한층 힘차 보인다. 흩어져 돌아가는 이들의 가슴 속으로는 뜨거운 눈물과 용솟음치는 결심이 용트림하고 있었다.(《보각국사비첩》 음기)

(3) 언어 예술의 연금술사

《삼국유사》에 일연 선사는 48편의 시를 적었다. 옛일을 끌어다 쓰면서도 자신의 것으로 비유하는 이른바 세계의 자아와, 객관의 주관화를 통한 은유와 비유가 단연 돋보인다.

달 밝은 호림 숲길은 가끔 부엉이 소리가 들릴 뿐 휘휘하였다. 무극과 시자 한두 명이 일연과 함께 숲을 거닐면서 몸과 마음을 쉬고 있었다. 오늘 따라 너무나 많은 불교신자들이 절을 다녀갔는지 모른다. 분황사의 하루는 무척 바빴다. 사람을 많이 대한다는 건 쉬운 일이 아니었다. 앞서서 가다 일연이 독경을 하듯이 노래를 읊는다.[6]

산에서 살지만 세 오라비의 악행은 견딜 수 없어
향기로운 말 한 마디, 그 다짐을 어이 저버릴 수가
소중한 의리 몇 줄기인가. 만 번의 죽음도 가볍거니.
몸을 던져 숲속에서 지는 꽃이 되었구려.

무극이 무언가 궁금하였다.
"스승님! 세 오라비의 악행이라 하심은 누구를 이르시는 것입니까?"
"거 왜 내가 감통편에 적은 거 기억이 안 나시는 모양이네."
"도무지 감이 오지 않습니다."
무극은 조금은 겸연쩍은 듯 말을 머뭇거린다.
"이 친구야! 세 오라비는 호낭자의 오라비들 말이지."
"예. 이제 기억이 납니다. 홍륜사 탑돌이 하고 집으로 김현을 데리고 왔을 때의 사연입지요?"
"그래. 이제 기억이 나시는구먼."
"여기가 바로 그 호랑이들로 하여 김현이 자기를 위하여 죽은 호낭자의 명복을 빌기 위하여 호원사(虎願寺)라는 절을 지은 곳이야."(《삼국유사》 권5 김현감호)

---

6)《삼국유사》 권5 감통 참조.

4) 결론

나라가 어려운 때 충신을 생각한다. 고려가 몽골[원나라]의 침략을 받아 벼랑 끝 위에서 그 존망의 내일을 기약하기 어려웠다. 일연은 경산에서 태어나 나라의 스승인 국사로서, 민족사관을 정립했고 홍익인간을 표방한 역사가로, 그저 이야기만 앞세우는 게 아니고 적절한 언어미학으로 형상화하였던 시인으로, 홀로 사신 어머니를 모시기 위하여 국사의 자리도 마다하고 고향으로 내려옴으로 하여 가장 인간미 넘치는 한 생애를 살았던 우리 역사에서 가장 뛰어난 이야기꾼이었다. 단적으로 스토리텔러의 큰 별이요, 한국의 사마천이었다. 《삼국유사》는 물론이고 재조 팔만대장경을 만들어 나라의 보물이자 세계의 기록유산이라는 빛을 남겼다.

짐작하건대, 지역에서 추진하는 일연과 관련한 문화 사업을 함에 있어 역사 기술에 머무르지 않고 뭔가 재미와 교훈을 줄 수 있고 나아가 다양한 콘텐츠로 활용할 수 있는 스토리텔링 작업이 절실하다.

스토리텔링에서 가장 핵심 요소 가운데 하나가 주요 인물의 캐릭터적인 특성을 두드러지게 하는 일이다. 앞에서 살펴본 바, 일연은 자신이 처한 시대적 상황을 넘어 우리 겨레의 정신과 문화사에 《삼국유사》와 팔만대장경이라는 큰 빛을 남겼다. 원효의 화쟁사상을 바탕으로 “홍익인간(弘益人間)을 표방한 겨레의 큰 바위 얼굴”이라고 할 수 있다.

화쟁국사 원효
(和諍國師 元曉)

1. 율곡(栗谷)과 사라수(裟羅樹)

1) 동방의 새벽

불지촌 훈장댁은 이른 아침부터 부산하다. 마을 빨래터에는 7~8명의 아낙들이 몰려들어 무언가 부러운 듯한 목소리로 저마다 한마디씩 거들었다.

"오늘 훈장님 댁의 며느리가 친정으로 해산하러 간대요……."

"뭐? 친정으로?……."

"그런데 경주 서방님이 직접 데리고 간다는데……."

한 아낙이 부러운 듯 수다를 떨었다.

"새댁은 복도 많구먼! 서방님에다 훈장님까지 허락을 하셨으니 말이야!"

"글쎄 누가 아니래나……."

그 때 남편의 부축을 받은 사라 부인이 조심조심 빨래터 쪽으로 걸어 내려오고 있었다. 조바심이 난 시아버지 잉피공도 빨래터까지 따라 나서며 며느리를 걱정하였다.

"제발 순산하여야 한다."

"네, 아버님!……."

사라 부인은 말끝을 흐렸다. 그러나 아내를 부축하고 내려오는 설담날은 얼마간 마음이 안정되었다. 그도 그럴 것이, 이제 친정으로 가서 해산하면 산후조리에 대한 걱정을 덜 수 있었기 때문이다. 이들 부부는 마을 빨래터를 지날 때 2~3명의 아낙이 나서며 담날 부부와 인사를 나누었다.

"새댁! 순산하고 오시게……."

"고맙습니다."

남편 담날도 덩달아 신바람이 나 그저 고개를 꾸벅거렸다. 내외는 정다운 듯 행복에 젖어 불지촌을 빠져 나왔다. 어느덧 좁은 계곡에 접어들었을 때 언덕배기에는 밤나무가 즐비하고 계절이 초여름이라 밤꽃이 만개하였다.

잠시 휴식을 취하고 있을 무렵 사라 부인은 잠깐 생각에 잠긴다. 그것은 자신이 열 달 전 아기를 가질 때 꾸었던 태몽 때문이었다.

“아무래도 그 꿈이 보통 꿈은 아닌 듯합니다. “

한참을 걷던 그의 아내가 문득 꿈 이야기를 하자 남편 담날은 귀를 쫑긋하였다.

“그래! 그 때 그 꿈의 내용이 어떠하였소?”

남편은 바싹 아내 옆에 다가서며 캐물었다.

“지금 생각하니 정말 이상한 꿈을 꾸었어요. 하늘에서 별이 하나 쏜살같이 내려오더니, 내 품안으로 뛰어드는 것이 아니겠어요. 바깥에는 천둥소리도 없었고 번개가 친 것도 아닌데, 아무 소리도 없이 별 하나가 떨어져 제 품에 안기는 꿈이었어요.”

남편 담날은 조심조심 아내를 부축하며 아내의 까만 눈동자를 바라보았다.

“그것 참 신기한 꿈이군요. 아마도 부처님께서 우리 내외에게 훌륭한 아이를 점지하시려나 보오.”

이들 부부는 이른 아침에 마을을 나섰으나 워낙 아내가 만삭이라 걸음걸이는 뒤뚱거릴 수밖에 없었다. 해는 어느덧 중천에 걸렸다.

“나리! 해전에 친정에 도착하려면 부지런히 걸어야겠습니다.”

“아무래도 그럴 것 같소. 여기서 경주라면 먼 길이 될 터이니 말이오.”

이런 저런 얘기로 두 사람이 대화하며 밤 밭에 이르렀을 무렵, 이씨 부인이 황급히 배를 움켜쥐고 그 자리에 주저앉고 말았다. 갑자기 산기가 돌기 시작한 것이다.

“아이고! 배가 터질 것만 같습니다.”

이에 남편 담날은 안절부절못하며 발을 동동 굴렀다.

“이거 야단 났구나! 고개만 넘으면 인가라도 찾을 수 있을 터인데, 부인! 정신을 차리시오.”

남편 담날이 어깨에 아내의 팔을 걸고 안간힘을 다하였지만 이씨 부인은 더 이상 꼼짝하지 못하였다.

“아니 되겠습니다. 더 이상 견딜 수가 없습니다. 걸음을 뗄 수가 없어요. 어쩌면 좋지요?.”

아내는 이를 악물고 어찌할 바를 몰라 했다.

"어허! 이를 어쩌지? 사방이 산인데 이거야말로 진퇴양난이군."

그 때 그의 아내가 황급한 김에 밤나무 밑을 가리키며,

"저기라도 어서 자리를 준비해 주십시오. 어서요!"

담날[남편]은 대답 대신 아내를 끌어당기기라도 하듯 길섶의 밤나무 아래로 자리를 옮겼다. 순간 아내의 비명소리는 계곡을 휘감았고 담날은 이러지도 저러지도 못한 채 얼떨결에 자신이 입고 있던 관복을 벗어 나뭇가지에 걸친 후 밖에서 산실이 보이지 않게 한 후 주변의 풀들을 손으로 뽑아 밤나무 아래에 포근하게 깔았다. 그리고는 두 손을 모아 아내의 순산을 기원하였다.

얼마간의 시간이 흘렀을까……. 갑자기 오색 구름이 소용돌이처럼 산실을 휘감더니 차츰 사방으로 번져 어느덧 밤나무 골짜기를 가득 메웠다. 그것은 마치 무지개가 온 누리를 휘감은 듯한 아름다운 광경이었다.

"응애~ 응애!"

지금 막 장막 안에서 샛별처럼 영롱한 아이가 태어났다. 그의 고고지성은 불지촌 일대까지 울려 퍼졌고, 산새도 들새도 모두 몰려와 그의 성스러운 탄생을 축하해 주었다.

원효의 탄생설은 석가모니의 탄생설과 너무나 공통점이 많다. 즉 인도의 왕비 마야부인이 태자 석가모니를 출산하기 위하여 친정인 코올리성으로 이동하던 중 "룸비니동산"에 이르러 갑자기 산기를 느꼈다 한다. 급한 김에 수행한 시종들이 무우수(無憂樹) 아래에 장막을 치고 산실을 만들어 그 아래에서 무우수 가지를 쥐고 태자를 낳았는데, 이때 하늘에서 영롱한 불빛이 갓 태어난 아기를 향해 뻗어 그의 탄생을 축하해 주었다 한다.

여기서 나타나는 무우수와 사라수는 모두 신령스러운 나무로서 둘 다 세계를 떠받드는 기둥으로, 지상의 근심과 걱정을 날려 보내는 성수(聖樹)로 상징되고 있다.

훗날 원효가 태어난 그 밤나무를 사라수라 하였는데, 여기 사라수란 산모의 급한 출산을 앞두고 원효의 아버지 담날이 자신의 웃옷을 벗어 장막처럼 걸었다 하여 붙여진 이름인데, 이때 "사(裟)"는 "사라비단" 또는 가사를 의미하기도 한다.

밤나무 밑에서 태어난 설서당[원효의 아명]은 할아버지 잉피공과 아버지 담날의 사랑 속에 보배처럼 자랐다. 그러나 어린 원효는 어머니가 일찍 세상을 떠나버렸기 때문에 어머니의 사랑을 받지 못하였고, 어머니를 잊고 자라야 했던 슬픔과 외로움은 언제까지나 그의 가슴 한 구석에 남아 있었다.

[참고문헌 : 《삼국유사》 원효불기]

2) 사라사(裟羅寺) 창건

불지촌 초개사에서 정진하던 원효는 어느 날 자신이 태어난 율곡을 찾았다. 그리고 그는 그 율곡 밤 밭에서 자신을 낳아주신 어머니를 생각하였다.

"이 밤나무 아래에서 나의 어머니께서 나를 낳으시다니……."

원효는 감개가 무량하였다. 당시 그의 어머니는 신라의 미관말직에 있었던 아버지 담날과 떨어져 현성산 아래 자그마한 산촌 마을에서 시아버지인 잉피공을 봉양하면서 가난한 살림을 꾸려왔다.

원효의 어머니는 신혼 초부터 가세를 일으키기 위하여 그가 할 수 있는 일이라면 무엇이든 가리지 않았다. 낮에는 품앗이와 땔감을 구하고, 밤이면 길쌈과 바느질로, 그의 하루 생활은 한 시각의 여유도 없었다. 그는 만삭의 산모였다. 그러나 그에게는 무엇보다도 생계가 우선이었다.

그러던 그의 어머니가 한 해 겨울 눈보라 치던 어느 날 그를 품안에 안은 채 추위를 이기지 못하고 세상을 떠난 것이다. 원효는 그런 어머니가 너무나 그리웠고, 자식에 대한 지극한 애정은 그의 가슴을 아프게 하였다. 그러던 그가 문득 이 율곡을 찾았다.

'내 어머니께서 여기서 나를……, 얼마나 힘들었을꼬?…….'

원효의 가슴은 타들어가는 듯하였다. 원효는 밤 밭을 오르내리며 자신이 태어났다는 그 밤나무 아래에서 문득 그 때 어머니의 모습과 어머니의 사랑을 그려보았다.

만삭의 어머니가 친정인 경주로 해산 길에 나서다 갑작스런 산기로 다시 집으로 돌아갈 겨를도 없이 해산을 맞이하여야만 하였던 급박한 상황에서 자신의 아버지가 할 수 있었던 것은 아무것도 없었다. 급박한 순간에 그가 준비하였던 것은 길섶에 있는 밤나무 아래에 아내의 산실을 꾸리는 것이었다. 담날은 급한 김에 주위의 풀을 뜯어 모아 방석을 만들고, 길가를 가리기 위하여 자신이 입고 있던 관복을 벗어 나무에 걸쳤다. 산실로 꾸며진 밤나무에는 눈송이처럼 밤꽃이 만개해 있었다. 그 산실은 마치 룸비니 동산의 무우수 나무를 연상하게 하였다.

'아버님께서 당신의 옷을 벗어 이 나무를 가리셨구나!'

원효는 그 밤나무 아래서 당시 자신의 어머니와 아버지의 경황 없던 모습을 그리며 깊은 상념 속으로 빠져들었다.

'그래! 이 나무는 사라수야. 일찍이 석가모니께서도 무우수 아래서 태어나셨듯이 나의 부모님께서도 여기다 장막을 치신 거야!'

원효는 그 밤나무 아래 피어나는 이름 모를 풀과 들꽃들을 어루만지며 어머니의 체취를 더듬었다. 그때 동행하였던 시자가 말했다.

"큰스님! 이 밤나무가 곧 사라쌍수가 아니겠습니까?"

"사라쌍수……?"

그는 대답 대신 유별나게 아래로 늘어져 있는 가지를 어루만지며 혼자 중얼거렸다.

'내 어머니께서 이 가지를 쥐고 나를 낳았을 것이다. 아! 얼마나 힘들었을꼬?…….'

원효의 마음은 애절하였다.

그 때 어디선가 파랑새 한 마리가 그의 머리 위에 맴돌다 날아갔다. 그는 스쳐지나가는 파랑새를 덧없이 쳐다보았다. 파랑새가 사라지는 율곡에는 운무가 가득하였다.

'그래! 이곳은 나를 위해 당신을 버렸던 어머님의 자비심이 머문 곳이다. 세상 어머니가 다 그렇듯 나의 어머니도 당신의 몸을 보살피지 않고 오로지 자식을 위해 희생하였으리라…….'

어느덧 해는 서산에 걸려 있고, 그 날따라 낙조는 타오르는 불꽃과도 같았다. 율곡에 내려 깔린 운무는 율곡 일대를 솜털처럼 포근히 감쌌다. 그 때 문득 원효의 머리 속을 스쳐지나가는 것이 있었다.

'그래! 여기에다 어머니의 자비를 그리는 절을 짓자, 절을…….'

그는 어머니의 한량없는 사랑과 자비를 생각하며 관세음보살을 그렸다.

그는 그 자리에다 움막을 짓고 다음 날부터 자그마한 암자를 짓기 시작했다. 밤 골에 밤이 익어갈 무렵, 원효는 그 자리에 작고 아담한 그의 어머니의 모습을 닮은 암자를 완성하였다. 그리고 그 암자를 아버지가 자신의 옷을 벗어 밤나무 가지를 가려 산실을 만들었다 하여 "사라암"이라 하였다.

원효가 여기에 암자를 세우고부터 이상한 일들이 일어났다. 율곡 일대 밤밭의 밤들이 예사롭지 않았다. 밤나무는 이상하게 상서로운 빛이 났으며 그 밤 한 톨의 크기 또한 예사 밤과 달랐다. 마을 사람들은 모두가 상서로운 일이라 하며 원효의 효심을 찬양하였다.

이는 원효의 출생과 더불어 배고픈 중생들에게 넉넉한 마음을 주었다는 뜻으로 풀이되고 있다. 훗날 그의 시자가 이 절을 맡아 관리하면서 은사를 생각하여 "사라사"로 고쳤다. 사라사는 주변 젊은 학승들의 수행처가 되었다. 그러나 원효에게 사라사는 남다른 의미가 있었다. 그에게 사라사는 곧 어머니의 모습이었다.

[참고문헌 : 《삼국유사》 원효불기, 김종국의 원효설화대계]

3) 율곡(栗谷)의 밤톨

원효가 태어난 자리, 즉 산실을 차렸던 밤나무, 그 밤나무 가지는 땅에 닿을 듯 치렁치렁하였고 거기에 달린 밤송이는 유난히도 크고 눈부셨다. 이 밤나무에 달린 밤을 사라율(裟羅栗)이라 하였는데, 당시 사라사의 주지가 절의 머슴[寺奴]에게 매일 저녁 끼니로 밤 두 톨씩을 주었다. 주지는 그에게 두 톨 이상은 주지 않았다. 이것을 억울하게 생각한 사노가 관가에 나가 호소하였다.

"나리! 저는 사라사의 머슴이온데, 온종일 일을 하고도 매일 저녁 끼니로 겨우 밤 두 톨을 얻어먹을 뿐입니다."

"뭐? 밤 두 톨로 끼니를 때운다고?"

"예, 밤이 맛이 좋기는 하지만 배가 너무 고파 견디기 어렵습니다."

하며 하인은 궁상을 떨었다. 이상하게 생각한 관리가 그 밤을 가져와 조사해 보기로 하였다.

"그게 정말이라면 이상한 일이다. 우선 사실을 알아보고 조치를 취할 터이니 돌아가 기다리도록 하라!"

하니 그는 순순히 물러갔다. 관청에서는 아무래도 이상하여 그 밤이 도대체 어떻게 생긴 밤인가 해서 관리를 보내어 나무에 달린 밤을 따오게 하였다. 그랬더니 그 밤은 한 톨이 밥사발에 가득 찰 만큼이나 큰 것이었다. 관청에서는 앞서 호소한 절의 머슴을 불러 꾸짖었다.

"네 이놈! 밤은 밤이지만 단 한 톨로도 한 사발이나 되니 큰 밤이 아니냐? 그걸 두 톨이나 먹고도 모자란다 하니 괘씸하기 짝이 없다. 그러므로 너에게 명하노니, 앞으로는 저녁 한 끼에 밤 한 톨만 먹도록 하여라."

욕심 많은 하인은 도리어 감량의 벌을 받고 말았다.

이와 같은 《삼국유사》의 기록은 곧 유별나게 컸던 사라율이 원효의 출생과 더불어 이루어졌으며, 이는 당시 배고픈 대중에게 은혜를 베푸는 원효의 위대함을 일깨워 주는 것이었다.

[참고문헌 : 《삼국유사》 원효불기]

2. 청소년기 원효

1) 잉피공의 훈도

서기 617년, 율곡(栗谷)의 밤나무 아래에서 태어난 설서당은 그가 태어난 뒤 얼마 후 어머니를 여의고 만다. 그의 어머니는 그를 출산하는 과정의 산고로 목숨을 잃은 것이다.

서당은 어릴 때부터 할아버지 잉피공에 의하여 자랐고, 훈육을 받았던 것으로 알려지고 있다. 그의 할아버지는 그가 어릴 때부터 신라의 김유신 장군과 같은 훌륭한 장수로 자라기를 바랐지만, 따로 스승을 정하여 공부하지는 않았다.

당시 그의 아버지 담날은 신라의 17관등 중 11관등에 속하는 내마라는 벼슬을 한 관리로 줄곧 도성인 경주에서 지냈던 것으로 보인다. 그러므로 서당의 어린 시절은 당연히 그의 고향인 불지촌에서 보낼 수밖에 없었다. 그는 현성산 아래에서 호연지기를 길렀으며, 그에게 엄격한 스승은 할아버지였다.

어릴 때부터 어머니에 대한 그리움은 어린 서당의 가슴을 아프게 하였고, 그 아픔은 곧 그리움으로 변하였다.

어느 날 잉피공이 서당을 불렀다.

"오늘도 동네 아이들과 벗을 하였느냐?"

서당은 힐끗 할아버지를 쳐다보고는,

"예~!"

서당은 별 흥미가 없는 듯 대답하였다.

"왜 마음이 상했느냐?"

하며 뭔가 쓸쓸해 보이는 서당의 얼굴을 훑어보았다.

"아닙니다."

서당의 대답은 의외로 짧았다. 늘 그늘이 져 있는 서당을 바라다보는 잉피공의 마음은 내심 불안하였다.

"아무래도 무슨 일이 있었던 게로구나? 너의 얼굴에 수심이 가득한 걸 보니, 어디 이 할아비에게 말해 보아라!"

서당은 이내 얼굴 표정을 고치고 잉피공에게 가까이 다가갔다.

"할아버지! 정말 아무 일도 없었사옵니다. 진정이옵니다."

할아버지는 그러는 서당을 와락 끌어안으며,

"그래! 또 어미가 그리웠던 모양이구나?"

하면서 등을 툭툭 쳐 주었다. 할아버지 잉피공은 자신에게 손자[훗날 원효]를 맡기고 훌훌히 떠나버린 서당의 어미를 생각하였다. 친정으로 출산 준비를 하러 가던 중 율곡에서 황급히 손자를 해산하고 자신의 몸은 돌보지도 않고 홀로 된 시아버지의 수발을 걱정한 나머지 불지촌으로 되돌아온 며느리, 그리고 미관말직인 아들[담날]의 쥐꼬리만한 녹봉에도 한 마디 불평도 없이 묵묵히 가난한 살림살이를 꾸려 왔던 자신의 며느리를 생각하였다.

그러던 그녀가 그해 겨울 유난히도 눈이 많았던 날, 조금 남은 땔감으로 시아버지 방의 아궁이에 불을 지펴드리고, 자신은 어린 서당과 함께 차디찬 냉방에서 긴 겨울밤을 보내게 되었던 것이 화근이었다. 그녀는 혹 자신의 아들이 추위에 떨까 걱정하여 자신이 입고 있던 속옷을 벗어 아이의 온몸을 감고 자신의 체온으로 긴 밤을 새웠던 것이다.

그 결과 아침에 그녀는 차디차게 굳어 있었다. 그는 자신의 몸을 버리고 아들 서당을 살려 낸 것이다. 유별나게 효심이 깊었던 서당의 어머니는 이렇게 눈 쌓인 깊고 깊은 겨울 밤 백의의 관음처럼 이 땅을 떠난 것이었다.

서당은 훗날 할아버지로부터 이 이야기를 전해 듣고 가슴을 치며 애통해 하였다. 그리고 어머니의 한량없는 자애심에 고개를 숙여 자신이 자라면서 모았던 그의 눈물을 모두 쏟아내었다. 잉피공은 그의 효심에 시아비로서 부끄러움을 느끼고, 여생을 서당을 위하여 살기로 마음먹었다. 그래서 잉피공에게는 어린 서당의 아픈 마음이 자신의 상처 이상으로 크게 느껴졌던 것이다.

원효는 무럭무럭 자라 어느덧 초채지년에 이르렀다. 할아버지 잉피공은 훌륭하게 자라주는 그의 늠름한 모습에 감사하였다. 그러나 늘 공부에만 빠져있는 서당의 모습에서 적잖은 걱정도 하였다. 그러던 중 잉피공의 강력한 권고로 서당은 화랑에 입문하게 되었다.

하지만 서당은 무술 연마보다 서책을 더 가까이 하면서 학문에만 열중할 뿐 낭도생활에는 영 관심을 두지 않는 듯하였다.

하루는 잉피공이 서당을 불렀다.

"어째 무술 연마는 멀리하고 서책만 가까이 하느냐?"

하자, 원효는,

"할아버지, 저는 화랑에 입문하면서 신라와 백제의 여러 전쟁을 지켜보았습니다. 하나 전쟁은 저와 인연이 없는 듯합니다."

하였다. 잉피공은 손자 서당에게 이런 저런 얘기로 달래도 보고, 꾸짖어 보기도 하였으나 그의 깊은 마음속에 담겨진 결심은 이미 낭도 생활을 떠난 듯하였다. 할아버지 잉피공은 더 이상 서당을 강요하지 않았다.

서당은 지학지년에 이르러 스스로 낭도생활을 청산하였다. 그는 전장에서 인생무상에 대한 무한한 회의를 느꼈던 것이다. 그리고 그는 그 전장에서 수없이 죽어가는 젊은이들의 외침 속에서 그가 가장 부르고 싶어 하였던 '어머니'라는 이름을 들었던 것이다. 그 목소리는 마치 아우성과도 같았다. 서당은 그렇게 그의 어린 시절을 기억하고 또 그들과 함께 어머니를 불렀던 것이다. 그리고 그 이름 속에서 그는 지금껏 가슴 속에 묻어왔던 어머니의 자애심을 떠올렸다.

[참고문헌 : 김종국, 《원효설화대계》]

2) 낭도의 눈물

원효는 설서당(薛誓幢)이라는 이름으로 어릴 때 어머니를 여의고 할아버지 잉피공에 의해 유년기를 보내게 되었다.

할아버지 잉피공은 불지촌에서 서당을 직접 가르치며 학문에 정진하게 하였는데, 늘 그의 마음속에는 신라의 대장군인 김유신과 같은 훌륭한 장수로 성장하기를 기대하였다. 이러는 조부의 가르침에 유년기의 설서당은 초채지년[지금의 14살에 이르는 시기]에 이르러 조부 잉피공의 강력한 권고로 화랑에 입문하였다. 하지만 서당은 서로가 죽이고 죽는 전장 속에서 자신이 하여야 할 일이 무엇인가에 대하여 많은 고민을 하게 되었고 급기야는 다음과 같은 사건으로 화랑의 세계에서 떠나야겠다고 결심하였다.

본래 '서당(誓幢)'이란 이름은 조부인 잉피공이 그를 훌륭한 장수로 성장할 것을 바라는 뜻에서 지어 부른 이름이라 하지만, 이에는 신라의 군사 조직이라는 뜻이 담겨져 있다.

이듬해인 지학지년[15세경]에 이르러 신라 도성에서는 큰 무술 경합이 벌어졌다. 그것은 당대 최고의 화랑을 뽑는 무술 대회로, 이 자리에는 김춘추 공과 김유신 장군, 신라의 문무백관 귀족들은 물론, 선덕여왕과 다음에 왕위를 이어받을 진덕여왕까지 친히 참관한 자리이다 보니 장내에는 긴장이 고조되었고 경계는 삼엄하였다.

이 자리에는 전례 없던 내용이 공고되었다. 그것은 오늘 경합의 최고 승자에게 선덕여왕은 김춘추의 딸 아유다를 그의 아내로 삼도록 윤허하겠다는 것이었다.

경합이 시작되자 장내에는 숨을 죽이듯 조용하였고 들리는 소리로는 두 사람씩 그들의 자존심과 경쟁심에 불타는 기합 소리만 넓은 연병장을 메아리칠 뿐이다. 경합은 오후 늦게까지 진행되었고 경합 중에 다친 화랑의 수도 늘어만 갔다.

이윽고 막바지 경합이 벌어졌다. 그 자리에는 지금까지 두 개 조로 나누어진 예비 경합에서 최종 승자인 두 사람이 결판을 내는 시합이다. 장내는 물을 끼어 얹은 듯 숨소리조차 들리지 않았고, 연병장에는 말을 탄 두 화랑의 눈빛만 허공을 가로지르고 있었다. 드디어 여왕이 나서 그들을 위로하고 최선을 다해 승자가 되기를 기원했다.

"두 화랑은 들으시오! 그대들은 신라에 제일 가는 화랑이다. 하지만 시합에는 승자가 둘이 될 수는 없다. 하여 이번 경합에 최종 승리자에 대해서는 내 약속대로 김춘추 공의 딸 아유다와 혼인을 윤허하겠노라! 절대 양보하지 마라! 그리고 신라 화랑의 투혼을 위한 최선의 모습을 보여 주어라!"

이 같은 여왕의 주문이 있자 두 화랑은 칼을 높이 치켜들고 서로가 승리자가 될 것임을 과시하였다.

이러한 광경을 지켜보던 아유다의 마음도 시커멓게 타들어가고 있었다. 그것은 지금까지 경합에서 자신이 낙점한 한 청년이 바로 그의 눈앞에 서 있었기 때문이었다. 그녀가 지금까지 오매불망 손에 땀을 쥐며 응원하였던 화랑은 다름 아닌 '설서당'이었다.

그녀 앞에 늠름하게 서 있는 두 화랑, 그들은 당대 신라 화랑의 최고를 자랑하는 서당과 거진랑이었다. 누구도 이 두 화랑에 대하여 승패를 예측하지 못하였다. 하지만 여왕 옆에서 온몸을 떨며 초조하게 이를 지켜보아야 하는 사람은 선택의 여지가 없는 김춘추 공과 딸 아유다였다.

이윽고 최종 경합을 알리는 북이 울렸고, 불을 튀기는 둘의 싸움은 시작되었다. 장내는 흥분과 긴장, 그리고 초조 속에서 숨을 죽이는 기나긴 시간들이 지나갔다. 그러나 둘의 승부는 끝이 나지 않았다.

그리고 다시 긴장된 순간들이 이어졌다. 그러던 중 갑자기 한 화랑이 느닷없이 칼을 떨어뜨리고 만다. 장내에는 함성이 울려 퍼지고 승자에 대한 격려의 목소리는 하늘을 진동시키는 듯하였다. 하지만 이러한 흥분의 순간도 잠깐, 다시 장내는 쥐죽은 듯 조용하였다. 그 이유는 누가 승자며 누가 패자냐 하는데 관심이 몰렸기 때문이다. 장내가 정리되고 잠시 후 여왕 앞에 늠름하게 모습을 나타낸 낭도, 그는 '거진랑'이었다.

장내는 또 한 번 환호성이 울려 퍼졌고 술렁이기 시작하였다. 그 자리에서 여왕은 친히 그를 맞이하면서 상을 내리고 그에게 김춘추 공의 사위 됨을 공포하였다. 이로써 선덕여왕이 직접 참여한 신라 화랑의 무술 경합은 모두 끝이 났다. 그러나 패자는 말이 없었다. 그리고 아유다 역시 당시의 운명 같은 상황을 직시하지 않을 수 없었다.

[참고문헌 : 김종국, 《원효설화대계》]

3) 번뇌와 갈등

거진랑과의 경합에서 스스로 승부를 포기한 설서당은 홀가분한 마음으로 군막에 돌아왔다. 그는 목숨을 건 거진랑의 열정을 되새겨 보았다.

'명예가 무엇이기에…….'

지금 그의 머리 속을 가득 메우고 있는 것은 거진랑과의 경합보다 지난 전장에서 수 없이 죽어간 동료들의 모습이었다.

'모두가 목숨을 버렸지 않았는가? 그런데 우리들의 경합이 무슨 소용이 있단 말인가? 아! 너무나 허무하구나!'

서당은 문득 낮에 벌어졌던 경합을 되새겨보았다.

넓은 연무장에서 화랑과 경합, 그리고 그 행사에 친히 참석한 여왕과 그 주위를 받든 김춘추 공과 김유신 장군, 또 그 사이에 다소곳이 앉아 손에 땀을 쥐며 경합을 지켜보던 어린 원화 아유다낭의 모습을 그려 보았다.

이에 참여한 화랑들은 아유다를 자신의 짝으로 맞아들이기 위하여 모두가 목숨을 건 도전을 시도하였다. 그들은 그 순간 우정도 버린 채 오로지 최고의 승자로 남고 싶었다. 그러나 서당은 그와의 경쟁에서 스스로 칼을 버리고 말았다.

장내에는 최고의 경합자로 낙점되고 있던 서당이 갑자기 칼을 버리자 영문도 모르는 채 환호성이 터졌다. 그 환호성은 차라리 안타까운 호소와도 같았다. 그러나 서당은 스스로를 자제하는 용기를 가졌던 것이다.

'그래! 차라리 나의 용기가 옳았는지도 몰라…….'

하면서 군막을 나왔다. 서당의 생각과는 달리 군막 밖에는 온통 축제 분위기였다. 낮에 있었던 살벌한 경합 분위기와는 달리 국왕이 하사한 술과 고기로 모두가 평상심을 찾고 있었다. 서당은 잠시 그들과 함께 어울렸다.

"서당랑! 오늘 경합은 사실상 서당랑이 최고였어!"

동료들의 격려도 있었다. 그러나 서당은 그렇지 않다고 말하면서 자신을 다잡았다. 이 때 한 낭도가 서당에게 다가섰다.

"서당랑이 칼을 떨어뜨릴 때 가장 안타깝게 바라본 사람이 아유다낭이었소."

하고 일러 주었다.

"아유다낭이……. 어찌?"

"처음부터 서당랑에게 관심을 둔 거지요. 시종일관 서당랑을 응원하는 모습은 차라리 애처롭기까지 하였소!"

서당은 잠시 그 때 여왕의 옆에 다소곳이 앉아 화랑들을 지켜보던 김춘추 공의 딸 아유다낭을 그려보았다. 너무나 사랑스럽고 아름다운 원화였다. 그러나 서당은 그를 마음속에 두지 않았다.

서당은 언젠가 화랑수련 중에 본의 아니게 먼발치로 원화들의 수련 현장을 훔쳐 본 적이 있다. 그 때 자신의 눈앞에 나타났던 원화, 그가 아유다낭일 줄은 몰랐다. 서당과 아유다낭의 인연은 이렇게 시작되게 된 것이다.

'아유다낭 …….'

그는 자신도 모르게 아유다를 불러 보았다. 그 때였다. 서당이 앉아 있는 반대편 군막에서 환호성이 터져 나왔다. 그 곳에는 낮에 보았던 김춘추 공과 아름다운 여인 아유다가 여러 원화들과 함께 화랑들의 훈련을 위로하기 위하여 친히 화랑 군막을 찾은 것이다. 원화들을 맞이한 군막의 화랑들은 낮에 있었던 그 살벌함은 찾아볼 수 없고 모두가 연모의 마음에 빠져 있었다.

서당은 군막을 빠져나왔다. 그리고 그는 거진랑을 생각했다. 밤은 무르익어 갔다. 이제 시끄러운 화랑들의 함성도 모두 밤의 적막 속으로 묻혀들었다. 그렇게 또 하루가 지나갔다.

이른 아침이다. 어디선가 스산한 가을바람이 새벽 공기를 깨고 몰려들었다. 또 한바탕 부산한 하루가 시작되려나 보다. 새벽부터 여기저기서 수련을 시작한 화랑들의 기합소리가 찬 공기 사이로 메아리쳤다.

'오늘은 죽고 죽임이 없어야 할 터인데…….

서당은 멀리 서녘을 바라보며 그리운 고향을 그려 보았다.

막상 할아버지 잉피공의 강한 권유로 화랑에 입문하기는 하였지만 여러 차례 전장에서 그가 지켜본 현실은 너무나 냉혹하고 참담하였다. 그는 그 전장에서 인생무상의 극치를 경험하였던 것이다.

'내가 갈 길은 이 길이 아니야!'

서당의 마음은 굳어 있었다. 바로 그 때다. 군마 한 필이 미끄러지듯 수련장 안으로 뛰어들었다.

"모두 들으시오! 백제군들이 우리 신라의 경계를 넘었다 하오. 어서 출전 준비를 하라는 대장군의 영이 내려졌소."

하였다. 이 소리에 화랑들은 오합지졸처럼 이리저리 뛰어다니며 어쩔 줄을 몰라 했다. 전령의 목소리는 이리저리 군막 사이로 메아리쳤다.

"어서! 출전을 서두르시오. 대장군의 명입니다."

이윽고 이리저리 흩어졌던 화랑들이 한 곳에 집결했다. 그 속에는 어제 경합의 수장이 되었던 거진랑과 결투를 중도에 포기하였던 서당랑도 나란히 자리를 같이 하였다. 얼마 후 김유신 장군의 부장인 비녕자가 그들 앞에 나타났다.

"모두 들어라! 지금 백제군들이 우리의 국경을 침범하였다. 그 수는 줄잡아 2만이 넘는다는 세작의 보고가 있었다."

장내는 숙연하였다. 비녕자의 말은 계속되었다.

"우리는 오늘 죽기를 무릅쓰고 출전을 하여야 한다."

비녕자의 칼끝은 하늘 높이 올려졌다.

"모두들 나를 따르라!"

비녕자는 말고삐를 끌어당기며 채찍으로 쳤다. 그들이 다다른 곳은 대야성 부근의 한 야산이다. 그 곳에다 진을 친 1만여 신라군은 백제의 2만 정병과 대치하였다. 그러나 수적으로 백제군에 비해 열세인 신라군은 싸우기도 전에 기가 죽어 있었다.

이 전쟁을 지휘하는 김유신 대장군은 무엇보다 군사들의 떨어진 사기를 다시 끌어올리기에 전전긍긍하였다. 멀리서 백제군 2만의 함성이 신라군의 귓전을 맴돌았다. 그러나 신라군 진영은 쥐죽은 듯 고요하였다. 그러기를 수 시간, 누구 하나 선뜻 나서는 자가 없었다. 김유신은 깊은 고민에 빠졌다. 그리고 그의 부장들에게 명을 내렸다.

"전면전은 안 된다. 무엇보다 군사들의 사기가 급선무다."

이 때 비녕자가 김유신 앞에 나서며,

"대장군, 소장이 나서겠습니다."

"아니! 비녕자가?"

"장군님! 제가 나서서 신라군의 떨어진 사기를 회복하도록 하겠습니다. 부디 허락하여 주십시오."

비녕자는 이 말을 남기고 단신으로 적진에 뛰어들어 전사하고 말았다. 백제군의 함성은 하늘을 찌르듯 하였다. 이 때 이를 지켜보던 아들 거진랑이 김유신 앞에 나서며 자신 또한 적진에 나가도록 청하였다. 김유신은 거진랑의 청을 거절하였지만, 거진랑의 결심은 단호하였다.

"제 어찌 아들 된 자로 아버님의 죽음을 이대로 지켜볼 수가 있겠습니까? 저를 보내시어 신라 화랑의 명예를 되찾게 하여 주소서."

하였다. 김유신은 더 이상 만류할 수 없었다. 거진랑은 그렇게 적진에 뛰어든 것이다. 얼마간의 시간이 흘렀다. 백제 진영에서 또 한바탕 함성이 울려 퍼졌다. 거진랑이 적이 쏜 화살을 맞고 쓰러진 것이다. 신라 진영에는 또 다시 무거운 침묵이 흘렀다. 그때 어디선가 한 화랑의 목소리가 깊은 침묵을 깨고 전장에 메아리쳤다.

"우리 모두 거진랑의 뒤를 따릅시다!"

하며 말을 몰았다. 이를 지켜보던 화랑들은 일제히 그의 뒤를 따랐다. 그러자 멀찌감치 서있던 군졸들도 다투어 그들의 뒤를 미친 듯이 치달았다. 순식간의 일들이다. 모두가 죽기를 결심하고 달려든 결과 전투는 백제군 9천여 수급을 벤 후 끝이 났다.

전쟁이 끝나자 서당은 신라군의 시신을 이리저리 뒤적이다가 거진랑을 찾아내었다. 거진랑은 마지막 숨을 몰아쉬고 있었다. 서당은 거진랑을 끌어안고 오열하였다.

"거진랑! 정신 차리시오."

그러나 거진랑의 몸은 점점 굳어져만 갔다.

"거진랑! 어찌하면 좋소이까? 이 일을 어찌하면 좋소이까? 어서 정신을 차려 보시오."

서당은 몸부림 쳤다. 그 때 거진랑은 마지막 숨을 몰아쉬며,

"야유다를 부탁하오.……."

이렇게 거진랑은 서당과 이별했다. 서당은 거진랑을 안고 몸부림치며 울부짖었다.

"전쟁이 다 무엇인고! 무엇 때문에 우리는 이렇게 죽고 죽여야 한단 말인가?"

서당은 거진랑의 차가운 시신을 부둥켜안고 신라 진영으로 돌아왔다. 그리고는 화랑이 되었던 자신을 비웃기라도 하듯 낭도복을 벗어던지고 군막을 뛰쳐나왔다.

[참고문헌 : 《삼국사기》 열전 김유신]

4) 새로운 길

서당이 지켜본 신라와 백제와의 전장의 모습은 처절한 아우성이었고 피비린내 나는 절규였다. 서당은 가슴을 치며 울부짖었다. 그들의 죽음 속에는 그

가 사랑하는 친구 거진랑의 죽음도 있었다. 엊그제까지만 해도 같이 경합도 하고 같이 웃고 떠들던 동지애에 젖었던 수많은 낭도들이 순식간에 싸늘한 시체로 변한 모습을 지켜본 서당은 오열하지 않을 수 없었다.

'이 순간에 남은 모든 것은 죽음뿐이구나, 장군도 병사도 친구고 또 백제군이고 신라군이고 모두가 말이다.'

서당은 신라가 전쟁에는 승리를 하였지만 조금도 기쁘지 않았다. 그에게는 모든 것이 허무 그 자체였다.

'우리는 무엇을 위하여 그 호된 훈련을 감내하여 왔고 또 무엇을 위하여 부모님에게 물려받은 하나뿐인 목숨을 저토록 무참히 버려야만 하는가?'

그는 전장을 오가며 어린 아들을 전장에 보내고 하루라도 마음을 놓지 못하는 어머니의 눈물, 또 결혼한 지 며칠 안 되어 남편을 전장에 보내야 했던 새색시의 한숨, 그들의 눈물과 한숨 속에서 자신을 전장에 보내고 가슴을 졸여야 했던 할아버지 잉피공을 생각해 보았다.

'만약 죽지도 못하고 포로로 잡혀가면 어떻게 될까? 그리고 가족들의 아픔은 얼마나 클까?'

전장의 최후를 내려다보는 서당의 머리 속에는 이런 저런 생각들이 한꺼번에 몰려들어 혼란스럽기만 했다.

'삶은 무엇이고 죽음이란 또 무엇인가?'

서당의 고뇌는 점점 깊어만 갔다.

'검술과 활쏘기를 익히는 것은 결국 사람의 목숨을 빼앗는 짓이 아닌가? 그렇다면 나는 지금까지 사람의 목숨을 빼앗기 위하여 저토록 힘든 시련을 겪어왔단 말인가?'

서당은 갑자기 자신의 모습이 싫어졌다. 그는 그 길로 부대를 빠져나와 고향 불지촌을 찾아온 것이다. 갑자기 나타난 서당을 맞이한 할아버지 잉피공은 크게 놀라며 손자 서당의 이야기를 듣고 깊은 한숨만 내 쉬었다. 그는 할아버지의 기대를 저버린 자신에게 또 한 번 가슴을 쳐야만 했다.

"네가 그토록 싫다면 할 수 없는 일이 아니냐? 난 내가 죽기 전에 네가 나라를 위하여 큰 공을 세우는 것을 보고 싶었는데……."

이러는 할아버지의 얼굴에는 실망의 빛이 역력하였다.

"할아버님의 뜻을 거슬러 죄송합니다. 그러나 꼭 화랑이 되어야만 나라를 위하여 훌륭한 일을 할 수 있는 것만은 아닐 것입니다. 화랑이 아니더라도 신라를 위해 꼭 필요한 사람이 되는 것이 무엇인가를 찾겠습니다."

서당은 진심으로 할아버지에게 용서를 빌었다. 그러는 서당을 바라보던 잉피공은 말없이 고개만 끄덕이었다. 세월은 어느덧 훌쩍 몇 년이 흘렀다. 어느 날 임종을 맞이한 잉피공이 수학중인 서당을 불렀다.

"서당아! 사람은 한번 태어나면 언젠가 죽게 마련이다. 이 할아비의 죽음에 너무 슬퍼 말아라! 너는 네가 정한 대로 무엇이든 이 나라를 위하여 큰일을 하도록 하여라. 그리고 항상 네 자신보다 많은 나라와 많은 사람들을 생각하여라. 나는 너를 믿는다."

할아버지 잉피공이 마지막으로 서당에게 남긴 말이다. 서당은 자신을 홀로 두고 훌쩍 저세상으로 떠나버린 할아버지를 붙들고 목 놓아 울었다.

'부모님 대신 나를 이만큼 키워주신 할아버지, 항상 나만을 위하여 노심초사하셨던 할아버지, 아! 너무나 슬프고 허무하도다.'

할아버지의 장례를 끝낸 서당은 또다시 모든 세상일에 허무함이 느껴졌다. 그는 할아버지의 산소에 엎드려 한 없이 눈물을 흘리며 자신의 지나온 날들을 회상하였다.

'내가 죽더라도 너무 슬퍼 말고 네가 정한 대로 그 뜻을 펼쳐라!'

서당의 머리 속에는 문득 할아버지의 마지막 말씀이 귀에 생생하였다. 그는 할아버지 무덤 앞에서 엉엉 소리 내어 울었다. 바로 그 때였다.

"소리 내어 운다고 죽은 사람이 다시 돌아올 수 있겠는가?"

등 뒤에서 굵직한 목소리가 들려왔다. 서당은 고개를 들어 소리 나는 쪽을 바라보았다. 그 목소리의 주인공은 검은 옷에 갈대 갓을 쓰고 긴 바랑을 들쳐 맨 한 스님이었다. 서당은 울음을 멈추고 문득 그를 쳐다보았다.

"스님!"

"슬퍼한다고 돌아가신 분이 다시 돌아올 수는 없는 법, 어서 일어나시게, 그리고 세상을 어디 한번 큰 눈으로 바라보시게."

하며 껄껄 웃었다. 그리고 스님은 할아버지 묘소를 살펴보고는 무덤 앞에 단정히 무릎을 꿇었다.

"내 돌아가신 분을 위해 잠시 불경을 읊어 주리다."

스님은 짚고 있던 지팡이를 내려놓고 바랑 속에서 목탁을 꺼내 두드리기 시작했다. 스님의 낭랑한 염불소리가 조용한 숲 속에 은은히 울려 퍼졌다.

'너무나도 맑고 아름다운 소리다.'

서당은 자신도 모르게 스님 옆에 무릎을 꿇고 앉았다. 처음 듣는 소리라 독경의 내용은 알 수 없었으나 듣고 있는 동안 그의 갑갑했던 마음이 펑 뚫리는 듯했다. 스님의 독경은 거의 한식경이나 계속되었다.

"스님, 사람은 왜 늙고 병들어 죽음의 고통을 겪어야 합니까?"

스님의 독경이 끝나자 서당은 오랫동안 마음 속에 궁금하였던 의문에 대하여 물었다. 스님은 눈을 지그시 감으며 입을 열었다.

"그것을 어찌 한마디로 설명할 수 있겠소? 석가모니 부처님께서도 그것을 고민하시다 결국 왕위까지 버리시고 출가를 하셨지……."

"그래서 어찌 되었습니까?"

서당은 바싹 스님의 곁을 다가섰다.

"물론 알아 내셨지……, 6년 동안이나 긴 수행을 통해서……."

"그것이 무엇입니까?"

"그것은 너무나도 깊고 오묘한 것이지."

"그렇다면 어찌 그것을 깨달을 수 있습니까?"

"그것은 바로 불제자가 되는 길이지, 그러니 열심히 수행하다 보면 자신도 모르게 그 모든 이치를 깨달게 될 것이네."

"불제자가 되는 길이라면?"

"그것은 이 세상 모든 인연을 끊고 오로지 수행에만 몰두하는 것이지, 이를테면 낡은 옷을 버리고 새 옷을 갈아입는 것은 같은 이치라 할까……."

"그렇다면 부처님은 어떤 분이십니까?"

"이 세상 모든 이치를 깨달은 분이시지."

이 모든 이야기가 서당에게는 의아하고 신기하기만 하였다. 서당은 스님에게서 많은 것을 들어 알고 싶었다.

"스님께서는 어디에 계시는 누구십니까?"

그러자 스님은 빙그레 웃으며 대답했다.

"나는 어느 절을 정해 놓고 다니는 몸이 아니라 그저 발길 닿는 대로 떠돌아다니는 중이라네."

서당은 그를 집으로 모셔가서 공양물을 올리고 시주했다. 그리고 그는 여러 날 동안 칩거하면서 스님이 남기고 간 말들을 곰곰이 생각해 보았다. 그리고 그는 그 스님이 사라진 곳을 향하여 길을 나섰다. 걷고 또 걷고 그는 발길이 닿는 대로 여러 날을 걸어 어느덧 경주에 다다랐다.

백제와의 또 한 차례 전쟁을 치렀던 신라의 도성에는 적막이 감도는 듯하였다. 간간히 멀리서 말발굽 소리는 들렸지만 그로서 적막을 깨지는 못하였다. 그리고 긴 머리를 풀어헤친 그를 알아보는 사람은 아무도 없었다. 서당은 이리 저리 떠돌아 다니다가 문득 황룡사 앞에서 발길을 멈춰 섰다. 그는 화려하고 웅장한 황룡사 앞에서 더 이상 발길을 옮기지 못하였다.

'그래, 내가 공부할 수 있는 곳이 이 곳인지도 몰라!'

그는 불제자가 되는 것보다 우선 많은 책을 읽고 싶었다. 그래서 그는 황룡사의 넓은 삼문을 들어선 것이다.7)

훗날 원효라는 이름으로 수행승이 된 그는 어느 날 불지촌의 할아버지 산소를 찾아 지난 날 그가 할아버지 잉피공과의 이별 장면과 또 한 스님을 만나 자신의 뜻을 굳히게 되었던 과정을 회상하였다.

'모든 것은 다 그대로인데 나만이 이 자리에 서 있구나!'

원효는 할아버지의 묘 앞에서 큰 절을 올리며 지난날의 큰 사랑에 뜨거운 눈물을 흘렸다.

'할아버지! 이 모든 것은 허상이요, 꿈이었습니다.'

원효는 할아버지의 무덤 앞에서 수많은 이야기를 나누고 해질 무렵에야 할

---

7) 원효는 처음 황룡사에 입문하여 글공부를 하였으나 후일 분황사에 더 많은 서책이 있음을 알고 그 곳으로 수학 장소를 옮겨 정진하면서 승려가 된 것으로 전해지고 있다. 이 때 원효의 세수는 대략 29에서 32세에 이르렀던 것으로 알려지고 있다.

아버지 무덤 앞을 떠날 수 있었다.

'그 때 그 스님은 누구이며 어디에 사는 분이었을까?'

원효는 문득 그 때 자신 앞에 나타났던 그 소탈한 스님을 생각하며 혼자 중얼거렸다.

'왜 한 번도 나타나시지 않으신 걸까?'

원효는 혼자 고개를 갸우뚱거리며 긴 계곡 운무 속으로 사라졌다. 수개월 후 그가 다시 나타난 곳은 황룡사의 한 서고였다. 그는 그곳에서 화엄학을 읽고 있었다. 그러나 그 누구도 그가 얼마 전까지 화랑이었던 서당랑인 줄은 알지 못하였다. 그저 그를 보는 사람들의 눈에는 불문에 갓 입문한 한 학승으로만 인식될 뿐, 더 이상의 관심은 두지 않았다.

그렇게 또 여러 달이 지났다. 서당은 지난 수 3년을 그곳에서 서책과 함께 무심한 세월을 보내었다. 29세에 그는 더욱 서책과 가까이 하기 위하여 분황사에서 머리를 깎고 불문에 입문하였다. 그는 스스로를 원효라 하고 세상 앞에 나타난 것이다.

하루는 서당이 분황사 모전탑 앞을 급히 돌아서는데, 문득 언젠가 본 듯한 낯익은 여인과 마주쳤다. 그 여인은 지난 거진랑과의 경합장에서 먼발치로 보았던 아유다 낭이었다. 서당은 서둘러 자신의 공부방으로 돌아갔다. 그리고 그는 방문을 걸어 잠그고 깊은 삼매에 들었다. 그리고 잠시 동안 거진랑이 남겼던 유언을 생각해 보았다.

'모두가 부질없는 것, 모두가 허상일진대 내 무엇을 생각하고 또 마음에 따로 둘 수 있겠는가?'

그로써 서당은 그의 머리 속에 남은 작은 기억까지도 차분히 비우기 시작하였다. 그리고 그는 서당이 아닌 원효라는 이름으로 역사의 전면에 나타나게 되었다.

[참고문헌 : KBS, 다큐 역사적 라이벌]

3. 일체유심

1) 해골 물의 교훈

법주사 벽화

마음이 나니 갖가지 법이 나고
마음이 멸하니 온갖 법이 멸하네.
마음이 있으면 해골 물이 있지만
마음이 없으니 해골 물도 없네.
부처님께서 말씀하셨지
삼계가 오직 마음 하나일 뿐
다른 것이 아니라고.
아아! 어찌 나를 속였겠는가!

비바람 속에 온종일 발길을 재촉하던 원효와 의상, 이들이 문득 지친 걸음을 멈추었던 곳은 어느 허물어진 토감[토굴] 앞이었다. 해는 서산에 저물고 산기슭 토감 주변은 삭막하기만 하였다. 의상이 먼저 말을 걸어왔다.

"아까 지나온 마을에서 자고 갈 걸 그랬어요."

원효 역시 피곤함은 마찬가지였다.

“설마, 해가 떨어지기 전에 마을이 하나쯤은 있을 줄 알았더니, 이러다간 노숙을 면하지 못할까 봐요.”

주위는 점점 어두워지고 비까지 내렸다.

“원효 스님! 이거 꼼짝 못하게 됐습니다그려!”

“글쎄. 어디 비라도 피할 곳을 찾아야 할 터인데…….”

토감 주위에서 이곳저곳을 뛰어다니며 비 피할 곳을 찾고 있었으나 마땅한 곳을 발견하지 못하였다. 그 때, 의상이 반가운 기색으로 소리를 쳤다.

“아, 저기 토굴이 있어요. 저 벼랑 밑을 보십시오.”

“아니 의상 스님! 천만다행이로군요. 비만 피하면 되오.”

두 스님이 얼른 토굴 속으로 뛰어들어 가까스로 한숨 돌렸다. 토굴 속은 칠흑처럼 어두웠지마는 땅바닥에는 마른 나뭇잎이 깔려있어 원효와 의상은 그 자리에 털썩 주저앉고 말았다.

“원효 스님! 배가 떠나려면 아직 며칠은 더 남았으니까 염려 없습니다.”

“내일 아침 일찍 일어나서 걷기 시작하면 저녁 나절에는 바닷가에 도착할 수 있을 것입니다.”

얼마 후 피로에 지친 두 스님은 누워서 스르르 잠이 들었다. 얼마나 밤이 깊었을까, 원효는 목이 말라서 눈을 떴다. 비는 그사이 그친 모양이다. 다시 눈을 붙이려 했으나, 갈증이 심하여 잠이 오지 않았다. 바깥에는 바람소리만 들릴 뿐이었다.

‘골짜기에 내려가면 물이 있을 테지만, 어두워서 나가지도 못하고 이를 어찌하나.’

원효가 몸을 반쯤 일으키며 무심코 땅바닥을 더듬거렸다. 그러자, 뭔지 손에 닿는 게 있었다. 바가지다, 물이 담긴 바가지…….

“허, 이거 참 고마운 걸. 비가 들이쳐서 바가지에 물이 괴였구나.”

원효는 바가지를 들어 입에다 대고 벌컥벌컥 들이마시고 타는 듯한 갈증을 없앴다.

“아! 시원하다. 이것이 감로수로구만, 허허허…….”

의상도 잠을 설친 듯 원효에게 말을 걸었다.

"스님! 나도 좀 주시지요."

"여기 있소."

의상은 물바가지를 받아들고 단숨에 남은 물을 죄다 마셔 버렸다.

"정말 감로수가 따로 없습니다그려!"

그리고나 서 두 사람이 깊이 잠에 들었다. 이튿날 날이 밝았다. 아침 햇살이 토굴 속으로 비스듬히 비쳐들자 원효와 의상은 마치 약속이라도 한 듯 일어났다.

"원효 스님! 잘 주무셨습니까?"

"예, 자다가 목이 말라서 한 번 깼지만, 다시 잠이 들어 아주 잘 잤습니다."

순간 의상과 원효는 옆에 뭔가 둥글넓적한 바가지 같은 것을 발견하였다.

"아니! 원효 스님! 저게 뭐지요?"

"간밤에 물을 마신 바가지가……."

"아니! 이건 물바가지가 아니고… 해골, 해골 바가지가 아닙니까?"

그것은 사람의 해골이었다. 물바가지가 아니라, 해골 바가지였다. 두 사람이 하룻밤을 묵은 토굴은 보통 굴이 아니라, 오래 된 무덤이었던 것이었다. 원효는 소름이 끼쳐왔다.

"그럼, 내가 자다 마신 물이……."

그것은 빗물이 고인 것이 아니라, 해골이 썩어서 괸 물이었다. 원효와 의상은 절로 구역질이 나는 것을 참을 수가 없었다. 그러나 다음 순간, 하나의 생각이 번갯불처럼 원효의 머리를 스쳐지나갔다. 간신히 구역질을 가라앉히고서 아침 햇살을 받아 그 무참한 형상을 드러낸 해골 바가지를 새삼스럽게 바라보며 이런 생각을 했다.

"밤중에 이것을 빗물이 괸 것인 줄 알고 들이마셨을 적에는 감로수처럼 시원했는데, 이제 해골 썩은 물인 줄 알고 보니 뒤늦게 구역질이 나는구나. 이 차이는 어디서 오는 것일까?"

원효는 잠시 동안 삼매에 들었다.

"물은 어둠 속에서나 햇빛 밑에서나 같은 물이다. 물바가지거나 해골 바가지거나 그릇에 담기기는 마찬가지다. 그렇다면, 그 차이는 물 자체에서 온 게 아니라 내 마음에서 일어난 것이라고 보아야 하지 않는가! 옳지! 그렇다! 부처님께서…… '모든 분별은 사람의 마음에서 일어나며, 사람은 분별의 마음을 버려야만 해탈의 경지에 들어간다.'고 말씀하신 것은 바로 이 이치를 가르치신 말씀이었구나, 그래 신라로 다시 돌아가자!"

생각이 여기에 이르자 원효는 자신의 몸이 오장육부를 맑은 물에 씻은 것처럼 시원해짐을 느꼈다. 분별심을 넘어서 자유로워지는 것 같았다. 눈앞의 그 해골바가지의 무참한 형상이 그다지 추악해 보이지 않고, 오히려 그 이치를 상징하는 듯이 보이기도 했다. 살아 있는 원효가 미처 깨닫지 못한 것을 죽은 사람의 해골이 가르쳐준 것이었다. 원효는 한 걸음 더 나아가서 생각했다.

'그렇다면, 진정한 도란 바깥에 있는 게 아니라, 내 안에 있다. 부처님의 가르침은 인도에서 시작하여 중국을 거쳐 우리나라에 들어온 게 사실이지만, 그 이치는 인도에도 있고, 중국에도 있고, 우리나라에도 있다. 결국은 사람의 마음과 함께 있을 터이니까. 내 마음이 있는 곳에 이치도 있다. 따라서 참다운 이치를 깨닫기 위해서는 장소를 가릴 필요가 없다. 어디든지 내 마음이 있는 곳, 내 마음 속에서 찾으면 된다. 그리고 내가 굳이 당나라에 건너가려는 것은, 당나라에 가면 우리나라에 없는 책도 볼 수 있고, 또 나보다 더 많은 수양을 쌓은 스님을 만나 가르침을 받을 수 있기 때문이라지만, 책에 씌어 있는 이치나 남이 일러주는 이치는 결국 내 마음을 통해서 깨달아야 한다. 아니, 이 세상 모든 존재는 처음부터 부처이니 나도 처음부터 깨달은 부처다.'

이러는 원효를 보고 의상이 먼저 말을 걸었다.

"스님! 뭘 그렇게 깊이 생각하십니까?"

"아, 이 해골 바가지도 전에는 나처럼 살아 있었으며, 나에게 무슨 말을 하려는 것 같아서요. 그런데, 스님!"

"예, 원효 스님!"

잠시 침묵이 흘렀다.

"나는 당나라에 가지 않겠소."

"아니! 왜 갑자기 그만두시려는지요?"

"어제 밤에 마신물이 해골 속에 물이라는 것을 모를 때는 그렇게 시원하고 감미로운 물이었는데, 아침에 깨어나서 보니 해골 바가지 속의 물이라, 우리는 구역질을 하며 괴로워하였지요? 하지만 나는 방금 이 모든 것이 마음속에 있다는 것을 알게 되었소. 이럴진데 내가 당나라로 꼭 가야할 이유는 없어진 게죠. 하지만 의상 스님에게까지 당나라에 가는 것을 말리지 않겠소. 의상 스님께서는 무사히 당나라에 도착하여 많은 공부를 하고 돌아오십시오."

"원효 스님!……."

"하지만 의상 스님께서는 당나라의 절, 불경, 이름 높은 스님들을 두루 만나시고 돌아오십시오. 나는 신라에서 그대를 기다리겠습니다."

"스님이 하시는 말씀이 옳다는 것을 나로서도 충분히 이해하겠습니다. 저 혼자 당나라에 다녀오겠습니다. 삼라만상이 여럿이면서도 하나이고, 천만 사람 마음이 가지각색이어도 결국은 하나로 통합니다. 스님께서 이 나라에 머무르시고 내가 당나라에 건너간다 해도, 우리가 나아가는 길은 오직 하나의 길임에 틀림없습니다."

따지고 보면, 원효와 의상은 결국 같은 생각, 같은 목적을 가졌으며, 그 수단이 되는 방법만 잠시 달라졌던 것이다. 두 스님은 행장을 정리하여 동굴 밖으로 나왔다.

어젯밤 비는 스님들을 동굴 속으로 몰아넣더니, 오늘 아침의 햇살은 새로운 출발을 축복하는 것 같았다. 스님들은 가슴이 벅차올랐으나, 짧은 작별 인사를 하였다.

"의상 스님! 아무쪼록 먼 길 조심해서 무사히 다녀오십시오."

의상은 배가 기다리고 있는 당주계를 향하여 곧장 걸어갔다. 원효 또한 오솔길을 걸어가는 의상의 모습이 사라질 때까지 말없이 그 자리에서 그의 뒷모습을 바라만 보았다.

[참고문헌 : 《송고승전》]

2) 저잣거리 거사

하루는 당나라 구법 길을 마치고 돌아오던 의상이 문득 원효를 찾아왔다.

그 때 원효는 저잣거리 민중들 속에서 무애춤을 추면서 그들에게 '나무아미타불'을 일러주면서 대중교화에 나서고 있었다. 그는 너무나 자유로웠다. 멀리서 이를 지켜보던 의상이 급히 군중 속을 가르며 뛰어들었다.

"원효 스님! 이 어인 행색이시오?"

정신없이 춤을 추다 10여년 만에 의상을 만난 원효는 기쁨을 감추지 못하고 그의 손을 꼭 잡으며 함께 춤을 추었다. 그러나 의상은 그러는 원효를 이해할 수 없었다.

"원효 스님! 이 춤은 무엇이고 그 행색은 또 무엇입니까?"

의상은 10여년 만에 원효를 만난 터라 그 간의 사정은 아무것도 알지 못했다. 원효는 의상의 손에 이끌러 부근에 있는 한 초막으로 들어갔다. 뒤에 안 일이지만 그 초막은 원효가 기거하는 거처였다. 의상은 주위를 두리번거리다 문득 원효에게,

"아니! 원효 스님, 어쩌면 그리 자유로울 수 있습니까?"

하고 먼저 말을 걸었다. 원효는 그 물음에 껄껄 웃으며,

"모든 것이 계율에 얽매이지 않으면 자유로울 수 있고, 거칠 것 또한 없을 것이오."

이러는 원효의 얼굴에는 어린아이와 같은 동심이 그려져 있었다.

"화광동진(和光同塵)이군요?"

"그렇지요. 티끌 같은 세상에 어울렸으나 그 진심은 더럽혀지지 않았고, 빛을 섞었으나 그 본체는 변하지 않았으니 무슨 두려움이 있겠소?"

하며 너털웃음을 웃었다. 의상은 그러는 그를 말없이 바라보았다. 원효의 말은 계속되었다.

"저기 연꽃을 보시오. 저 더러운 물속에서도 저렇게 아름다움을 피우지 않소이까? 하하하……."

의상은 그러는 원효의 눈빛 속에는 깊게 타오르는 부처님과 같은 자비를 읽을 수 있었다. 원효가 다시 말을 걸었다.

"그래, 의상 스님은 법계도를 지었다지요?"

하였다.

"예, 불에 타고 남은 210자를 모아 만든 것입니다."

의상의 음성은 의외로 차분히 가라앉아 있었다. 그러나 원효는 그를 향해,

"어찌 그리 말을 아끼시오?"

하며 의상에게 다그쳤다. 의상은 잠시 동안 멍하니 바깥을 내다보다 문득 눈길을 원효와 맞추며,

"사람들은 흔히 말에 허물이 걸려 들기 때문입니다. 하늘의 떠 있는 달을 보지 않고 손가락만 올리는 셈이지요."

원효는 그 말에 고개를 끄덕이더니 이내 화답하였다.

"하지만 말이 많아도 손은 달을 가리키는 것이 아니오?"

하며 의상의 말에 토를 달았다. 그러나 의상은 아무렇지도 않은 듯하던 말을 계속하였다.

"하나가 전체로 통하고, 전체가 곧 하나가 아닙니까?"

원효는 그 말에 박장대소를 하였다.

"하나가 전체요, 전체가 하나라……. 역시 의상 스님다운 말씀이요. 10년 만에 우리 둘의 뜻이 일치하는구려! 그것이 바로 일심이지요. 일심 말입니다."

둘은 저녁 늦게까지 껄껄거리며 그렇게 선문답을 늘어놓았다. 그리고는 또 기약 없는 이별을 나누었다.

그 후 의상은 문무왕의 뜻에 따라 대화엄의 가람을 조성하기 위하여 전국을 다니다 어느 날 태백산 자락에서 걸음을 멈추었다. 그는 거기에서 이 땅 화엄종의 뿌리를 내리려 하였다. 그러나 이미 들어서 있는 토속신앙 추종자들의 반대로 난관에 부딪쳤다.

그는 여러 번 그들을 만나 설득하였으나 오히려 그들은 의상을 몰아내려고 갖은 방법을 동원하였다. 그러할 때 갑자기 사방 10척이나 되는 큰 바윗돌이 우르르 그들 머리 위로 몰려들어 빙글빙글 돌면서 그들을 위협했다.

반대파들은 이를 보고 도력 있는 스님이 왔다 하고 모두 물러갔다. 이는 바다용이 되어 의상을 따라 다니던 선묘의 넋이 신통력을 부려 큰 바위가 되어 그들을 물리치게 한 것이다.

의상은 그녀의 도움으로 지금의 자리에 절을 짓고 선묘의 넋을 기려 큰 돌

이 떠 다녔다 하여 이를 부석사라 하였다. 의상은 이로써 이 땅에 화엄을 뿌리내리게 하였고, 선묘용은 화엄종의 수호신이 되었다.

이와 같이 원효와 의상은 서로 종파는 달리 하였지만 든든한 동반자이기도 하였다. 그들은 수행을 통하여 민중과 가까이 할 수 있었고 민중과 함께 생활함으로써 민중 속에 살아 숨 쉴 수 있었다.

원효와 의상의 예지력은 수많은 설화를 생산하고 있다. 특히 원효는 고선사에서 당나라에 불이 난 것을 알고 물을 빨아들여 입으로 그 쪽으로 품었더니 곧 불이 꺼졌다 하였고, 중국 운제산 아래 큰 사찰의 붕괴를 미리 알고 소반을 던져서 그들을 구했다는 척반구중 설화는 많은 것을 시사하고 있다.

이는 송나라의 찬녕이 지은《송고승전》에 나오는 것으로, 이는 당시 그들의 명성과 사상이 이미 중국에까지 영향을 미치고 있었다는 결과로 이해할 수 있다. 그것은 원효 자신이 세상의 모든 잣대를 버리고 삼국간의 전쟁에서 겪어야만 했던 고통과 갈등, 그로써 얼룩진 상처를 어루만지면서 스스로 민중의 새벽을 열어 놓았기 때문이다.

[참고문헌 : 《송고승전》]

3) 어머니의 화신

원효가 어느 해 추운 겨울날 낭산 계곡을 걷고 있었다. 그 날따라 진눈깨비도 날리고 몹시 음산한 날씨였다. 그는 문득 고선사를 떠날 때 주지로부터 날씨가 좋지 않으니 쉬었다 다음날 떠나라는 권유가 생각났다.

'아직 해 저물 때가 멀었을 터인데 왜 이리 어두움이 밀려오는 것일까?'

그는 혼자 중얼거리며 기약 없이 계곡 길을 돌아섰다. 그 때 어디선가 어린 아기의 울음소리가 터져 나왔다.

'아니! 이 깊은 산골에 웬 아기 울음소리가?'

순간 원효는 자신의 귀를 의심하였다. 그리고 사방을 둘러보았으나 아무 곳에도 인가는 없었다.

'내가 잘못 들은 것일까?'

하고는 가던 길을 재촉하였다.

"응애~! 응애~!"

또 한 번 저물어가는 계곡 언저리에서 갓난아기의 고고지성이 들려왔다. 원효는 다시 어둠 속으로 저만치 들려오는 아기의 울음소리의 근원을 찾아 주위를 살펴보았다. 그러나 주위에는 세찬 눈보라만이 그의 콧등을 스쳐 지나갈 뿐 언제 무슨 소리가 났냐는 듯이 하늘에는 펑펑 솜털 같은 눈송이만 그의 머리 위로 날려들었다.

'그래! 내가 잘못 들은 것이야!'

원효는 다시 바랑 끈을 고쳐 매고 사천왕사 쪽으로 걸음을 재촉하였다. 그러나 짓궂은 눈보라는 그의 발길을 더욱 더디게 하였다. 바로 그 때 그의 눈앞에 꺼질 듯한 불빛이 바위 사이 한 움막에서 새어나왔다.

'아니, 그렇다면!'

순간 그는 움막 속에 나직한 그림자가 느리게 움직이는 것을 보았다.

"사람이다. 사람!"

그는 자신도 모르게 소리쳤다. 하지만 그는 잠시 후 냉정을 되찾았다.

'이 추운 겨울에 저 움막은 웬 것이며, 또 저 불빛은 무엇인가?'

순간 원효의 머릿속에는 이상한 예감이 스쳐지나갔다.

'그렇다면 그 아이의 울음소리는……?'

그의 발길은 어느덧 그 움막 앞에 멈춰 섰다. 그 안에서 잔잔히 들리는 여인의 신음소리, 그 목소리는 원효의 귀를 애절하게 하였다.

"음~, 음……!"

여인의 신음소리는 끊어질 듯 이어졌다.

'이 깊은 산중에서 아이의 울음은 무엇이고, 여인의 신음소리는 또 무엇인가?'

문득 주위에는 다시 긴장감이 감돌았다. 원효는 연신 고개를 갸우뚱거리며 염불을 외우기 시작하였다. 그러자 주위에는 더 이상 인기척이 나지 않았다.

'내가 잘못 들은 것인가?'

갑자기 조용해진 움막 주위에는 적막이 감돌았다. 그러나 원효의 발길은 떨어지지 않았다. 한동안 멍하니 하늘을 바라보던 그는 갑자기 움막 문고리를 잡아당겼다.

"안에 누가 있습니까?"

그러나 인기척은 더 이상 없었다.

"안에 아무도 없소?"

한 번 더 소리쳐 보았지만 그 안에는 아기의 울음소리도 여인의 신음소리도 들리지 않았다. 순간 원효는 이상한 예감에서 자신도 모르게 움막 속으로 발을 들여 놓았다.

"아니!"

원효는 소스라치듯 놀랐다. 그 움막 안에는 금방 해산한 듯한 여인이 아기의 탯줄을 거머쥐고 실신해 있었다. 그는 황급히 탯줄을 끊어주고 여인을 바르게 눕혔다. 금방 태어난 아기는 파리해 있었다. 그는 자신의 장삼을 벗어 아기와 여인을 덮어주고 움막 밖으로 뛰쳐나와 소리쳤다.

"여기 누구 없어요?"

하였지만 들리는 소리는 세찬 눈보라와 바람소리뿐이었다.

"이거 큰일이로다."

그는 이리저리 뛰어다니며 주위를 살펴보았지만 그 깊은 계곡에는 그와 움막, 그 안에 갓 태어난 아기와 사경을 헤매는 여인, 그리고는 아무도 찾아볼 수 없었다. 그는 다시 움막 속으로 뛰어들어 주위에 흩어진 풀들을 뜯어 모아 뚫어진 움막 사이를 막으며 시름에 잠겼다. 주위는 다시 적막이 흘렀다. 그리고 얼마 후 그는 여인 쪽으로 눈길을 돌렸다. 그러나 여인의 숨소리는 들리지 않았다.

"여보시오. 정신 차리시오."

그는 두 손으로 여인의 몸을 흔들었다. 하지만 여인은 신음소리조차 내지 못하고 있었다. 문득 불길한 예감이 들어 덮어 두었던 자신의 장삼자락을 들어보았다.

"아니! 이럴 수가?"

여인은 발가벗고 있었다. 그리고 그 여인에게는 피비린내가 물씬 났다. 그 여인은 아기를 낳기 위하여 자신이 입고 있던 옷을 벗어 산실을 만든 후 아기를 낳자마자 그 옷으로 아기를 동여 덮고, 자신의 몸은 꽁꽁 얼어붙어 있었다. 순간 원효는 자신이 태어날 때 그 율곡의 밤나무 밭을 생각하였고, 또 그 어느 겨울날 그의 어머니가 추위를 견디다 못해 자신을 알몸으로 구하고 당신은 스스로 목숨을 잃었던 지난날들을 생각하였다.

원효의 눈에서는 한량없는 눈물이 흘러내렸다. 그리고 원효는 얼어붙은 여인의 몸을 주무르기 시작했다. 그는 스스로 자신이 출가사문이란 것도 잊은 듯 오직 꺼져가는 한 생명을 구해야 한다는 일념으로 여인의 온몸을 주무르기 시작하였다. 그는 여인의 코와 이마, 그리고 뺨을 문지르면서 자신의 입김을 계속 불어넣었다. 아기는 그녀의 품속에서 잠들어 있었다. 그는 자신의 겉저고리를 다시 벗어 여인의 몸을 감싸주었다. 그리고 끊임없이 그의 몸을 주물러 온기를 되찾도록 하였다.

멀리서 자정을 알리는 산사의 범종 소리가 들려왔다. 그는 그 종소리에 맞추어 염불을 하며 간절한 마음으로 그녀가 무사히 이 밤을 이겨낼 수 있도록 부처님께 서원하였다. 긴긴 겨울밤은 그렇게 깊어만 갔다. 또다시 어디선가 새벽을 알리는 범종소리가 들려왔다. 동이 텄다. 날이 밝자 간밤에 세차게 몰아쳤던 그 눈보라는 사라지고 움막 밖의 풍경은 온 세상을 쌀가루로 수놓은 듯 평화로웠다.

그는 다시 움막 속으로 들어왔다. 그리고 아이와 여인을 바라보았다. 그 아이의 잠자는 모습은 너무나 평화로웠다. 그리고 그 옆에 자는 듯 누워있는 여인을 바라보았다. 그는 풍만한 여인의 모습을 생각하며 그를 자세히 살펴보았다.

"아니!"

그 여인은 몰골이 추한 거지였다. 그리고 그의 몸에서는 더러운 악취가 코를 찔렀다. 순간 그는 슬그머니 여인을 버리고 일어나려 하였다. 그 때 그의 머릿속에 번개처럼 한 여인의 모습이 떠올랐다. 바로 그 모습은 자신의 어머니 모습이었다. 그는 다시 자신의 옷을 벗어 여인을 덮어주었다. 그러자 여인은 정신을 되찾는 듯 가느다란 숨을 몰아쉬었다.

원효는 다시 여인의 몸을 부비기 시작했다. 여인의 온몸에는 어느덧 따스한 온기가 퍼지기 시작했다. 그리고 여인은 눈을 가늘게 떴다. 원효는 여인의 뺨을 세차게 때렸다. 그러자 그 여인은 눈을 떴다. 그녀는 환히 웃음을 머금고 그를 올려다보았다.

"이제 정신이 좀 드시는가?"

원효는 너무나 반가웠다.

"스님께서 저를……. 스님! 아기는? ……."

여인은 눈물을 흘리며 말끝을 잇지 못하였다.

"아기는 잘 놀고 있네. 헌데 어인 일로 이 산골까지?"

"아기 낳을 곳이 마땅하지 않아 가까운 절을 찾다 그만 스님께 폐를 끼치게 되었습니다."

외모와 달리 그녀의 목소리는 단정하였다.

"아니네, 살아났으니 다행이지. 그런데 이 추위에 어떡하나?"

하며 그가 일어서려 하자 여인은 자신이 덮고 있던 가사를 벗겨 내밀며,

"스님! 이 가사를 입고 가셔요."

하며 도리어 그를 걱정하였다.

"아니네! 어서 정신을 가다듬어 아기나 잘 보살피게!"

그리고 일어나려 하자 몸이 영 말을 듣지 않았다. 그는 밤사이에 너무나 호된 추위에 속옷만 입고 시달린 터라 여인이 정신을 차리자 그만 자신이 정신을 잃고 그 자리에 쓰러지고 말았다. 얼마간의 시간이 흘렀을까, 문득 그의 앞에 자신이 그토록 사모하였던 어머니의 모습이 나타났다.

"어서 일어나라! 그리고 세상을 크게 내다보아라!"

생전 처음 뵙는 여인이지만 원효는 비몽사몽간에 그가 자신의 어머니인 것을 단번에 알 수 있었다.

"어머니!"

그는 자신의 어머니를 애타게 불렀다. 그러자 그 여인은 그를 일어나게 부축하였다.

"어서 일어나라. 어서!"

순간 자신도 모르게 원효는 벌떡 일어나 앉았다. 그리고 주위를 살폈다. 그러나 그의 눈앞에는 더 이상 어머니의 모습이 보이지 않았다. 그리고 지난밤

긴긴 시간을 함께 하였던 그 여인과 아이, 그리고 움막도 없었다.

'이게 어찌된 일인가?'

원효는 자리에서 일어났다. 그러나 그의 주위에는 깊은 계곡과 막 낙조에 접어든 저녁노을이 그를 희롱하듯 지켜보고 있었다. 그는 소리쳤다. 그리고 저녁노을 속으로 사라져가는 붉은 해를 지켜보며 어머니의 모습을 그렸다.

'아! 어머님의 화신이 나타나신 거야! 내 어머님께서 나를 찾아오신 거야!'

원효는 일어나 서쪽을 향해 어머니에 대한 한량없는 그리움과 함께 그의 자비를 다시 그려보았다.

그날 그의 앞에 나타났던 여인은 관세음보살의 화신이고, 그 아이는 곧 자신의 현신이었다.

[참고문헌 : 《한국불교설화》]

4) 불지촌 초개사

전(傳) 초개사지(址)

고향집에 걸망을 벗은 원효는 그 날부터 보름 동안이나 아무것도 먹지도 않고 자지도 않고 면벽참선만 하였다. 이를 지켜본 시자는 자신의 고통보다 더 안타까웠다.

"큰스님! 어제도 공양을 아니 하셨습니다."

오늘도 변함없이 시자는 원효에게 아침 공양을 준비하여 올렸다. 하지만 원효는 아무런 반응이 없었다.

"큰스님! 이러시다가는 큰일 나십니다."

시자는 가슴이 타는 듯하였다. 그러는 원효는 꼼작도 하지 않았다. 옆에서 바라보는 시자의 눈에는 마치 그가 열반에 들은 듯하였다.

"스님! 큰스님!"

시자는 불길한 예감이 들어 원효를 흔들었다.

"시자는 나가 톱과 나무를 준비하도록 하여라."

시자는 깜작 놀랐다. 보름간이나 물 한 모금 먹지 않았던 원효가 느닷없이 그에게 톱과 나무를 준비하라 하니 그는 원효가 혹시 실성하지는 않았나 걱정하였다.

"아니! 큰스님! 갑자기 톱과 나무는 왜?"

시자가 원효에게 다그치니 원효는 오랜 침묵을 깨고 말을 이었다.

"절을 지어야겠다. 절 말이야!"

의외에 말에 시자는 더욱 놀랐다.

"절이라면……."

그 때 원효가 자리에서 박차고 일어나 마당으로 나서며 말했다.

"이 집을 절로 만드는 거야, 절로 말이다."

원효는 스스로 광에 들어가 톱과 큰 널판자를 꺼내와 시자에게 말했다.

"비록 집은 작지만 조상님께서 물러 주신 것이니 여기를 절로 고치면 훌륭할 것이야."

순간 시자는 원효를 이해할 수 없었다. 그도 그럴 것이 보름 동안이나 묵빈대처하다가 느닷없이 절이라니 도대체 무슨 말인지 이해가 가지 않았다. 그는 집을 고치겠다고 나선 원효를 만류하였다.

"큰스님! 이 집은 조상대대로 살아오신 집인데 절로 만들다니요?"

시자는 원효의 장삼자락에 매달리듯 만류하였다. 그러나 원효의 의지는 단호하였다.

"그러니 더욱 절로 만들려 하는 것이 아니냐?"

하고는 넓은 널빤지를 펴고는 집필 묵을 가져와 그 위에 "초개사(初開寺)"라 적었다. 그리고는 시자를 쳐다보며,

"어떠냐? 그럴싸하지 아니하냐?"

하면서 껄껄 웃었다.

시자는 원효의 이 같은 행동에 대하여 잠시 후 그에게 엎드려 절을 올렸다.

"큰스님의 깊은 뜻을 몰랐습니다."

하며 스스로 원효의 뜻을 따랐다. 이렇게 하여 원효는 자신의 집을 고쳐 초개사라 하였고, 이 초개사는 훗날 신림사로 고쳐졌다.

[참고문헌 : 《영남읍지》 자인편]

4. 원효 · 의상의 힘겨루기

1) 팔공산의 두 스님

원효와 의상은 불가에서는 서로 다른 시기에 입적하였으나 이들은 불가에서 만난 인연으로 서로간에 형, 동생이라 부르며 각자의 학문에 전념했는데, 학문에 대해서 서로간의 의견을 내세울 때는 우열을 가릴 수 없이 팽팽하였다.

하루는 의상이 자신이 수도하는 암자의 시자를 원효에게 보내 점심 약속을 청했다. 당시, 의상은 하루에 두 끼 식사를 하는데, 매 식사 때마다 직접 밥을 지어먹지 않고 그 때마다 하늘에서 내리는 천공[하늘에서 내리는 밥]을 받아먹었다. 그러나 원효는 자신이 직접 밥을 해 먹었다. 이러한 사실을 알고 있는 의상은 자신의 위세를 원효에게 과시하여 원효의 기를 꺾고자 하였다. 하지만 원효는 이러한 의상의 속셈을 아랑곳하지 않고 그의 초대를 쾌히 승낙하였다.

원효와의 약속이 성사되자 의상은 미리 선녀에게 부탁하여 다음날 약속시각에는 두 그릇의 점심을 준비토록 당부해 두었다. 어느덧 두 사람의 약속 날이 다가왔다. 의상은 손님맞이에 바빴고, 준비에는 한 치의 차질도 없었다. 아침 일찍 의상은 근엄한 복장으로 약속시간에 암자에 당도한 원효를 정중히 맞아들였다.

"어서 오십시오. 원효 스님!"

"의상 스님께서 이렇게 저를 초청해 주시니 감사할 따름입니다."

"어서 안으로 드시지요."

"네, 그럽시다."

원효는 의상의 안내로 넓은 대청마루에 들어섰다.

"이곳은 정말 경치가 좋구려!"

"네, 그렇습니다."

이들은 모처럼 둘이 만나 오전 내내 서로간의 선문답으로 시간 가는 줄 몰랐다. 그러던 중 어느새 약속한 점심시간이 다가왔다. 의상은 지금껏 손님 대접으로 원효에게 얼마간 양보도 하였으나 잠시 후 점심 공양이 시작되면 그의 위세가 꺾이리라 생각하며 원효가 놀라는 모습을 마음속으로 그려 보았다. 바로 그 때 원효가 의상을 향해 입을 열었다.

"스님! 오전 내내 선문답으로 시간을 보냈더니 몹시 시장기가 도는군요. 아니 그렇소이까?"

하자, 의상이 얼떨결에 문밖의 해를 바라보니 벌써 정오가 훨씬 넘은 시각이었다. 의상은 급한 김에 다과를 다시 권한 후 밖으로 뛰쳐나가 하늘을 쳐다보며 동동걸음을 쳤으나, 아무런 기척도 보이지 않았다. 그때부터 당황하기 시작한 의상은 어쩔 줄 몰라 했으며, 의상의 속셈을 미리 알고 점심 초대에 참석한 원효는 더욱 점심 독촉을 종용하며 의상을 난처하게 만들었다.

'아니! 이게 어찌된 일인가?'

의상은 사립문 앞을 내다보며 안절부절못하였다. 이윽고 원효는 자리에서 벌떡 일어서며,

"오늘은 의상 스님 덕분에 맛난 점심을 공양하나 하였더니 아무래도 글렀나 보오!"

하며 홀연히 자리를 떠났다. 바로 그때다. 원효가 돌아간 지 불과 1분도 채 안 된 시각이다.

"스님! 늦어서 죄송합니다."

선녀가 허겁지겁 숨을 몰아쉬면서 밥그릇을 들고 나타났다. 의상은 몹시 화가 나서,

"왜 시간을 지키지 않았소?"

하며 소리치자 선녀는 급한 숨을 가누며,

"스님과 약속한 시각에 점심 준비를 하여 들어오는데 암자 주위에 갑자기 수많은 신장들이 암자를 에워싸고 있어 도저히 그들을 뚫고 들어올 수가 없어 몇 시간을 지체하고 있다가 이제 막 원효 스님께서 자리를 뜨시자 그들도 물러가므로 늦게 되었습니다."

했다. 그제야 의상은 자신의 무릎을 치며,

'역시 형님이야!'

하며 원효를 시험하려 했던 자신의 어리석음을 뉘우쳤다 한다.

한편으로, 의상이 설악산 영혈사(靈穴寺)에서 정진하고 있을 때 원효가 찾아와 선문답을 나누었는데, 한낮이 지나도 의상이 점심 공양을 내오지 않았다. 그 암자는 식수가 없어서 취사를 하지 않고 천공(天供)을 받아먹는다는 것이다. 그러나 그날은 천공이 오지 않으므로 원효가 돌아가는 길에 인간이 천공을 받아먹는 것은 괴상한 짓이라 생각하고 짚고 다니던 지팡이로 암자 뒤 바위를 뚫어 샘이 솟아나게 하였다. 그 샘은 영혈사 영천(靈泉)의 물줄기라는 것이다. 원효가 떠난 뒤 천신이 천공을 가져 왔기에 의상이 천신에게 늦게 온 것을 묻자 원효가 있을 적에는 화엄신장이 삼엄하게 에워싸고 있어서 감히 들어가지 못했다 하였다.

이 두 이야기는 원효암과 천성암, 그리고 영혈사에서 두 대사가 머물면서 일어났던 일화인데, 팔공산과 설악산 일대 어느 곳에서 원효와 의상 간에 나누었던 한 정담으로, 그들은 이후부터 서로를 존경하고 형님 아우처럼 의지하면서 부처님의 가르침에 정진하였다 한다.

위의 설화는 중국의 고승 도선[8]과 의상 사이에 당나라 구법 시에 있었던 설화와 유사하나, 경산에서 태어난 원효 역시 동방에 뛰어난 고승임을 나타내

---

8) 도선은 서기 596~667년 중국 당나라 율종의 승려로, 계율종 남산파의 개조로 '남산 율사'라고도 하는데, 장안 남쪽에 있는 종남산에서 살았기 때문에 붙여진 이름이다. 저장성 후저우에서 태어났다. 615년 지수를 따라 승려가 되어 구족계를 받고, 항상 지수의 강연에서 율을 배웠다. 645년 현장이 인도에서 귀국하면서 가져온 경전을 번역하는 일에 참여하고, 658년 서명사가 건립되자 그 상좌가 되었다. 그가 특히 힘쓴 것은 제자를 양성하는 것이었는데, 그 덕택에 그의 남산율이 후세까지 전해질 수 있었다. 주요 저서로는 《행사초》, 《습비니의초》, 《갈마소》, 《고금불도논형》 등이 있다.

는 한 일화로 볼 수 있다.

[참고문헌 : 《경산의 민담과 설화》]

2) 낙산사 관음보살

낙산사 홍련암

의상과 원효는 동해안 바닷가 어느 곳에 관음보살이 머문다는 소문을 듣고 이곳까지 찾아와 관음보살을 친견하고자 하였다. 기록에는 이 두 스님과 회정, 범일대사가 양양 낙산 주위에서 인간으로 현신한 관음보살을 친견하였다 한다.

관음보살이 사람, 파랑새, 나비 등으로 세상에 나타나기도 하므로 불심이 없는 사람은 미처 깨닫지 못하거나 보지 못한다고 한다.

의상대사는 당나라에 유학하여 지엄대사로부터 화엄학을 배우고 귀국한 뒤 낙산사를 지었다. 그는 관음보살을 친견하고 관음보살의 명에 따라 낙산사를 세운 것이다.

의상은 동해 바다에 관음보살이 나타난다는 소문을 듣고 목욕재계한 뒤 바닷가 절벽 위에 7일간 기도를 했는데, 마지막 날 기도를 끝내고 새벽에 앉았던 방석을 바닷물 위에 띄워 보냈다. 그때 하늘에서 용이 내려와 그를 바위굴 속으로 안내하였다. 의상은 굴 속에서 오랫동안 기도를 하니 하늘에서 수정염주 한 꾸러미가 내려왔는데, 이를 받고 굴 밖으로 나오다가 바다용으로부터 여의주를 받았다.

그는 아직 관음보살을 직접 만나보지 못한 데 대하여 자신의 정성이 부족하다고 믿고 목욕재계한 뒤 다시 바위 절벽 위에 앉아 7일간 주야 기도를 하였으나, 관음보살은 나타나지 않았다. 의상은 낙심하여 바다에 투신하였는데, 그 때 바다 쪽에서 흰 옷을 입은 관음보살이 달려오면서 바다로 떨어지는 의상을 받아 안아 바위굴로 데려갔다. 혼절한 의상이 깨어나 보니 그는 바위굴 속에 누워있는 것을 알게 되었다. 관음보살이 의상에게 이르기를,

"이곳 뒷산 위에 대나무 한 쌍이 솟아날 것이다. 그곳에 꼭 절을 지어라."

라고 말한 뒤 사라졌다. 의상은 굴 밖으로 나와 관음보살이 이르는 대로 산을 찾아가 보니 과연 대나무 두 줄기가 산에 솟아나 있음을 알게 되었다. 그는 대나무가 솟아난 자리에 절을 지었고, 법당에는 관음보살상과 용으로부터 받은 염주와 여의주를 안치하였다.

대나무는 절을 지을 때 홀연히 사라졌다고 하며, 이 대나무는 관음보살상이 잠시 대나무로 변신한 것으로 보고 있다. 의상은 문무왕 11년에 관음보살에 바치는 절을 세워 절 이름을 낙산사라고 하였다. 낙산사는 관음보살이 계신다는 "보타낙가산"의 산 이름을 따서 지은 이름이다. 의상이 도를 깨우치고 관음보살을 친견한 바위 절벽을 훗날 의상대라 부르고, 풍광이 수려한 낙산사는 오늘날 관동팔경에 속한다.

한편, 원효는 의상이 낙산사에서 관음보살을 친견했다는 소식을 듣고 그도 낙산사로 관음보살 친견 길에 나섰는데, 도중에 관음보살을 만나고도 그를 제대로 알아보지 못해 스스로 불심이 부족하여 결례했다고 하여 크게 뉘우쳤다고 한다.

하루는 원효가 남쪽에서 낙산사를 향하여 걸어오던 중, 어느덧 양양 땅에 들어섰다. 가을철이 되어 농부들이 추수를 하고 있었는데, 길가의 논에 흰 옷을 입은 아낙네가 벼를 베고 있었다. 원효는 장난 삼아 그 여인에게 벼를 좀 달라고 요구하자 그 여인은 올해에는 흉년이 들어 벼를 줄 수 없다고 잘라 말했다. 여자로부터 무안을 당한 원효는 가던 길을 계속 걷다가 갈증을 느껴 이번에는 개울가에서 빨래하는 아낙네에게 물 한 모금 마실 것을 청하였다.

"보살님! 극락전에 올릴 물 한 바가지를 시주하시지요."
라고 하자, 빨래하던 여인은 아무런 대꾸도 없이 자신의 월경대를 빤 물을 한 바가지 떠 주었다. 이를 받아든 원효는 화가 나서 그 물 바가지를 쏟아버리고 손수 개울물을 떠 마셨다. 그때 마침 근처 소나무 위에서 파랑새 한 마리가,
"휴제 스님! 그만 두십시오."
라고 알 듯 말듯하게 지저귀면서 숲 속으로 사라졌다. 새가 앉았던 그 나무 아래 여자 신발 한 짝이 놓여있었다.

원효는 궁금하기도 하고 이상하게 여기면서 길을 재촉하여 낙산사로 향했다. 해질 무렵에야 낙산사 홍련암에 다다른 원효는 문득 법당 댓돌 위에 놓인 여자 신발 한 짝을 발견하고 크게 놀랐다.

"아니! 저 신발은?"

그 신발은 조금 전에 소나무 아래에 버려졌던 다른 한 짝과 꼭 같은 것이어서 놀랍고 두려운 마음이 들지 않을 수 없었다.

"그렇다면……."

문득 그의 머릿속에는 지난 시간들이 스쳐 지나갔다. 오던 길에 만났던 벼 베는 여인, 빨래하는 여인은 범상한 사람이 아니라고 생각했다. 그는 이들 여인이 관음보살의 화신으로 나타나 자신의 불심을 시험한 것으로 보았다.

원효는 관음보살을 직접 보았으면서도 알아보지 못하고 희롱 당한 데 대하여 심한 자격지심을 느꼈다. 관음보살이 원효에게 계시를 주기 위하여 새로 변신하였는데, 그 새를 훗날 관음조라고 불렀고, 그 새가 앉았던 소나무를 관음송이라 하였다. 원효는 그날 시골 여인으로 현신한 관음보살과 자기도 모르는 선문답을 나눈 것이다.

[참고문헌 : 《삼국유사》]

3) 구룡과 송림사

의상이 강원도 원주시 치악산에서 대웅전 터를 고르기 위하여 사방을 살펴보던 중 청룡이 그 터를 지키고 있자 의상이 나서서 청룡 아홉 마리를 불력

으로 쫓아내고 그 자리에다 구룡사를 창건하였다.

이 때 불지촌 초개사에 정진하던 원효도 늦여름 오후, 운무가 가득한 매화산 깊은 계곡을 지나치고 있었다. 문득 그는 급히 돌아서는 계곡 줄기 아래 한 소(沼)를 발견하고 갑자기 발길을 멈췄다. 그는 짙푸른 소 아래 마치 자신을 희롱하듯이 한가로이 노니는 한 마리의 용을 발견한 것이다.

원효는 순간 깊은 상념에 사로잡혔다. 얼마간의 시간이 흘렀을까. 긴 계곡 사이에 운무가 내려앉고 어느덧 어둠이 깔리기 시작하였다.

'그래! 아직까지 이 계곡을 용들이 차지하고 있구나!'

원효는 어둠 속에 희미하게 나타난 구룡의 잔상을 그리며 초개사로 돌아왔다. 그러나 그의 머리 속에는 낮에 보았던 그 황룡의 모습이 지워지지 않았다.

'왜 그 용이 나에게 모습을 나타낸 것일까? 그렇다면 아직까지 구룡산의 용이 아직 승천하지 못하였단 말인가 ……?'

원효는 지난날 구룡산의 전설을 상기해 보았다.

동해 용왕의 서녀가 계모의 학대에 견디다 못해 부왕의 허락을 받아 인간세상에 나온 것이 금강산인데, 그 곳에는 이미 그의 삼촌이 영역을 굳히고 있었던 터라 할 수 없이 동해 인근에 머물게 되었던 곳이 현재의 구룡산이다. 본래 이 산은 매화산이라 하였는데, 아홉 용이 승천하였다 하여 후대에 이르러 구룡산이라 칭하게 된 것이다.

'옳지! 이 곳에다 절을 짓는 거다. 그래! 지난 전쟁에서 수 없이 죽어간 젊은 영혼을 위로하기 위해서라도 내 기필코 불당을 세울 것이야.'

원효의 의지는 단호하였다. 이튿날 원효는 시자와 함께 다시 매화산 아래 계곡을 찾았다. 그리고는 불당을 세울 자리를 찾아 나섰다. 매화산에서 흘러내리는 계곡은 모두 푸른 물들로 가득하였고, 산기슭은 의외로 가팔랐다.

'그렇다면 저 물길을 돌려야 할 터인데…….'

원효는 흐르는 계곡물을 내려다보며 무엇인가 골똘히 생각하였다.

'그래! 저 물길을 돌려야 한다. 물길을 말이야.'

이윽고 원효의 결심은 굳어졌다. 그는 흐르는 계곡을 바라보며 그로부터 보름 동안이나 그곳에서 물길이 바뀌지도록 부처님께 기도하였다. 그러던 마지막 날 오후 갑자기 마른 하늘에 먹구름이 하늘로 치솟더니 뇌성벽력과 함께 장대 같은 소나기가 밤새껏 쏟아져 내렸다. 계곡물은 원효가 앉은 자리까지 잠겨버렸다. 그러나 원효는 그 자리에서 꼼짝도 하지 않았다. 원효는 잠깐 삼매에 들었던 것이다. 그 때 그의 앞에 큰 황룡이 나타났다.

"대사! 이 곳은 나의 영역인데 어이 물길을 바꾸려 하시오?"

황룡은 원효의 지난 행동이 못마땅한 듯 따져 물었다. 원효는 비몽사몽간에 벌어진 일이라 우선 그를 달래었다.

"나의 태생이 본래 압량이오. 그런데 지난 전쟁 때 이 곳에는 수많은 젊은 이들이 신라를 위해 목숨을 바쳤소. 하지만 정작 나는 그들을 전장에 몰아넣고도 아무것도 하지 못하였소. 하여 이 곳에다 절을 지어 그들의 영혼을 위로코자 하니 부디 그대는 나의 기도를 방해하지 마시오."

하며 정중히 용을 설득하였다. 그러자 황룡은 자세를 바꾸며,

"내 본시 동해 용왕의 딸이었소. 하지만 모녀간의 정이 여의치 못하여 이렇게 인간 세상으로 나오기는 하였지만 난 항상 그대의 불력에 감탄하였소. 하지만 이 곳은 나와 내 가족들의 보금자리이니 그대가 다른 곳에다 절을 지을 수는 없겠소?"

하며 도리어 원효를 설득하려 들었다. 이에 원효는 그에게 더욱 가까이 다가서며,

"지난 전쟁 때 신라가 승리할 수 있었던 것은 모두가 그대와 같은 호국 신들이 이 땅에 있었기 때문이오. 만약 이번에 그대가 저 죄 없는 중생들을 위하여 자비를 베푼다면 그대의 명성은 더욱 빛날 것이오."

하였다. 그러자 황룡은 잠시 깊은 생각에 잠긴 듯하더니,

"그렇다면 한 가지만 약조해 주시오."

"약조라면?"

원효는 처음과 달리 자신의 생각에 동조할 의사가 있는 듯한 황룡을 바라보며 말했다.

"그대가 여기다 부처님을 모신다면 나 역시 거절할 수는 없소. 하지만 이미 이 땅은 동해의 용왕인 부왕의 영역인 바, 마땅히 부왕의 허락을 받아야만 할

것이오. 그렇지 않다면 이 일은 성사되지 못할 것이오."

하였다. 원효는 황룡의 말에 의아한 듯 그에게 다가서자,

"그대가 이곳에다 터를 닦아 법당을 짓고 난 후 그대의 소원이 이루어진다면 그 때는 마땅히 나의 땅을 되돌려 주시오."

하였다. 황룡은 사실상 원효의 조건을 수용한 것이었다.

"좋소이다. 좋소이다. 그리하지요."

하며 벌떡 일어나 그에게 고맙다는 인사를 하였다. 그러나 그는 잠시 동안 꿈을 꾸었던 것이다. 그의 앞에 놓인 현실은 밤새 내린 폭우로 거대한 물바다 그 자체였다. 원효는 세차게 흘러내리는 물줄기를 따라 이리저리 뛰어 다니며 소리쳤다.

"내 그리 하리다. 그러니 부디 부처님의 당우를 지을 터를 내어 주시오."

하였다. 물줄기는 오후 늦게까지 세차게 흐르다 낙조 시간에 이르자 서서히 그 바닥을 드러내었다. 그러자 어제까지 보지 못했던 넓은 산기슭이 매화산 중앙 내룡을 따라 펼쳐졌다. 원효는 뛸 듯이 기뻐 어찌할 바를 몰랐다. 그저 어린 아이마냥 이리저리 뛰어다니며 자신에게 땅을 허락한 부처님께 감사드렸다. 그리고 그는 그 자리에다 움집을 짓고 백일기도에 들었다. 멀리서 이 소식을 전해들은 압량 주민(州民)들이 다투어 원효를 친견하려 찾아들었다.

"어찌 이럴 수가……."

현장을 목격한 대중들은 모두가 원효의 도력으로 큰 불지를 이루었다 하여 모두가 그의 앞에 조아렸다. 이 때 원효는 그들에게 조용히 입을 열었다.

"본래 시주님들이 살고 있는 이 압량벌은 신라가 삼한을 통일하기 위하여 여러분의 가족은 물론 많은 신라인들의 남편과 아들들의 목숨을 버리게 하였습니다. 그러나 정작 전쟁이 끝나고 보니 모두가 자신들의 공덕인 양 그들의 외로운 영혼들을 위로할 생각은 하지 못한 것이지요."

하였다. 장내는 물을 끼얹은 듯 조용하였다.

"그러니 그 원망이 얼마나 크겠습니까? 이제 살아남은 우리들이 그들을 위하여 외로운 영혼들을 위하여 추선하여야 할 때입니다."

원효의 눈가에는 어느덧 굵은 이슬이 맺혔다. 주변에 앉은 대중들은 모두

원효의 뜻에 감읍하여 그에게 절을 올리고 모두가 성심껏 불사에 동참할 의지를 밝혔다. 그리고 이러한 사정들이 사람들의 입과 입을 통하여 전해지자 주변의 신심 깊은 불자들도 다투어 시주에 동참하였다. 그 후 1년여의 세월이 지났다. 매화산 깊은 계곡에는 큰 물 도리가 생기고 그 안 쪽에 웅장한 가람이 형성되었다. 원효는 이렇게 성대한 법전을 이루게 된 것이 모두 부처님의 뜻이라 생각하고 부처님께 깊이 감사드렸다.

이러한 일련의 상황들을 매화산 정상에서 지켜본 황룡은 자신이 부왕의 질책을 예상하면서도 그에게 넓은 계곡을 내 주었으나 이에 모든 공덕을 부처님의 뜻이라 하는 원효가 몹시 괘씸하였다. 그러던 어느 날 황룡이 낙성식 준비에 분주한 원효를 찾아왔다.

"대사! 그대는 나와의 약속을 저버린 사람이오."

뜻밖의 황룡의 항의에 원효는 어리둥절하였다.

"아니! 내가 약속을 저버린 사람이라니요?"

"그대는 분명 용왕의 땅을 받았거늘 어찌하여 모든 공덕을 부처님에게만 돌리시오?"

하였다. 순간 원효는 예측하지 못한 일이라 당황하였다.

"아니! 오해 마시오. 내 어찌 그대의 자비를 모르리오?"

하며 그를 달래었다. 그러나 황룡은,

"나는 사람들의 약속을 믿을 수 없어요."

하자 원효는 그의 앞에 꿇어앉기라도 하듯 바싹 다가서며,

"내가 잘못하였소. 다시는 그대의 마음을 상하지 않도록 할 터이니 이번만은 너그러이 용서하시오!"

하였으나 황룡은 원효의 사과를 받아들이지 않고 그에게 한 가지 제의를 하였다.

"그대의 말대로 진정 인간의 말을 믿을 수 있는지 나와 한번 내기를 합시다."

하였다. 그러자 내기라면 원효 또한 누구에게도 뒤지지 않는지라 선뜻 황룡의 제의를 받아들였다.

"좋습니다. 그대의 제의를 따르겠소."

하였다. 황룡은 다시 원효에게,

"만약 그대의 말대로 인간과의 약속이 믿음이 있다면 그대가 그토록 정성들여 완성한 이 화려한 가람은 계획대로 이틀 후 성대한 낙성식을 가질 수 있을 것이오, 하지만 그렇지 못하다면 큰 불이 나 모두 타 버리고 말 것이오."

하였다.

"큰 불? ……."

원효는 순간 신중하지 못하였던 자신의 지난날을 후회하였다. 황룡은 그리고 홀연히 원효 곁을 떠났다. 원효는 황룡이 남긴 말이 어쩐지 꺼림칙하여 밤새껏 법당에서 향을 피우고 부처님께 자신이 내기에 승리하도록 애원하였다. 날이 밝자 사찰 곳곳에는 언제 그런 일이 있었냐는 듯 모두가 낙성식 준비에 부산하였다. 그와 때를 같이 하여 한 도승이 얼마 전 부친상을 당한 어느 상가를 찾았다.

"나는 매화산에 수행하는 도승이오. 내 각별히 그대들에게 당부할 게 있어 찾아왔으니 맏상제는 나서시오."

하였다. 느닷없이 나타난 한 도승이 상주를 찾자 상가에서는 갑자기 긴장감이 돌았다. 한참 후 전갈을 받은 맏상제가 도승 앞에 나타났다.

"스님! 누추하지만 안으로 드시지요."

하며 그를 안으로 안내하자,

"아니오. 내 바쁜 길이라 예서 일러 주겠소."

하면서 지장주를 꽝! 꽝! 두 번이나 내려쳤다.

"그대가 나와의 약속을 지킬 수 있다면 큰 복을 누릴 것이오. 그러나 만약 이를 거슬릴 때는 큰 화를 입게 될 것이오."

하였다. 그리고는 맏상제를 뚫어져라 바라보았다. 상가에서는 문득 나타난 한 도승의 행동거지에 잠시 동안 불안감이 감돌았다. 이 때 맏상제가 나서며,

"스님! 저와의 약속이라면 그것이 무엇인지요?"

하며 그를 다그쳤다. 그러나 도승은 한 동안 큰 염주를 굴리더니 무거운 입을 열었다.

"내일 아침 선산에 상주님의 부친을 모실 때 꼭 지켜야 할 금기사항이 있습니다. 늦여름이지만 내일은 날씨가 몹시 차가울 것이오. 그러니 장례가 추위

로 지체될 것이고, 모두가 시장하여 먹을 것을 달라 할 것이오. 하지만 어떠한 경우든 상대방의 딱한 사정을 들어 주어서는 아니 됩니다. 만약 이를 저버리면 큰 낭패가 일어나니 반드시 명심하고 그들에 대한 보상은 장례가 모두 끝난 후 집에 돌아와 후히 사례하십시오."

하였다. 상주와 가솔들은 처음 분위기와는 달리 그의 주문이 어렵지 않자 안도의 숨을 쉬었다.

"예, 반드시 그리 하겠습니다."

맏상제는 별것 아니라는 듯 그에게 약속을 다짐하였다. 그러나 도승은 몇 번이고 그와 헤어지면서 자신과의 약속을 지킬 것을 당부하였다. 상주들도 특별히 어려운 일이 아니니 꼭 지킬 것을 다짐하였다.

이윽고 해가 저물고 다시 날이 밝았다. 이상하게도 그날은 지난 날 도승이 일러 준대로 밤새껏 무덥던 날씨가 갑자기 새벽부터 비가 오더니 세찬 바람이 불고, 늦여름에 눈발까지 날려 추위가 엄습해 왔다. 이에 상주들은 물론, 모든 가솔들과 상두꾼들이 모두 두터운 겉옷을 끼어 입었다. 그리고 맏상제는 상두꾼들에게 상례가 끝이 나면 몇 갑절 후히 사례하겠다고 약속하였다.

모든 제의 절차는 현장에서 한 치의 차질도 없이 진행되었다. 이제 묘역을 모두 완료하고 상주들이 모여 고인에게 마지막 인사를 나누려는데 문득 그들 앞에 남루한 옷을 걸친 거지 한 사람이 추위에 떨면서 그들 앞에 나타났다.

"어르신! 장례집이라 얻어먹을 것이 있나 하고 찾았더니만 먹을 것은 없고, 오히려 추위에 얼어 죽게 되었습니다. 청하건대 저기 쓰다 남은 거적이라도 저에게 적선하시어 추위에 목숨이라도 구하게 해 주십시오."

하며 애걸하였다. 갑작스러운 상황에 맏상제는 문득 그가 애처롭다는 생각이 들었다. 순간 그는 전날 도승과의 약속을 잊어버리고 주위 일꾼들에게 버려둔 거적을 그에게 주도록 허락하였다. 거지는 일꾼들로부터 거적을 받아들고 연신 상주들에게 고맙다 인사하며 굽실거렸다. 바로 그 순간이다.

"펑!"

하는 소리와 함께 세상이 진동하더니 주위에 있던 상두꾼도 거지도 온 데 간 데 없고 어디서 거대한 불길이 솟아올랐다. 도승과 맏상제와의 약속이 무산되자 갑자기 매화산 계곡에 큰 불이 나면서 원효 대사가 1년여 권선 끝에 이룩

해 놓은 사찰이 삽시간에 불바다가 되었다. 이는 황룡과의 힘내기에서 원효의 실낱 같은 희망이 덧없이 무너지고 만 것이다. 그 때 상가에 나타났던 한 도승은 황룡의 화신이고 장지에 나타난 거지 또한 그를 시험하려던 황룡의 화현이었다.

원효는 인간의 믿음을 두고 황룡과의 힘겨루기에서 무참히 패하고 그로써 1년여 피땀 흘렸던 자신의 노력이 하루아침에 물거품이 되어버린 것이었다. 원효는 타다 남은 숯덩이를 주워 모우며 그 때 황룡이 남기고 간 말을 상기해 보았다.

'그래! 이 모두가 내 탓이로다!'

하며 스스로를 자책하였다. 거대한 사찰이 하루아침에 연기 속으로 사라지자 원효를 따르던 대중들의 불평이 높아져만 갔다. 그러나 원효는 그들에게 아무런 변명도 하지 않았다. 그렇게 여러 달이 지나갔다. 그러던 어느 날 수좌가 강원도 원주 치악산에서 의상이 계곡을 지키던 아홉 마리 용을 쫓아내고 그 자리에 절을 지었다는 이야기를 상기시켜 주면서 그를 위로하였다. 그러나 원효는 자신의 불력보다 화쟁의 실천을 먼저 생각하였다.

'아니야! 나는 그럴 수 없어, 매화산 황룡은 신라를 지켜준 호국신이 아니던가.…….'

원효는 다시 깊은 삼매에 들었다. 꼬박 닷새가 지나서야 문득 원효는 자리를 털고 일어났다. 그리고 그 자리에다 단을 세우고 백일기도에 들었다. 그는 백일기도 중 매화산 아홉 용과 산신을 초빙하여 맛있는 음식과 차를 대접하며 그간의 결례를 사과하였다. 그리고 다시 사찰을 창건할 수 있도록 발원하였다. 그리고 백일이 지났다.

원효가 마지막 기도를 드리고 마당을 나서는데 갑자기 계곡 주위가 대낮같이 밝았다. 원효는 상서로운 기운을 느끼고 문득 매화산 정상을 바라보았다. 순간 그는 넘어질 듯 놀랐다. 갑자기 산 정상이 마치 거대한 산불이 일어난 듯 붉게 빛이 나더니 그 속에서 아홉 마리의 용이 승천하고 있었다. 원효는 자신도 모르게 환호성을 보냈다.

"구룡이다!"

매화산 정상은 마치 거대한 화산이 폭발하는 듯 눈 부셨고, 그 아래 계곡은 오색구름으로 가득하였다. 원효는 승천하는 그들을 향해 찬미의 환호를 보냈다.

"잘 가시오. 그리고 어디서든 이 곳을 지켜 주시오."하며 합장의 예를 올리자, 그 때 어디선가 낯 익은 목소리가 들려왔다.

"원효 대사! 부디 소원 성취하십시오. 우리는 추분에 다시 이 곳을 찾을 것이오."

그 목소리는 원효에게 나타났던 큰 황룡인 어미 용이었다.

"잘 가시오. 그리고 부디 이 땅을 잊지 마시오."

하고 그들을 환송했다. 원효는 더 이상 미련을 두지 않았다. 그리고 여력이 모아지는 대로 소나무 숲 사이로 자그만 한 전각을 하나씩 지었다. 세월은 무심하게도 덧없이 흘러갔다. 그렇게 세월은 흘러 어느덧 그 일대에 장엄한 가람이 완성되었다. 원효는 이곳에서 그의 화쟁사상을 실천한 것이다.

'그래! 이제야 이 골에 외로운 넋을 위로할 도량이 되었구나! 그래, 이 장엄한 가람은 그 때 외로운 넋들의 모습들이야!'

하며 원효는 두 손을 모았다. 그리고 그 절을 송림사라 하였다. 하루는 원효가 법당에서 선정에 들었는데, 시자가 급히 찾아들었다.

"큰스님! 큰스님! 큰일 났습니다."

시자의 급한 연통에 원효가 문을 열고 그를 바라보니 그의 모습은 파리해 있었다.

"아니! 무슨 일로 그리 호들갑이더냐?"

하자 시자는 가쁜 숨을 몰아쉬며,

"뒤 계곡에 거대한 용이 승천하려다 큰 바위벽에 들이박고 목숨을 잃었다 합니다."

원효는 뜻밖의 이야기에 의아해 하며,

"승천하던 용이 죽었다니, 어디 자세히 이야기해 보아라!"

하자, 시자는 그를 이끌어 내기라도 하듯,

"어서 밖으로 나와 보시죠. 지금 그 곳에는 한 처녀가 나타났다는데 지금은 용도 처녀도 간 곳 없고 큰 굴과 깊은 웅덩이만 남아 있습니다."

하며 원효를 밖으로 인도하였다. 원효는 시자의 호들갑에 장삼자락을 훔쳐 올리고 급히 북쪽 계곡을 따라 총총걸음으로 달려갔다. 송림사 반대쪽에 자리한 계곡은 본래 이암(耳岩)이라 하고, 그 아래 마을은 장재, 장재 앞 계곡을 용암이라 하였다. 이 용암 바위가 있는 계곡 아래에서 남해 용왕의 아들이 아내를 구하기 위하여 이른 새벽에 매화산 계곡을 찾은 것이다. 그가 승천하여 산 신녀와 결합하기 위하여 주위를 살피니 마침 산신녀가 그 시각에 빨래를 하고 있었다. 남해 용은 이를 보고 깜짝 놀랐다. 그녀가 하고 있던 빨래가 다름 아닌 피 빨래였기 때문이었다. 그는 생전 처음 본 피 빨래에 정신이 혼미하였다.

'아니! 저럴 수가…….'

그는 순간 정신을 잃고 앞에 있는 바위에 들이박고 말았다. 시자는 우연히 이를 목격한 것이다. 원효는 시자의 안내를 받아 주위를 살펴보았다. 그리고 그로써 또 하나의 깨달음을 얻었다. 그 때 시자가 원효에게 다가서며,

"큰스님! 어찌된 일입니까?"

원효는 눈을 지그시 감으며 그에게 말했다.

"이 곳은 또 하나의 부처님의 도량이야!"

"또 하나의 부처님 도량이라니요?"

원효는 궁금해 하는 시자에게 계곡 아래 불쑥 패인 석굴을 가리키며,

"시자야! 저기를 보아라! 저 굴은 곧 음을 상징하는 것이야, 그러니 저기 불쑥 솟아 오른 바위와 깊은 소는 양을 상징하는 것이지."

시자는 뭐가 뭔지 분간이 가지 않는 듯,

"음은 무엇이고 양은 또 무엇입니까?"

하자 원효는 갑자기 너털웃음을 웃으며,

'속가를 떠난 네가 어찌 알 수 있겠느냐?'

하자 시자는 머리를 긁적이며,

"속가라시면?"

원효는 이를 궁금해 하는 시자에게 찬찬히 설명해 주었다.

"잘 들어라! 저 곳은 남녀가 결합하려는 것을 설명하는 것이지, 이를테면 아내감을 구하고자 하는 남해의 총각 용이 동해 처녀 용이 있다는 이 곳 매

화산을 찾은 것이지, 그러나 정작 그를 맞이하려는 처녀는 마침 월경 주기를 맞이한 것이란다."

"월경 주기?"

"그렇지! 여인이 그 때면 아기를 가질 수 없거든, 허니 남녀간의 결합에서 아기를 가질 수 없다는 것을 너에게 용과 산신이 총각과 처녀의 화신으로 나타났으니, 곧 여기가 칠성도량임을 부처님께서 너를 통하여 일러 주신 거야!"

시자는 스승의 설명에 감동을 받았다. 시자는 자신이 처한 현실에 두려운 나머지 잠시 동안 스승에게 수선을 피운 자신의 경망스러움이 부끄러웠다. 그로부터 이 바위굴은 송림사의 칠성굴이 되었다. 원효는 그날 시자에게 송림사를 맡기고 다시 걸망을 챙겼다. 또 다시 긴 여정에 오른 것이다.

훗날 이 자리에는 또 다시 큰 불이 나 가람이 모두 소실되고, 그 자리에는 깊은 댐이 조성되었다. 물론 뒤쪽의 칠성신앙지까지도 모두 수몰되고 말았다. 당시 구룡이 승천하였다는 산은 구룡산이라 하여 신라 때부터 이 산은 지금의 영천, 청도, 경주와 경계하는 경산 지역의 최동극에 있다.

하지만 구룡산 지명은 송림사 창건설화와는 달리 신라 삼국통일의 주역인 김유신이 압량주군으로 부임하였던 사실을 전설로 변이된 것이라 전승되나, 구룡산과 송림사의 전설은 이 고장 출신 원효에 대한 또 하나의 보답이라 할 수 있다.

[참고문헌 : 《경산의 전설과 민담》, 《경산문화대사전》]

5. 예욕(穢慾)의 끝자락

1) 요석궁 법회

요석궁의 풍경은 봄기운이 완연하다. 주변에 아름다운 꽃들이 요석궁을 감싸고 궁내를 오가는 시녀들의 옷매무새 또한 봄기운이 가득하다.

전(傳) 요석궁지(址)

한편 분황사로 돌아온 원효는 무엇인가에 몰두하며 집필에 여념이 없다. 그러나 원효의 머리 속에는 지난번 토굴 속의 경험이 사라지지 않았다. 어느 화창한 봄날, 원효는 분황사 마당을 거닐면서《화엄경》의 한 구절을 생각하고 있었다. 분황사 경내에 만발한 꽃마다 나비들이 날아들고, 인왕의 모습을 새긴 9층탑 밑의 실바람이 감미롭다.

그때 한 여인이 꽃잎처럼 우아한 치맛자락을 끌며 나타났다. 여인은 법당과 탑을 향하여 절을 하고, 또 스님을 향해서도 절을 하였다. 여인의 주위에는 시녀 몇이 뒤따르고 있었다. 그러나 원효는 누가 자신에게 절을 하는 줄도 모르고 그저 깊은 상념에만 잠겨 있었다. 이 때 주지가 이제야 연락을 받은 듯 황급히 일행을 맞이하였다.

"아니! 공주님께서 연통도 없이 이렇게 친행을 하셨습니다."

공주의 목소리는 의외로 상냥하고 부드러웠다.

"아닙니다. 오늘은 하도 날씨가 화창하고, 봄꽃도 만발하여 저도 모르게……."

"어서 안으로 드시지요."

"아닙니다. 스님!……."

주지는 공주를 안으로 모시려 하고, 아유다의 내심은 온통 원효 쪽으로 눈길이 돌려지고 있었다. 탑 건너편 2~3명의 귀족 부인네들이 모여 이 광경을 지켜보며 주절거린다.

"저기 보시게… 무열왕의 둘째 따님인 요석궁 공주님이 아니신가?"

귀족 아낙네는 놀라듯 나서며,

"그래! 그래! 공주님이 틀림없어."

"아마 시녀들로 보아 요석 공주께서 화창한 봄날이라 마음이 싱숭생숭하셨던 모양이야……."

"왜 아니겠어! 저 젊은 나이에 서방님을 한 번도 바라보지 못하고 잃었으니 그 마음이야 어떠할꼬?…… 쯧쯧……!"

아유다는 어느 날 아버지 김춘추공의 영에 따라 화랑 선발 대회가 열리는 국선연무장에 나타난 적이 있었다. 그러나 그 자리는 신라 화랑의 최고 실력자를 뽑는 자리로, 아버지 김춘추에게는 사실상 자신의 둘째 딸에게 정혼자를 구하는 날이기도 하였다.

김춘추의 둘째 딸은 아유다라 하였고, 그는 어릴 때부터 외모가 아름답고 마음씨 또한 착하여 아유다의 남편감으로 어느 화랑이 뽑히느냐 하고 수많은 신라 화랑들 사이에 큰 화제의 대상이 되었다. 그러나 결국 공주의 남편감으로 선발된 청년은 오늘 이 경합에서 최고의 화랑이 된 거진랑이었다. 운명 같은 두 사람의 인연은 이렇게 시작되었다.

때마침, 신라와 백제 사이에 싸움이 벌어져, 거진랑은 나라를 위해 공을 세우러 일선에 나갔으나, 불행히도 적의 화살은 그를 피하지 못하고 아버지 비녕자와 함께 최후를 맞이하였다.

슬퍼할 겨를도 없이 홀로 된 아유다는 시녀들에게 둘러싸여 요석궁 안에서 쓸쓸하게 긴 세월을 홀로 감당하여야만 했다. 세상 사람들은 아유다를 안타깝게 여기면서 그를 요석궁에 사는 공주라 하여 요석 공주라 불렀다.

요석궁의 뜰에는 봄꽃이 만발하였으나 공주의 마음은 쓸쓸하기만 하였다. 이때 한 시녀가 공주를 찾아,

"날마다 궁에만 계시오면 답답함 또한 없지 않으실 것이옵니다. 요즘 날씨가 화창하니, 절에라도 한번 들리시어 불공도 드릴 겸 소일을 하시는 게 어떠하시겠사옵니까?"

"참 좋은 생각이구나. 이 화창한 날 어디가 좋겠는가?"

"황룡사에는 이미 여러 번 다녀오셨으니 분황사가 어떨까 하옵니다. 거기에

는 좋은 샘도 있고, 유명한 관음보살 화상이 있다 하옵니다.”

공주는 시녀들이 권하는 대로 가마를 탄 채 분황사로 나섰다. 분황사에 도착한 공주는 탑돌이도 하고 관음보살 화상도 살펴보며 망중한의 여유를 가졌으나 왠지 그것만으로 쓸쓸함을 잊지 못하였다. 법당에 들어가서 불공도 드리고, 샘에 가서 맑은 물로 목을 축이기도 하였지만 그 샘물은 목의 갈증만 풀어줄 뿐 공주의 마음 속 갈증은 풀어주지 못하였다. 그러나 아까부터 모전탑을 지나치는 한 스님의 모습에 공주의 눈이 고정되었다.

분황사를 다녀온 공주는 한동안 깊은 상념에 잠겼다. 그것은 공주의 마음 속에 자꾸 떠오르는 모습이 하나 있었기 때문이다. 그 모습은 그가 탑 앞을 지나칠 때 스쳐지나간 원효의 모습이다.

‘그 스님은 누구일까? 스님의 법명은 무엇일까? 어쩌면 스님이 저렇게도 잘 생겼을까? 지나가면서 곁눈으로 얼핏 보았을 뿐인데, 먼 옛적부터 가까이 하였던 정겨운 느낌이 드니, 이를 어찌할꼬?’

공주는 며칠을 두고 혼자서 생각하였다. 그리고는 급히 시녀를 불러들였다.

“그 날 분황사 탑을 지나칠 때, 탑 옆에 스님 한 분이 서 계셨지?”

“예, 원효 스님을 두고 하신 말씀이십니까?”

“무어라 했는가? 원효?…….”

“그 분은 본래는 화랑이었는데, 머리를 깎고 스님이 되신 분입니다. 얼마 전에 의상 대사와 함께 당나라로 건너가려다가 무슨 생각을 하셨는지 당주계까지 갔다가 되돌아오셔서 요즘은 집필에만 몰두한다 하옵니다.”

“그래, 그래, 그 분이 원효 스님이시구나!…….”

“공주님께서 어떻게 원효 스님을?”

공주의 입가에는 수줍음이 그려졌다.

“스님의 법명은 일찍 들은 바 있지만 스님을 직접 만나 뵈온 적이 없었으니깐…… 이제 법명을 알고 나니 더욱 스님의 모습이 아른거리는구나.…….”

주위를 의식한 듯 문득 정신을 가다듬고 다시 시녀에게 말을 걸었다.

“그러면 그렇지. 외모에 기품이 있었어. 그래 그 스님을 한 번 가까이에서 뵐 수는 없을까?”

“그야 분황사에 가시면 언제든지 뵐 수 있지요. 이따금 법회에도 나오신다니까, 날짜를 맞춰서 가시면 법문도 들을 수 있습니다. 하지만, 그렇게 사람이 많이 모인 자리에서는 오히려 공주님의 모습이 남의 눈에 띄기만 할 것입니다.”

“그럼, 어떻게 하면 좋을까?”

공주의 마음은 초조하기까지 하였다.

“우리 궁으로 한번 초대를 하면 어떨까요?”

“이리로 오시게 한단 말이지?”

“예, 법회를 여기서 열면 되지요. 공주님께서 직접 설법을 듣고 싶다면서……. 공주님께서 결심만 하시면 방법은 얼마든지 있지 않겠사옵니까?”

그러나 공주의 내심은 달랐다.

‘법회라……. 그렇다면 부처님의 법문도 듣고 원효 스님도 가까이서 보고, 이거야 말로 일석이조가 아니겠나?…….’

며칠 후, 호화스러운 수레 한 대가 사령의 호위를 받으며 분황사에 도착하였다. 사령은 수레를 절 문 밖에 세워 놓고 원효의 승방을 두드렸다.

“거기 누구시오?”

“요석궁에서 온 사령입니다.”

“요석궁이라니, 무슨 일로?”

“우리 공주님께서 요석궁에서 법회를 열고 싶다 하시며 원효 스님을 모셔오라는 분부이십니다. 밖에 수레를 대령해 놓았습니다.”

신라 사회의 귀부인들 중에는, 부처님을 극진히 모시어 설법을 듣고 싶어하는 여인이 적지 않았으므로, 수레를 보내어 스님을 초청하는 일이 많았다.

“요석 공주께서 갑자기 법문이라…… 허허…… 그래 잠시만 기다려 주시게나.”

원효는 왠지 내키지 않았지만 그렇다고 의심할 까닭도 없어 승방에 들어가 가사를 걸치고 무심코 그를 따라나섰다. 요석궁에는 모든 준비가 끝나 있었다. 넓은 대청마루에 돗자리도 깔아놓고, 요석 공주를 비롯하여 시녀들이 쭉 늘어 앉아 원효가 도착하기를 기다리고 있었다. 그들 앞에는 원효가 강론할 자리도 미리 준비되어 있었다. 원효는 가마에서 내려서 사령과 함께 걸어서

도착하니 순간 주위는 여인들의 목소리로 부산하였다.

"오늘 원효 스님은 어떤 강론을 해 주실까?"

"글쎄! 아마도 공주님께 도움이 되는 설법이겠지?"

"저기 보시게, 원효 스님께서 도착하셨어! 정말 인물도 좋으시고……."

공주가 일어서 원효를 맞이하고 원효도 정중히 고개를 숙이며 인사에 답례하였다. 장내는 쥐 죽은 듯 조용하였고, 모두의 시선이 원효에게 다가서 있었다. 원효는 잠시 동안 주위를 뚫어져라 훑어본 후,

'좌중한 대중이 공주님과 보살들이니… 어려운 이치를 따지느니보다 누구나 알기 쉬운 얘기로 부처님의 자비심을 설명해 주는 비둘기와 석가모니에 얽힌 이야기를 해 주어야겠구나. 그래 그게 좋을 것 같아…….'

원효는 장내를 진정시키기 위하여 지장주를 크게 세 번 바닥에 내리쳤다. 이윽고 원효의 카랑카랑한 목소리는 요석궁을 메아리쳤다.

"모두 들으시오. 불쌍한 자를 돕거나, 약한 자를 위해 줄 적에, 어느 정도 자기를 희생하겠다는 생각은 누구에게나 일어나기 마련이지만, 자기의 재물이나 명을 몽땅 바쳐도 아깝지 않다는 정도의 절대적인 경지는, 보통 사람으로서는 도저히 다다르지 못하는 높은 경지입니다. 석가모니의 자비심은 한 마리의 비둘기가 아귀에게 잡아먹히는 것을 구하기 위해 자기 생명을 몽땅 내놓을 만큼 거룩했던 것입니다. 그리고 이 이야기가 말해주는 또 한 가지 중요한 점은 생명을 지닌 모든 존재는 다 똑같은 값을 지녔다는 점입니다."

법문은 이야기로 바뀌어졌다.

"석가모니께서 가비라 성을 빠져나와 깊은 산에 들어가 결가부좌를 하고 참다운 이치를 생각하고 계실 때입니다. 어디선가 비둘기 한 마리가 날아오더니 석가모니의 품안으로 뛰어들었습니다. 잠시 후 요사한 바람이 불어 닥치면서 머리가 구름에 닿을 만큼 무서운 아귀가 껑충 뛰어내리는 것처럼 나타났습니다. 그 손에는 시퍼런 칼이 들려 있었습니다. 아귀는 눈을 부릅뜨고 석가모니에게 말했습니다."

"비둘기 한 마리가 날아서 이 쪽을 갔는데 보지 못했느냐?"

"여기 있소."

비둘기는 석가모니 품 안에서 부들부들 떨고 있었습니다.

"그 비둘기는 내가 잡아먹으려는 것이니, 이리 내 놓아라!"

순간 석가모니는 당황하며,

"이 가련한 비둘기를 잡아먹겠단 말이오?"

석가모니는 그를 꾸짖듯 말했습니다.

"그렇다. 내가 요기를 하려면 다른 도리가 없다."

석가모니는 그를 달래며,

"조그마한 비둘기 한 마리를 잡아먹은들 얼마나 요기가 되겠소? 놓아줄 생각은 없습니까?"

하니 아귀는 화를 내며,

"안 돼, 정히 네가 가여운 생각이 들어 그 비둘기를 살리겠다면 그 대신 네 살을 베어서 내놓아라!"

하고 아귀는 시퍼런 칼을 석가모니에게 내밀었습니다. 석가모니는 잠자코 그 칼을 받아 자신의 넓적다리 살을 한 덩이 베어 아귀에게 내 주었지요. 하지만 아귀는 고개를 내저으며,

"더도 말고 덜도 말고 비둘기와 똑 같은 무게라야 한다."

하면서 천평칭(天平秤)을 땅에 내려놓으며 비둘기와 석가모니 살덩이를 저울에 달아보자 하였습니다. 석가모니는 그렇게 하자하고 한 쪽에는 비둘기를 올려놓고 반대쪽에는 도려낸 자신의 살덩어리를 올려놓았는데 천평칭은 비둘기 쪽으로 기울어져 내려가 꼼짝도 하지 않았습니다. 아귀는 고개를 흔들면서,

"무게를 같게 해! 네 살을 더 베어 올려놓아라!"

그러자 석가모니는 다시 자신의 한 쪽 넓적다리의 살덩이를 도려내어 올려놓았지요. 하지만 이 어찌된 까닭인지 천평칭은 여전히 꼼짝도 하지 않았습니다. 석가모니의 몸에는 피가 흐르고 뼈가 드러났습니다. 하지만 여전히 천평칭은 비둘기 쪽으로 기울어져 있었던 것이지요. 그러자 아귀의 재촉은 더욱 커져만 갔던 것입니다. 그것을 본 석가모니는 앉은 자리에서 벌떡 일어나 자신의 온몸을 그 천평칭에 올려놓았지요. 그러니까 좀 전까지 비둘기 쪽으로 기울어져 꼼짝도 하지 않았던 천평칭이 천천히 올라가기 시작하더니 그제야

비둘기 한 마리와 석가모니 몸이 똑 같은 무게로 나타나기 시작하였습니다. 잠시 후 천평칭이 완전히 수평이 되자 방금까지 눈을 부라리던 아귀도 파르르 떨던 비둘기도 어디로 간지 모두가 사라지고 없었습니다. 원효의 설법은 장내를 숙연하게 하였다.

"결국 모든 생명은 그 생명의 존재 자체가 서로 다를 바 없다는 것을 부처님께서는 석가모니를 통하여 그의 수양을 시험하신 것이지요."

원효는 대중들에게 합장을 하며 설단을 내려왔다. 이야기를 듣던 사람들은 모두 너무 감동하여 얘기가 끝난 줄도 모르고 한동안 꼼짝도 하지 못하고 그대로 앉아 있었다. 그들 머리 속에 남아있는 원효의 모습은 마치 이야기 속에서 그려진 석가모니의 모습으로 남아 모두가 한참 동안 자리를 떠날 줄 몰랐다.

요석궁에서 원효의 법회는 이렇게 끝이 났다. 원효가 자리를 떠나려는데 한 시녀가 다가왔다. 그는 원효에게 극진히 예를 갖추며,

"스님께서 쉬었다 가시도록 편한 자리를 마련해 뒀으니 이리 따라오십시오."

원효는 그의 제의를 사양하며,

"아니오! 날이 저물기 전에 가야겠소."

시녀의 권유에도 아랑 곳 하지 않고 원효는 훌훌히 자리를 떠나버렸다. 원효의 사라지는 모습을 뒤에서 지켜보는 공주의 마음은 그를 연모하는 정으로 타들어가고 있었다.

[참고문헌 : KBS, 원효 대사]

2) 여왕의 꿈

때는 서기 647년, 신라 제 28대왕으로 등극한 진덕여왕은 자태가 곱고 자질이 풍만하며, 아름다운 데다가 문장이 뛰어난 재원으로, 당나라 황제에게 지어 보낸 송가(頌歌)인 「치당태평송(致唐太平頌)」으로 신라에도 이렇게 한시를 잘 짓는 여왕이 있는가 하고 당나라의 시인들을 모두 놀라게 했다.

여왕은 또 자신이 손수 짠 비단에다 「치당태평송(致唐太平頌)」를 써서 당 황제에게 보내자 당 황제는 멀리서 연모의 정까지 느꼈다 하였다. 또한 여왕

은 독실한 불자(佛者)로 가끔 분황사로 나가 자장법사의 설교를 들었고, 그 때마다 여왕은 왕족인 김춘추 공의 둘째 딸인 아유다와 동행하였다.

당시 분황사에는 키가 후리후리하고 잘 생긴 '원효'라는 젊은 학승이 수도를 하면서 저술에 몰두하고 있었는데, 그를 처음 본 젊은 진덕여왕이 남몰래 그를 사모하게 되었다. 그로부터 진덕여왕의 분황사 행차가 더 잦았다. 그것은 그녀가 짝사랑하는 원효를 만나기 위해서였다.

그런데 원효에 대한 사모의 마음은 동행한 아유다 또한 그와 다를 바 없었다. 진덕여왕은 천하를 자기 뜻대로 할 수 있는 왕으로서 원효를 유혹하는 데는 그리 어려운 일이 아니라 생각하였다. 그는 미혼의 여왕으로서 원효를 파계시키고 남편으로 삼는다면 원효의 스승인 자장법사도 반대는 하지 못할 것이라 생각하고 여왕은 틈만 나면 원효를 궁중으로 불러들였다.

설법을 듣겠다는 핑계로 부르는 왕명을 거역할 수 없었던 원효는 부를 때마다 궁중에 들어가서 단정한 태도로 설법만 전했다. 그러나 진덕여왕의 귀에는 염불은 들리지 않고 원효를 그리워하는 마음만 가득하여 노골적인 추파를 자주 보냈다. 그러나 원효의 마음은 목석과 같이 아무 반응이 없었다. 여왕은 간장이 녹아 내릴 듯 초조했다.

여왕이 설법 장소를 침실로 정하고 불러들여도 원효는 서슴지 않고 들어와서 설법과 독경만 했다. 아름다운 여왕의 유혹과 육체의 향기에도 그의 마음은 조금도 변함이 없었던 것이다.

"원효!"

"예!……."

"독경은 그만 두고 나하고 이야기나 합시다."

"마마! 말씀하십시오. 소승은 독경하면서 귀로 듣겠습니다."

"내가 듣지 않는 독경을 누굴 위해서 하겠소?"

"들으시지 않아도 전하의 공덕이 됩니다. 그리고 소승 자신의 수련이 되기도 하지요."

"여기는 원효가 공부하는 승방이 아니오. 젊은 여자가 자는 분내 나는 침실이란 말이오."

"소승이 있는 이곳은 지옥의 수도장입니다."

"무엇이! 내 침실이 지옥!"

여왕은 빨끈 화를 냈다. 그러나 사랑에 애타는 여왕은 마침내 노여움 대신 애원의 고백을 하고 말았다.

"원효! 내가 얼마나 원효를 사모하는지 모르고 하는 소리요. 알면서도 내가 싫어서 냉정한가요? 아마 젊고 예쁜 아유다의 침실에서 이렇게 밤에 단둘이 있으면 그리 목석같이 굴지는 않았을걸요."

"마마! 소승은 온 생명을 불도에 바친 불제자입니다. 남녀간의 애정 문제는 소승에게는 인연이 없습니다. 아유다낭이 소승에게 어떤 감정을 갖느냐는 소승의 알 바 아닙니다. 이는 당치도 않은 오해이십니다."

그러나 아유다도 원효를 짝사랑하면서 고민하고 있는 것을 알고 있는 여왕은 역시 여자다운 질투가 없을 수 없었다. 자기처럼 공공연히 불러다가 침실에서 유혹할 자유도 없는 공주의 입장도 알았으나 아무리 짝사랑일지라도 아유다와 같은 경쟁자가 있다는 것은 참기 어려운 일이었다.

"원효! 중으로 파계당하는 것이 그렇게 두려워요? 내가 자장법사에게 말해서 명예의 환속을 시키겠소."

"명예의 환속이라시면?"

"여왕을 정복하는 사나이라면 명예스럽지 않겠습니까? 명예가 못 되더라도 인생의 행복, 적어도 내 행복을 위해서 환속하고 혼인해 줘요. 나도 원효와 혼인만 하게 되면 이까짓 왕관을 벗어 버리고 자유로운 아내로 남편으로 원효를 섬기겠소."

원효는 사랑이란 무서운 힘이라고 느꼈다. 한낱 수도승인 자기의 애정을 얻기 위해서 왕관을 버리고 평범한 여자로서 자기를 남편으로 섬기겠다는 고백이 아닌가. 그러나 원효는 미인의 유혹도 최고 권력자의 위협에서도 파계승이 되고 싶지 않았다. 자기 일신의 영달과 행복보다도 온 세상의 중생의 행복을 위해서 봉사할 자기의 사명감을 희생시킬 수는 없었다. 또 자기가 여왕의 애정을 받아들이면 여왕 한 사람의 행복은 보장된다 할지라도 여왕 한 명의 행복 때문에 자기가 불도로서 구원해야 할 중생을 죄악의 구렁텅이에 버려둘

수는 없었다.

그러나 원효 자신도 진덕여왕과 아유다와의 애정의 협공을 받으면서 애욕의 충동을 받고 고민을 느끼고 있었다. 그러나 아직도 자기의 수행이 부족하다고 스스로 채찍질하면서도 영혼과 육욕이 내부에서 싸우고 있었다.

"원효 역시 속세의 명예욕 때문에 스스로를 속이는 위선자로군요."

"위선자라시면?"

"자장법사의 수제자로서 자장법사 이상의 유명한 스승이 되고 싶은 명예욕에 사로잡혀서 파계승이 되지 않으려는 것이 아니오?"

"그것이 속세의 명예욕과 같을지 모르더라도 소승이 한 번 불도에 두고 수도하는 바에는 적어도 학덕이 자장법사 경지에는 이르러 보고 싶습니다. 그래야 중생제도의 길로 갈 수 있으니까요."

"학문으로서 불학을 연구하는 데는 나도 지금 같은 후원을 아끼지 않겠으니, 승속을 초월해서 내 이 여왕의 고독감만은 구원해 주시오."

'승속을 초월한다.…….'

원효의 머리에는 이 여왕의 이기적 애욕에서 나온 말에 무슨 새로운 진리의 계시를 받은 듯했다. 그러나 그는 비록 승속의 이중생활을 해서 비밀로 여왕의 정부가 되라는 의미로도 해석되어서 아무 대답도 하지 않았다.

"여왕으로서 체통 없는 짓이라고 비웃어도 좋아요. 나는 원효의 마음이 돌아올 때까지 언제까지든 단념하지 않겠소."

이처럼 애정을 호소하는 진덕여왕이 원효의 눈에는 항간의 미친한 여자와 조금도 다름없는 여성의 육체로밖에 보이지 않았다. 그와 동시에 호의와 동정의 마음도 금할 수는 없었다. 그러나 여왕의 애정 요구에는 응하지 못할 승려의 계율이 그의 마음을 채찍질했다.

진덕여왕은 자기의 애정으로 원효를 환속시키려고 갖은 성의와 유혹을 했으나 원효는 금강불괴의 불심으로 파계하지 않았다. 진덕여왕은 원효의 생활비와 연구비를 풍부하게 대주어서 후원했는데 그 결과가 도리어 그의 불도 정진으로 속세의 애정을 멀리 하는 역효과를 내기도 했던 것이다.

진덕여왕은 천하에서 못할 것이 없었으나 원효의 마음만은 점할 수가 없었다. 여왕은 얕은 이기심으로 원효가 유명한 중이 되는 동시에 자기의 비밀 정부가 되기를 원했던 것이다. 그러나 원효는 진덕여왕의 애정에 홀려서 파계하지 않았고, 그보다 젊고 매력 있는 아유다의 유혹에도 넘어가지는 않았다. 진덕여왕은 원효를 짝사랑하다가 평생 남성을 모르고 재위 8년 만에 아직도 젊은 처녀의 몸으로 승하했다.

여왕은 운명할 때 아유다를 불러놓고 그에게 자신의 안타까운 심경을 토로하는 유언을 남겼다.

"내가 죽은 뒤에는 네가 원효 스님의 뒤를 잘 받들어라. 나는 원효 스님을 사모하다가 뜻을 이루지 못했으나 같은 여자의 심정으로 너 역시 원효 스님을 사모하는 것을 동정한다. 앞으로는 내 고민을 네가 대신하겠거니와 스님으로 계시든지 환속하든지 잘 돌봐 드려라."

[참고문헌 : KBS, 원효 대사]

3) 금란가사

어느 초여름 날, 아유다는 요석궁[9] 정원에 곱게 피어오르는 모란꽃을 보고 걷잡을 수 없는 정열을 느꼈다. 정열은 원효를 사모하는 마음의 불길이었다. 아유다는 손수 짠 붉은 비단으로 가사 한 벌을 새로 짓고 거기에 모란꽃 다발을 곁들여 원효에게 선물하면서 애절한 사연의 편지까지 보냈다.

원효는 진덕여왕의 승하 원인이 자기의 냉정한 애정 거부에 있었다고까지 생각되었으므로 인생의 무상을 느꼈다. 그러나 요석 공주가 또다시 적극적인 애정 공세를 취하게 되자, 더욱 당황하지 않을 수 없었다.

'내가 경주에서 떠나 버리자, 요석 공주에게 단념시키는 수단으로는 내 행방을 감추는 것이 우선 상책이다. 나로서도 요석 공주의 자태를 아주 잊어버리려면 멀리 해야겠다.'

---

9) 요석궁은 선덕여왕에 의하여 김춘추의 둘째 딸 아유다가 거진랑과의 정혼 대상자가 되었다가, 거진랑이 백제 정벌 시 전사하자 훗날 진덕여왕이 이를 안타까이 여겨 별궁을 내어 아유다에게 거처하도록 하고 이를 요석궁이라 하였다.

그는 이런 결심을 하고 10년 동안 공부하던 분황사와 스승 자장법사와도 이별하고 깊은 산 속으로 들어가서 문수사에 숨어 버렸다. 그가 행방까지 숨기게 된 직접적 동기는 진덕여왕을 이어 왕이 된 태종 무열왕 김춘추가 요석공주의 비련에 동정하고 왕명으로 원효에게 압력을 가해 왔기 때문이다. 그러나 원효의 대답은 완강하였다.

"마마! 소승이 불제자로 전 생명을 바친 것을 잘 아시고 계시지 않습니까? 공주의 호의와 폐하의 권고는 감사하오나 혼인으로 파계 환속할 수는 없습니다."

"인생은 변화가 있는 법인데 속한이 스님이 되는 거나 스님이 환속하는 거나 무엇이 달라서 그런 고집인가?"

"그러나 속세의 의리보다는 불문의 계율은 신성하고 엄격합니다."

하고 원효는 거절했다. 그러나 공주와 여왕은 단념하지 않고 원효에게 환속하고 결혼하기를 강요했으므로 마침내 행방을 감추게 되었던 것이다. 요석 공주의 애정 유혹을 피해서 왕성 부근의 분황사를 버리고 산 속의 문수사에 숨었으나 마음의 안정을 잃고 수도에 전념하기가 어려웠다.

'마음이 왜 이렇게 어지러울까?'

그러나 원효는 요석 공주와 멀리 하자, 도리어 마음의 거리가 가까워진 듯했다. 속세를 멀리하자, 속정이 더 아쉬워진 듯하였다.

'내 공부가 아직 부족하다. 이래서 어찌 해탈하겠는가?'

그는 눈을 감고 깊은 좌선에 들었다.

[참고문헌 : KBS, 원효 대사]

4) 자루 없는 도끼

40대 중반의 원효가 저잣거리를 돌면서 노래를 하고, 그 뒤로 개구쟁이 아이들이 덩달아 춤을 추며 줄을 잇고 있다.

"누가 자루 없는 도끼를 나에게 줄 꺼나? 내 하늘 받칠 기둥을 만들겠느니……."

뒤따르던 아이들도 홍이나 있었다. 신라의 장안은 온통 원효의 “몰가부” 노래로 시끌시끌하였다. 무열왕과 왕비도 예외는 아니었다.

“마마! 궐 밖에서 이상한 노래 소리가 들려온다 하옵니다.”

“이상한 노래라니, 그게 무슨 말이오?”

“마마! 웬 스님이 아이들과 함께 괴상망측한 노래를 부르고 다닌다 하옵니다.”

“괴상한 노래?”

“그렇다 하옵니다.”

“스님이라면?”

“아뢰옵기 황공하옵니다만, 그 스님은 원효라 하옵니다.”

순간 무열왕은 그제야 자신의 제의에 화답을 보내는 원효에 대하여 고마운 마음이 들었다. 실은 무열왕이 원효가 불교 대중화에 몰두할 즈음, 이를 수락하는 조건으로 왕가의 권력 중심에 원효가 있어 주기를 청했던 것이다. 하지만 원효의 반발은 만만치 않았고, 무열왕 역시 불교의 대중화에 한 치의 양보도 보이지 않았던 터였다. 하지만 무열왕은 원효의 이 같은 화답에 자신의 내심을 보일 수도 없었다.

“원효 대사가 …….”

“몰가부(沒柯斧)란 노래라 하옵는데, 자신은 자루를 가졌으니 누가 자루 없는 도끼를 주면 하늘을 떠받칠 기둥을 깎겠다고 하는 노래라 하옵니다.”

“그래! 음… 원효의 몰가부라…….”

무열왕은 한참 동안 깊은 상념에 사로잡혔다.

“아무래도 대사가 혼인을 하고 싶은 게로구먼 …….”

그러나 이날 무열왕은 생전 처음으로 가슴을 열고 활짝 웃을 수 있었다. 이 같은 무열왕의 기쁨을 알고나 있는 듯 그 날따라 저작거리 아이들의 몰가부가 골목길에 신이 났고, 그 노래는 신라의 도성을 맴돌았다.

“저 노랫소리가 무엇이더냐?”

요석궁 아유다 공주 역시 이 괴상한 노랫소리에 놀라지 않을 수 없었다.

“네, 몰가부라 하옵니다.”

"몰가부라니, 누가 지어 부른 노래라든가?"

"네, 원효 스님이라 하옵니다."

"무어라? 원효 대사라구?"

"벌써 해괴한 저 노래가 장안에 파다하다 하옵니다."

"그래! 무언가 깊은 뜻이 있는 듯하구나."

신라 왕궁에서도 원효의 몰가부에 심각해지고, 드디어 무열왕과 왕비가 처방에 나서게 되었다.

"그래, 대사를 우리 아유다와 짝을 맺게 해 주는 거야 ……."

무열왕은 급히 내관을 불렀다.

"밖에 내관 있느냐?"

"네, 마마!"

"필시 내일 저녁 무렵이면 원효가 요석궁 앞의 문천교를 건널 것이다. 너희들은 그 돌다리를 흔들리게 하여 대사가 물에 빠지도록 하고, 요석궁에 일러 대사를 정중히 맞이하도록 일러라…, 추호도 실수가 있어서는 아니 되느니라!"

무열왕의 명은 추상같았다.

"네! 대왕 마마! 분부대로 거행하겠사옵니다."

명을 받은 내관이 종종걸음으로 사라지고 무열왕은 무언가 깊은 생각에 사로잡힌다.

'그래! 밀사를 시켜 원효를 요석궁 앞 돌다리를 건너게 하는 거야, 미리 돌다리도 무너지게 해 놓고 말이야…….'

무열왕의 사전 계획은 치밀하였다. 계획대로 원효가 개울을 건너고 있었다. 그 날 따라 개울물이 불어 징검다리를 건너기는 쉽지 않았지만 원효에게는 매일같이 분황사를 오르내리는 개울길이라 개의치 않았다. 그러나 그날의 걸음걸이만은 유난히도 중심을 잃고 비틀거렸다.

원효가 서둘러 개울을 건너던 중 갑자기 비틀대며 물에 빠지고 말았다. 이는 미리 무열왕이 밀사를 시켜 짜 놓은 각본이나 원효는 이를 알지 못하고 그만 급류 속으로 빠지고 만 것이다.

"아이고! 이걸 어쩌나?"

이 광경을 멀리서 지켜보던 요석궁의 노비가 급히 냇물 속으로 뛰어들었다.

"아이고 스님! 어쩌다 이렇게……."

원효는 부끄러운 듯 몸을 움츠리며,

"고맙소이다. 큰 신세를 지게 되었군요."

하지만 노비는 오히려 고맙다는 듯이.

"저기 공주님 궁으로 가셔서 옷부터 말리시죠."

"아니! 아니오. 그냥 가겠소."

그러나 이미 요석궁의 노비는 온몸이 물에 젖은 원효를 부축하면서 이미 요석궁에 이르고 있었다. 요석궁의 공주가 5~6명의 시녀들과 함께 원효를 맞이하였다. 공주는 그를 정중히 맞이하며,

"대사! 어서 오십시오!"

"마마! 부끄럽고 황공하옵니다."

"원 별말씀을… 우리는 구면이 아닙니까?… 어서 드십시오. 우선 옷부터 갈아입으시고요."

공주가 처소를 안내하자, 원효는 고개를 숙이고 부끄러운 듯 따라갔다. 그곳은 요석 공주의 처소였다. 공주의 처소에는 남정네의 옷이 가지런히 준비되어 있었다. 잠시 후 공주가 직접 차를 준비하여 들어왔고, 두 사람의 대화 모습은 창밖으로 길게 새어나왔다. 밤은 깊어갔다.

공주의 처소에는 원효가 지친 듯 그렇게 밤이 깊었다. 문밖 그림자에 공주와 원효의 다정스러운 모습이 달빛 사이로 새어 나왔다. 이렇게 원효와 요석궁 아유다는 무열왕의 사전 치밀한 계획 아래 신라의 강력한 지배 세력의 전면에 나타나게 된 것이다.

어느덧 보름이 지났다. 봄은 가고, 여름이 오니 꽃은 떨어지고 푸른 나무 그늘이 짙어졌다. 원효는 지는 꽃잎을 쳐다보면서, 지나온 길을 돌이켜보았다. 불지촌에서 마을 아이들과 함께 놀면서 할아버지에게 글공부를 하던 시절, 화랑도로서 활이나 칼을 쓰는 법을 배우면서 영광의 길을 바라보던 시절, 그러다 초채지년에 이르러 우연히 화랑의 시합장에서 왕명으로 거진랑과 함께 무술 경합이 있었던 일, 거기에서 얻은 화쟁의 교훈, 그리고 이 모두가 세월 속

에 감춰진 지학지년에 이르러 문득 부처님의 제자가 되어 참다운 이치를 깨달아야 되겠다고 결심하게 되면서 부모의 따뜻한 정, 화랑도로서의 앞날의 영광 등, 이 모두를 버리고 홀연히 황룡사에 들어가 머리를 깎고 중이 되었던 일, 의상대사와 함께 당나라에 가려고 먼 길을 떠났다가 요동지방에까지 이르러 고구려 수비대에 붙잡혀서 환국한 것 등, 다시 또 10년이 지나 이번에는 당주계에 가서 배를 타고 당나라로 건너가려다 한밤중 토굴 안에서 해골 바가지 속의 물을 마시고 모든 이치는 결국 내 마음 속에 있다는 깨달음, 그리고 분황사 승방에 틀어박혀 석가모니의 말씀을 기록한 ≪화엄경≫에 주석을 달면서 보내던 나날들이 주마등처럼 스쳐지나갔다.

그러다 갑자기 요석궁에서 꿈결 같은 나날을 보내고 있는 자신의 지금 모습과 그 다음의 모습이 바람처럼 스쳐지나갔다. 순간 그는 무엇을 생각하였는지 후딱 자리를 박차고 일어났다. 그리고 요석궁을 떠나게 된 것이다. 요석궁을 나온 원효는 뒤도 돌아보지 않고 곧장 걸어가다가, 커다란 고목 앞에 이르러 걸음을 멈췄다. 거기서부터는 길이 갈라졌다.

'어디로 가야 할까?'

원효는 길 한 가운데에 석장을 세우고 앞을 내다봤다.

'어디로 가야 하나?'

아유다와 헤어지면서 다시 분황사로 간다 하였지만, 실은 정해진 곳이 아무데도 없었다. 그 이유는 그가 승려로서 계율을 깨뜨린 파계승이 되었기 때문이었다. 그러나 언제까지나 이 갈림길 앞에 서 있을 수는 없었다. 어디로 가든지 가야 한다. 원효는 다시 석장을 내 짚으면서 무거운 발길을 내 디디었다. 초여름 하늘에는 한 조각의 흰 구름이 떠돌고 있었다. 동서남북이 다 구름이 흐르는 곳이라 원효는 그 아래 한 조각의 구름처럼 발길을 옮겼다.

수개월이 지난 후 원효가 다시 나타난 곳은 저잣거리였다. 경주의 번화한 네거리에는 많은 사람들이 둥그런 울타리처럼 둘러서서 광대놀이를 구경하고 있었다. 광대는 커다란 표주박을 손에 들고, 장단을 치면서 춤을 추고 노래를 불렀다. 구경하는 사람들도 덩달아 신이 나서 함께 춤을 추었다.

그 구경꾼들 틈에 비바람에 시달려서 누렇게 빛이 바랜 가사를 어깨에 걸친 스님이 있었다. 스님은 석장을 땅에 짚고, 뭔가 골똘히 생각을 하면서 광대의 손을 따라 춤추듯 하는 표주박을 쳐다보았다. 그는 얼마동안 종적을 끊었던 원효였다.

요석궁에서 나온 원효가 흰 구름을 따라 간 곳은 분황사 승방이 아니라 남산의 바위 밑이었다. 원효는 그 곳에서 커다란 바위에다 부처님의 모습을 새겼다. 하루하루 거친 바위 위에 인자하신 부처님의 모습이 떠오르자 원효는 자신의 갈 길을 일러 달라 애원하였다. 어디선가 부처님의 목소리가 들려왔다.

'다시 세상에 나아가라. 나는 산 속에 숨어 있지도 않고, 절간에 갇혀 있지도 않다. 중생이 있는 곳에 나도 있다. 나를 찾으려면 중생들 속으로 들어가거라. 이 나라의 방방곡곡을 돌면서 중생 속의 나를 찾아라!'

원효는 일어나 들리는 소리를 향해 계속 절을 했다.

"부처님! 감사합니다. 감사합니다. 부처님!"

이로써 원효는 새로운 사명을 자각하고 산에서 내려와 지금까지 광대의 손에서 춤을 추는 표주박을 구경하고 있는 것이다.

'옳지! 저런 표주박으로 부처님의 가르침을 담은 노래를 만드는 거야!'

저잣거리에 나타난 원효의 모습은 짧은 두루마기, 까만 모자, 한 손에는 석장, 한 손에는 표주박을 든, 중 같기도 하고 광대 같기도 한 괴상한 모습이다.

원효는 표주박으로 악기를 만들어 북이나 목탁처럼 두드리며 속박을 벗어난다는 뜻의 「무애가」를 지어 불렀고, 자신을 소성거사 · 복성거사라 소리치며 이 마을에서 저 마을로 신라의 방방곡곡을 떠돌아다녔다. 거리에는 머리를 기른 거지 모양의 원효가 나타나고, 그 뒤에 아이들이 졸랑졸랑 따라다녔다.

"나는 스님이 아니다. 거사…… 그렇지 거사다, 소성, 허허 소성거사! 하하하……."

아이들도 원효의 뒤를 따라다니며 흉내 내는 모습이 이제 익숙해졌다.

"소성거사다!"

"나는 파계한 소성거사다. 걸리는 게 뭐가 있겠나?……."

군중들도 원효의 춤추는 모습을 지켜보며 모두가 한 마디씩이다.

"이봐! 우리도 한번 질박하게 놀아보세! 아니 스님도 저렇게 춤을 추는데 우리라고 못 출 게 뭐 있어!"

"아니야! 저 춤은 예사 춤이 아니야! 저 춤은 단순한 광대놀이가 아니라, 세상 모든 사람에게 참다운 이치를 깨우쳐 주려는 부처님의 춤이야……."

원효가 지나간 마을의 사람들은 모두 그 노래와 춤을 배워서 부처님을 알고, 나무아미타불을 외게 되었다. 또한 원효가 한번 지나간 마을에서는 사람들의 마음씨가 모두 착해져서 나쁜 짓을 하는 이가 아무도 없었으며, 서로 뜻과 힘을 모아서 탑을 세우기도 하고 절을 짓기도 하였다.

원효는 스스로 소성거사니 복성거사니 하며, 표주박을 두드리며 사람들과 더불어 노래를 부르고 춤을 춘 것은 그 때문이었다. 한 사람이라도 더 만나서 부처님의 가르침을 깨우쳐 주려고 한 것이었다. 그래서 원효는 특히 사회적 지위가 낮고 공부할 기회가 없는 사람들을 더욱 소중하게 여겼다. 누구나 알아들을 수 있는 쉬운 말로 이야기했으며, 중이 지켜야 하는 계율을 속세 사람에게 억지로 지키라고 하지는 않았다. 부처님의 커다란 자비심이 모든 사람의 가슴에 단 한 줄기라도 비쳐들게 하려고 노력했다. 이 세상에서 버림받은 사람이 단 한 사람도 있어서는 안 되기 때문이었다.

골목길에서 표주박을 두드리며 마을에서 마을로 떠돌아다니는 원효, 대중들은 반기지만, 다른 스님들은 손가락질을 하며 비웃는다.

"저 꼴을 보게. 계율을 지키지 않는 중놈이 절에서 공부하다 말고 속세로 다시 뛰어나간 파계승의 꼬락서니라니……."

"글쎄 말입니다. 나라가 어지러우니 중놈까지도 저 모양이니……."

원효는 이렇게 스스로 무애실천 도인이 되었다. 하지만 신라 불교에는 순교자의 역할이 컸었다. 초창기 이차돈의 순교가 신라 불교를 이끈 근원이었다면, 대승불교를 위해 순교한 사람은 원효일 수밖에 없다.

당시 신라는 백제와의 전투에서 수많은 젊은이들이 목숨을 잃어야 했고, 또 다른 전투를 위하여 수많은 젊은이들이 동원되어야 했다. 하지만 신라의 정신적 지주인 호국불교는 백성 중심이 아니라, 왕족 중심으로 극히 제한된 소승적 불교라, 백성들에 대한 명분을 찾지 못하였다. 하지만 왕실과 귀족계는 그들대로 고민이 없지 않았다.

654년, 신라 김씨 왕조의 최고 실력자로 등극한 무열왕, 그는 자신의 왕권을 최대한 굳건히 하는 방안으로 불교계의 떠오르는 태양과 같은 원효를 자신의 권력 동반자로 선택하였고, 그에게 파계란 순교 못잖은 가혹한 명분을 통해 불교의 대중화를 선포하게 하여 김씨 왕조와 백성간의 화합을 도모함으로써 신라 통일에 신라인들의 동참을 이끌어 내게 된 것이다.

이로써 원효는 신라 불교에 대중화의 뜻은 이룰 수 있었지만 그로써 신라 백성 모두를 지켜내어야 하는 시대적 소명 앞에 피나는 전장의 고통과 군사자문도 아끼지 않았던 것이다.

신라가 불교에서 이차돈의 순교가 있었다면, 또 하나의 정신적 순교자로 우리는 원효를 기억하게 된다.

[참고문헌 :《삼국유사》,《송고승전》]

6. 화쟁과 무애

1) 나를 찾는 여로

포항시 오천읍 항사리 운제산 오어사, 사찰의 이름 또한 해학적이다. 오어사는 원효· 혜공· 자장· 의상 등 신라 4대 조사를 배출시킨 우리나라 최고의 불교 성지로 알려지고 있다.

주변의 지형지세 또한 동방의 용궁을 향해 부상한 반룡지형(盤龍之形)이다. 한마디로 물의 천국이다. 고전에는 물을 용이라 비유하고 용은 곧 부처의 수호신을 의미하고 있다. 그러니 1964년 포항시가 이 일대 396,000㎡에 달하는 거대한 계곡을 막아 520만여 톤의 물을 담수한 오어지(吾魚池)는 운제산에서 내려다보는 또 하나의 동해이다.

오어사 전경

원효와 혜공이 발심 정진수행 중 계곡물 속 고기를 잡아 놔주는 시합을 했는데, 한 마리는 죽고 한 마리만 살아 돌아가자 서로 내 고기라 우겼다는 속전은 방생한 사람이나 이를 견디어 낸 물고기나 법력은 다를 바 없는데도, 그저 스님의 법력만 두고 내가 최고라니 이야말로 당대의 최고 고승 원효· 혜공의 이야기답다.

경내로 들어서는 오른쪽 숲에 사각거리는 산죽과 아름드리 굴참나무 왼쪽엔 근간에 중창된 듯한 종루가 어느덧 고색창연하고, 법고, 어탁, 경판, 범종이 사각의 창방 끝에 매달려 간지러운 봄바람에 풍경소리 또한 한가하다.

대웅전 단청은 빗 바랜 자욱이 역력하고, 날아갈 듯 팔작지붕 아래 나란히 줄선 서까래 끝 연꽃은 부처님의 진신을 보는 듯 평온함에 설렌다. 대웅전을 돌아 산신각을 돌아서는데 문득 마중 나온 돌 동자승은 목마른 중생을 감로수로 부르니 이 또한 용수(龍水)라 무슨 소원이 이를 비켜서리오.

운제산 계곡을 넘나드는 외길 출렁다리 아래 짙푸른 물속에는 천년 묵은 해탈어가 금방이라도 승천할 듯 수면 위로 날아오르기도 하지만 묵은 나뭇잎은 여유롭기만 하다. 다리 건너편 깎아지른 절벽 바위틈새, 매달리 듯 곱게 핀 진달래, 독야청청 우뚝 선 소나무 한 그루, 긴 세월 철철이 고운 옷 갈아입고 굽이굽이 산길 돌아 은인자중(隱忍自重) 숨어있는 원효암, 그리고 솟대위에 우뚝 솟은 듯 하늘 맞닿은 자장암은 그 자체가 부처로다.

원효· 자장 두 고승대덕이 서로가 불력에 샘하여 묘술로 구름다리를 놓았다는 운제산은 구름 속에 감춰진 또 하나의 거대한 용이다. 구름으로 사다리를 세웠다는 운제산은 곧 구름을 물이라 보았고, 그 물의 화신은 이 오어지를 지켜주는 거대한 용의 화신일 것이다.

하필이면 유물관에 원효가 버린 헐어진 삿갓이 있는데, 그 뒷자리에서 혜공과 원효 두 분의 영정이 다정히 나그네를 맞는 모습은 세월의 무상함이다. 새벽과 저녁 그리고 공양시각을 알리는 오어사의 범종은 신라 종을 고스란히 빼닮은 고려 범종으로, 몸통에는 위 아래로 긴 띠를 두르고, 바탕에 여러 개의 같은 무늬를 새겨 놓은 모습이 아름답다. 몸통의 3분의 1 상부에는 사각의 유곽을 만들고, 그 안에 9개의 돌출형 유두와 종을 치는 당좌를 따로 둔 것이 드문 일이다. 또한 범종 몸통에 서로 마주보고 꽃방석에 무릎을 꿇고 합장하는 보살상과 두 면에는 범자가 들어간 위패형 명문의 장식은 차라리 그 자체가 불세계이다.

이 종은 고려 고종 3년(1216)에 주조된 것으로 무게가 300근이나 되며, 지난 1995년 오어사 중창 시 발굴된 것으로, 오어사에 달았다는 기록과 함께 보물 제 1280호이다.

오어사의 사지는 이러하다. 오어사는 대한불교조계종 11교구 본사인 불국사의 말사이며, 신라 진평왕 때 창건한 사찰로 본래의 이름은 항사사(恒沙寺)라 하였다. 이는《삼국유사》에 소개된 신라 사찰 가운데 몇 안 되는 현존 사찰로, 혜공 · 원효 · 자장 · 의상과 같은 당대 최고 승려들이 기거했던 곳이다.

사찰 주변에는 오어호라는 넓고 깊은 저수지가, 경내에는 대웅전을 비롯한 13동의 당우가 세워져 있고, 운제산(雲梯山)을 서남으로 자장암 · 원효암이, 들어오는 입구에는 원효교 · 혜공교가 그 옛날의 정취를 더해주고 있다.

계곡을 가득 메운 오어지와 운제산 계곡의 맑은 물줄기는 봄 아지랑이를 희롱하듯 한가롭다. 노랗고 앙증스러운 산유화는 채 잎 새도 내밀기 전 봄의 전령사를 시샘이라도 하듯 고사리 같은 부끄러움이 역력하다. 동서로 우뚝 솟아 있는 양대 운제산 봉우리에서 유리알같이 맑은 물줄기는 거대한 용이 되어 그 줄기 속에 선녀와 아름다운 음률을 흘려내리듯 오어사를 감싸 흐르는 전설은 천년이 지난 지금도 아름답기만 하다.

다시 들어보아도 정겨운 이야기는 그 긴긴 세월을 이 운제산 계곡에 묻어두었다. 허름한 가사에 지장주 하나, 언제부터인가 이 운제산 계곡에서 수도정진하는 두 스님이 있었으니 그는 이제 갓 불혹을 넘긴 원효, 그리고 갓 쉰을 넘긴 듯한 혜공이다.

본래 원효는 따로 스승을 두어 배우지 않고 그 스스로 스승을 찾아 가르침을 받았다. 그러니 이 자리도 원효에게는 혜공이 스승인 셈이다. 둘은 해가 중천에 메이도록 계곡 가에 나란히 앉아 무엇인가 서로간의 의견을 나누는데 시간 가는 줄 몰랐다. 이윽고 혜공이 선문답을 하였다.

"아니! 그래 원효 스님은 그간 대안과 함께 서라벌을 두루 다니면서 저잣거리의 거지고 병들고 늙은 사람들이고 가리지 않고 보시를 하셨다는데, 정말 원효 스님 다운 무애실천이라 할 수 있구려."

"큰스님도 원 별말씀을 다……."

이에 혜공은 손을 저으며,

"아니오! 아니오! 그 무슨 겸손의 말씀을……. 원효 스님은 당항성에 이르다한 토감에서 깨달음을 가지시고 그로써 이 땅에 대승불교를 설파하신 분이 아니시겠소? 그러니 나 같은 소승이야 감히 원효 스님을 이렇게 대한다는 것만도 부처님의 큰 가피(加被)라 할 수 있죠."

원효는 혜공의 화답에 몸 둘 바를 몰라 하며,

"원, 과찬의 말씀을……. 빈도는 그저 여러 대덕 스님들의 보살핌에서 오늘에 이르고 있습지요. 저는 어쨌든 파계승이 아니겠습니까?"

이에 혜공은 발끈하여 원효를 뚫어져라 쳐다보며 원망이라도 하듯,

"아니, 원효 스님답지 않게 그 무슨 말씀입니까? 파계승이라니요. 그렇지가 않습니다. 그 모두가 부처님의 뜻인 것을……."

"스님께서 그 같은 말씀을 주시니 소승 몸 둘 바 모르겠습니다."

"아니오! 아니오! 원효 스님의 무애사상과 그 화쟁사상은 아직껏 신라는 물론, 멀리 중국에 이르기까지 따를 자가 없을 것입니다."

두 사람의 화두는 혜공의 선문답에서 일방적으로 원효에 대한 근래의 이야기가 이어지고 있었다. 이들이 주고받는 선문답은 운제산 계곡을 따라 아득히

울려 퍼지고 이를 아랑곳하지 않는 애꿎은 산천어들은 두 승려를 희롱하고 있었다. 이에 원효는 문득 화두를 계곡에 오르내리는 물고기 쪽으로 돌리며,

"스님! 이 곳은 정말 풍광뿐 아니라 스님께서 수도 정진하시기에는 좋은 곳인 것 같습니다. 저기 물고기를 보십시오! 얼마나 한가해 보입니까? 극락이 다시없음입니다."

"허허…… 그렇습니다그려. 저 모두가 나의 벗들이지요. 아참 그러고 보니 정오가 넘었는데 우린 공양도 하지 않고 이렇게 많은 얘기를 하였습니다그려.…… 저기 저 힘센 놈 몇 마리 잡아 오늘 점심 공양이나 하지요. 아마 그게 좋을 것 같군요."

원효는 무엇인가 잠시 생각에 잠기더니

"좋습니다. 그렇게 하시지요."

두 승려는 무언가를 결심한 듯 자리에 일어나 흐르는 계곡 물 속을 뛰어들었다. 이리 저리 뛰어다니는 두 고승의 모습은 마냥 천진난만한 아이들이다.

"에라 이놈 봐라. 어디 도망을 가…… 어디 두고 보자!"

원효도 덩달아 이리 뛰고 저리 뛰며,

"스님! 몇 마리나 드셨소?"

문득 혜공이 자신이 잡은 고기를 치켜들며,

"이 놈이 처음이오. 스님은 어째 요기는 하셨소?"

"예, 소승은 벌써 한 마리를 공양하였답니다. 허허,……."

혜공은 다시 한 마리를 집어 들면서,

"이번이 둘이니… 이제 공양도 하였으니 낮잠이나 한숨 자고 남은 이야기나 더합시다."

"그렇게 하시지요. 오늘은 스님 덕분에 정말 과식을 한 듯합니다."

"……."

두 스님은 계곡 밖으로 나와 넓적한 바위 위에 벌러덩 누워 잠을 청했다. 어느덧 해는 서산에 기울고, 흐르는 물소리는 더욱 청량하게 들려온다. 얼마나 시간이 흘렀을까, 문득 혜공이 먼저 몸을 비틀며 눈이 부신 듯 오른 팔로 해를 가리며 일어났다.

"아니! 원효 스님 아직도 극락이시오? 어서 일어나야 아까 공양하였던 놈들을 방생해야 할 게 아니오, 어서 일어나시오!"

원효는 놀라듯 벌떡 일어나며,

"아니 깜빡했습니다. 어서 방생을 하시지요."

둘은 점심 공양으로 잡아먹었던 물고기를 혜공 스님의 제의로 다시 계곡 냇물에 방생을 하기로 하고 장삼을 걷어 올리고 바짓가랑이를 내려놓은 채 엉거주춤 거린다.

이윽고 두 승려가 배설한 변은 계곡 맑은 물에 떠내려가다 흩어질 무렵 그 속에서 한두 마리 고기가 살아나서 파닥거린다. 두 사람은 기쁜 듯 고기를 물 중앙 부위로 쫓아 보내고 시시덕거리다 문득 혜공이,

"아니! 원효 스님 저기 도망가는 고기를 보세요. 저 날쌘 놈 말이오. 저놈이 내가 방금 방생한 놈이오."

이에 원효는 당황하듯 고개를 내 저어며,

"원 스님도 저 고기는 제가 방생한 놈이오."

"아니 무슨 말씀을… 내가 방생한 고기오."

"아닙니다, 소승이 한 것입니다."

"아니! 무슨 말씀을 ……."

두 승려의 언쟁은 끝이 나지 않았고 해는 어느덧 서산에 걸렸다.

이 이야기는 원효가 파계 직후 항사사에 기거하고 있는 혜공 스님을 찾아 그들의 불력을 시험하였다는 설화로, 본래의 항사사가 오어사로 바뀌기까지는 당시 이들의 법력 내기에서 '나의 고기'라는 뜻을 한자로 표기하면서 지금의 이름으로 전승되게 되었다는 그 표현 자체에 대하여 이를 옮기는 이도 듣는 이도 별다른 거부감은 없다. 그 이유는 그 대화 상대가 당대의 고승 원효와 혜공 사이에서 벌어진 일이기 때문이다.

[참고문헌 : 오어사 사적기]

2) 사복과 암소

12살이 갓 지난 듯 한 소년이 급하게 불지촌 초개사 사립문 밖을 서성거린다.

초개사 작은 골방에는 남루한 옷차림을 한 원효가 자신이 손수 지은 아침 공양을 들고 있다.

"아니, 밖에 누가 왔는가?"

"말씀 좀 여쭙겠습니다. 혹 안에 계신 분이 원효 스님이 아니신지요?"

"그렇소만, 이렇게 이른 아침에 나를 찾아온 사람이 누구신가?"

"네 저는 압량주 사동에 사는 사복이라 하온데 급한 사정이 있어서……."

"급한 사정이라니……."

원효는 앞에 놓인 밥상을 밀치며 문밖으로 얼굴을 내밀었다. 사복은 합장을 한 채 고개를 숙였다.

"스님! 문안 드립니다."

원효 또한 예를 갖추며,

"어인 일로 이렇게 이른 아침에 나를……."

"스님께 청이 있어 찾아 뵈옵습니다."

"청이라니?……."

사복은 느닷없이 원효 앞에 무릎을 꿇고는,

"원효 스님! 저희 집에 반평생을 부처님 경을 나르던 암소가 오늘 아침에 갑자기 죽었습니다. 아무리 미물이라도 장례는 해 주어야 하기에 이렇게 무례를 무릅쓰고 스님을 찾아뵙게 되었습니다."

원효는 사복의 이 같은 말에 고개를 갸우뚱하며,

"암소가 죽었다……. 허허 그 참, 그래 소가 죽어도 장례는 치러줘야 되겠지……. 나무관세음보살……."

"스님께 면목이 없습니다만, 스님께서는 저잣거리에 불쌍한 사람을 찾아 장례도 지내주시고 하신다기에 이렇게……."

"아니야! 아닐세! 어서 앞장이나 서시게!"

"고맙습니다. 고맙습니다. 스님!"

원효는 사복을 앞세우고 급히 그를 따라 나섰다. 얼마 후 어느 허물어진 초가집 앞에 이르렀다.

"스님! 이 집입니다."

"어서 안으로 들게나……."

원효는 사립문을 들어서며 반사적으로 집안은 살펴보지 않고 외양간이 어디 있는지 두리번거렸다.

"스님! 방으로 드시지요."

"방이라니……."

"드시면 아십니다."

"그 참 이상도 하구나 ……."

사복이 먼저 방문을 열고 방안으로 들어서고 이어 원효가 뒤따랐다. 방안에는 호롱불이 켜져 있고 바닥에는 한 여인의 시신이 가마니에 덮여져 있었다.

"아니! 암소라더니?……."

"뭘 그렇게 놀라십니까? 이 분은 저의 어미이신데, 전생에는 불경을 나르던 절간아래 암소였다가 금생에는 저의 어미로 태어나셨지요. 저는 어미의 뱃속에서 태어난 지 열두 살이 되도록 뱀처럼 방구석에서 기어 다니기만 하였는데, 오늘 이렇게 어미가 돌아가시고는 이 모습으로 사람이 되었지요."

"정말 기이한 인연이로다. 나무관세음보살……."

"스님! 평생 저를 위하여 고생만 하시다 돌아가신 저의 어미를 천도하는 좋은 법문은 없으신지요? 어디 한 말씀이라도……."

"그래야겠지. 이 불쌍한 중생을 무슨 말로 위로할 수 있겠느냐마는 그래 이게 좋겠구먼,"

원효는 눈을 지그시 감고 손에 쥔 굵은 염주를 돌렸다.

"나지 말지어다. 그 죽음이 두렵도다. 죽지 말지어다. 다시 태어남이 두렵도다. 나무관세음보살!"

원효의 법문에 사복이 돌연 말문을 가로채며,

"아니! 원효 스님, 오늘따라 법문이 길기만 하군요. 그저 나지도 태어나지도 말지어다. 하면 될 것을……."[10)]

"아니…… 그러…… 그렇구먼."

"자! 이제 스님의 법문도 끝났으니 제 어미를 모셔야 되겠군요. 스님께서도

---

10) 이 구절은 《삼국유사》 사복불언조에 표현된 내용을 인용한 것이다.

저의 어미가 가실 자리까지 조금만 도와주십시오."

"그러시게나."

사복은 자신의 어머니를 가마니로 둘둘 말아서 들것을 만들어 옮겨 싣고 평소에 봐둔 마을 앞산인 현성산[11]까지 운구할 준비를 마쳤다.

"스님께서는 뒤쪽을 도와주십시오."

"그러겠네."

둘은 들것에 시신을 담아 장지로 나섰다. 들것을 든 사복과 원효는 한 여름에 땀을 뻘뻘 흘리며 현성산 기슭을 오르기 시작했다.

'아니! 여기는 사자 형국인데, 혹 이 사람이 맹수에게 육신보시라도 하려는 것인가…….'

이 때 사복이,

"조금만 더 가시면 됩니다."

'아무래도 육신 보시가 틀림없을 것 같아…….'

이러는 동안 어언 해가 서산에 매달렸다. 한참 후 사복이 문득 발걸음을 멈추었다.

"스님! 아무래도 여기가 좋을 듯합니다. 자! 여기서 어미를 보내드려야 할 것 같습니다."

'틀림이 없어! 묘를 쓸 도구도 갖고 오지 않았지 않은가. 참 이상한 젊은이로고…….'

"스님! 무슨 생각을 그렇게… 여기서 장례를 하자니깐요. 어서 어미를 내려놓으시오."

"아…… 아…… 그러세!"

원효는 들것을 내려놓고 주위를 살폈다. 해는 서산에 뉘엿거리고 주위는 영락없이 사자의 아가리와 같은 형국이었다.

"자! 스님, 여기서 저의 어미를 보내드리겠습니다. 스님! 정말 고맙습니다. 부디 큰 뜻을 이루시어 중생의 고통을 구해 주십시오. 어두운 밤길 조심하시고요."

---

11) 현재 경산시 남산면과 사동에 걸친 산맥으로 이 산 아래에는 원효의 고향인 불지촌이 있다.

하고는 시신 옆의 잔디 속으로 두 손을 깊숙이 꽂고는 마치 얼음장을 깨어 밀어내듯 땅거죽을 밀어 내었다. 땅이 순간 둘로 갈라진 것이다. 순간 원효는 소스라치듯 놀랐다.

"아니! 이런 변이……."

사복이 손으로 벌린 땅 속 깊은 곳에는 오색 구름이 피어오르고 연꽃이 찬란한 구중궁궐이 나타났다.

"아니, 이럴 수가……."

"스님! 정말 감사합니다. 이제 저도 어머니와 함께 또 다른 세상으로 떠나야 합니다. 어두운 밤길 부디 조심하십시오."

원효는 지금의 상황이 도대체 무엇인지 알 수가 없었다.

"그래! 그래! 부디 잘 가시게나. 내 걱정은 말고……."

잠시 후 사복이 벌렸던 땅거죽은 본래대로 합쳐지고 주위는 언제 사복과 원효의 만남이 있었느냐는 듯 모든 행적이 흔적 없이 사라졌다.

순간 주위에는 어둠이 깔리고 원효는 겸연쩍은 듯 바랑을 고쳐 메고 인근의 초개사로 발길을 옮겼다.

[참고문헌 : 《삼국유사》 사복불언]

3) 소요산의 메아리

소요산 자락 자재암, 독경소리마저 깊은 잠에 빠지고 산중은 적막이다. 그런데 갑자기 인기척이 있었다.

"스님, 스님! 주무십니까?"

분명히 무슨 소리가 들렸다. 폭풍우가 사납게 몰아치는 초가을 밤이었다. 중추가절 한가위를 넘긴 지도 벌써 열흘, 달도 별도 없는 칠흑같이 어두운 밤이었다. 원효는 분명히 어떤 인기척을 들었다. 그것도 여인의 음성이 확실하였다.

소요산 자재암

'이상하다. 이 칠흑같이 어두운 밤에 누가 나를 찾았을까? 혹시 여우가 둔갑한 것은 아닐까? 아니, 그럴 리 없어.'

그는 말로 이런 저런 생각을 하면서 중얼거렸다. 바로 그때 또 무슨 소리가 들렸다.

"스님! 주무십니까? 스님! 문 좀 열어 주세요. 추워 죽겠어요."

원효는 자신도 모르게 벌떡 일어났다. 그는 방문을 열려고 문고리를 잡다가 다시 슬그머니 놓고 자리로 와서 앉았다. 등잔불만 저 혼자 가물거리고 있었다. 들기름을 그릇에 담고 거기에 심지를 만들어 놓은 등잔이었다. 원효는 여자의 음성을 듣고 자신도 모르게 벌떡 일어났던 자신을 생각하며 심한 갈등을 느꼈다.

'내가 지금 무슨 짓을 하고 있는 걸까……?'

원효는 자신이 여인에 대해서는 초연하다고 생각해 왔었다. 그런데 이 밤중에 여인이 자신을 찾아드니 앞뒤 생각도 없이 일어났던 자신이 처량하게 느껴졌다.

'그래, 아직 내 생각이 미치지 못하는구나!'

그는 자세를 고치고 점차 선정의 깊은 늪으로 들어갔다. 그러나 그의 귓가에는 거세게 휘몰아치는 바람소리와 빗소리만 간간히 들릴 뿐, 어느 것도 그의 마음을 비집고 들어오질 못했다. 그는 홀로 삼매의 기쁨에 젖어 있었다.

방안을 어슴푸레 밝히던 등잔에서 바지직 소리가 났다. 순간 방문이 왈칵 열리며 비바람이 한꺼번에 들이쳤다. 그러나 원효는 앉은 자리에서 움직일 줄 몰랐다. 그는 선정에 들어 생각했다.

'그러면 그렇지. 이렇게 조용한 것을 보니 내가 방금 들은 여인의 음성은 환청인 게 분명해.'

바로 그 때였다. 밀려들어 오는 폭풍우와 함께 여인의 음성이 또 들려 왔다.

"스님, 스님! 문 좀 열어 주세요."

여인의 음성은 너무나 또렷했다. 원효는 삼매에 들어 다른 소리는 다 초월했으나 이상하게도 여인의 목소리는 뛰어넘지를 못했다. 그가 자리에서 일어나 문 있는 곳으로 가려는데 이미 문안에 들어선 물체가 있었다. 거기에는 한 여인이 비를 흠뻑 맞고 서 있었다. 등잔불에 비친 비에 젖은 여인의 육체는 더욱 아름답고 요염하게 보였다. 원효는 자신의 눈을 의심했다.

'세상에 이처럼 아름다운 여인이 이 밤에……. 이 어찌된 일인가……?'

다시 한번 비바람이 치며 열려 있는 문으로 파도 밀리듯 바람이 성큼 들어왔다. 순간 등잔불은 꺼졌다. 그리고 여인의 모습도 보이지 않았다. 오직 어둠만이 보일 뿐이었다. 어둠 저편에서 여인이 말했다.

"스님! 죄송합니다. 이렇게 늦은 밤에……."

이에 원효는 더듬거리며 입을 열었다.

"아…… 아닙니다."

원효의 목소리는 잔잔히 떨렸다.

"이런! 부시가 어디 갔지? 불을 켜야 하는데……."

원효는 어둠 속에서 등잔을 켜기 위해 사방을 더듬거리며 부시를 찾기 시작했다. 이러는 원효를 따라 여인도 함께 엎드려 더듬거리기 시작했다. 한참 동안 주위를 더듬거리든 원효는 뭔가 짜릿한 느낌을 받았다. 더듬거리며 부시를 찾다가 여인의 손을 덥석 쥔 것이었다.

원효는 지난날을 생각했다. 그는 요석궁주와 잠자리를 했었다. 그런데 그때는 이 같은 느낌을 느껴 보지 못했다. 그런 그가 이상하게도 어둠 속에서 여인의 피부를 접하고는 온몸의 피가 거꾸로 흐르는 느낌을 받은 것이다.

'아! 마장이로군, 마장이야.'

원효는 그 느낌을 마장이라고 치부해 버렸다. 도가 높아지면 마장이 더욱 치성하는 법이라 했다. 지금 원효는 그의 방에 나타난 여인을 실제 인물이 아닌 자신의 마음속에서 투영되어 나타난 마장으로 생각하려 애썼다. 여인이 비명을 질렀다.

"스님! 얼른 불을 켜세요."

원효는 화롯불이 생각났다. 그는 부시를 찾던 일을 그만두고 화롯불에서 빨간 숯덩이 하나를 끄집어내어 등잔에 불을 붙였다. 방안은 다시 희끄무레 밝아졌다. 다시 여인의 젖은 모습이 눈에 들어왔다. 아무리 보지 않으려 해도 눈길은 비에 젖은 여인의 몸으로 옮겨 갔다. 얇은 옷은 입었는지 말았는지 분간하기 어려울 정도로 몸에 달라붙어 있었다. 봉긋한 가슴은 보기에도 온몸에 욕정을 느끼게 했다. 원효의 눈은 점점 아래로 내려왔다. 그리고는 눈을 질끈 감아 버렸다.

'아~!'

차라리 안 보는 것이 나을 것이라 생각했다. 여인은 원효에게서 허락을 받을 걸 기다릴 겨를도 없이 자리에 앉더니 원효가 쓰고 있던 침상 위에 몸을 던졌다. 그녀는 떨고 있었다. 초가을 폭풍우 속에서 찬비를 뒤집어쓴 여인은 오한이 나기 시작한 것이다. 그녀는 원효의 침상에서 신음소리를 냈다. 그녀의 신음소리는 원효의 귀에 야릇한 흥분을 일으켰다.

'지난날 요석궁에 들렀을 때 아유다 또한 저런 신음소리를 냈었지……."

원효는 온몸으로 흥분이 고조됨을 느꼈다. 그때 여인은 원효의 손을 덥석 잡아당기며,

"스님! 추워서 견딜 수가 없습니다. 그렇게 가만히 앉아 있지만 마시고 제 몸 좀 주물러 주세요. 몸이 얼었나 봅니다."

원효는 그 순간 후회했다. 공연히 여인을 들여놓았다는 생각이 들었다. 하기는 원효가 들여놓았다기보다 여인 스스로 들어온 것이었다. 원효의 눈에는 서 있을 때와는 달리 누워 있는 젊은 여인의 모습은 더욱 요염하게 아름다웠다. 가끔씩 신음소리와 함께 꿈틀대는 여인의 육체는 원효의 말초신경을 자극

해 왔다. 아무것도 보이지 않았다. 그냥 그녀와 한바탕 질펀하게 놀아 보고 싶었다. 원효는 심호흡을 했다. 그리고 중얼거렸다.

'모든 것은 마음에서 비롯되는 것이다. 마음에 색심이 없다면 아무리 아름다운 여인이라도 목석과 같은 것이다.'

그는 여인의 옆에 앉아 그녀의 몸을 주무르기 시작했다. 목을 주물렀고 가슴을 주물렀다. 손가락에서 어깨로, 어깨에서 손가락으로 그리고 무릎에서 발목까지 열심히 주물렀다.

'나는 오랫동안 수도를 했다. 나의 공덕이 자칫하면 하룻밤 새에 무너질 수도 있다.'

원효는 여인을 목석으로 볼 것이 아니라 여인 그대로 보아야 하며 다만 마음에 색심이 일지 않으면 된다고 마음먹었다. 그것이 자신의 공부가 익어가는 것이라고 보았다. 그는 오직 이 일념으로 여인의 몸을 주물렀다. 이제 그의 앞에 놓인 여인은 여인이 아니라 하나의 고귀한 생명이었다. 그녀는 지금 비를 맞고 온몸이 마비되었다. 생명을 살리는 일은 무엇보다도 소중한 것이다.

그는 처음과 달리 여인의 몸을 구분해서 주무르지 않았다. 그의 손길이 닿아 생명이 깨어날 수 있다면 어떤 부위라도 상관하지 않았다. 생명을 일깨운다는 것은 신성하고도 기쁜 일이었다. 원효는 지금 자신을 찾는 마음으로 손끝 하나하나에 온갖 정성을 다 기울였다. 이윽고 여인의 몸이 따뜻해지기 시작했다. 정신이 드는 모양이었다. 그녀는 자리에서 일어나 앉았다. 여인이 깨어나고 나니 원효는 다시 자신과 여인의 경계를 느꼈다. 이젠 생명으로서가 아니라, 여인으로 보이기 시작한 것이다.

'모든 것이 헛된 망상이야.'

순간 원효는 밖으로 뛰쳐나왔다. 날은 이미 밝아 있었다. 폭풍우가 지나고 난 아침. 아침 햇살은 유난히 상큼했다. 간밤에 내린 폭우로 인해 계곡의 물은 한층 거세게 흘러갔고, 폭포도 자랑이라도 하는 양 천지를 뒤 흔들며 하얀 속살을 드러냈다.

원효는 땀과 애욕으로 범벅된 자신의 몸을 계곡에 씻어내고자 하였다. 그는 옷을 훌훌 벗어 던지고 물 속으로 뛰어들었다. 초가을이라 그런지 물은 차가

웠지만 간밤에 시달린 엄청난 열기를 녹이기에는 안성맞춤이었다. 바로 그때다. 그의 등 뒤에서 여인의 목소리가 나직이 들려왔다.

"스님! 저도 함께 목욕하고 싶어요."

하면서, 대답을 기다릴 것도 없이 그녀는 물 속으로 뛰어들었다. 속옷 하나 걸치지 않고 원효에게 가까이 다가왔다. 물이 맑아 그녀의 속살은 물빛에 투영되어 그대로 드러났다. 속옷을 안 입기는 원효도 마찬가지였지만, 그는 자신의 몸은 아랑곳하지 않았다. 그의 눈에는 여인의 부드러운 곡선이 꽉 차 있을 뿐이었다. 원효는 모든 것을 거부하였다. 그리고 결국 그는 눈을 부릅뜨고 소리 질렀다.

"그대는 나를 유혹하여 어쩌자는 것이오? 어젯밤에 죽을 목숨을 살려 놓으니 이 무슨 무례한 짓이오?"

여인이 요염하게 웃으며 말했다.

"하하하! 내가 스님을 유혹했다고요? 천만에요. 스님께서 스스로 색안을 갖고 저를 보실 뿐이지요. 색안으로써 말입니다."

원효는 순간 어떤 커다란 방망이로 얻어맞은 듯 정신을 가다듬을 수가 없었다. 여인의 말이 백 번 천 번 옳았다.

'그래, 맞는 말이다. 내가 색안으로써 저 여인을 대한 것이다. 색안. 색안. 색안 말이야…….'

원효의 머리 속에는 여인이 내뱉은 '색안으로 본다'는 말이 꽉 차 있었다. 그 순간 그의 귓전에는 엄청난 폭포소리도 들려오지 않았다. 여인의 요염한 몸매도 그의 그 생각을 헤집고 들어오지는 못했다. 얼마의 시간이 흘렀을까, 원효가 삼매에서 깨어날 때 비로소 온갖 법이 마음 하나에 달려 있다는 도리를 깨달았다. 그는 혼자 중얼거렸다.

색으로 인해 생긴 마음이여!
그 마음까지도 버려야 하리
여인이 나를 유혹한 게 아니라
내 스스로 그 마음 지녔었네.
누가 여인을 일러

수행자의 마장이라 했던가.
여인은 다만 여인일 뿐,
수행자니 마장이니 여인이니 하는
온갖 생각 털어버릴 때
거기에 오직 깨달음이 있어라.

원효는 정신을 가다듬고 여인을 바라보았다. 그녀가 거기 있었다. 원효는 그녀의 알몸을 일으켰다. 모든 게 새로웠다. 산도 계곡도 폭포도 아침의 햇살도 그리고 자신과 여인도 모두 생동하고 있었다. 그는 비로소 알몸의 여인 앞에서 자신의 알몸을 드러내고도 자제되었다.

그 때였다. 여인은 어느새 금빛 찬란한 원광을 지으며 관음보살의 모습으로 폭포 윗 쪽으로 사라지고 있었다. 원효의 마음에는 관세음보살마저 각인되지 않았다.

원효는 그 후 그 토굴 자리에 암자를 세우고 자재암[12]이라 했다. 그것은 그의 몸과 마음이 자재를 얻은 곳이라는 데서 기인된 것이다.

[참고문헌 : 소요산 자재암 창사연기설화]

4) 대나무와 「무애가」

하루는 원효가 도성의 저잣거리에서 나무아미타불을 염송하며 거지 떼들을 불러 놓고 대나무를 잘라서 끝을 뾰족하게 깎은 다음 이를 그들에게 하나씩 나누어 주었다. 그들은 대나무를 하나씩 받아들고 원효에게 물었다.

"아니, 이 대나무는 무엇에 쓰려고 나누어주시는 겁니까?"

---

12) 대한불교 조계종 제25교구 본사인 봉선사의 말사이다. 654년 원효가 창건하여 자재암이라고 했다. 고려시대 974년(광종 25) 각규(覺圭)가 태조의 명으로 중건하여 소요사로 바꾸고, 1153년(의종 7) 화재로 소실된 것을 이듬해 각령(覺玲)이 대웅전과 요사채만을 복구하여 명맥만 이어왔다. 조선시대에 들어와 1872년(고종 9) 원공(元空)과 제암(濟庵)이 퇴락한 이 절 44칸을 모두 중창하고 영원사(靈源寺)라 하였다. 이때 영산전·만월보전(滿月寶殿) · 독성각 · 산신각·별원(別院) 등의 건물이 있었으나 1907년 화재로 만월보전을 제외하고 모두 소실되었다. 1909년 성파(性坡)와 제암이 다시 중창하고 절 이름을 자재암으로 다시 고쳤다.

하였더니 원효는 뜻밖에,

“너희들은 다음 생에 태어나면 부잣집에서 살고 싶으냐, 아니면 지금처럼 거지로 집집마다 구걸하면서 살기를 바라느냐?”

하였다. 그러자 거지들은 마치 합창이라도 하듯 나서며,

“그야 당연히 다음 생에는 부잣집에서 태어나 살고 싶지요.”

하였다. 이에 원효는,

“너희들이 지금 빌어먹고 사는 것은 전생에 복을 짓지 않았기 때문이다. 지금처럼 빈둥거리며 놀면 다음 생에도 거지의 신세를 면할 수는 없는 것이다. 그러니 너희들이 다음 생에 부자로 살고 싶다면 낮에 할 일 없이 빈둥거리며 잠을 자거나 놀지만 말고 남의 밭에 김이라도 매주면서 복을 쌓아야 한다. 지금 복을 쌓아야만 다음 생은 빌어먹지 않고 부유하게 살 수가 있는 것이니, 이제 너희들에게 나누어 준 대나무 꼬챙이를 들고 다들 나를 따라서 복을 지으러 가자!”

하였다. 이에 거지들은 영문도 모르고 내생에 부자가 된다 하니 모두들 복을 쌓으러 가자라고 하면서 따라나섰다.

복 지어 복 받고 나무아미타불,
죄 지어 벌 받네 나무아미타불,
짓자짓자 복을 짓자 나무아미타불,
좋은 일 하자 좋은 일 하자 나무아미타불.

거지 떼들은 덩실덩실 춤을 추며 노래로 나무아미타불을 염송하면서 대나무를 들고 시주한 사람의 밭을 찾아 잡풀을 뽑고 김도 매주었다. 그러니 일손이 부족한 농부들은 얼씨구나 하고 모두들 좋아했다.

뙤약볕 아래 자신의 논밭에서 거지들이 김을 매주자 논 주인들은 기뻐하며 거지들에게 듬뿍 밥을 퍼 주었다. 나무아미타불을 부르며 거지는 부자로 인도하고 부자는 천상으로 인도한다는 원효의 법문은 곧 성속(聖俗)을 넘나드는 걸림 없는 무애실천이었다.

이렇게 원효는 파계 후 거사의 몸으로 저잣거리에서 한동안 비렁뱅이들과 함께 생활하였다. 그들은 각기 다른 성격을 가진 자들로서 동정심이라고는 조금도 없는 자, 거짓말을 밥 먹듯 하는 자, 툭하면 남에게 시비를 걸고 싸움질을 하는 자, 그리고 도둑질을 하는 자 등 각양각색이었다.

원효는 이들의 버릇을 하나하나 고쳐 나가기 위하여 고심한 끝에 그들이 가진 재주들을 하나하나 찾아내어 남보다 조금이라도 뛰어난 점을 일깨워 그들에게 자부심을 심어주기로 했다. 그리고는 그들의 장기를 최대한 개발하여 그로써 벌어먹는 방법을 가르쳐 주었다. 또한 아침마다 거지들에게 빗자루를 하나씩 들게 한 후 마을을 돌며 지저분한 곳을 깨끗이 청소하는 방법을 가르쳐 주었다. 그들은 마을 구석구석을 청소하는가 하면 때로는 동냥을 얻은 집을 찾아 마당도 쓸어주고 변소도 치워주었다. 이러한 상황들이 계속되자 마을 사람들은 점차 비렁뱅이들을 가까이 하게 되었고 작은 일에서 큰일에 이르기까지 그들에게 일거리를 주었다.

'저렇게 무식하고 게으른 자들에게도 자신들의 마음먹기에 따라 먹고 살 길이 열리는구나!'

원효는 가난하고 무식하고 고통 받는 사람들을 찾아 다시 길을 떠났다. 세상 밖으로 나와 보니 예상 외로 병에 걸려 세상을 등지고 죽음만 기다리는 사람, 가난 때문에 끼니를 거르는 사람, 그밖에도 문둥병과 같은 불치병으로 부모형제와도 가까이하지 못하는 사람 등등이 많았다. 원효는 이러한 사람들을 찾아 다녔다. 그들은 자신의 형편을 생각하여 가까이 다가서는 원효를 피하였다.

"가까이 오지 마시오. 우리들은 저주받은 몸이오."

그들은 여럿이 몰려들어 찾아드는 원효를 쫓아내려 하였다.

"당신은 우리의 추한 모습을 비웃으며 찾아오지 않았소?"

그 군중 속에는 원효에게 돌을 던지는 사람도 있었다. 하지만 원효는 그들을 만류하며 나섰다.

"아니오. 나는 그대들의 고통을 함께 하기 위하여 찾아온 것이오."

원효는 그들에게 따스한 눈길을 보내면서 설득하였다.

“사람은 모두 전생의 인연으로 이승에서 태어난 것입니다. 그러니 지금은 고통스럽다 할지라도 그것을 슬기롭게 극복할 수만 있다면 다음 생에서는 좋은 인연으로 거듭날 수 있지요. 부처님께서는 세상 모든 만물들에게 평등을 주셨으니 말입니다.”

원효는 그들에게 세상의 밝은 빛을 찾아 살아갈 수 있는 방법을 설명해 주었다.

“스님! 그렇다면 우리와 같은 죄인들도 구제 받을 수 있습니까?”

그들의 호소는 애절하였다.

“물론입니다. 부처님의 자비는 모든 이에게 공평하십니다.”

원효는 그날부터 그들과 함께 밥을 먹고 잠도 자며 오르지 그들을 구제하겠다는 신념 하나로 자신의 몸은 돌보지 않고 그들에게 부처님의 가르침을 몸소 실천했다. 원효의 이 같은 생활에 그들은 마치 구원의 부처님을 만난 듯 평온함과 자신감을 얻게 되었다.

그러던 어느 날 원효가 문득 그들과 헤어지게 되었다. 많은 병자들이 그의 앞에 엎드려 서럽게 울며 오랫동안 자신들을 위하여 구원을 베풀어 주기를 간청하였다.

“여러분은 이제 그 어떤 어려움이 있어도 떳떳하게 살아갈 수 있을 것입니다. 그 이유는 이미 여러분의 마음속에 부처님이 함께 하시기 때문입니다. 이 세상에는 여러분보다 더 어려운 사람들이 얼마나 많은지 모릅니다. 나는 이제 또 다른 그들을 위해 오늘 이 길을 떠나려는 것입니다.”

이 같은 원효의 설득에 더 이상 그들은 그의 갈 길을 막아서지 못했다.

“부디 부처님의 말씀을 마음속에 새겨 늘 밝은 마음으로 살아가십시오.”

떠나는 원효의 발길은 무겁기만 했다.

[참고문헌 : 《한국불교설화》]

5) 수행자의 고뇌

병으로 앓던 몸 머리조차 흰 늙은이

봄바람에 힘을 얻어 절문을 찾아왔네.
장마비는 덧없이 폭포를 울리는데
산들바람 무삼일로 꽃가지를 흔드느냐.
선경(仙境)을 찾아오니 속념은 사라지고
영대를 깨달으니 티끌 한 점 없구나.
노스님의 따사로운
차 한 잔에 마음 또한 녹아나네.

문득 자인 현감 이적의(1706년)의 노래가 들리는 듯하다.

신림사는《삼국유사》 원효불기조에 등장하는 불지촌의 사찰이다. 여기의 불지촌은 지금의 현성산 기슭이다. 《영남읍지》고적조에는 신림사를 신라 신문왕대에 원효가 창건한 사찰로 본래는 금당사라 하였고, 5층탑이 있었던 것으로 알려지고 있다. 사세 또한 명적암, 성제암, 백운암 등 3개의 암자를 거느릴 정도라 하였다. 그러나 금당사가 언제부터 신림사라 개칭하였는지는 알 수 없다.

현성산은 삼성산, 선의산과 갈라지는 경산의 동부지역의 주산으로, 이 산 아래 원효의 생가가 있었다. 원효는 생가를 헐어서 절로 만들고 그 이름을 초개사라 하였다. 초개사란 처음 절로 문을 열었다는 뜻으로, 이 때 원효가 대승불교의 문을 연 시기였다. 그는 고향 불지촌에서 대승불교의 문을 열고 민중 속 깊이 불법을 전파하게 된 것이다.

그러나 여기에는 원효가 감내하여야 할 애틋한 사연이 있다. 어느 날 원효가 예불에 열중하고 있을 때 법당 마당에서 인기척이 있었다. 그것은 사노와 젊은 여인 간에 오가는 애절한 대화였다.

"보살님! 누구를 찾아 오셨습니까?"

"예, 저…… 스님을 뵈려 합니다만……."

"원효 대사를 찾으십니까?"

"네, 저는 요석궁에서 온 아유다라 하옵니다."

사노는 요석궁이라는 말에 당황하여 어쩔 줄 몰라 하며,

"대사님! 대사님! 요석궁에서 사람이 왔습니다."

"왜 이리 호들갑인가? 손님이 오셨으면 객당으로 뫼시면 될 것을……."

"아니옵니다. 궁에서 사람이 나왔다니까요."

"궁이라니……."

그 때 아유다가 나서며,

"대사님! 아유다이옵니다."

순간 원효는 앞이 캄캄하였다. 그러나 애써 침착하며,

"돌아가시오. 다 부질없는 일입니다."

하며 문득 아유다를 훔쳐보며 담담해진다.

"가까이에 문중이 있으니 그 곳으로 가보시오."

"대사! 너무하시옵니다."

아유다는 눈물을 흘렸다.

"소승을 용서하십시오. 나무관세음보살……."

무심한 원효는 이렇게 혈혈단신 찾아온 아유다를 내치고 말았다. 법당 안 원효의 목탁 소리는 독경보다 더 크게 울려 퍼졌다.

아유다는 초개사 사노의 안내로 인접 불지촌에 기거하면서 설씨 문중의 도움으로 아들 설총을 해산하였다.

그 후 아유다는 설총이 제 발로 걸을 수 있을 때까지 이 마을에서 어린 설총과 함께 살았다[13].

[참고문헌 : 경산지역 전설과 민담]

6) 구룡산 백의관음

삼국간의 전쟁이 끝난 어느 날, 원효는 구룡산 아래 한 사찰에 머물고 있었다. 세월의 소리인가 산문 밖에는 이름 모를 낙엽들이 스쳐가는 바람소리에 실려 원효의 마음을 한결 무겁게 하였다.

---

13) 조선말기에 편찬된 《홍유후실기》 에 의하면 《경주지(慶州志)》 를 인용한 설총의 출생기를 '生於油谷 長於柳川'이라 하였다. 본 기록은 곧 설총의 출생과 유년기를 지금의 경산 현성산 아래에서 보냈음을 입증하는 자료가 된다.

그것은 원효의 머리 속에 남아 있는 지나간 전장 속에 몸부림치다 사라져 간 꽃다운 젊은이들의 아우성과도 같았다. 그들은 하나 같이 이 땅을 떠날 때 어머니를 불렀다. 원효는 그들의 마지막을 지켜보았던 것이다.

'아! 고뇌의 세월이로다.'

그는 법당을 나와 헝클어진 탑재를 돌며 바람 소리에 맥없이 쓸려가는 낙엽들을 하나둘 주워 모았다.

'그래! 이제 내가 할 일이 이것이다…….'

그는 무엇인가 결심이라도 한 듯 삼문 밖으로 몸을 내미는데 어디선가 부산한 소리가 그의 귓가를 맴돌았다.

이 때 동자승이 황급히 뛰어와 그의 앞을 가로막으며 숨을 헐떡이었다.

"큰스님! 큰스님! 큰일 났습니다."

원효는 낯빛이 파리해진 그를 보고,

"웬 호들갑이냐?"

하고 호통을 쳤다. 그는 간신히 숨을 고르며,

"스님! 지금 막 요석궁에서 공주님께서 오셨사옵니다."

"뭐! 아유다가?"

그가 문득 깊은 상념에 잠겨 있을 때, 그의 앞에 아유다가 나타난 것이다. 원효에게는 또 하나의 아픔이요 과거였다.

"대사님!"

그의 등 뒤에 애절하게 들려오는 아유다의 목소리, 그러나 그녀의 음성은 예전 같지 않았다. 그도 지난 과거에 대한 아픔이었을까, 원효는 문득 연민을 느꼈다.

"아유다!……."

그러나 그의 말끝은 흐렸다.

"대사님!"

아유다의 애절한 목소리 속에는 원효에 대한 그리움과 사랑이 담겨져 있었다.

그러나 원효는 짐짓 고개를 돌리며,

"아무래도 잘못 찾아온 듯하오."

그러나 아유다는 이렇다 할 말을 잇지 못하고 와락 원효의 품안으로 달려들었다.

둘은 십년만의 재회였다. 원효도 이러는 그녀를 뿌리치지 못하였다.

"자, 안으로 듭시다."

두 사람은 그렇게 다시 만나게 되었고, 그로써 그간에 못다 한 한을 달래는가 하였다. 그러나 원효의 마음은 더 이상 열리지 않았다. 이러는 원효를 원망이라도 하듯 아유다가 입을 열었다.

"아직까지 저를 원망하고 계십니까?"

그러나 원효는 말이 없었다.

"대사! 왜 말씀이 없으십니까?"

원효는 한참이나 천정을 쳐다보다가 그저 말없이 아유다를 바라다보았다. 한참 동안 무거운 침묵이 흘렀다.

"대사께서는 아직도 저로 하여금 파계하신 것을 후회하십니까?"

원효는 한참 동안 말이 없다가 무거운 입을 열었다.

"그것은 애욕이었소."

원효의 이 한 마디는 자신의 과거에 대한 참회이기도 하였다.

"애욕이라니요?"

그러나 아유다의 눈가에는 이슬이 맺혔다.

"그렇소. 더러운 욕심이었습니다."

순간 아유다는 그 동안 세월 속에 감춰 놓았던 눈물을 왈칵 쏟아내었다. 그러나 그녀를 바라보는 원효 또한 내심은 그와 다를 바 없었다.

"대사께서는 저와의 인연으로 파계하시고 처음 무어라 말씀하셨습니까?"

아유다가 따지듯 물었다.

"그 땐 경을 한 번 더 읽겠다 하였지요."

"그렇다면 경을 읽었사옵니까?"

그러나 원효는 대답이 없었다.

"왜요? 경을 읽지 못하셨습니까?"

"그 땐 젊었으니까요."

"지금은 어떠하시옵니까?"

"너무 늙었소."

"하지만 그 때 약속은?……."

"아니오. 그 모든 게 다 부질 없는 것이었소."

원효의 얼굴은 굳어 있었다. 그를 바라보는 아유다 역시 그러는 원효의 모습에서 지금까지 그가 겪어왔던 그늘진 모습과 근심을 읽을 수 있었다. 그것은 지아비에 대한 연민보다 그러는 원효의 마음을 차지하고 있는 번뇌를 그는 일찌감치 읽고 있었기 때문이다.

"대사! 총이를 언제 한번 보시려는지요? 이제 꽤 영리한 재목입니다만……."

원효는 한참 동안 대답 없이 아유다를 바라보다 갑자기 그녀의 손을 와락 끌어 잡으며,

"아유다! 미안하오.……."

"대사님! ……."

두 사람의 대화는 이것으로 끝이 났다. 아유다를 태우고 온 가마는 경내의 오솔길을 따라 미끄러지듯 빠져 나갔다. 원효는 삼문 기둥에 몸을 숨기고 힘없이 되돌아가는 아유다의 가마를 멀리한 채 먼 산만 바라보았다.

아유다를 싣고 가던 가마가 막 산기슭에 이르렀을 때 갑자기 어디서 나타났는지 수십의 장정들이 칼과 활을 들고 길을 가로 막았다. 아유다의 호위병과 그들 사이에 실랑이가 벌어졌고 급기야는 칼부림으로 여러 명이 다치기도 하였다. 숫적 열세에 밀려 아유다 일행은 그들이 안내하는 대로 산채에 감금되고 말았다.

아유다 일행이 감금된 곳은 언제부터인가 백제의 패잔병들이 은거하고 있었던 곳으로 그들은 언젠가 신라를 쳐 백제를 다시 일으키겠다는 야심을 가진 자들이었다. 산채에는 생각과 달리 수백의 장졸과 창검이 있었고, 지휘체계도 생각보다 엄격하였다. 그 중 우두머리는 '비풍'이라는 구백제의 장수로 언젠가 백제가 다시 나라를 세울 것이라는 기대 속에서 산채를 지키고 있는 인물이다.

그들에게 붙잡힌 아유다는 꼼짝 없이 묶인 채 격리되었고, 그들은 그녀를

볼모로 신라군을 회유하려 하였다. '비풍'은 아유다를 만나 몇 번이고 신라군을 유인토록 종용하였으나 아유다는 도리어 투항할 것을 권고하였다.

이러한 상황이 벌어지자 신라 조정은 발칵 뒤집어졌다. 문무왕은 전군에 지시하여 당장 동생 아유다를 구출할 것을 명했다. 하지만 그것은 생각보다 위험한 일이었다. 그 이유는 상대가 아유다의 목숨을 담보하고 있었기 때문이다. 문무왕은 이러지도 저러지도 못하고 조바심을 태우고 있을 때 문득 원효가 그의 앞에 나타났다.

"전하! 소승을 그곳에 보내 주십시오."

"아니! 대사께서 ……."

"제가 아유다를 저 지경으로 몰았으니 응당 제가 나서 구함이 마땅할 것입니다."

"아니 됩니다. 그 곳에는 수백에 달하는 반항군이 있어요. 그들은 잔인무도한 도둑 떼와 진배없어요."

하며 문무왕은 극구 만류하였다. 하지만 원효 또한 물러서지 않았다.

"전하! 전 승려로서가 아닌 지아비로서 아유다를 구하러 가려는 것입니다."

"뭐요? 지아비로서……."

뜻밖의 원효의 대답에 문무왕은 당황하였다.

"그렇사옵니다. 지아비로서 말입니다."

원효의 각오는 단호하였다. 하지만 문무왕 역시 그를 적에게 빼앗기고 싶지 않았다.

"아니 됩니다."

문무왕은 결심을 바꾸지 않았다. 그러나 원효 역시 쉽게 물러나지 않았다.

"전하! 아유다는 저를 찾아왔다 돌아가는 길에 변을 당한 것입니다. 제가 그를 구하지 않는다면 그는 다음 생에서도 저를 원망할 것입니다. 부디 허락하여 지아비로서의 소승의 마지막 소원을 이루게 하여 주시옵소서!"

문무왕은 더 이상 그를 만류할 명분이 없었다. 그는 몇 번이고 산 속의 패잔병들의 속성을 원효에게 일러주고 500의 정병을 내어 그를 호위토록 명하였다. 이윽고 원효 일행은 백제의 패잔병이 머물고 있는 산채 부근에 이르렀

다. 그는 동행한 병사들에게 이르기를,

"데리고 온 백제의 세작을 풀어 주시오."

원효가 산채로 오를 때 백제의 세작을 포박하여 데리고 오게 되었는데, 그를 연행한 이유는 일이 여의치 못한 때 서로 포로로 교환하기 위함이었다. 그러나 원효는 그를 조건 없이 풀어주고 동행한 주위의 군사들도 물리었다. 하지만 동행한 군사들은 그러는 원효를 만류하였다.

"대사! 그것만은 아니 됩니다."

이에 원효는 화를 버럭 내며,

"이는 국왕 전하의 명이오."

군사들은 어쩔 수 없이 데리고 온 포로를 풀어 주고 모두 한 발 뒤로 물러섰다. 원효는 세작에게 이르기를,

"자, 이제 가시오. 그리고 당신네 장수에게 신라의 원효가 왔다 이르시오."

하자 세작은 고개를 굽실거리며 사라졌다. 원효는 혼자의 몸으로 산채에 들어섰다. 산채의 경비는 삼엄했다. 산채의 중앙에는 온몸에 호피를 두른 그들의 우두머리인 구 백제의 장수 '비풍'이 있었다. 그는 비꼬듯 원효를 맞이하면서,

"원효 대사! 당신은 불구덩이로 들어오셨구려! 어디 당신이 이 산채에 들어온 연유를 들어봅시다."

원효는 얼굴 하나 변함없이 그들 앞에 당당하게 나서며,

"나는 내 사랑하는 여인과 당신들을 구하려 왔소."

하였다.

"무엇이…… 우리를 구하려 왔다고? 그래 공주를 구하려 왔다면 내 당신과 옛정이 있으니 돌려보내 주겠으니 돌아가시오."

그 말에 원효가 비풍을 자세히 살펴보니 옛 백제 정벌 시 우연히 자신이 목숨을 구해 준 처녀 '아사달'이 생각났고, 그 처녀가 사모하던 사람이 자신의 앞에 서 있는 우두머리 비풍 장군이라는 것을 알았다.

"정말 당신과는 묘한 인연이구려! 어서 투항을 하시구려, 그러면 내 어떠한 일이 있어도 당신과 당신 부하들의 안전은 책임지겠소."

하자 비풍은 큰 칼을 빼어들고 원효의 목을 겨누며 포박시켰다.

"내 목숨만은 살려 보내려 하였는데 도저히 아니 되겠구나."

비풍은 부하들에게 시켜 미리 감금되어 있는 아유다를 끌고 나오게 하였다. 또 한 번 둘의 만남은 여기서 운명적으로 시작되었다.

"대사님!"

아유다는 애타게 원효를 불렀다.

"아유다!"

두 사람의 눈빛은 서로간의 믿음에서 타오르는 태양과도 같았다. 그 때 산채의 우두머리 비풍이 나서며,

"이제 곧 죽을 몸들이니 염불이나 해 두시오."

하며 비풍은 야유를 퍼부었다. 그러나 원효는 그를 향하여 애원하듯 설득하였다.

"이보시오. 비풍 장군! 장군만 결심하면 장군의 부하 모두가 살 수 있소. 왜 이리 무모한 죽음을 택하시려 하는 거요?"

그러자 비풍은 화가 머리끝까지 치민 듯 칼을 빼어들고 원효에게 내려쳤다. 그러나 원효는 죽지 않았다.

그가 칼을 내리칠 때 그의 부장이 나서서 비풍의 칼을 막고 나선 것이다.

"장군! 죄송합니다."

"아니! 네 놈이……."

그는 다시 칼을 치켜들고 그의 부하를 치려 할 때 다른 장수들도 이어 나서며 모두가 신라에 투항할 것을 결심했다 하였다. 그리고는 비풍의 무장을 해제하고 원효와 아유다를 풀어 주었다.

원효는 그들에게 목숨을 책임지겠다고 안심을 시키고 각자 고향으로 돌아가라 하였다. 산채에 있던 백제 군사들은 모두 병장기를 불에 태우고 그리운 고향으로 돌아갈 꿈을 꾸고 있었다. 그런데 바로 그 때다. 한 장졸이 급히 원효 앞에 나서며,

"대사님! 저희 장군이 목숨을 끊었습니다. 지금 대사를 급히 찾고 계십니다."

원효가 급히 그 곳으로 가니 좀 전까지 의기양양하던 장수가 스스로 자진

을 시도하였던 것이다. 곧 숨이 끊어지려 하였다.

"비풍 장군! 이 무슨 어리석은 짓이오?"

"대사!……. 미안하오. 나의 잘못이었소. 나는 대사에게서 많은 것을 배웠소. 제발 용서해 주구려."

"비풍 장군!"

이렇게 산채의 우두머리 '비풍'은 한 생을 마쳤다. 산채의 백제 백성들은 신라 백성으로서 새로운 삶을 살게 되었고, 멀리서 대기 중이었던 신라의 500 정병들도 원효의 지략을 높이 칭찬하였다.

그러나 아유다만은 또 다른 이별에 가슴을 태워야 했다. 그리고 그녀는 원효와의 만남에서 원효의 애틋함이 묻어있는 그 구룡산 자락에서 백의의 관음으로 남아 못 다한 그들의 그리움을 설화 속에 새겨 놓고 있다.

당시 이들이 넘었던 고개는 구룡산을 아우르는 왕재이다. 세월은 흘러 훗날 원효가 머물다간 그 자리를 고쳐 신홍암이라 하였고, 고려시대에 이르러 원홍국사에 의하여 다시 그 빛을 되찾게 되었다.

구룡산이 이어지는 반룡산 용전은 본래 제왕이 자리하였다는 지명학적 표현이다. 이 용전에 터 잡은 반룡산은 동극의 구룡산을 주봉으로 그 아래로 내룡(來龍)이 길게 경산의 동남계를 이루고 있다. 설화 속에는 구룡산 10마리 용 중 한 마리가 어미에게 버림을 받음으로 그가 죽어 반룡산이 되었다지만, 이는 옛 압독국이 노사벌이란 이 지역에 통치권을 상실하였다는 증거로, 노사벌이 스스로 떠오르는 신라를 선택하였다는 설화적 의미를 부여하고 있다.

이러한 설화적 표현은 1763년 자인현감인 정충언의 반룡사 중창기문에서 이를 분명히 하였다. 즉 자인현의 복현을 옛 성사의 은덕이라 하여 1637년 임선백 현감에서 역대 48대 현감이 무려 126년 동안이나 이 사찰을 중창하였던 것이다. 이로써 60여 년 동안 무려 26동에 달하는 사찰 가람을 조성하였음은 곧 불지촌의 원효에 대한 역사적 보상일 수도 있다.

설화 속에 살아 숨쉬는 아름다운 여인 아유다, 그리고 그의 아들 어린 설총의 모습은 다분히 소설적이지만, 태종 무열왕과 문무왕, 그리고 원효와 김인문, 김유신 등, 이들 가계와 만남이 이어졌던 반룡만은 예사롭지 않다.

시간은 다시 이 반룡 아래 그 때의 그 웅장한 함성 속으로 빠져든다. 그 속에 아스라이 다가오는 산사의 텅 빈 법당, 그리고 그 법당 안에 죽비를 든 주지 스님의 모습은 차라리 외로움만 가득하다.

"오늘도 원효 스님을 기다리시는군요?"

무거운 침묵 속에 적막을 깨는 주지 스님의 목소리는 애절하기만 했다.

"네……. 스님!"

다시 침묵은 이어졌다.

"아무래도 보살님께서 먼저 대사를 잊으시는 게 좋을 듯합니다."

"그렇지만 한번만이라도 뵈올 수 있다면……."

아유다의 긴 한숨소리는 주위를 더욱 무겁게 하였다.

"세상 모든 것, 뜻대로인 것은 아무것도 없지요. 다만 인연대로 살 수밖에요."

"스님!……."

스님은 더 이상 말이 없고 긴 침묵이 법당을 가득 메웠다.

그 때 문틈 밖으로 어디서 날아왔는지 파랑새 한 쌍이 재잘거리며 날아간다. 그가 날아간 자리에는 해가 서산에 걸려 있다. 아마도 또 한바탕 꿈을 꾼 것인가 싶다.

[참고문헌 : KBS, 원효 대사]

7. 법력과 예지

1) 척판구중(擲板救衆)

원효가 득도한 후 그의 명성은 당시 중국과 불교 발상지인 인도 지역까지 뻗쳤다고 하는데, 이를 뒷받침하는 경남 기장의 척반암 사적은 원효가 도력으로 중국에 있는 운제사의 1천여 명의 승려를 구했다 하였다[14].

장안사 척판암

하루는 차를 마시던 원효가 급히 소반을 북쪽을 향해 던졌다. 그 소반은 당나라 운제사로 날아간 것이다. 당나라 운제사는 당에서 제일 가는 대찰이었고, 그곳에서 수도하는 스님만도 무려 1천여 명에 달했다. 하루는 사노가 마당을 쓸다가 주위에서 들리는 이상한 소리에 언뜻 하늘을 쳐다보던 중 뭔지 소반 같은 둥근 물체가 동쪽에서 운제사 쪽으로 날아오고 있는 것을 보았다.

"하늘에서 소반 같은 게 날아온다!"

하고 법당 구석구석을 뛰어 다니며 소리치자 방안에서 참선하던 스님들이 이 소리에 놀라 모두 밖으로 뛰쳐나와 그 광경을 지켜보며 소반이 날아가는 쪽으로 자리를 옮기던 중, 갑자기 천지가 진동하는 폭음과 함께 사찰의 큰 건물들이 한꺼번에 우르르 무너졌다.

순식간에 일어난 엄청난 사고에 스님들은 모두 까무러치고 말았는데, 얼마 후 정신을 차려 주위를 살펴보니 종전까지 스님들을 유인하며 하늘을 나르던 소반이 쓰러진 스님들 틈에 광채를 낸 채 떨어져 있었다. 주위의 스님들이 얼른 주워 그 소반을 살펴보니 소반 속에는 다음과 같은 글귀가 새겨져 있었다.

"바다 건너 동쪽, 신라의 원효가 이 소반을 던져 너희를 구하노라[15)]"

---

14) 이 기록은 중국 송대(宋代)의 승려 찬녕(贊寧:919~1002)이 송나라 태종(太宗)의 칙명으로 980년에 착수한 《송고승전》에 수록된 내용으로, 그는 8년 동안 항저우[杭州]에서 이를 집필하여 998년 10월에 완성, 변경(汴京 : 현재 開封)에서 태종에게 바친 것으로, 문헌의 선택에 약간의 문제는 있으나 중국 중세 불교사 연구에는 불가결의 자료로 알려지고 있다.

원효가 던진 소반으로 인해 목숨을 구한 1천여 명의 스님들은 모두 동쪽을 향해 일제히 큰절을 올리고, 그 중 고승 오백 명을 뽑아 신라로 보내 그 고마움을 전하기로 하였는데, 사절단이 신라에 도착하여 원효를 만나자 그들은 모두 원효의 인품에 경탄하여 스스로 모두 그의 제자가 되었다.

이밖에도 경남 양산 통도사 말사인 내원사의 사적은 이를 더욱 구체화하고 있다.

원효가 천성산에 주석하고 있을 때다. 천성산은 지금의 양산 통도사 앞에 우뚝 솟은 산이다. 당시 토굴에서 조용히 가부좌를 틀고 삼매에 들었던 원효가 갑자기 소리쳤다.

"어허, 이것 큰일이구먼. 어쩐다. 빨리 서둘러야겠는데. 그러지 않으면 많은 사람들이 다치겠구나. 얘, 학진아!"

원효를 시봉하던 시자는 학진이었다. 시자는 큰스님의 부르는 소리에 황급히 달려와 차수하고 섰다.

"부르셨습니까? 큰스님!"

원효는 시자의 대답을 듣는 둥 마는 둥 하며 뭔가를 급히 찾고 있었다.

시자는 다시 큰소리로 말했다.

"큰스님! 무엇을 찾으시옵니까?"

"그래, 시자인가? 급한 일이 생겼느니라."

시자는 영문을 몰라 어리둥절해 했다.

"큰스님! 사방이 온통 고요하기만 한데 화급을 다투는 일이 무엇이옵니까?"

원효는 말했다.

"멀리 중국 땅 태화사에 변이 일어날 조짐이 있구나."

시자는 점점 더 알 수가 없었다. 가까운 곳도 아니요, 저 멀리 중국에서 일어날 일을 미리 알고 계시다니, 아무래도 이해가 가지 않았다. 원효는 급한 김에 앉아 있던 마루바닥을 뜯었다. 그리고 거기에 이렇게 적었다.

"신라의 원효가 판자를 던져 중생을 구원한다."

15) 海東元曉擲板救衆

원효는 판자를 공중에 날렸다. 판자는 순식간에 천성산에서 아득히 사라졌다. 시자가 말했다.

"큰스님! 천안통을 얻으셨습니까? 그러지 않고서야 어떻게 중국에서 일어난 변을 미리 보실 수 있단 말입니까?"

원효는 빙그레 웃고 더 말이 없었다. 그리고 다시 좌선삼매에 들었다. 시자도 자기 방으로 돌아갔다.

한편, 중국의 태화사에서는 천여 명의 스님들이 법당에 모여 대법회를 열고 있었다. 한참 열기가 무르익어 갈 무렵, 법당 밖에 있던 대중들이 왁자지껄했다.

"아니, 저기 저 날아오는 게 뭘까?"

"어디 어디, 아니! 웬 널빤지 같은 게……."

법당 안에서 법회를 하던 천여 명의 스님들이 법회를 중단하고 마당으로 몰려나왔다. 신도들도 따라 나왔다. 이제 법당 안에는 한 사람도 남아 있지 않았다. 바로 그때였다.

"우르르, 쾅."

폭음과 함께 멀쩡하던 법당이 순식간에 무너져 내렸다. 사람들은 무너지는 법당을 바라보며 정신을 잃고 말았다. 잠시 후 정신을 차리고 하늘을 쳐다보니 공중에서 배회하던 널빤지가 빙글빙글 돌면서 마당에 사뿐히 내려앉았다. 사람들이 우르르 몰려가 판자를 들여다보니 그 판자에는 글이 씌어 있었다.

"신라의 원효가 판자를 던져 중생을 구원한다."

그들은 한결같이 놀랐다. 중국과 신라와의 거리가 그토록 먼데 그 판자가 공중을 가르고 날아왔다는 것이 불가사의했고, 원효가 태화사의 일을 미리 내다보았다는 것이 불가사의한 일이었으며, 또한 대중들이 몰려나오자마자 법당이 무너져 내렸다는 것이 불가사의했다.

"아니, 이건 그 유명한 신라의 원효 스님이 보내신 거로군요. 우리를 구하기 위해서 말입니다. 참으로 원효 스님은 부처님과 다름없는 분입니다. 그분의 혜안(慧眼)이 아니었더라면 우린 꼼짝없이 죽었을 것입니다. 나무원효보살."

그들은 '나무 원효보살'을 합송하며 동방을 향해 합장하고 무수히 절을 했다. 그들은 원효의 도력이 그토록 뛰어난 데 다시금 찬탄하기를 마지않았다.

"정말 원효 스님이야말로 도인 중에 도인입니다. 참으로 장한 어른이십니다."

"이제 우리는 참다운 스승을 만난 것입니다. 우리 그분 곁에 가서 수행하도록 하십시다."

"갑시다."

"떠납시다."

법회에 나섰던 스님들이 하나둘 신라로 갈 것을 제의하며 나서자, 모두들 서로 뒤질세라 앞장을 섰다. 스님들뿐만 아니라 재가불자들까지 나서 신라의 원효를 향하는 대중이 천여 명이나 되었다. 신라로 원효를 찾은 천여 명의 대중들은 서로 앞 다투어 원효의 제자가 될 것을 간곡히 청하였다. 그러나 원효가 주석하고 있던 곳은 움막이나 다름없는 협소한 토굴이었다. 천여 명의 대중들을 다 수용할 수 없었다. 한꺼번에 몰려온 천여 명의 제자를 한 순간에 얻은 원효는 대중들이 함께 수행할 절터를 찾아 나섰다.

원효가 산을 내려오고 있는데 문득 그 앞에 백발노인 한 분이 나타났다. 천성산의 산신령이었다.

"큰스님! 절터를 찾고 계시지 않습니까?"

"그렇습니다. 어디 마땅한 데가 없을까요? 적어도 천여 명 대중이 기거할 만한 도량이어야 하는데요."

"네, 큰스님! 이 산 중턱의 계곡에 이르면 아주 좋은 절터가 있습니다. 천여 명이 기거하더라도 협소하지 않을 것이오니 다른 데 가시지 말고 곧장 그곳으로 가 보시지요."

"고맙소, 노인장!"

원효는 대중들을 이끌고 발걸음을 되돌려 산 중턱으로 올라갔다. 한참을 올라가다 보니 과연 반듯한 터가 나왔다. 원효는 그곳에 큰 가람을 세웠다.

한편 천성산에는 칡넝쿨이 많기로 유명하였다. 그래서 수행중인 제자들이 밤길을 걷다가 칡넝쿨에 걸려 넘어져 다리를 다치는 등 불상사가 일어났다. 원효는 산신령을 불러 당부하였다.

"산신령은 들으시오. 우리 절 대중들이 밤길을 걷다가 칡넝쿨에 걸려 넘어져 다리를 다치는 등 크고 작은 부상을 입고 있소. 이후로는 여사한 불상사가 없도록 산신령은 이 산에 칡넝쿨이 자라지 않게 해 주시오."
하였다. 이에 산신령은 원효의 청을 거절할 수 없어 그로부터 청성산의 칡넝쿨을 수직으로 자라게 하였다. 원효는 산신령의 도움으로 천성산 계곡에 암자를 짓고 그들이 산 속 여러 곳에서 자유롭게 수행하게 하였다. 그러나 이로써 생각지도 않았던 걱정거리가 생겼다. 그것은 1천 명이나 되는 승려들이 먹을 수 있는 양식을 구하는 것이었다. 궁리 끝에 원효는 아랫마을에 가장 잘 사는 부잣집을 찾아갔다. 그는 주인을 만나 조그만 주머니를 내밀며 말했다.

"처사님께서 이 주머니에 쌀을 가득 채워 주신다면 우리는 1천 명의 스님의 먹을 양식으로 삼겠습니다."
하며 주머니를 내밀자 부자는 피식 웃으며 원효를 쳐다보았다.

"아니, 이 작은 주머니의 쌀로 1천명이나 되는 스님의 양식으로 삼겠다니요? 스님께서는 지금 농을 하시는군요."

"예, 처사님께서 시주만 하신다면 분명 1천 명의 양식이 될 것입니다."

"그래요?"

부자는 더 이상 묻지 않고 하인을 시켜 쌀을 가져오라 하여 한 바가지 가득 퍼 주머니에 부었다. 그런데 이게 어찌된 일인가.

"아니, 이럴 수가!"

부자는 눈이 휘둥그레졌다. 좀 전까지 주머니에 가득 부은 쌀이 흔적도 없이 밑바닥으로 사라진 것이다. 놀란 부자는 자신이 직접 원효를 창고로 안내하여 두 바가지의 쌀을 바가지에 가득 퍼 주머니에 부었다. 그러나 결과는 마찬가지였다. 그는 당황한 나머지 수십 번 쌀을 퍼부어 보았으나 결과는 마찬가지였다. 부자는 지친 나머지 원효 앞에 무릎을 꿇었다.

"대사님! 제가 경솔했습니다. 저의 경솔함을 용서하신다면 제가 매년 계속해서 1,000 명 스님의 양식을 시주하겠습니다."

이렇게 하여 먹을 것을 해결하게 되었다. 산으로 돌아온 원효는 양산의 넓은 들판에 천 명의 승려를 불러내어 《화엄경》을 강론하였다. 마침내 원효의 가르침에 1천명의 승려들은 깨달음을 얻어 도의 경지에 이르렀다. 얼마 후 원효는 1천 승려들이 스스로 도를 깨우치게 하기 위하여 자신은 중악산 석굴로 들어갔다. 그로써 천성산에서 수도하던 1천 승려들 중 988명이 득도를 하고 나머지 12명 중 8명은 원효가 수도 중인 중악산에서, 4명은 문경 사불산에서 각각 득도하였다 한다.

앞의 척반암과 내원사의 사중 설화에 대하여 어느 것이 맞는지 또 어느 정도 신빙성을 더할 수 있느냐 하는 명확한 답은 없다. 하지만 이는 원효가 운제사와 태화사의 붕괴를 미리 알고 멀리 신라에서 그 절의 많은 스님을 구하기 위해 쟁반과 판자를 그쪽으로 던져 모든 스님을 밖으로 유인하였다는 신통력으로, 당시 중국으로부터 불교를 전해 받은 신라이지만 신라에도 이처럼 뛰어난 학식과 덕과 도를 겸비한 큰스님이 있었다는 것을 중국인들에게 널리 알려주는 한 고전적인 설화이다.

[참고문헌《송고승전》]

2) 원효대와 호리병

금정산 원효대

신라 신문왕 때, 당시 왜구들은 툭하면 신라에 쳐들어와서는 약탈을 해 가기 일쑤였다. 여기저기 군사들이 경계를 섰지만 나라 안의 첩자들이 왜구와 내통하여 조금만 허술한 곳이면 쳐들어와 약탈해갔다.

원효는 고민에 빠져 있었다. 왜구를 죽일 것인가, 아니면 백성이 죽고 다치는 것을 보고만 있어야 할 것인가? 어쨌든 둘 다 사람이 죽게 되는 일이다.

그는 5 만의 군사가 쳐들어 올 것이라는 예견을 하고 있던 터였다. 원효는 왜구를 타이르기로 하고 그래도 말을 듣지 않으면 살생을 하기로 마음먹었다. 바다 멀리서 새까맣게 왜구의 배들이 보이기 시작하였다. 원효는 무엇인가 깊이 생각하다 문득 시자를 불러 이르되,

"아랫마을에 가서 호리병 다섯 개를 구해 오너라."

원효는 시자에게 그런 심부름을 시킨 뒤, 산 위 성 안에 가장 높은 바위에 신라 장군기를 꽂게 했다. 그리고 이내 호리병을 가져 온 시자에게 또 다른 일을 시켰다.

"아랫마을로 가면 길손 둘을 만날 것이다."

시자는 곧장 내려갔다. 거기엔 두 사람이서 서로 나직이 대화를 주고받고 있었다. 시자는 그들이 왜구 병사라는 걸 알아차렸다. 한 명은 저 위에 장군기가 있으니 분명히 많은 신라 군사가 매복되어 있을 것이라 주장하고, 다른 한명은 군사들이 있기엔 너무 조용하기 때문에 그렇지 않다는 주장이었다. 그런 중에 그들은 시자를 발견하고는 그에게 물었다.

"우리가 길을 잃었는데 길 좀 물읍시다."

"예, 어디로 가십니까?"

"저기 저 깃발 너머엔 군사들이 있는지요?"

"글쎄요……. 저는 이 산에 온 지 얼마 되지 않아 잘 모릅니다."

그 말을 들은 그들이 산 아래로 향하려 할 때였다.

"거기 두 분은 잠시 들렀다 가시오!"

원효가 산 아래로 소리 쳤다. 그들은 곧 원효 앞에 나아갔다.

"어디서 오셨소?"

"기장에서 왔습니다."

"왜군을 보셨죠?"

"아니오. 보지 못했습니다."

"너희 자신을 못 봤다고? 이 왜놈들!"

원효는 호리병 중 두개의 목에 붓으로 선을 둘렀다. 그러자 그들의 목에 피멍이 드는 고통을 주었다. 그리고 원효는 나머지 세 개에도 붓으로 선을 그은

후 이들에게 내밀면서 말하였다.

"가서 너희 대장에게 알려라. 이대로 돌아가지 않으면 죽음을 면치 못할 것이라고……."

그들은 이내 대장에게로 갔다. 모든 걸 소상히 들은 대장은 분노하여 칼로 그 호리병을 베어버렸다. 그러자 대장 자신의 목이 꺾이더니 피를 토하며 죽어버렸고 왜구들은 곧장 뱃머리를 돌려 돌아갔다.

그로부터 오늘날 범어사가 있는 금정산 중턱에 당시 원효가 깃발을 꽂았다는 곳을 원효대라 한다.

[참고문헌 : 금정산 원효암사기]

3) 화작[16)]으로서 원효

파계 이후 원효는 이곳저곳 떠돌아다니며 농사를 지으면 농사꾼이 되고, 고기를 잡으면 어부가 되고, 술을 마시면 술꾼이 되고, 뱀을 잡으면 땅꾼이 되고, 소를 잡으면 백정이 되었다.

그런데 그가 농사꾼, 어부, 술꾼, 땅꾼, 백정 등이 되어 지나는 곳마다 참으로 이상한 일이 벌어졌다. 그와 함께 술을 마시던 주정뱅이는 어느새 술을 끊게 되고, 도둑은 도둑질을 그만두고 이웃을 도와주게 되고, 싸움질만 일삼던 사람은 온순하고 착실하게 되고, 살생을 좋아하던 사람은 생명을 소중하게 보살피게 되고, 미움과 증오에 찬 사람은 어느새 사랑과 자비로 가득하게 되었다.

또한 원효의 예지(叡智)는 천년의 세월도 아랑곳하지 않았다. 신라 문무왕 때 원효가 충청도에 현암사를 중창하였다. 그는 문득 산 아래를 굽어보면서 입을 열었다.

"앞으로 1,000년 후 구룡산 발치에 큰 호수가 이룩될 것이고, 거기에는 또다시 세 개의 호수가 청룡이 꿈틀거리는 모양으로 축조될 것이다. 그러면 그 땅의 형국이 왕자형 지형으로 변하면서 국왕이 머물게 될 것이며, 국토의 중심

---

16) 불보살이 신통력으로 가지가지의 모습이나 사물을 만들어 내는 것으로 이는 원효의 신통력을 의미하고 있다.

지인 이 땅은 이 절이 있어 크게 번창할 것이다."
라고 하였다. 그리고 수많은 세월이 흘러갔다. 그러던 어느 날 현암사 모퉁이에 삼호루라는 누각이 세워졌다. 이로써 산세가 바뀌면서 그 아래 큰 계곡이 생겨나고, 그 자리에 거대한 대청호가 들어섰다. 그리고 그 아래 용호, 미호, 황호 등 세 개의 호수가 조성되고, 그 언덕배기에는 대통령의 전용별장인 청남대가 축조되었다.[17] 그러나 아무도 이것이 원효의 예지에 의하여 실현되었다는 것은 알지 못하였다.

이순을 눈앞에 둔 원효가 어느 날 푸른 용이 여의주를 물고 날아가는 꿈을 꾸었다. 그는 꿈속에서 용이 날아가는 쪽으로 숨을 몰아치며 따라다녔다. 얼마나 뛰었는지 숨이 차고 목이 말라 더 이상 그를 따라갈 수 없었다. 이 때 목이 말라 주위를 두리번거리는데 갑자기 그의 앞에 우물이 나타나고 그 우물가에 한 낭자가 서 있었다.

'저기 우물이 있구나!'
하며 우물가에 서 있는 한 낭자를 쳐다보았다.

'아니! 물 한 모금이라도 먹었으면…….'
하며 우물가의 처녀를 쳐다보자 마치 누가 시키기라도 한 듯 그 낭자는 다소곳이 그가 들고 있던 표주박에 물을 가득 떠 그에게 다가왔다.

"이거로 목을 축이시지요."

낭자의 목소리는 마치 새벽안개가 깊은 계곡으로 피어오르는 듯 은은하였다. 원효는 너무나 감사한 나머지 낭자가 전해준 표주박을 두 손으로 받아들고 벌컥벌컥 들이켰다. 낭자가 떠 준 샘물은 마치 감로수와 같이 달고 시원하였다.

---

17) 1980년 대청댐 준공식에 참석한 전두환 대통령이 주변경관이 빼어나다는 의견에 따라 대청호 주변에 대통령 전용 별장인 청남대를 1983년 6월에 착공, 12월에 완공하였다. 이는 역대 대통령들의 휴가철 집무처로, 년 4~5회, 많게는 7~8회씩, 지난 20여 년간 총 88회 400여일을 1983년 이후 역대 대통령들이 이곳에 머물렀다.
청남대는 충청북도 청원군 대청댐 부근 약 56만평의 면적에 축조된 대통령 전용별장으로, '따뜻한 남쪽의 청와대'라는 의미가 있다. 그 후 대청댐 일대가 국민공원 훼손 등의 여론이 일자, 1988년 국내 4군데 대통령 별장 중 이곳 청남대만 남기고 모두 폐쇄하였다. 이는 곧 1300년 전 원효의 예지력과 일치하고 있다.

"고맙소, 낭자!"
하며 표주박을 건네주자, 낭자는 원효가 건네주는 표주박을 받아 들고 속삭이듯 말했다.

"참 물맛이 좋으시죠?"

"꿀맛같이 달고 시원하군요."
하고 그녀를 쳐다보려 하자 방금까지 그의 앞에 서있던 낭자도 우물도 모두 온데간데없이 사라졌다.

"낭자!"

그는 낭자가 사라진 곳을 바라보다 곧 꿈에서 깨어났다.

'관세음보살님이야!'

그는 벌떡 일어나 관세음보살의 명호를 외쳤다. 원효는 꿈속에 나타나 자신에게 물을 건네 준 낭자가 바로 관음보살의 현신인 것을 짐짓 짐작하고 그가 꿈에서 자신에게 물을 건네 준 연유를 생각하였다.

'이는 곧 청룡이 있는 곳으로 나를 인도하려는 관세음보살님의 계시야!'
하며 그날부터 꿈에서 본 그 우물을 찾아 전국을 편력하였다. 그러던 어느 해 전국 방방곡곡을 헤매던 원효는 문득 충주시 직동 금봉산 아래에 이르러 자신이 꿈에서 본 우물을 발견하였다.

"그래! 내가 꿈에서 본 바로 그 우물이야!"

원효는 너무나 기뻐서 그날부터 자신에게 물을 건네 준 관음보살을 생각하면서 그곳에서 백일기도에 들었다. 그는 꿈에서 보았던 청룡과 우물에서 자신에게 물을 길러준 낭자가 다시 나타나기를 서원하였다. 그러나 백일이 다되어도 청룡이 나타나기는커녕 아무런 꿈도 없었다. 그는 마지막 날 신심을 다해 서원하였다.

"관세음보살님! 저에게 이곳에 사찰을 짓도록 지혜를 주십시오."
하며 다시 백일 동안 기도 정진에 들었다. 그러던 어느 날 그의 꿈에 한 낭자가 나타나 그에게 말했다.

"이곳은 물이 많은 곳이니 이곳을 지키는 청룡을 달래 보시오."
하였다. 그는 문득 잠에서 깨어났다. 그리고 주위에 있는 우물가로 가서 소리쳤다.

"이곳에다 부처님의 도량을 만들고자 하니 청룡은 어서 나와 나를 도우시오." 하였다. 그러나 아무런 반응이 없었다. 원효는 다시 우물 안을 들여다보며,

"어서 나서지 않으면 내 이 우물을 막아 버릴거요."

하자, 문득 우물 속에서 천둥 번개가 일어나더니 한 마리의 청룡이 치솟아 올랐다. 그는 꿈에서와 같이 솟아오르는 청룡을 따라 나섰다. 그러자 청룡은 원효를 힐끗 내려다보더니 어느덧 구름 속으로 사라졌다. 삽시간에 일어난 일이라 원효는 정신이 하나 없었다. 원효는 자신에게 지혜를 안겨준 그 낭자가 전에 꿈에 나타난 그 낭자가 틀림없다 생각하고 그의 뜻을 따라 그 곳에다 절을 짓기로 하였다.

이 사실이 소문으로 퍼지자 전국에서 신심 깊은 신도들이 다투어 찾아들었다. 그들은 원효의 꿈 이야기를 전해 듣고 다투어 불사에 동참하였다. 원효는 자신의 꿈속에 나타난 한 낭자의 도움으로 성대한 법당을 완성한 것이다. 원효는 뛸 듯이 기뻐 덩실덩실 춤을 추었다. 그리고 법당에 아미타불과 관세음보살을 봉안하고, 그가 꿈에 푸른 용을 보았다 하여 청룡사라 하였다.[18]

어느 추운 겨울, 능가산 깊은 골을 오르던 원효가 해가 저물어서야 산중의 한 낯선 암자를 찾아 걸망을 풀었다. 몰려드는 피로로 공양은 뒤로 두고 잠부터 청했다. 하지만 바깥 날씨 탓인지 방구들 목이 지독한 냉골이라 도저히 잠을 이룰 수 없었다. 원효는 누웠다 말고 벌떡 일어나 아궁이에 군불을 지피기 위해 승방을 나와 땔감을 구하기 위해 어스름 달빛에 홀로 법당을 뒤져보던 중, 문득 마당에 서 있는 목탑을 발견하였다.

'그래! 저것이다.'

원효는 헛간에 버려진 도끼를 들고 나와 사정없이 목탑을 패 넘겼다. 그리고 그 나무로 아궁이에 불을 신바람 나게 지피고 있는데, 때마침 건넌방에 기거하던 주지가 뭔가 심상찮은 소리에 이상히 여겨 밖으로 나와 보니 원효가 목탑을 부셔 아궁이에 불을 지피고 있는지라 그는 뜻밖의 상황에 크게 놀랐다.

---

18) 원효 대사 창건 당시는 사명을 청용사라 명명하였으나, 후대에 이르러 이 일대를 중창 보수한 후 창룡사로 개칭하였다.

"야! 이놈의 땡추야! 당장 그만두지 못하겠느냐!"

그러자 원효는 도리어 이상하다는 듯이 말했다.

"그 참 이상하시네, 부처님도 불에 타는가?"

그러면서 태연하게 계속 땔감을 밀어 넣고 있었다. 그로부터 며칠이 지난 어느 날, 이번에는 그가 밤늦게 소변이 급하여 벌떡 자리에서 일어났다. 문밖을 나섰지만 도저히 변소를 찾을 수 없었다. 하는 수 없이 그는 급한 김에 아무데나 바지춤을 내리고 시원하게 소변을 보았다. 그 때 주지가 또 나타나 이 광경을 보니 며칠 전부터 묵고 있는 걸승이 목탑에다 대고 소변을 보고 있는지라 그는 몹시 화가 치밀었다.

"이 놈의 땡추야, 썩 떠나거라! 더 이상은 아니 되겠다."

하고 호통을 쳤다. 그러자 원효는 바지춤을 올리지도 않은 채,

"스님! 그렇다면 부처님이 아니 계신 곳을 가르쳐 주시오."

하며 그는 아무렇지도 않은 듯 대답하였다. 주지는 이 말에 당황하여 문득 탑 주위를 살펴보니 아니! 이게 어찌된 일인가 해질 무렵까지도 원효에 의하여 부서졌던 목탑도 방금까지 그 탑에 오줌을 누었던 원효의 모습도 모두 사라지고 그 자리에는 처음같이 멀쩡한 삼층 목탑만 아무 일도 없었다는 듯 서 있었다.

'아니! 우리 절에 큰 도인이 다녀가신 게로구나!'

주지는 탑을 향해 삼배의 예를 올리며 그간에 자신의 어리석음을 후회하였다.

또 하루는 원효가 동자승과 함께 낙산사 천길 절벽 위에서 으스름 보름달을 쳐다보며 묵상에 잠겨 있었다. 한 동안 아무 말도 없이 뒤따르던 동자승이 심심하기도 하고 해서 원효에게 지금 무슨 생각에 잠겨 있는지 궁금하여 물었다.

"대사님! 만약에 제가 대사님의 등을 떠밀어 저 천 길 낭떠러지로 떨어진다면 마지막으로 무슨 말씀을 남기실 것입니까?"

그러자 원효는 동자승에게 꿀밤을 때리며 말했다.

"이놈아! 그것도 모르느냐? 중 살려라! 하고 소리치겠지."

하였다.

[참고문헌 :《한국불교설화》]

8. 끝없는 여정

1) 재회(齋會)와 해후(邂逅)

경주시 기림사

서기 681년에 문무왕이 승하하자 원효는 임정사로 내려가 허물어져 가는 가람을 중창하였다. 그리고 이름을 고쳐 기림사(祇林寺)라 하고 문무왕의 왕생을 기원하였다.

이 때 불지촌 초개사에 정진하던 원효가 문득 임정사를 찾았다. 원효가 동해 가까이 있는 임정사를 찾은 데는 두 가지 이유가 있었다. 그것은 먼저 신라의 삼국통일을 위해 혼신을 다 바친 선왕 문무대왕과 김유신 대장군의 넋을 위로하는 것이고, 또 하나는 호시탐탐 침탈해 오는 왜구를 불력으로 막아내기 위해서였다.

그는 먼저 문무왕이 불력으로 왜구를 물리치기 위하여 창건하였던 감은사를 찾았다. 원효가 도착하니 이미 감은사는 신문왕이 선왕의 유지로 불사가 마무리 단계에 있었다. 그 곳에는 문무왕이 이미 동해 포구의 물을 끌어드려 그 수로를 통하여 동해바다 용왕이 부처님의 불법을 구하고 이로써 왜구를 물리치도록 설계되었다[19].

---

19) 《삼국유사》 만파식적 편에는, 사중기에 문무왕이 왜병을 진압하려 하여 이 절을 짓다가 마

그는 그곳에서 문무대왕의 간절한 호국정신을 읽을 수 있었다. 그리고 그는 죽어서까지 해룡이 되어 왜구를 물리치겠다는 간절한 서원이 기필코 이뤄지도록 재회(齋會)를 올렸다.

이튿날 원효는 동이 트기가 무섭게 대왕암 앞에 섰다. 그리고 그는 소리쳐 통곡하였다. 그의 오열 속에는 이승에서의 그와의 끈끈한 인연자락이 있었기 때문이다.

"전하! 아직도 인연의 끈을 버리지 못하셨습니까?"

초겨울 동해 앞바다는 세찬 바람에 얼굴이 따가웠다. 원효는 세찬 파도 속에 잠기듯 떠 있는 대왕암을 바라보며 소리쳤다.

"이제 그 무거운 전생의 걸망을 내려놓으십시오."

하며 몇 번이고 연거푸 합장하며 그에게 예를 올리고 해가 저물어 임정사로 돌아왔다. 그리고 그는 그날로 백일기도에 들었다. 그의 기도는 죽어 해룡이 된 문무왕과 천신이 된 김유신을 위한 간절한 추선공양이었다.

그는 자신이 정진 중인 임정사가 창건한 지 40여 년이나 지났으나 변변한 가람 형태를 갖추지 못하고 있어 그 곳을 중창하여 죽어 호국신이 된 문무왕과 김유신을 위로하며 교감을 같이 하고자 하였던 것이다. 그가 100일 기도를 마치고 막 회향하려는데 문득 동해 앞바다에서 이상한 일이 벌어졌다. 그것은 매일같이 밤이 되면 대왕암 부근에 검은 구름이 휘감기고, 그 속에 두 마리의 황룡이 나타나 서로 다투는 소리에 인근 백성들이 무서움에 떨고 있다 하였다. 그 소식을 들은 원효는 다시 감은사로 내려갔다. 감은사의 공역은 이제 막바지에 접어들었고 가람은 웅장하였다. 원효는 이곳저곳을 돌아다보면서 선왕의 예지에 감탄하였다.

원효는 그날 밤 감은사에 머물면서 높은 언덕에 올라 대왕암을 바라보았다. 바로 그 때다. 대왕암 주변에 갑자기 검은 구름이 소용돌이치더니 그 속에 천둥 번개가 일어났다. 그 소리는 마치 천지를 진동하는 것 같았다. 원효는 잠

치지 못하고 돌아가 해룡이 되고, 그 아들 신문이 즉위하여 다음해 완성하였는데, 금당계하를 파헤쳐 동향한 한 곳에 구멍을 내었으니 그것은 용이 들어와 서리게 하기 위한 것이라 하였다.

시 삼매에 들어 그 곳으로 가보았다. 거기에는 33대천에 일자로 하강한 김유신과 해룡이 된 문무왕 두 성인이 덕을 같이 하여 수성(守城)의 보배를 내어주고자 하였다. 이 광경을 지켜본 원효는 문득 정신을 가다듬고 감은사로 내려왔다. 그리고 다음날 이른 아침에 사람을 보내어 신문왕에게 이 같은 사실을 아뢰었다.

'두 성인께서 새 왕에게 수성의 보배를 내리려 하오니 폐하께서 친히 해변에서 이를 맞이하면 반드시 값을 헤아릴 수 없는 큰 보배를 얻게 될 것입니다.'

하였다. 이에 신문왕은 크게 기뻐하였다. 원효는 신문왕을 맞이하기 위하여 임정사의 중창을 더욱 서둘렀다. 그리고 달포 후 이를 완성하고 기림사라 고쳤다. 그 해 7월에 신문왕이 친히 기림사에 들려 하루 밤을 유숙하고 감은사로 떠났다. 그날 밤 감은사에 머문 신문왕은 이견대에 올라 해룡이 된 부왕과 천신이 된 김유신을 만났다. 그리고 그는 이성(二聖)으로부터 검은 옥대와 대나무를 선물로 받았다.

하룻밤을 감은사에서 보낸 신문왕은 점심 나절에 다시 기림사에 이르렀다. 그 때 이 소식을 전해들은 태자가 급히 말을 몰아 기림사를 찾았다. 그리고 부왕이 받은 옥대 한 조각을 떼 내어 계곡에 던지니 곧 용이 되어 승천하였다. 그리고 그 자리는 큰 연못으로 변하였다. 그렇게 원효는 해룡이 된 문무왕, 천신이 된 김유신과 마지막 해후를 하였던 것이다. 그리고 원효는 다시 고향인 불지촌으로 돌아왔다.

그러나 그 웅장하던 당시의 가람은 1863년 본사와 요사 113칸이 불타 없어졌다. 지금의 건물은 화재 당시 지방관이던 송정화가 중건한 것으로, 다행히 《경상도영주제명기》, 《동도역세제자기》, 《부호장선생안》 등의 중요한 문적과 근세조선 역대 왕의 어필 등이 병화를 입지 않았고, 이 밖에도 경내에는 목탑이 있던 자리, 3층 석탑, 오백나한상(지방유형문화재 214) 등이 있고, 대적광전(보물 833), 건칠보살좌상(보물 415), 삼신불(보물 958), 복장유물(보물 959) 등이 있다.

기림사는 동해의 대왕암과 연계하여 만파식적을 직접 시험한 장소로서 이는 통일신라시대 신라의 강력한 힘을 과시하고, 민심을 안정하려는 데 중요한 의미가 있었던 것으로, 이는 삼국통일의 주역인 문무대왕과 김유신 대장군, 그리고 군사 자문에 큰 힘이 되었던 원효에 대한 역사적 보상으로, 원효가 중창한 기림사는 시사하는 바 크다.

[참고문헌 : 《삼국유사》]

2) 기억과 환상

하루는 원효가 자신이 연 초개사를 시자에게 맡기고 또 다른 고행 길에 나섰다. 그의 발길은 어느덧 옛 신라와의 전쟁터였던 백제의 황산벌을 지나 고구려 패강(浿江) 인근에 다다르고 있었다.

원효는 그 곳에 엎디어 목 놓아 통곡을 하였다. 거기에는 수많은 젊은이들의 함성과 그의 어머니들의 아우성이 있었다. 원효는 이제 전쟁터의 보살이 된 것이다. 그는 이곳저곳을 오가며 발아래 나뒹구는 돌도 쓰다듬고 흙도 어루만지며 속삭이듯 말했다.

“그래 잘들 있었소? 여름에는 물이 넘쳐 겁나지 않았소? 지난 겨울 추위에는 견디기가 힘들지 않았소?”

원효의 목소리는 애절하였다. 그 때 어디서 몰려왔는지 이름 모를 가을 철새 떼들이 원효의 머리 위로 지나갔다. 그들이 제각기 뭐라 재잘거리며 지나가는 목소리는 그 때 전장 속에서 몸부림치던 젊은이들의 함성과도 같았다. 원효는 하늘을 쳐다보며 소리쳤다.

“그래! 그래! 훨훨 날아라, 다시는 전쟁이 없고 서로가 서로를 믿지 못하는 세상을 떠나…….”

원효의 목소리는 어느 덧 패강을 따라 낭림산맥에 이르기까지 메아리쳤다. 원효는 이렇게 긴 가을밤을 그들과 함께 패강 언저리에서 보내고 그들과 밤새워 얘기하며 외로운 영혼을 위로하였다.

날이 밝자 원효는 또다시 끝없는 행로를 향해 발길을 옮겼다. 어느 날 점심나절이나 되었을까 할 무렵이었다. 아까부터 자신의 뒤를 밟는 한 여인이 있었다. 얼핏 보기에도 스무 살은 된 듯한 처녀였다. 그녀는 왼손에 작은 보퉁

이를 들고 원효와 거리를 두고 따라 붙는 것이었다. 원효는 계속 모른 채 무심한 듯 지나다가 어느 큰 바위 아래에 이르러 그를 향해 소리쳤다.

"이보시오! 내 그대가 뒤따르는 것을 이미 알고 있으니 어서 모습을 드러내시오."

하자, 그제야 여인은 원효 앞에 나타나 큰 절을 올렸다. 원효는 도무지 영문을 몰라 그 여인에게 물었다.

"도대체 어찌된 영문이오? 이 험한 산길에 처녀의 몸으로 나를 따르다니, 그 연유나 들어 봅시다."

하였다. 그러자 그 여인은 자리에서 일어나 원효에게 자초지종을 이야기하였다.

"저는 본래 신라 사람입니다. 그런데 지난 전쟁 때 아비와 오라비가 전쟁에서 죽고 나머지 가족들은 뿔뿔이 헤어졌는데 살아 있는지 죽었는지 생사를 모르고 있습니다. 마침 외가를 찾았지만 이 역시 전쟁 통에 모두 죽고 나니 갈 곳이 없어 헤매던 중, 대사님을 뵈옵게 되어서 무례한 줄 알면서도 대사님을 따르게 되었습니다."

원효는 이 말을 듣고 할 말을 잃었다.

'여기서도 또 하나의 중생을 만나는구나!…….'

원효가 문득 그 여인을 쳐다보니 어린 나이에 오갈 데 없는 처지가 너무나 가여워졌다. 그 때 여인은 매달리 듯 그에게 다가서며,

"대사님! 부디 뿌리치지 마옵소서!"

하며 애걸하듯 달려들었다. 순간 원효의 머리 속에는 하루아침에 전쟁으로 부모를 잃어버린 그를 요석궁에 보내기로 마음먹었다.

"그렇다면 나를 따라와도 좋소."

하자 그녀는 몇 번이고 굽실거리며 신바람이 난 듯하였다.

"대사님! 무엇이든지 시켜만 주십시오. 밥이고 빨래고 제가 모든 것을 다 하겠습니다."

그러나 원효는 애처로운 마음에서 대답을 못했다. 원효는 신라 도성으로 도착하기까지 여러 날을 그녀와 같이 동행하면서 억겁의 고통을 감내하여야만 했다. 신라 도성에 다다른 원효는 사람을 넣어 요석궁의 아유다의 시녀로 그

를 추천하고 초개사로 돌아갔다.

야유다는 모처럼 원효의 배려라 그를 사모하는 마음은 더해갔다. 요석궁에 시녀로 들어온 그녀는 아사달이라는 백제 출신의 처녀였다. 그녀는 백제의 장군 '비풍'이라는 부흥군의 연인으로 세작을 맡은 것이다. 그녀는 의도적으로 원효에게 접근하여 신라 왕실에 들 수 있는 기회를 얻고자 하였고, 이 사실을 아는 사람은 백제 부흥군 '비풍' 이외에는 아무도 없었다.

요석궁에 침투한 그는 근면 성실하고 불쌍하다는 이유로 인기가 상승하였고 급기야는 아유다의 측근으로 왕궁에 출입하는 기회를 얻게 되었다. 그러나 그의 속셈을 모르는 원효는 그러는 그녀가 대견하기만 했다. 그러던 어느 날 아유다의 심부름을 자청하여 왕궁에 들었던 그는 왕궁의 경계병을 속여 중요한 기밀이 간직된 밀고에 들어가 중요한 문서를 훔치려다 문지기에게 발각되고 만다.

그는 당황한 나머지 안에서 창고 문을 걸어 잠그고 치마끈을 풀어 자결하고 만다. 도성 안은 발칵 뒤집어졌다. 물론 요석궁의 입장은 난처하였다. 하지만 문무왕의 배려로 이 일은 세상에 알려지지 않았다. 후일 원효는 이 사실을 전해 듣고 가슴을 쳤다.

'그날 내가 그를 거절하였다면 이 같은 일은 없었을 것을…….'

원효는 이렇게 긴 여정을 초개사에서 보내었다. 얼마간의 세월이 흘렀을까? 봄이 가고, 여름이 오고, 또 가을이 오고 그리고 여러 해의 겨울이 지나갔다. 원효는 마치 긴 잠에서 깨어난 듯 다시 걸망을 챙겼다. 그는 바람 가듯 구름 가듯 발길이 닿는 대로 걸어갔다. 어디로 가야 하나, 어디로 갈 것인가 이젠 그런 생각마저도 버린 지 이미 오래였다. 그저 발 길 따라 인연 따라 저 하늘에 두둥실 떠가는 구름마냥 정처 없이 나선 것이다.

몇 개월이나 지나서 그가 찾았던 곳은 경주 외각에 있는 한 허름한 고찰 혈사에 들린 것이다. 원효는 여기서 만년을 보낼 것인가, 그러나 그것은 그 자신도 알 수 없었다. 그날부터 원효는 큰 바위 아래 면벽참선에 들어갔다. 세상에 나타나 있는 모든 것을 잊으려 하였던 것인가, 아니면 수면 위에 떠 있는 자신을 스스로 잊으려 하였던 것인가? 어디서 스산한 가을바람은 한 주먹 쥐다 말은 낙엽을 몰고 그가 앉은 자리 위에 맴돌다 떨어졌다. 또 한 차례

바람이 불려나 싶다. 그 때 어디선가 부처님의 목소리가 들려왔다.

'이 세상 모든 것은 허상이다. 그러니 그 상은 냄새도 색깔도 형체도 없는 것이니라.…….'

그는 부처님의 목소리가 들려오는 바위 너머로 일어나 한참동안 절을 했다. 그리고는 그는 또 다시 깊은 삼매에 들었다. 또 한 차례 세찬 바람이 몰아쳤다. 원효는 그 바람 속에 실려 날아가는 지나온 과거를 지켜보고 있다. 그 속에는 자신이 태어나던 시절과 자신을 위하여 목숨을 버린 어머님의 자비, 그리고 수많은 전쟁 속에서 화랑으로서 겪어야 하였던 참담했던 세월, 그리고 요석궁의 아유다 공주와의 인연, 이 모두가 꿈인 듯 지나쳤다.

'그래, 다 허상이고 부질없는 꿈이로다. 꿈…….'

원효는 조용히 눈을 감았다. 어디선가 지나가는 공명 한 쌍이 그의 주위를 맴돌다 사라졌다.

'그래, 모든 게 허상인데 집착인들 허상이 아닐 수 있겠느냐?'

원효는 또 다시 깊은 선정에 들었다.

[참고문헌 : 《원효설화의 미학》]

3) 구룡의 현신

관룡사 전경

신라 진평왕 5년, 원효가 제자 송파(松玻)와 같이 지금의 경남 창녕군 옥천 화왕산 아래에서 백일기도를 드리던 어느 날, 갑자기 주위에 오색채운이 일어나더니 화왕산 마루 월영삼지(月影三池)로부터 아홉 마리 용이 승천하는 모습이 그의 눈앞에 들어왔다.

"아니! 저럴 수가……."

원효는 그 광경을 쳐다보면서 부처님께 한량없는 감사를 올렸다.

'이는 필시 부처님의 현신이야!'

하면서 다시 백일기도에 들었다. 어느 덧 시간은 흘러 다시 시작한 백일기도의 마지막 날이 다가왔다. 원효는 지난번과 같이 부처님의 현신이 다시 나타나기를 고대하였다. 하지만 온종일 화왕산 아래를 내려다보았지만 아무런 일도 일어나지 않았다.

그는 마지막 회향을 마치고 100일 전에 자신의 눈앞에 나타났던 화왕상 꼭대기 월영삼지에 이르러 구룡이 승천한 자리를 찾아나섰다. 그러나 그 때 보았던 그 자리에는 아무리 살펴보아도 구룡이 승천한 흔적을 찾을 수 없었다.

'도대체 어찌된 일인가? 내가 허상을 보았단 말인가?'

하면서 제자 송파에게 물었다.

"송파야! 너도 분명 구룡의 승천을 보았을 것이다."

하자 송파 역시 이상하다는 듯 고개를 갸우뚱거리며 말했다.

"소승 역시 분명히 그날을 기억하옵니다. 아홉 마리 용이 이 월영삼지를 돌면서 희롱하듯 승천하는 모습을 말입니다."

원효는 고개를 끄덕이며,

"그럴 것이다. 하지만 어디다 보아도 그러한 흔적을 찾을 수 없으니 정말 난감하구나……."

원효는 자신의 토굴로 돌아와 다시 철야기도에 들었다. 그의 간절한 소망은 오로지 다시 부처님의 현신과 만남이었다. 원효는 열흘 동안이나 물 한 모금 먹지 않고 기도 정진하며 부처님의 계시를 받고자 하였다. 그의 온몸은 지칠대로 지쳐 기진맥진하였다. 그러던 어느 날 비몽사몽간에 그의 앞에 부처님이 나타났다.

"멀리서 구하려 하지 말고 가까이서 찾도록 하라!"

원효는 꿈인 듯 생시인 듯 깜작 놀라 정신을 차리고 보니 눈앞의 부처님은 흔적도 없이 사라지고 없었다.

"부처님! 감사합니다."

원효는 다시 일어나 부처님이 사라진 쪽으로 삼배를 올리고 제자를 불러 자신이 부처님과 만난 그 자리에 절을 짓기 시작하였다. 그가 절을 세우기까지는 그 일대가 항상 안개로 감싸져 있어 바깥에서는 그 누구도 절 짓는 모습을 바라볼 수 없었다. 그러던 1년여의 권선 끝에 가람은 웅장한 모습을 드러내었다.

'아! 이제야 완성되었구나! 정말 부처님의 원력은 위대하시구나!'

그는 혼자 말로 중얼거리며 문득 연전에 용이 승천한 자리를 쳐다보았다. 그는 그날 하늘에 오색구름이 영롱하게 비치고 뇌성벽력과 함께 화왕산 꼭대기 월영삼지에서 아홉 마리의 용이 영롱한 오색구름을 타고 승천하는 것을 바라보고 곧 큰 상서로운 일이라 기뻐하였던 그때의 모습을 생각하였다.

그 때였다. 화왕산 정상에서 한 줄기 불빛이 안개 속을 파고 대웅전 지붕 속으로 사라졌다.

"아니! 이럴 수가……."

원효는 이 경이로운 사실에 놀라지 않을 수 없었다. 그는 화왕산 정상을 향해 수없이 절을 올렸다. 바로 그 때 옆에 있던 제자 송파가 원효를 일으키듯 흥분하며 말했다.

"저 쪽을 보십시오. 마치 큰 불이 일어난 것 같습니다. 온통 산 정상이 불빛입니다."

원효가 제자의 말을 듣고 그곳을 바라보자 화왕산 정상은 마치 거대한 산불이 일어난 듯 이글거리고 있었다. 그리고 원효는 그 속에서 그 때 보았던 아홉 용이 희롱하는 모습을 보았다.

그 후 원효는 화려한 낙성식을 가지고 용을 보았던 절이라 하여 관룡사라 하고, 그 산을 구룡산이라 했다.

[참고문헌 : 관룡사 사적기]

4) 체로 담은 물

원효가 장안면 장안사의 말사인 척판암에 있으면서 “해동원효”라고 새긴 판자를 날려 중국 산동성의 법운사(法雲寺)에서 불공하던 천명의 죄 없는 신도를 구하니 이를 세상에서 “해동원효 척판구중”이라 한다.

이때 원효는 척판암에서 10여리 떨어진 곳에 암자를 짓고 제자들과 함께 유유자적하고 있었다. 하루는 원효가 급히 제자를 불렀다.

“어서 여기다 물을 가득 담아 오도록 하여라.”

하면서 방안에 걸려 있던 체를 벗겨 제자에게 내밀었다.

“아니 큰스님! 이것은 체가 아니옵니까?”

그러자 원효는 아무 일도 없었다는 듯이,

“물을 떠오라 하였더니 입으로 물을 떠 오느냐?”

하면서 방문을 닫아 버렸다. 체를 받은 제자는 한동안 머뭇거렸으나 대사가 시키는 일이라 그대로 가서 용심지(龍深池)의 물을 떠 보고자 했다. 그러나 체에 물이 담겨질 리 만무하였다. 몇 번이고 제자들은 체를 물속에 넣고 들어 올려 보았지만 물은 마치 그들을 비웃기라도 하듯 주르륵 빠지고 말았다. 그러기를 수백 번 반복한 제자들은 지치기까지 하였다. 그러나 제자들은 큰스님이 시킨 일이라 끝까지 물을 담으려 애를 썼다.

“이러다간 우리들이 지치겠어!”

한 제자가 말했다.

“그렇지만 어쩌겠는가? 큰스님의 명이신데…….”

벌써 서산의 해는 산 능선에 걸려 있었다. 모두들 손가락에 진물이 흘러내렸다.

“이제 가보세, 할 만큼 하지 않았는가?”

하면서 한 제자가 그들을 만류하고 나섰다.

“아니야! 큰스님께서 우리들에게 이 일을 시키실 때는 필연 곡절이 있으실 거야, 무슨 말씀이 있으실 때까지 계속해 보세나.”

“아무리 그렇다지만 이는 불가능한 일이 아닌가?”

“그렇지만 어쩌겠나? 큰스님의 깊은 뜻이신데…….”

이제 어둠이 깔렸다. 제자는 다시 체를 물속으로 담구고 나서 들었더니 갑자기 이상한 일이 일어났다. 좀 전까지 담기가 무섭게 빠져났던 물이 이제는 체에 담기기 시작한 것이다. 그들은 놀라움과 함께 조심조심 체에 물을 담아 들고 일어섰다. 제자들은 모두 자신들의 잘못으로 혹여나 물이 빠지면 어쩌나 하고 전전긍긍하였다. 그들은 조심조심 공손히 대사에게 체로 뜬 물을 바치고는 자신들도 모르게 긴 한숨을 내쉬었다. 그러나 원효는 아무 말 없이 제자가 떠다 바친 체를 방안으로 받아들였다. 체를 받아든 그는 북쪽을 향하여 무슨 주문을 외우며 뿌리니 하늘에서 금방 오색의 구름이 일어나더니 북쪽 하늘로 흘러갔다. 제자들은 모두 놀라 환호성을 쳤다.

"물이 날아간다."

그런데 이때 월성에 있는 불국사에서 큰 불이 났다. 그 불은 삽시간에 대웅전으로 옮겨 붙어 도저히 주체할 수 없었다. 어떻게 방법을 써보려 하였지만 워낙 오랜 가뭄이 주위를 메마르게 하여 어디에도 물 한 줌 구할 수 없었다. 바로 그때다.

"비다, 비!"

갑자기 남쪽 하늘에서 오색의 구름이 몰려들더니 한 바탕의 소낙비를 퍼부어대니 그만 불은 꺼지고 말았다. 그 뒤로 원효가 살던 척판암 뒤 골짜기를 도통골이라 하였다.

[참고문헌 : 한국불교설화]

5) 동상이몽

원효가 어느 날 설악산 비선대 위에 솟은 듯한 바위벽 석굴에서 수도 중에 있었다. 그는 높디높은 암벽 굴속에서 오로지 수도에만 정진하고 있었는데, 그곳에는 먹을 물도 양식도 없었다. 그러니 수백 길 낭떠러지로 매일 힘들게 오르내릴 수도 없고 하여 그저 기도정진만 하였다.

이를 바라보던 산 아래 사람들의 걱정은 태산 같았다. 봄부터 가을까지 단 한 번도 하산하지 않고 오로지 수도정진에만 몰두하고 있는 그가 혹시 병이

나 나지 않았나, 혹 물도 한 방울 없는 절벽 바위 석굴에서 아무리 도력이 있는 스님이라 하더라도 굶어 죽지나 않았나 하는 것이었다.

마을 사람들은 몇 번이나 비선대 위 석굴을 오르려 하였으나 그 때마다 바위벽이 너무 가팔라 번번이 실패하였다. 그러던 중 어느덧 추운 겨울이 다가왔다. 마을 사람들은 더 이상 지켜볼 수 없다 하여 삼삼오오 조를 짜 볏짚으로 굵은 새끼를 꼬아 긴 밧줄을 만들어 십리도 넘는 산 능선을 돌아 원효가 수도하고 있는 석굴 꼭지에 올라섰다. 그리고 긴 줄을 아래로 내려놓았다. 그 때 초겨울 하늘에서 문득 흰 눈발이 흘러내렸다. 여러 사람 중에 용기 있는 한 젊은이가 절벽 꼭대기에서 외줄을 타고 석굴 쪽으로 내려왔다.

'과연 스님이 지금까지 살아있을까?'

그는 반신반의하면서 목숨을 건 모험을 시도한 것이다. 산 아래 마을 사람들은 모두가 손에 땀을 쥐고 아스라이 줄을 타고 내려오는 그를 바라보며 모두가 부처님께 기도를 올렸다. 그들의 기도는 간절하였다.

"부처님! 제발 스님이 무사하게 돌봐 주시고, 저 청년이 스님을 구할 수 있게 도와주십시오."

그러나 외줄을 타고 내려오던 청년이 석굴 앞에 이르러 꼼짝도 하지 못하고 매달려 있었다. 순간 마을 사람들은 모두가 불안에 떨었다. 그리고 그들은 산꼭대기를 쳐다보며 모두가 꿇어 앉아 간절하게 관세음보살의 명호를 외쳤다. 그래서인지 얼마 후 다시 그 청년은 서서히 석굴 쪽으로 다시 내려오기 시작하였다. 여전히 하늘에서는 진눈깨비가 끊이지 않고 내렸다. 그러던 얼마 후, 절벽 중턱에서 청년의 목소리가 아스라이 들려왔다.

"스님이 살아 계십니다."

그의 목소리는 눈보라 속을 헤치며 힘차게 메아리쳐 왔다. 이 소리에 바위벽 아래서 가슴을 쥐고 애를 태우던 마을 사람들은 모두 박수를 치며 환호성을 보냈다.

"살아 계신다구요? 어서 모시고 내려오시오."

하며 다그쳤다. 청년은 자신이 타고 내려온 긴 밧줄을 석굴 쪽으로 끌어당겨 넣고 그 안으로 들어갔다. 석굴 속에 원효는 앉아서 잠을 자듯 누가 들어오는 줄도 모르고 있었다. 그가 정진하는 공간은 겨우 두어 평 남짓하였고, 일어서며 금방이라도 천정이 머리에 맞닿고, 석굴 앞은 수백 길 낭떠러지라 눈알만 돌려도 아찔하여 현기증이 났다. 누구든지 그 속에 있다는 자체가 수도라 아니할 수 없다. 그는 꼿꼿이 앉아 있는 원효의 옆으로 다가섰다. 벌써 수도를 시작은지 6~7개월이 지난 터라 원효의 얼굴에는 수염이 가득하였고 머리도 속가의 사람 못지않게 길어 있었다. 그 때 갑자기,

"왜 그리 무모한 짓을 하신 겁니까?"

순간 청년은 깜짝 놀라 뒤로 벌러덩 넘어졌다.

"아니, 스님!……."

그는 가만히 앉아 그에게 입을 연 원효를 보라보며 자신도 모르게 그의 앞에 꿇어 엎디었다. 그러자 스님은 몸을 돌려 그를 일으키며,

"아니! 이러지 마시오. 예까지 어렵게 오셨는데, 어서 편하게 앉으시오."

원효의 목소리는 마치 하늘에 신선의 목소리 마냥 부드럽고 온화하였다.

"스님! 그동안 먹을 것도 마실 것도 없는 이 석굴에서 수개월 동안 어떻게 연명할 수 있었는지요?"

청년은 너무나 궁금한 것이 많았다. 그러자 원효는 대답 대신 껄껄 웃었다 그리고 그에게 말했다.

"저기를 보십시오. 그러나 오늘은 큰일이군요."

하며 다시 껄껄 웃었다. 순간 청년은 또 한 번 놀랐다. 그가 가리키는 바위벽에는 이상하게도 자그마한 구멍이 하나 있는데 그 곳에서 또닥또닥 쌀알이 떨어지고 있었다.

"아무래도 오늘 공양은 둘 모두가 시장기를 채우지 못할 것 같네요."

하며 옆에 있든 발우를 끌어당기며 그에게 권했다.

"밖에는 눈보라가 치는데 예까지 목숨을 걸고 올라왔으니 얼마나 목이 마르겠소. 어서 이거라도 한 모금 마시지요."

하며 발우 속에 담긴 물을 내밀었다. 청년은 놀라기에 앞서 혹 자신의 앞에서 있는 그가 하늘에서 하강한 신선이 아닌가 하며 어리둥절하였다.

"스님! 도대체 어찌된 일입니까? 이 산중 특히 하늘을 찌를 듯한 이 가파른

석굴 속에서 쌀은 무엇이고 또 물은 무엇입니까? 도대체 이해할 수 없습니다."
하며 원효의 무르팍 앞으로 바싹 다가앉았다.

"모두가 부처님의 뜻이지요."

"부처님의 뜻?"

"그렇습니다. 처음 며칠간은 단식기도에 들었는데, 어느 날부터 부처님께서 매일같이 소승에게 먹을 쌀과 물을 보내 주셨지요. 좀 전에 시주께서 보신 바와 같이요."
하며 아무런 일도 없었다는 듯이 그를 도리어 달래었다.

"스님께서 이런 줄도 모르고 산 아래 마을 사람들은 스님께서 입정에 드시고부터 태산같이 걱정만 하였답니다."

원효는 빙그레 웃으며,

"이 또한 소승의 업이로군요. 이 길로 내려가면 그들에게 정말 고맙다 일러 주시고 모두 집으로 돌아가라 일러 주시오."
하며 그를 떠밀듯 하산할 것을 권했다.

"잠시 후면 곧 해가 저물 것이오. 어서 서둘러 내려가시오. 아무래도 소승은 해가 바뀌고 나면 3~4월경이 되면 내려갈 듯합니다."

그 말에 청년은,

"하오나 스님! 곧 추위가 들이닥칠 터인데 어찌 긴긴 겨울을 여기서 지내시려 하시는지요?"
하며 만류하였다. 그러자 원효는 그의 손을 지그시 잡으며,

"소승의 걱정은 이만 줄이시오. 어서 서둘러 하산이나 하시지요."
하면서 떠밀듯 그를 밧줄 가까이 안내하였다. 그러나 청년은 어쩐지 불안하였다.

"스님! 몸조심하시고요. 언제든지 저희들이 필요하시면 여기 있는 돌로 저 아래로 신호를 보내 주십시오. 그러면 언제든지 올라오겠습니다."
하였다.

"고맙습니다. 그럼 조심하십시오."
하며 원효는 다시 석굴 안으로 들어가 버렸다. 청년은 한참 동안이나 밧줄에 매달렸다가 하는 수 없다는 듯 외줄을 타고 수백 길 낭떠러지를 내려왔다. 청

년의 이야기를 전해들은 마을 사람들은 모두 놀라 그를 향해 절을 했다. 그리고 해가 저물고 그렇게 추웠던 겨울도 지나고 따스한 봄이 왔다. 그 봄날의 따스함을 안고 문득 원효가 아래 마을에 나타났다. 그는 마을 사람들에게 그가 깨달은 법문을 전하고 훌훌히 떠났다.

그 후 이 석굴에 또 한 사람의 스님이 찾아왔다. 마을 사람들은 그에게 석굴 수도는 위험하고 양식을 구할 수 없으니 그만 두라고 만류하였다. 하지만 그는 어디서 들었는지 석굴 속에 쌀과 물이 흘러내린다는 것을 알고 있었다. 그는 마을 사람들의 만류도 아랑곳하지 않고 어렵사리 그 석굴에 들었다. 그도 역시 석굴에서 바위구멍에서 흘러내리는 쌀로 공양을 해결할 수 있었다. 그러나 그는 하루에 두 끼만 먹어야 하는 데서 그는 도저히 견딜 수가 없었으며, 수백 길 낭떠러지에 서 있는 자신이 마치 굴속에 갇힌 듯하여 너무나 답답하고 무서웠다. 그러던 어느 날 그는 너무나 배가 고파 쌀이 흘러내리는 구멍을 숟가락으로 후벼 파기 시작하였다.

'야, 이거 배고파 죽겠는데, 삼시 세끼를 한꺼번에 받을 수는 없나!'

그런데 이게 어찌된 일인가. 갑자기 순순히 흘러내리던 쌀 구멍에서 쌀이 흘러내리지 않았고 물도 나오지 않았다. 그는 더 이상 바위 구멍에서 쌀이 흘러내리지 않자 서둘러 하산하고 말았다.

이는 원효가 자신과 같은 수도승의 주린 배를 채워주기 위하여 잠시 신통력을 부려 쌀과 물이 흘러내리도록 하였는데, 자신의 배만 채우겠다는 한 스님의 욕망으로 그만 중단되고 만 것이다.

지금도 비선대 위 깎아 세운 듯한 절벽 바위에는 3~4평 남짓한 석굴이 있고 그 아래까지는 철골로 만든 계단이 석굴 입구까지 이어져 있다. 이 석굴은 후대에 와서 원효가 한 때 이 석굴에서 금강경을 공부하였다 하여 금강굴, 또는 원효방이라 하였다.

원효가 전라남도 사선암에서 주석할 때 일이다.

그는 아침저녁으로 법당을 오르내리면서 그에게는 남들에게 이야기하지 못하는 한 가지 발원이 있었다. 그것은 이 장엄한 가람 속에 약사여래부처님을 모시는 것이었다. 하지만 모두가 지난 수삼 년 동안 계속된 불사로 지쳐 있어

사선암 전경

약사전에 권선하기에는 엄두가 나지 않았다. 그러나 원효는 하루도 빠짐없이 부처님께 약사부처님을 모실 수 있도록 발원하였다.

그러던 어느 날 원효가 사선암을 오르다 문득 깎아 세운 듯한 바위가 눈에 띄었다. 그는 온종일 그 앞에 서서 꼼짝도 하지 않았다. 그리고 그는 그 앞에서 선정에 들었다. 그러든 날이 꼬박 보름이나 지나갔다. 그러던 원효가 문득 그 바위 앞에 다가선 것이다. 그는 그 바위 앞에서 두 팔을 걷어 붙였다. 그리고 첫째 손가락부터 시작하여 그 서있는 넓은 바위 면에다 약사부처님의 상호를 그리기 시작하였다. 그리고 그는 발원하였다.

"유리광 세계의 약사부처님이시여! 부디 이 바위에 머무르소서!"

하며 손가락에 힘을 주어 상호를 그렸다. 한 손가락의 손톱이 닳아 없어지면 다음 손가락으로, 또 닳아 없어지면 다음 손가락으로 그의 열 손가락에서는 검붉은 피가 흘러내렸다. 그는 삼일 낮밤을 그렇게 그 자리에서 부처님의 상호를 그렸다. 이제 그의 손가락은 뼈까지 닳아 없어졌다. 그리고 그는 그 자리에 스러져 정신을 잃고 말았다. 얼마나 많은 시간이 흘렀을까 그의 눈에 자신이 그렸던 약사부처님이 나타났다. 그리고 조용히 그를 불렀다

"어서 일어나라! 그리고 모든 중생들의 아픔을 쓰다듬도록 하라!"

약사부처님의 목소리는 너무나 인자하였다. 원효는 그 말에 벌떡 일어났다. 잠에서 깨어난 원효는 문득 꿈에 보았던 부처님을 생각하며 자신이 그린 약

사부처님의 상호를 쳐다보았다. 그런데 이 어찌된 일인가.

"아니! 약사부처님께서……."

그가 바라다본 약사 부처님의 상호에는 자신이 그릴 때 피범벅이 되었던 상호와는 달리 빙그레 미소를 머금은 채 자신을 굽어보고 있지 않은가. 순간 원효는 두 손을 합장한 채 부처님을 향해 일어섰다. 그런데 이게 또 웬일인가? 양손이 모두 닳아 피투성이가 되었던 자신의 손가락이 본래 상태 그대로가 아닌가. 그는 너무나 자비로운 부처님을 바라보며 깊은 감사의 마음으로 인사를 올렸다.

"부처님, 너무나 감사합니다. 너무나 자비로우십니다."

그는 눈물을 흘렸다. 이 소식을 전해들은 전국의 신도들이 구름같이 몰려들어 부처님을 찬양하고 이를 조성한 원효의 법력에 찬미의 예를 올렸다. 지금도 구례군 오산(鰲山) 정상의 사선암(四仙庵)에는 당시 원효가 선정에 들면서 기암절벽 큰 바위에 자신의 손톱으로 음각하였다는 설화와 함께 마애약사여래불이 보존되어 오고 있다.

[참고문헌 : 사선암 사적기]

6) 예욕의 늪

원효는 만년에 그의 고향 신림사에 기거하고 있었다. 이 때 신라 조정에서는 왕비의 신병을 고치기 위하여 원효에게 《금강삼매경》을 풀이하여 강론하라는 어명이 내려졌다. 물론 이 강론은 신라의 고승 그 누구도 감당하지 못하여 이 일이 원효에게 맡겨진 것이다.

그러나 신라의 고승들은 원효가 강론함을 못 마땅히 여겨 여러 가지 수단을 써 방해하였다. 하루는 능현이란 승려가 초개사의 시종을 매수하여 원효가 집필하고 있는 해석문을 모두 태워버리라고 하였다. 그러나 원효의 시종은 버럭 화를 내며,

"아니! 제가 대사님을 배반하고 대사님께서 쓰신 책을 태우다니, 말도 되지 않습니다요."

하고 고개를 절레절레 내저었다. 그러나 능현은 그에게 바싹 다가서며,

"아니 그럼, 네놈은 평생 원효 스님 밑에서 시종이나 하고 살아갈 터이냐? 이 어리석은 놈아!"

하며 윽박질렀다.

"그야 저같이 천한 놈이야 당연한 것이 아닙니까요?"

하자 능인은 더욱 그에게 가까이 다가서며,

"야이 어리석은 놈아! 네 놈도 버젓하게 장가도 가고 어디 사람같이 살아 보아야 할께 아니냐?"

하면서 능인은 장삼 안쪽에 숨겨 놓은 돈 꾸러미를 흔들어 보였다.

"이놈아! 이 것이면 너는 버젓이 장가도 갈 수 있고 밭뙈기도 살 수 있어. 어디 싫으냐?"

하고 거드름을 피우니 시종은 순간 마음이 흔들리는 듯 능인이 들고 있는 휜 꾸러미를 낚아챘다.

"이 일은 원효 대사는 물론 그 어느 누구도 알아서는 아니 되느니라!"

"아……. 알았소, 걱정 말라니까요."

시종은 마음을 굳힌 듯 능인의 지시에 고분고분하였다. 그날 밤 돈에 눈이 먼 시종은 원효가 잠든 틈을 타 해석집을 훔쳐 내어 부엌에서 불을 지펴 태우고 있었다.

그 때 원효가 그의 앞에 나타났다.

"무엇을 하고 있느냐?"

시종은 놀라 벌렁 뒤로 넘어졌다.

"내가 지은 경전을 태우느냐?"

시종은 그 자리에서 무릎을 꿇고는 자신의 잘못을 변명하려 하였다. 하지만 원효는 태연스럽게,

"그래 태워라! 그래야만이 방이 뜨거워지는 법이다. 나는 방에 들어가 다시 써야겠다."

하고는 아무 일도 없었다는 듯 방으로 들어가려는데, 시종은 자신의 잘못을 뉘우치며 눈물로 사죄하였다. 그는 대사가 얼마나 많은 시간을 이 일에 몰두

하였는가를 누구보다 더 잘 알기에 시종은 자신의 잘못에 대하여 차라리 죽고만 싶었다.

"스님! 죽을 죄를 지었습니다."

원효는 참회하는 그를 물끄러미 바라보더니,

"그래! 후회를 느끼느냐? 느꼈다면 이미 너에게는 죄가 없느니라.……'

하며 방으로 들어갔다. 시종은 눈물을 흘렸다.

이로써 원효는 법회를 3일간 연기를 하여 꼬박 밤을 새우고 경주로 가는 도중 황소의 두 뿔 사이에 경판을 펴고 그 위에다 붓으로 3권의 약소를 다시 지었다. 약속대로 3일 후 백고좌 법회가 열렸다. 신라의 고승들은 하나같이 원효가 강론하지 못할 것이라 생각하고, 이 참에 원효의 코를 납작하게 만들어야 되겠다고 생각들 했었다. 하지만 뜻밖에도 원효가 그들 앞에 나타난 것이다. 그들은 모두가 의아해 하였다.

그날 황룡사에는 왕과 왕비 그리고 귀족, 고승대덕 등 수많은 사람들이 모여 있었다. 곧이어 원효의 강론이 시작되었다. 그 자리에는 그가 사랑하는 사람 아유다와 설총도 함께 하였다. 그는 수많은 대중 앞에서 입을 열었다.

"불교란 사찰에 있는 것도, 이 경전에 있는 것도 아니다. 그것은 모든 생명체에 있는 것이다.《금강삼매경》은 소승의 불찰로 5권을 모두 태우고 그 약소 3권으로 이를 풀이하고자 한다."

그의 모습은 예전에 파계한 거사도 또 산사에서 거지들과 생활하는 기승도 아닌 눈부신 부처의 모습이었다.

"모든 중생은 일체이다. 한 마음 한 덩어리다. 마음을 다스리는 것이 금강이요, 번뇌를 깨트리는 것이 지름길이다."

그의 강론은 해가 저물도록 계속되었고 이에 참석한 모든 이들은 그로써 부처님의 깊고 오묘한 진리를 가슴 속에 가득 담아갈 수 있었다.

[참고문헌 :《송고승전》]

7) 전장의 보살

《삼국사기》에 이르기를 668년, 신라에서 청병을 한 당군(唐軍)이 평양의 교외에 주둔을 하면서 신라왕에게 서신을 보내어 급히 군수물자를 보내달라고 했다.

이에 문무왕이 여러 신하들을 모아놓고 묻기를,

"적국에 들어가서 당병이 주둔하고 있는 곳으로 가기에는 지세가 험하여 극히 위험하다. 그러나 당나라 군사의 식량이 떨어졌는데도 군량을 보내지 않는다는 것은 역시 옳지 못하니 이를 어찌하면 좋겠는가?"

하였다. 김유신이 아뢰었다.

"신 등이 능히 군수물자를 수송하겠으니 청컨대 대왕께서는 심려치 마시옵소서."

이에 유신과 인문 등은 군사 수만을 거느리고 고구려의 국경 안으로 들어가 군량 2만 곡을 수송하여 주고 돌아오니 왕은 크게 기뻐하였다. 또한 군사를 일으켜 당군과 합세를 하고자 먼저 연기, 병천 등 두 사람을 보내 합세할 기일을 묻자 당나라 장수 소정방이 난새(鸞)와 송아지를 그려 보내 주었다.

김유신은 소정방이 그려 보낸 그림을 펼쳐들고 다음날 벌어질 고구려의 대공략을 앞두고 골몰하였다. 그러나 소정방이 자신에게 보낸 족자의 그림은 아무리 살펴보아도 뚜렷한 답이 없었다.

"이는 필시 세작의 눈을 피하기 위하여 나에게 그림을 그려 보내 온 것인데……."

김유신은 휘하 장수들과 고민 끝에 이를 문무왕에게 보고하였다. 그러나 문무왕 역시 이렇다 할 답을 주지 못하였다. 다급해진 김유신은 탁자 주위를 빙글빙글 돌면서 안절부절못하였다.

"도대체 어찌된 일인가? 그림을 그려 보낸다면 알아먹도록 보내야 하지 않는가, 당장 몇 시각 후면 대 공략을 서둘러야 할 터인데……."

김유신은 초조하였다. 이 때 한 장수가 나서며 왕과 유신에게 주청하였다.

"마마! 소장이 생각하기로는 아마도 내일 나당연합군의 총공격을 앞두고 필시 소정방에게 무엇인가 차질이 생긴 듯하옵니다."

그 말에 김유신이 나서며,

"아니! 차질이라니?"

하자, 장수는 "그러기에 이 같이 은밀히 그림을 보낸 것이 아니겠습니까?"

이에 문무왕은 고개를 끄덕이며,

"그래, 어찌 예감이 좋지 않아!"

그 때 김유신의 부장이 나서며,

"소장의 생각으로는 이는 필시 내일의 총공격을 서두르자는 암시가 아닌가 하옵니다만……."

"총공격을 서두르자?"

"그러하옵니다. 이 족자 속에 그림은 말과 송아지로 모두가 고삐가 없으니 필시 서둘러 고구려를 공략하자는 뜻인 것으로 사료됩니다."

이 때 김유신이 왕에게 나서며,

"하오나 대왕마마! 이 난새는 방울이 있으니 경계를 뜻함이 아닌가 생각하옵니다. 하니 이는 가볍게 여길 사안이 아니라 사료됩니다."

"짐도 대장군과 뜻이 같소."

얼마 동안 군막 속에서는 무거운 침묵이 흘렀다. 신라의 군막 바깥에는 패강의 출렁이는 물소리 뿐, 신라군의 삼엄한 경계는 숨을 죽인 듯 고요하였다. 얼마간 시간이 흘렀을까 김유신이 급히 말문을 열었다.

"대왕마마! 소신이 생각하기로는 아무래도 이 문제를 풀 수 있는 사람은 원효 대사뿐인 듯하옵니다."

"뭐라! 원효 대사?……."

"그렇사옵니다."

"그렇다면 원효 대사가 근방에라도 있다는 말이요?"

"그렇사옵니다. 대사는 이번 고구려 대공략에 직접 참전을 하였사옵니다. 지금 패강 부근에 작은 암자에 머무르고 있는 줄 아옵니다."

순간 문무왕의 얼굴에 화색이 완연해지면서,

"그럼, 어서 원효 대사를 이리로 데려오시오. 한시가 급하오."

대왕의 영이 있자 군사는 급히 말을 몰아 원효가 기거하는 암자로 달려갔다. 그러할 때 원효는 패강 기슭의 한 암자에서 삼매에 들어 있었다. 갑자기 말발굽 소리가 요란해지자 원효는 방문을 열고 밖을 내다보았다.

"아니! 당신들은 신라 군사가 아니오?"

군사는 급한 숨을 몰아쉬며,

"그렇습니다."

"그런데 이 시각에 어인 일로 이곳까지?"

"대사님! 시각이 급하오. 대왕의 어명이오니 어서 말에 오르시지요."

순간 원효는 다급해진 상황을 직시하고 급히 그들의 말에 올랐다. 원효가 탄 군마는 야음을 가르며 쏜살같이 신라 군영을 향해 내달렸다. 그가 군막 앞에 도착하니 마치 마중이라도 나온 듯 문무왕과 김유신이 군막 밖에서 나와 있었다. 원효는 무엇인가 긴박함을 느꼈다.

"어서 오시오. 대사!"

김유신이 그의 두 손을 잡으며 마중하였다.

"무슨 일입니까?"

그러나 그들은 대답 대신 그를 군막 안으로 안내하였다. 그 곳에는 둥근 탁자 위에 족자가 하나 놓여 있고, 모두가 긴장된 얼굴로 원효를 쳐다보았다. 분명 심상찮은 일이 있는 듯하였다. 이 때 김유신이 탁자 위에 놓인 족자를 치켜들고 그에게 나섰다.

"대사! 이걸 보세요. 소정방이 우리 군에 보낸 밀서에는 글 대신 그림을 그려 놓았어요. 그러니 도대체 무슨 영문인지 알 수가 없어요."

원효는 김유신이 내미는 그림을 찬찬히 들여다보다가 갑자기 얼굴빛이 굳어지면서 화급히 입을 열었다.

"마마! 큰일 났사옵니다. 이 그림은 분명 소정방이 마마와의 약조를 지킬 수 없다는 뜻이옵니다."

왕은 크게 놀라며 원효를 다그쳤다.

"아니! 나와의 약조를 지킬 수 없다니 그게 무슨 말씀이오?"

왕의 용안은 당황함이 역력하였다.

"마마! 고정하십시오. 아마 말 못할 사정이 생긴 듯하옵니다."

이 때 김유신이 나서며,

"대사! 그렇다면 어찌하면 좋겠소?"

하자, 원효는 잠시 하늘을 쳐다보며 무엇을 결심이라도 하듯 다시 말을 이었다.

"대왕 마마! 어서 회군하셔야 하옵니다."

"아니! 회군이라니? 그게 무슨 말씀이오?"

이에 김유신은 원효의 말을 가로막고 나서며,

"대사! 회군이라니 당치도 않아요."

하며 한마디로 거절하였다. 그러자 원효는 대왕 앞에 무릎을 꿇고 다시 진언하였다.

"마마! 어서 서두르시옵소서! 시간이 없사옵니다. 이대로 가다가는 신라군이 전멸할 수도 있사옵니다."

하며 안절부절못하였다. 이 때 왕이 원효에게 물었다.

"그래 회군을 하여야 할 이유라도 알아야 하지 않겠소?"

하자 원효는 가슴을 졸이며 말했다.

"이 그림은 난새이옵니다. 그리고 하나는 송아지이온데 난새는 곧 당 황제가 타는 말이옵고, 송아지는 우리 신라군을 의미합니다. 그러하오니 어서 신라군은 방울 소리를 따라 당군 진영에 합세하라는 뜻이 되옵니다."

하였다.[20] 이 말에 신라군은 더 이상 설명이 필요 없었다. 원효의 해석에 왕은 친히 어명을 내려 전군에게 회군을 명했다.

"지체할 시각이 없다. 어서 서둘러 패강을 건너도록 하라! 만약 머뭇거리는 자가 있다며 내 모두 목을 벨 것이다."

왕의 명령은 추상같았다. 이에 유신은 군사를 돌이켜 패수를 건너려 할 적에 그도 군령으로 말하기를,

"나중에 강을 건너는 자는 모두 베리라."

하였다. 이에 군사들이 서둘러 패강을 건너갈 때 고구려 군사가 들이닥쳐 미처 건너지 못한 병사들을 활로 쏘아 죽였다. 다음날 유신은 고구려 병사들을 추격하여 수만 명을 죽였다.

이는 곧 원효의 예지력이 그림 속의 담겨진 깊은 의미까지도 스스로 풀어

---

20) 난새란 당나라의 황제가 타는 말 고비 또는 방울을 의미한다. 그러므로 송아지와 난새는 서로 반절한다는 의미로 급히 군사를 되돌리라는 뜻으로 해석하였다.

내어 신라군은 물론 국왕과 대장군의 목숨까지도 구해 내었다는 것으로, 원효가 전장의 보살이었음을 확인하고 있다.

[참고문헌 : 《삼국유사》 태종춘추공]

9. 사라지지 않는 별

1) 찾아온 스승

어느 날 원효가 압량 현성산 자락의 한 암자에 정진하고 있었다. 이 때 혜공이 동학산에서 절을 짓고 원효를 찾아왔다. 원효는 그 때 집필에만 몰두하고 있었다. 혜공은 원효와의 여러 인연으로 원효의 고향인 압량주를 찾은 것이다. 그러나 그땐 원효가 중악에서 정진 중이라 만나지를 못하였다.

혜공은 원효를 기다리며 대덕산 아래에 있었다. 하루는 한 마을을 지나치는데 마을 사람들이 여럿 모여 혜공을 가로막으며 애걸하였다

"대사님! 저희들을 도와 주십시오."

마을 사람들은 모두 그의 앞에 엎디어 절을 하며 말했다. 혜공은 그러는 그들에게 연유를 물었다.

"무슨 일이오? 그대들의 청을 알아야 하지 않겠소?"

하며 마을 사람들을 진정시켰다. 그 때 한 노인이 나서며,

"이 마을에는 오래 전부터 학이 한 마리 살고 있었지요. 그런데 그 학을 어느 도인이 다른 곳에서 살라하고 쫓아 버렸으니 이제 우리 마을은 망하게 생겼습니다."

하며 모두가 고개를 굽실거렸다.

"학이 나가서 살게 되었다니요?"

혜공은 더욱 의심스러운 듯 그들에게 물었다.

"네, 본래 큰 학이 이 마을에 살면서 우리 마을에 길사를 도왔지요. 그러니 지금까지 우리 마을은 크게 나쁜 일 없이 지낼 수 있었지요."

마을 사람들의 말에 혜공이 주위를 살펴보니 과연 큰 학의 기운이 사라지고 없었다. 혜공은 가까스로 마을 사람들을 달래며,

"그 까닭을 알 것 같소이다."

하고는 대덕산 안을 쳐다보니 마을을 떠난 학이 막 대덕산 준령을 치닫고 있는지라 급히 달려가서 그 곳의 기세를 눌렀다. 그리고 그 자리에다 암자를 짓고 그 앞에는 높다란 산을 만들어 세웠다. 당시 혜공이 세운 암자가 있는 산이 동학산이고, 그 앞에 깎아 세운 듯한 산이 병풍산이다. 혜공은 오어사에서 원효와 헤어진 후 원효의 고향을 찾아 원효가 미처 이르지 못한 한 마을에서 그들의 숙원을 해결해 준 것이다.

원효는 혜공으로부터 그간의 사연을 전해 듣고 혜공의 높은 도력에 감탄하였다. 그리고 그들은 밤 새워 선문답을 나누었다. 이튿날 원효는 혜공과 헤어진 후 깊은 삼매에 들었다. 그리고 그는 고향 불지촌에 여러 사찰을 건립하기로 결심하였다. 원효의 이 같은 결심이 경주에 알려지자 도성에 머물고 있는 대덕들은 모두가 그를 비난하고 나섰다.

"원효 스님이 불지촌을 온통 거지 소굴로 만들려나 보우!"

하면서 자신들이 나가 만류하여야 된다고 야단들이었다. 그들 속에는 의상도 있었다. 그러나 의상은 그들의 생각과 달랐다.

"일체는 하나요, 하나는 곧 일체니, 중생을 두고 거지니 귀인이니 하는 것은 근본이 아니라 생각합니다."

하고 그들을 만류하였다. 하지만 대덕들은 아랑 곳 없다는 듯,

"그러다간 압량주에 있는 고승들이 모두 절을 떠날 것이오."

하며 대책을 세워야 한다 하고 나섰다. 그러나 의상은,

"원효 대사의 깊은 뜻은 일심이요, 무애입니다. 그의 걸림 없는 무애실천은 우리 모두를 부끄럽게 하지요."

하니 한 대덕이 나서며,

"우리를 부끄럽게 하다니요?"

하며 윽박지르듯 대들었다. 그러나 의상이 차분히 원효의 뜻을 대변하였다.

"우리는 이 곳 도성의 좋은 절에서 하나 부족함이 없이 지낼 때 원효 대사

께서는 몸소 중생의 고해를 실천하신 분입니다. 듣기로는 중악에서 몇 년간 정진하다 불지촌에서 법공양에 들은 것으로 압니다만……."

의상의 눈에서는 빛이 났다. 이러는 의상의 말에 더 이상 대덕들은 나서지 않았다. 이렇듯 의상은 원효와 비록 몸은 떨어지고 두 사람간의 법은 달랐지만 항상 마음만은 뗄 수 없는 도반이었다. 이 소식을 전해들은 원효는 껄껄 웃으며,

'또 의상 스님에게 빚을 지게 되었구먼.'

하면서 대왕산 일대를 두루 편력하였다. 그는 하늘의 별자리를 찾아 그 자리에 절을 짓고자 한 것이다.

그러던 어느 날 원효는 암자에서 문득 깨달음을 얻게 되었다. 그는 그 날부터 제자들을 불러 불지촌 일대에 일곱 자리의 절을 짓게 하고 그 자리가 북두칠성과 같이 하라 하였다. 이른바 북두칠성 가람을 완성하는 것이다. 원효의 이 같은 발원은 훗날 불지촌 일대에 별자리 모양의 가람이 완성되었고 이로써 신라의 호국불교의 도량이 되었다. 그러나 원효에게는 또 다른 발원이 있었다. 그것은 전장에서 말없이 죽어간 수만은 영혼들을 위로하는 재회(齋會)를 열기 위해서였다.

그 때 원효가 오도한 암자가 성제암이다. 원효는 이곳에서 성인의 반열에 오르게 되었다는 것이다. 그러던 어느 날,

'이제 떠날 때가 되었구나!'

하고는 기약 없이 경주의 한 혈사로 떠났다. 그의 긴 여로는 고향 압량에서 마지막 흔적을 남겼다. 혈사에 도착한 원효는 한 토굴에서 긴 선정에 들었다. 그의 세수는 어언 70에 이르렀다. 원효는 더 이상 마음을 쓰지 않았다. 그는 이제 절을 짓고 경을 짓는 이 모두가 그에게는 한갓 허상이요 부질없는 것이라는 것을 너무나 잘 알고 있었다. 그래서 이젠 오랜 걸망을 모두 벗어 버리고자 긴 선정에 든 것이다. 이 소식을 전해들은 그의 제자들이 전국에서 몰려들었다. 그러나 그 제자들에게 원효는 더 이상의 선문답은 없었다. 이젠 마음의 고요를 찾는 묵언 삼매에 든 것이다. 제자들은 자신을 돌보지 않고 선정에 든 스승에 대한 걱정이 날로 더해갔다. 그러나 그들은 아무것도 하지 못하고

그저 스승의 뒷모습만 묵묵히 지켜보아야 할 따름이었다. 그해 가을이 가고 겨울이 지나 봄이 왔다. 겨우내 숨었던 새들은 토굴 안을 오가며 재잘거렸다. 바깥은 온통 봄 냄새가 물씬하였다. 마치 세상에 고요와 풍요가 찾아든 듯하다. 그해의 삼월은 유난히 따스하였다. 그 때 자신이 마련한 한 감실에서 원효는 열반에 들었다. 어디선가 오색 구름이 몰려들어 원효의 몸을 감쌌다. 그는 조용히 제자들을 향해,

"어서 법고를 치도록 하여라."

제자들은 모두 울부짖었다. 그러나 원효는 감실에 걸터앉은 채 세상의 모든 시름을 모두 잊은 듯 평온을 찾았다.

"이제 마땅히 가야 할 길을 가는 것이니 그대들은 너무 슬퍼하지 마라!"

하고는 조용히 열반에 들었다. 그 때 높은 하늘에서 갑자기 한 유성이 토굴 안으로 떨어지더니 다시 하늘 높이 올라가다 사라졌다. 제자들은 모두 일어나 유성이 사라지는 곳을 향해 예를 올렸다.

"스님!"

제자들의 울부짖음도 유성을 따라 메아리쳤다. 그렇게 원효는 유성처럼 나타났다 유성처럼 사라졌다. 그해가 686년, 신문왕 6년이다. 그는《화엄경》제4 '십회향품소'까지 짓고, 그 해 3월 30일, 혈사에서 세수70, 법랍 40여세로 입적하였다. 이 소식을 들은 국왕과 왕실 귀족, 도성의 대덕, 신라 백성 모두가 원효를 그리워하며 그를 향해 절을 올리며 지난날을 참회하였다.

[참고문헌 :《원효설화의 미학》]

2) 잊혀진 메시지

압량군 남 불지촌, 그곳은 지금의 현성산 아래 한 촌락이다.《삼국유사》원효불기조에는 원효의 생가를 불지촌이라 하였다. 불지촌으로 추정되는 현성산(賢聖山)은 해발 300여 미터에 불과하지만 본래의 산줄기는 동쪽의 구룡산(九龍山)과 이어지는 대왕산(大王山) 줄기에서 삼성산(三聖山)에 이르러 선의산(仙義山)과 현성산이 서로 갈라진다. 이 현성산에는 신림사지와 독자골이 긴

골을 사이에 두고 원효와 설총 부자간의 애끓는 사연을 전하고 있다. 또한 이 산 줄기와 경주를 잇는 길목에 도동재(道東齋)라는 재당을 세워 놓고 있다.

조선말에 기록한《홍유후실기》에 의하면 "生於油谷長於柳川"이라 하였다. 이는 곧 설총의 탄생과 유년기가 지금의 경산 지역임을 의미하는 중요한 자료이다. 신림사(新林寺)가 소재한 현성산은 그 지명 자체가 현인(賢人)과 성인(聖人)이 태어난 산이라는 유래를 간직하고 있다.

1887년에 편찬된《영남읍지》에 의하면 신림사는 신라 문무왕 원년에 원효가 창건하였고 5층 목탑이 있었다 하였다. 본래 신림사는 원효가 자신의 생가를 고쳐 "초개사(初開寺)"라 하여 대승불교(大乘佛敎)의 문을 열었던 곳이다. 그 일대는 현재까지 당시의 것으로 보이는 석조 부재와 기와 파편들이 격세지감을 안겨주고 있다.

또한 원효의 탄생지로 전승되는 남불지촌(南佛地村)의 북쪽 율곡(栗谷)은 서너 곳이나 된다. 그 중에서 압량면 신월(新月)리와 자인면 북사리는 지명과 지형이 유사하다는 데서 설득력을 찾고 있으나 방증된 것은 아무것도 없다.

경산지역에서 "사라"라는 지명을 간직한 곳은 남산면 우검리 남산 계곡 작은 저수지로 예부터 "사라지"라는 이름이 전승되고 있다. 이곳은 옛날 한 스님이 옷을 벗어 밤나무 가지에 걸어 놓았다 하여 붙여진 이름이라 하지만 불지촌과는 동남쪽에 위치하여 설득력은 없다.

경산 지방 설화에는 현성산 아래 불지촌의 초개사에 원효가 기거하고 있을 때 요석궁의 궁주 아유다와 그의 아들 설총이 자주 찾아들었던 곳으로 원효의 수행에 적잖은 걸림돌이 되기도 하였다.

또한 원효가 자주 들렀던 중악 석굴, 그 곳에는 신라 시대부터 아동제일약수라 하여 장군수가 흘러내리던 곳이다. 그 석굴에는 온갖 독벌레가 우글거리는 무서운 천연석굴이나 원효에게는 더없는 수도처였다. 그는 그곳을 중심으로 중악의 긴 준령에 10개의 석굴을 찾아다니며 정진하기도 하였다. 그중에서도 유별나게 물이 흔했던 찬샘골은 곧 그가 수도하기에 적절하였던 곳이다. 그는 뒤 산록을 오르내리며, 커다란 바위를 쪼아 마치 커대한 연꽃 송이가 피어오르듯 감실을 파고 마애불을 조성하였다. 그 곳이 공식적으로 확인된 그의 중악[21] 수도처다. 그는 여기서 어김없이 의상과 만났고, 거기서 중국 유학길을 선택하게 된 것이다. 하지만 중악의 원효암은 그가 환국하여 다시 머문 사찰로 여기서 그의 불교 대승화와 원융회통사상이 싹트게 되었다.

유학길에서 되돌아온 그가 신라의 도성에서 본 것은 온통 피비린내로 죽음의 도시였다. 그는 팔과 다리를 잃고 몸부림치는 신라의 젊은 청장년의 아우성 속에서 그가 하여야 할 것이 무엇인가를 생각하게 된 것이다. 긴 침묵 속에서 얻은 해답은 바로 "대승"이었다. 그는 무열왕을 찾아 신라 불교의 개혁을 건의하였다. 그러나 왕의 반대는 완강하였다.

"전하! 현 시점에서 신라가 살아남을 수 있는 길은 불교의 소승화를 철폐하는 길입니다. 불교는 어떠한 경우든 특정인의 것이 될 수는 없습니다."

원효의 주청은 간절하였다. 하지만 왕은 그럴수록 더욱 완강하였다.

"신라 불교는 곧 신라의 자존심이요. 지금 와서 소승불교를 거둔다는 것은 귀족들과 왕실 가족들의 자존심을 뿌리째 꺾는 중대사가 될 것이오."

"하지만 전장에서 수없이 죽어간 저들을 보십시오. 그들은 누구를 위하여 목숨을 버린 것입니까?"

원효는 그가 본 신라인의 죽음에서 신라의 호국불교란 것이 무엇인가를 익히 알고 있었기 때문이다.

"전하! 신라를 구하는 길에는 너와 내가 따로 없습니다. 전쟁은 무엇이고 통일은 무엇이겠습니까?"

그러나 무열왕은 더 이상 원효와 대꾸하려 하지 않았다.

"전하! 이는 모두 화쟁입니다. 화쟁!"

"화쟁이라?"

"그렇습니다."

무열왕은 원효의 말을 선뜻 이해하지 못했다. 원효는 다시 말을 이었다.

"신라의 통일은 곧 신라인의 승리가 되어야 하고, 또 신라인 모두의 뜻이

---

21) 신라시대 삼산오악 중 한 산으로, 신라가 호국중제를 올린 곳으로 전해지고 있다. 전승되는 바에 의하면 고려 초기에 "팔공산"이라 개칭되었다 하나, 다른 설화에는 중국 운제사에서 내원암 천장산을 찾아 원효의 제자가 된 1천여 승려 중 988명은 그곳에서 득도하고 나머지 12명 중 8명은 중악산에서 득도하였다 하여 붙여진 지명이라는 설도 있다.

되어야 한다는 것입니다."

"아니! 신라인 전체의 뜻이라니, 그게 무슨 말씀이오?"

"전하! 도성의 저잣거리를 보십시오. 전하께서 백제와 전투 중에도 저들은 모두 저잣거리에서 비렁뱅이 짓을 하고 있지 않습니까?"

"그래서요?"

"그들도 분명 전하의 백성입니다."

원효의 목소리는 떨리기 시작하였다. 무열왕도 원효의 진언에 더 이상 말을 잇지 못하고 깊은 상념에 빠졌다.

"그렇다면 ?……."

두 사람은 깊은 침묵 속으로 빠졌다. 무거운 시간들이 흘러갔다. 원효는 더 이상 왕을 설득하려 하지 않았다. 그리고 그는 어전을 빠져나왔다. 그가 다시 찾은 곳은 황룡사였다 그러나 황룡사 사문 또한 예 같지 않았다. 그가 왕에게 대승불교를 진언한 사실을 전해들은 신라의 고승들은 원효를 마치 미치광이처럼 대했다. 모두가 있을 수 없는 일이라 소리치며 반대의 목소리는 하늘을 찌르는 듯하였다. 불교의 대중화란 곧 귀족 중심을 민중화한다는 것으로, 왕실이나 귀족 중심이 아닌 모든 백성이 중심이 되는 사상으로 신라로서는 전쟁 못잖은 일대 개혁이었다. 그러한 일을 원효가 국왕에게 주청하게 된 것이다.

원효를 떠나보낸 국왕의 마음 또한 원효 못잖게 편치 않았다. 누구보다 원효의 환국을 기뻐했던 무열왕으로서는 원효의 마음을 읽어 주지 못한 데 대하여 부담이 적지 않았다. 그는 평소 국왕의 신분을 떠나 원효의 예지력을 흠모하였고, 신라가 벌이는 전쟁에서도 원효의 뛰어난 지략을 얻고자 하였다. 하여 무열왕은 원효를 만날 때마다 언제나 그를 자신의 가족으로 끌어넣고자 하였다.

무열왕의 이 같은 생각이 깊어지자 급기야 국왕은 원효 앞에 자신의 딸 아유다 공주를 내놓게 되었고, 원효는 국왕이 미리 짜 놓은 계략에 어쩔 수 없이 파계의 길을 걷게 된다. 그러나 원효의 파계는 단순히 색정이 아니었다. 그는 국왕의 제의한 굴레 속으로 스스로 빠져들면서 그는 신라불교의 대중화를 허용 받은 것이다. 이른바 불교적 순교이다.

그는 파계 후 남산에 올라 큰 바위에 불상을 새기면서 자신의 환속을 가슴치며 후회하였다. 그 때 자신을 일깨워준 불타의 목소리는 그를 다시 중생 속으로 다가서게 하였다.

"어서 밖으로 나가거라! 그리고 중생들과 함께 하라!"

그는 이로써 다시 걸망을 고쳐 매었다. 그가 나타난 곳은 저잣거리였다.

"나는 소성거사다! 복성거사다!"

그는 저잣거리의 민중 속으로 뛰어들어 덩실덩실 춤을 추면서 그들과 함께 하였다.

"고귀한 스님이 춤을 추다니……."

저잣거리에 모인 민중들은 모두가 의아해 하였다.

"나는 스님이 아니오. 소성거사, 소성거사요."

하며 마치 실성한 사람처럼 너털거리며 그들과 함께 춤을 추었다. 저잣거리의 민중들은 당시 왕실과 귀족 출신만이 승려가 될 수 있는 터라, 귀하신 존재가 그들에서 나타나 춤을 추자 내심 불안하기도 하였다. 그러나 원효는 이미 그들과 함께하고 있었다.

"자! 자! 이리로 오시오. 그리고 부처님이 되십시다."

점점 알아듣지 못하는 말을 하자 민중들은 더욱 긴장의 끈을 놓지 못하였다. 그러나 원효는 그들 앞에서 자신의 걸림 없는 무애행을 몸소 실천하며 한 번도 들어 본적이 없는 나무아미타불을 가르쳤다.

"나무아미타불이 무엇이오?"

"그것은 곧 부처님이오. 부처님 말이오."

원효의 설명은 농인 듯했다 이내 민중들의 마음을 열 수 있었다. 그들은 원효와 함께 춤을 추면서 한 번도 경험하지 못한 부처님의 법을 익혀나가게 되었다.

"스님! 불법은 너무 어려우니 쉽게 가르쳐 주십시오."

하며 원효의 뜻을 따르자,

"아무 어려움이 없어요. 그저 관세음보살, 관세음보살만 외우시오."

하였다. 그러자 그들은 춤추듯 노래하며 "관세음보살" 명호를 외쳤다. 원효가 그들과 함께 노래하였던 것이 「무애가」이고, 함께 추었던 춤이 「무애무」이다. 그는 저잣거리에 비렁뱅이들에게 대나무 지팡이를 꺾어 나눠주면서 놀고 얻어먹지만 말고 동냥을 얻은 집에 그 지팡이를 꽂아 두었다가 그 집의 논밭에 나가 풀도 뽑아주고 돌도 주워 내는 보시 법을 가르쳤고 이승에서 비렁뱅이 짓만 하면 다음 승에도 비렁뱅이로 태어난다는 환생론을 가르쳐 주었다. 그럼으로 그들은 스스로 밥값을 하게 되었고, 또 세상에 감사하는 마음을 배웠다.

그들은 새로운 세계로 들어선 것이다. 남루한 옷에 긴 머리를 기른 거사, 하지만 그들에게는 이 세상에 다시없는 스승이었다. 원효는 저잣거리 민중들에게 자신들의 나라 신라를 가르쳤고, 자신의 어머니가 그에게 보여준 한량없는 자비심을 설하면서 충과 효를 일깨웠다.

"스님! 우리도 죽으면 극락으로 갈 수 있습니까?"

드디어 민중들의 마음 문이 열리기 시작하였다.

"네, 그렇습니다. 부처님께서는 그 상대가 인간이든 축생이든 또 저기 나무나 이름 없는 잡초에 이르기까지 자신에 충실한 모두에게 모두 극락에 들 수 있게 하였지요."

원효의 설법에 주위 민중들의 환호성이 터졌다. 그리고 그들은 두 손을 합장하여 한량없는 부처님의 자비에 감사의 예를 올렸다.

서기 661년 신라는 대대적인 백제 공략을 앞두고 압량벌에는 김인문 총관이 거국적인 군사 징집에 몰두하였다. 이 때 저잣거리에 몰렸던 민중, 그리고 신라 전역의 수많은 백성들이 다투어 그 징집에 참여하였다. 이를 본 원효는 가슴이 아팠다. 그러나 현실은 현실인 만큼 이제 원효로서도 자신이 그들을 위하여 할 수 있는 일이 무엇인가를 찾아야 했다.

압량벌의 군사훈련은 곧 신라군 전체의 사기로까지 이어졌다. 이를 본 무열왕은 자신의 아들 김인문에게 큰 상을 내렸고, 이에 참여한 압량인들을 위로하였다. 백제에 대한 마지막 공략은 무열왕이 이끈 신라의 정예군과 김인문이 훈련시킨 신라의 백성들이었다. 이들은 구룡산 아래 집결하여 원효의 자문에 의하여 황산벌에 이르러 모두가 초개와 같이 그들의 목숨을 버렸다.

"어머니!"

그들이 마지막 목 놓아 외쳤던 '어머니!' 그들은 모두가 어머니의 자비를 그리며 말없이 사라져 갔다. 군사도 장군도 국왕도 모두 그렇게 세상과의 하직을 하였다. 원효는 그 전장에서 목 놓아 통곡하였다. 그리고 그들이 사라져 간 자리에 낙엽을 모으고 흙을 어루만지며 가슴을 쳤다. 그는 자신으로 하여금 신라의 삼국통일을 위해 초개와 같이 목숨을 버린 수많은 젊은이들의 영혼을 위해 절을 짓고 추선 공양에 나섰다.

그는 세수 70에 이르러 혈사에서 마지막 생을 다할 때까지 그 많은 날들을 잊지 못하였을 것이다. 그래서 스스로 흙덩이에 토감을 파고 열반에 든 것이다. 그가 평생에 남긴 240여권의 저서는 곧 지난날의 자신을 되돌아보는 그림이었으리라. 그리고 그토록 애절하였던 아들 설총과 부자지정을 애욕이라 하여 거절하였던 무정함이 죽어 소상이 되어 문득 그를 돌아보았다는 기록은 그 누구도 흉내 낼 수 없는 그만의 대승사상이다.

[참고문헌 : 김종국, 《경산인의 정신적 지주 원효》]

3) 영원한 동방의 별

원효는 그 후 조용한 절로 옮겨 다니며 여러 가지 불교 경전에 주석을 달아 후세 사람들이 공부하기 편하게 하는 일로 남은 세월을 보내었다. 그리하여 원효가 써서 남긴 책은 120여부에 240여권이 되었다고 하는데, 그 중에 23권만 오늘날까지 전해지고 있음은 참으로 안타까움이 아닐 수 없다. 하지만 이것만으로도 원효가 얼마나 많은 공부를 하였는지를 알고도 남음이 있다. 대사가 쓴 책은 우리나라뿐 아니라, 중국과 일본에도 건너가서 한국불교를 이해하는 데 큰 가르침이 되고 있다.

그가 세상을 떠난 건 686년 3월, 신라 신문왕 때로, 깊은 산 속에 들어앉은 혈사(穴寺)에서 그는 일흔의 생을 마쳤다. 세상 사람들은 모두 그와의 작별을 슬퍼하였으며, 그리고 아버지를 여의었기 때문에 남달랐던 사람은 설총이다.

설총은 곧 혈사에 다녀와서 아버지 원효의 유해를 경주로 옮겨 크게 장사지내고, 화장한 그의 유해를 부수어 그 진용을 소상으로 만들어 분황사에 모시고 항상 경천사모하며 예배를 올렸다. 그가 예배할 때마다 소상은 고개를 돌려 돌아보았다 하여 그 소상을 고상(顧像)이라고 불렀다. 그 고상은 일연이 《삼국유사》를 쓰던 고려 말까지 분황사에 소장되어 있었다 한다. 이는 설총이 아버지 원효를 얼마나 극진히 사모했느냐 하는 것을 말해 주는 것으로, 지금은 물론 당시의 상이 없다. 그러나 원효의 홍미진진한 생애와 관련하여 한결 그의 따스한 인품을 돋보이게 하는 이야기이다.

원효는 신라 지역의 명산을 두루 편력하고 경관이 좋은 곳에 암자를 짓고 수행하였다. 그러나 그의 중요한 저술들은 분황사에서 이루어졌다. 자장법사 이후의 분황사 주석은 원효로, 그는 스스로 서민들에게 대승불교를 펴면서 소승불교를 지양한 실천의 성자였다. 그가 주장한 불교사상 때문에 법성종 · 해동종 · 분황종 · 중도종 또는 원효종이라고 불리는 종파가 이루어지기도 한 것이다.

생전에 원효는 일심사상, 화쟁사상, 무애사상으로 대중을 교화시켰다.

원효의 일심사상은 그의 저서 ≪금강삼매경론≫·≪대승기신론소≫ 등 그의 모든 저술에서 철저하게 천명되고 있다. 인간의 심식(心識)을 깊이 통찰하여 본각(本覺)으로 돌아가는 것, 즉 귀일심원(歸一心源 : 일심의 원천으로 돌아가는 것)을 궁극의 목표로 설정하고 육바라밀(六波羅蜜)의 실천을 강조하고 있다. 그는 만법귀일(萬法歸一)·만행귀진(萬行歸眞)을 굳게 믿고 사상과 생활을 이끌어갔다. 그리고 일심이야말로 만물의 주추(主樞)이며, 일심의 세계를 불국토 극락으로 보았고, 이것을 대승·불성(佛性)·열반이라고 불렀다.

또한 원효는 어느 한 종파에 치우치지 않고 ≪화엄경≫·≪반야경≫·≪열반경≫·≪해심밀경≫·≪아미타경≫ 등 대승불교 경전 전체를 섭렵하고 통효(通曉)한 사람이다. 그리하여 전체 불교를 하나의 진리에 귀납하고 종합 정리하여 자기 분열이 없는 보다 높은 입장에서 불교의 사상체계를 세웠다. 이러한 그의 조화사상을 화쟁사상이라고 한다. ≪십문화쟁론≫은 바로 이러한 화쟁사상을 단적으로 보여주는 그의 핵심적인 저술이다.

그는 여러 이설을 십문으로 모아 정리하고 회통함으로써 일승불교의 건설을 위한 논리적 근거를 제시하였다. 그의 이와 같은 통불교적 귀일사상은 한국불교에 커다란 영향을 끼쳤다. 화쟁의 논리는 다음과 같이 전개된다.

"쟁론은 집착에서 생긴다. 어떤 이견의 논쟁이 생겼을 때, 가령 유견(有見)은 공견(空見)과 다르고 공집(空執)은 유집(有執)과 다르다고 주장할 때 논쟁은 더욱 짙어진다. 그렇다고 하여 이들을 같다고만 하면 자기 속에서 서로 쟁(諍)할 것이다. 그러므로 이(異)도 아니요 동(同)도 아니라고 설한다."

"또 불도는 광탕(廣蕩)하여 무애무방하다. 그러므로 해당하지 않음이 없으며, 일체의 타의가 모두 불의이다. 백가(百家)의 설이 옳지 않음이 없고 팔만법문이 모두 이치에 맞는 것이다. 그런데 견문이 적은 사람은 좁은 소견으로 자기의 견해에 찬동하는 자는 옳고 견해를 달리하는 자는 그르다 하니, 이것은 마치 갈대 구멍으로 하늘을 본 사람이 그 갈대 구멍으로 하늘을 보지 않은 사람들을 보고 모두 하늘을 보지 못한 자라 함과 같다."라고 하였다. 원효는 이처럼 철저한 논리의 근거를 가지고 화쟁을 주장하였다.

다음은 무애사상이다. 원효의 무애사상은 그의 사생활에서도 잘 나타나고 있다. 그는 어디에도 걸림이 없는 철저한 자유인이었다. "일체에 걸림이 없는 사람은 단번에 생사를 벗어난다."라고 한 그의 말을 보더라도 그의 무애사상은 짐작된다. 그는 부처와 중생을 둘로 보지 않았으며, 오히려 "무릇 중생의 마음은 원융하여 걸림이 없는 것이니, 태연하기가 허공과 같고 잠잠하기가 오히려 바다와 같으므로 평등하여 차별상이 없다."라고 하였다.

그러므로 그는 철저한 자유가 중생심에 내재되어 있다고 보았고, 스스로도 철저한 자유인이 될 수 있었으며, 그 어느 종파에도 치우치지 않고 보다 높은 차원에서 일승과 일심을 주장하였던 것이다. 이 밖에도 원효는 여래장사상 등 불교의 모든 사상에 대하여서도 독자적인 사상체계를 확립하였다.

[참고문헌 :《원효설화대계》]

홍유후 설총
(弘儒侯 薛聰)

1. 하늘을 받칠 기둥

1) 남악산의 삼신당

경주시 탑동 마애불

원효의 파계는 당시 신라 사회에 있어 크나큰 사건으로 종단·스님·불자 모두에게 소용돌이와도 같은 영향을 미쳤다.

그로부터 불굴암이 자리한 경주 남악산[지금의 남산] 일대에는 언제부터인가 솜털 같은 운무가 석 달이 지나도록 사라지지 않았다.

이때 요석궁을 나와 저잣거리에서 무애춤으로 거침없는 생활을 하던 소성거사 원효가 이를 상서롭게 생각하고 그곳을 찾았다.

'정말 상서로운 일이야!'

그는 가까이 다가설수록 한 치 앞을 내다볼 수 없는 운무의 신비에 흠뻑 빠지고 말았다.

'도대체 이 조화가 무엇인가?…….'

그러던 그가 문득 그 운무 속에 희미하게 나타난 한 여인을 보았다.

그는 무언가 마음에 깨우침[靜知]이 있어 그 신령스런 기운[瑞氣]이 솟아나는 곳에 이르러 어렴풋이 한 젊은 여인을 발견한 것이다. 그리고 그는 무언가를 애절하게 호소하는 여인의 목소리를 들었다.

'이 깊은 골에 어이 여인의 몸으로……?'

순간 그는 소스라치게 놀랐다. 그곳에 다소곳이 앉아 기도를 올리는 그 여인은 다름 아닌 자기 아내인 요석궁의 아유다 공주였기 때문이었다.

'아니! 아유다가…… 도대체 어찌된 일인가?'

원효는 잠시 주위를 둘러 본 뒤 숨을 죽이고 공주를 응시하였다.

'그렇다면 공주께서 아들을 얻기 위해 백일기도를 올리는 것일까?'

이때 시녀가 공주 곁으로 다가섰다.

"공주 마마! 이제 하산할 시간이옵니다. 곧 해가 저물 듯 하오니 서둘러야 하옵니다."

그러나 공주는 듣는 둥 마는 둥 깊은 기도삼매에 빠져 있었다. 시녀의 마음은 더욱 다급해졌다.

"마마! 이제 떠나야 할 시각입니다. 어서 일어나십시오."

시녀의 성화에 공주는 마치 긴 잠에서 깨어난 듯 일어나 다시 삼배의 예를 올리고 시녀가 인도하는 계곡 길을 따라 총총히 사라졌다.

원효는 아스라이 사라지는 그녀의 뒷모습을 바라보며 그녀와의 지난 일들을 회상하였다.

"공주!……."

그리고 그는 그 자리에 엎드려 소리쳤다.

"산신이시여! 소승은 승려 신분으로 한 여인과의 사랑에 빠져 파계의 몸이 되었습니다. 그러나 저는 그것이 우연한 애욕이라 생각하지 않습니다. 이는 풍전등화와 같은 신라를 지켜내기 위한 종교적 몸부림이기도 하였습니다. 부디 저 여인의 청을 거절 마옵시고 그에게 진정 하늘을 떠받칠 자식을 점지하여 주옵소서!"

원효의 간절함도 아유다에 못지 않았다. 그리고 그는 이후 남악의 계곡을 더 이상 찾지 않았다.

하지만 아유다의 간절한 기도는 그치지 않았다. 백일이 되는 어느 날, 아유다는 비몽사몽간에 오색구름을 가슴에 안고 요석궁으로 돌아왔다. 그로부터 공주는 태기를 완연히 느낄 수가 있었다.

그리고 그녀는 만삭의 몸으로 요석궁을 떠나 남편 원효의 고향 불지촌을 찾았다. 백제 정벌을 1년여 앞 둔 어느 따뜻한 봄날, 그는 현성산 아래 불지촌에서 동남방의 오색 구름이 문밖의 땅을 덮었을 때, 꿈에도 그리던 사내아이를 출산하였다[22].

"아가! 너무나 고맙구나!"

아유다는 눈물을 흘렸다. 초개사에서 공주의 시녀로부터 이 소식을 전해들은 원효는,

"그 아이는 필시 천인(天人)이 내려온 것이 분명하니, 이름을 총(聰)이라 하게!"

하자, 궁의 시녀는 즉시 공주에게 이를 고했다.

"대사께서 그밖에 다른 말씀은 없었더냐?"

시녀는 머뭇거렸다.

"그…… 그렇사옵니다."

"무정한 사람……!"

공주는 그동안 참았던 눈물을 왈칵 쏟아 내었다. 어느덧 세월은 흘러, 총이가 열살에 이르자, 그의 얼굴은 거인 같고, 지혜와 사려는 군자의 기량을 갖추었다. 공주는 하루가 다르게 무럭무럭 잘 자라준 총이가 너무나 대견스러웠다.

"천지신명께서 나에게 은밀히 영특한 자식을 주셨으니, 그로써 아들이 뛰어남[超倫拔華]이 있구나! 이는 진실로 우리 가문의 빛이요, 보배로운 자식[興光寶駒]이로다. 나는 더욱 정성[依倚]을 다하여 반드시 가문의 영광과 귀함을 얻을 것이야."

그러나 이러한 공주의 다짐은 곧 남편에 대한 애틋한 한으로 이어졌다.

[참고문헌 :《鷄林譜》,《登官錄》]

---

22) 1890년경에 간행한 《홍유후실기》에 의하면,《경주지》를 인용, 설총은 유곡동에서 태어나 유천동에서 자랐다(薛聰 生於油谷 長於柳川)고 하였다. 당시는 신라가 백제와 격전의 와중 속에 있었는데, 아유다는 공주라는 신분임에도 불구하고 과공주(寡公主)로 스님을 파계시킨 사건은 그녀에게 더 이상 왕궁에 머물지 못하게 하였던 것으로 보인다.

2) 왕재에서의 해후

왕재 등산로

한국의 3대 반룡사(盤龍寺 : 경산, 고령, 평양) 중 구룡산 반룡사는 경북 경산시 용성면 용전리에 자리한 우리나라의 4대 관음도량 중 하나이다.

신라 29대 태종 무열왕(654~661)은 삼국통일의 성업을 달성하기 위하여 압독고국을 동도(東都)로 삼고, 그곳에서 대규모 전투 병력을 양성하게 되었고, 한편으로 원효(元曉 : 617~686)로 하여금 호국사찰을 건립도록 하였다.

당시 왕재는 압독고국의 입성 통로가 되었고, 그 아래 신흥암[23]은 신라 전쟁의 중요한 군사 자문소로 신라 왕실의 기원사찰(祈願寺刹)이었다. 또한 왕재와 신흥암은 태종 무열왕이 출정을 앞두고 그리운 딸 아유다와 손자 총이를 상봉하였던 유서 깊은 사적이기도 하다.

서기 660년, 신라가 백제 정벌을 위해 촌각을 다투고 있을 즈음에 만삭이 된 요석궁의 아유다 공주는 출산을 앞두고 깊은 시름에 빠져 있었다. 물론 신라 왕실은 그에게 산실청을 내게 하고 온갖 배려를 아끼지 않았으나 그는 더 이상 궁에 머물 수 없었다.

그는 홀연히 시녀 한 사람만 대동한 채 원효의 고향인 불지촌을 찾았다. 그것은 원효에 대한 그리움이기도 하였으나 아녀자로서 자신의 입장이기도 하

23) 훗날 반룡사로 개칭된 신흥암은 원홍국사가 중창한 사찰로 알려지고 있다.

였다. 그러나 그가 찾은 압량의 초개사는 초라하기 그지 없었고, 사방 어디에도 자신의 몸 하나를 의지할 곳이 없었다. 원효는 그곳에서 자신과의 싸움인 파계의 수렁에서 몸부림치고 있었다. 그의 등 뒤에 선 아유다의 눈에서는 회한의 눈물이 흘러내렸다.

'야속한 사람……!'

그는 더 이상 그 곳에 머물지 않고 발길을 돌렸다. 그러나 그가 찾아갈 곳은 아무 곳도 없었다. 그렇다고 다시 요석궁을 찾을 수도 없고……, 낙조를 등에 업고 하염없이 발길을 재촉하던 아유다는 황급히 뒤따르던 한 아낙의 안내로 설씨 문중 재실에서 가까스로 몸을 풀 수 있었다. 모든 것은 운명의 순간들이었다. 아유다는 더 이상 그 누구를 원망하지 않았다. 그리고 나서 수삼일이 지났다.

어느 날 아유다의 모자를 찾아온 한 스님이 그의 산후 조리를 위해 자신이 기거하고 있는 신홍암을 소개하였다. 그 곳은 꿈에도 그리던 원효의 정취가 담겨져 있는 사찰이었다. 아유다는 그의 제의를 거절할 그 어떠한 명분도 없었다.

"너무나 감사하옵니다. 스님!……."

그녀는 시녀와 함께 가마에 올라 산새 소리가 적막을 깨는 구룡계곡에 올랐다. 구룡 계곡에 가득한 운무, 이는 어느 날 남악 계곡에서 그가 경험하였던 바로 그것이었다.

"정말 은혜로운 곳이로다."

아유다의 눈가에는 아까와는 달리 잔잔한 미소가 그려져 있었다. 그리고 문득 부왕께서 군사 독려차 몸소 지아비의 땅 압량을 찾았던 고개를 바라보았다.

"저 고개가 분명 아바 마마께서 나에게 들려주시던 그 반룡현이야!……."

그녀의 머릿속에서는 어느 듯 말을 탄 부왕의 모습이 그려졌다. 아유다는 순간 시녀의 품 속에서 잠든 총이의 손을 꼭 잡았다.

"아가야! 저 고개는 바로 네 할아버님과 신라의 꿈을 이루게 하는 곳이란다."

그는 잠자는 총이의 손을 들고 맹서라도 하듯 그곳을 가리켰다. 한 나절이 훌쩍 지나서야 신홍암에 다다랐다. 그곳에는 공주 모녀를 맞이하기 위하여 암자 한 켠에 조그만 한 방 한 칸이 마련되어 있었다. 아유다는 감사하는 마음으로 합장의 예를 올리며 기도를 하여 보았다.

"부디 이 골에서 이 아이의 꿈을 기르게 하소서!"

그렇게 하루 해는 저물었다. 이때 압량벌은 신라의 삼국 통일에 대한 원대한 꿈을 안고 김유신과 김인문이 총관으로 연이어 파견되어 군사 훈련에 여념이 없었다. 무열왕은 종종 압량에 친행하여 훈련상태를 점검하고 또 그들의 노고를 치하하였다. 이런 친행 과정에서 그의 유일한 즐거움은 신흥암에서 기거하고 있는 아유다와 손자 총이와 상봉하는 것이었다.

"아바마마! 부디 옥체를 강건하게 하옵소서!"

아유다는 노구에 자신을 찾아준 부왕이 너무나 고맙고 행복하였다.

"그래 고맙구나, 그리고 너의 고생도 실로 이만저만이 아니구나……."

"아니옵니다. 아바마마! 소저(小姐)는 그저 모든 것이 황감할 따름입니다."

태종은 총이를 자신의 무르팍에 올려놓고 지난 수많은 날들의 회한을 생각하며, 기쁨의 미소를 머금었다.

"정말 장하구나! 궁에만 매여 있던 네가 이렇게 총명한 아이를 두었으니. 이 애비는 더 없이 기쁘구나."

"아바마마!……."

"그래, 그래 조금만 더 참고 기다려라. 곧 우리가 함께 살 수 있을 거야. 이제 백제 정벌도 눈 앞에 있으니 너무 심려치 말거라."

"네, 아바마마."

부녀간의 정은 긴긴밤을 꼬박 이어갔다. 해가 중천에 올랐을 무렵에야 부녀는 수라상을 물리고 또다시 기약 없는 이별을 마지 하였다. 아유다는 사라져가는 부왕의 뒷 모습을 바라보며 그 자리에 엎드려 큰 절을 올렸다.

"아바마마! 부디 강령하옵소서."

당시 부왕이 넘었던 고개를 구룡현이라 하였으나, 훗날에 와서 이를 왕재라 하였다. 그리고 이 왕재 아래 압량벌은 신라 통일의 전초기지가 되었던 것이다.

세월이 흐를수록 이인로(李仁老)가 남긴 「산거(山居)」란 한시의 내용은 지난날 아유다 가슴 속의 슬픔을 놓치지 않으려는 외로운 심경의 노래로 남아 나

그네의 발걸음을 더디게 한다.

> 봄은 갔으나 꽃은 오히려 피어 있고 (春去花猶在)
> 날은 개었는데, 골짜기는 절로 그늘지도다. (天晴谷自陰)
> 두견새가 대낮에 노래하니 (杜鵑啼白晝)
> 비로소 내 있는 곳이 산속 깊음을 알겠도다. (始覺卜居深)

[참고문헌 : 《경산군지》, 1971.]

2. 그림자를 따라

1) 무애의 거울

소요산 입구

설총은 당대 고승인 원효와 요석궁의 아유다 공주 사이에서 태어난 것만으로도 신비스럽게 여겨진다. 특히 《삼국유사》 원효불기(元曉不羈)조에 실려 있는 '몰가부(沒柯斧, 자루 빠진 도끼)'는 설총 탄생의 신비함에 역사성을 더해주는 노래라고 생각된다.

"誰許沒柯斧 我斫支天柱"
누가 내게 자루 없는 도끼를 허락하겠는가.
(그러면) 나는 하늘 떠받칠 기둥을 깎겠노라.

원효의 노골적인 유혹, 그것은 스스로 불가의 계율을 어긴 것이었다. 얼마 전 당나라로 들어가려다가 당항성[현재의 화성]에서 해골 속의 물을 마시고 크게 깨우친 바 있었기에, '일체유심'에 따라 그는 승려는 결혼하지 않는다는 불교 계율을 깨더라도 그것이 오히려 중생을 구제하는 데 더 도움이 된다면 즐겨 파계하겠다는 각오가 이미 확고했던 것인가? 즉 생사고락에 시달리는 중생구제와 무애실천을 위해서라면 파계뿐만 아니라 순교까지도 할 수 있다고 생각했었던 것 같다.

이와 같이 그의 파계는 평생 반려를 위한 여인의 선택이기에 앞서 신라를 구할 수 있는 거목을 얻겠다는 것이었으니 당시의 신라를 위한 시대적 소명을 다 하고자 하는 자신과의 싸움에서 그의 깨달음은 순교자적 의미가 없지 않다.

그것은 설총의 탄생과 더불어 운수납자의 길로 들어섰다는 점에서 알 수 있다. 그는 아무것도 개의치 않았다. 그리고 계율에 얽매이지 않는 자유인이 되었다. 그의 저잣거리 행각은 신라 대승불교의 기틀이 되었다. 그가 누더기를 걸치고 무애춤을 추면서 스스로를 낮추어 소성거사라 하며 저잣거리의 비렁뱅이들과 어울려 때로는 주막에서 술을 마시고, 때로는 주모에게 추파를 던지기도 하였다.

그러나 그의 곁에는 항상 가까이서 또는 멀리서 이를 지켜보는 아유다 공주가 있었다. 이제 자신의 눈앞에 나타난 원효의 모습은 남편으로서가 아닌 자신과 신라를 구제하려는 절대적 신앙인으로 변해 있었다.

아유다는 설총을 훈육하면서 항상 그의 마음 속에 아버지 원효의 삶이 귀감이 되게 하였다. 그리고 그가 어디에 있던 그리움이 사무치는 날이면 아들 총이와 함께 찾아가 먼 발치에서 원효를 지켜보는 것만으로 위안을 삼았다.

하루는 원효가 동두천 소요산 아래 한 토굴에 기거한다는 수소문을 들듣고

서 아유다는 아들 총이와 함께 그곳을 찾았다. 그러나 아유다는 원효를 만나지 못하였다. 만나지 못한 것이 아니라 수행에 장애가 된다고 만나주지 않았다. 총이 모자는 몇날 며칠을 그 곳에 머물며 그리는 마음을 속으로만 새겨야 했다. 그러던 아유다는 어느 날 시자를 통하여 한 장의 서찰이 전해 받았다. 원효가 그녀에게 보내온 것이었다. 아유다는 흥분하며 온몸을 떨었다.

"대사께서 결국 우리 모자를 생각하셨구나!"

아유다의 두 눈에는 기쁨의 눈물이 흘렀다. 이 때 이를 바라보던 총이가 재촉하였다.

"어머님! 아버님이 보내오신 서찰이 아니십니까? 어서 펼쳐 보시지요."

아유다의 두 손은 부들부들 떨렸다.

"그래! 어서 읽어 보자구나!"

서찰을 펼쳐드는 아유다의 얼굴에는 잔잔한 행복감이 서려 있었다. 그러나 잠시 뒤,

"아니……."

서찰을 펼쳐 읽던 아유다는 더 이상 읽어 나가지 못하고 땅에 떨어트리고 말았다.

"아니 어머님! 무어라 하였기에 그러하옵니까?"

총이는 땅에 떨어트린 서찰을 주워서 급한 마음에 찢어질 듯 펼쳤다.

'나는 소요산의 신선이 되어 세속으로 향하는 차편이 없어져 내려가지 못하노라.'

총이는 아무 말을 하지 못하고 어머니의 얼굴만 망연히 쳐다보았다. 아유다의 두 눈에는 하염없이 눈물이 흘러 내렸다.

"무정한 사람……!"

"어머니!……."

그들은 한참 동안 서로를 부둥켜안고 통한의 눈물을 흘렸다. 그리고 그들은 소요산 계곡을 내려왔다. 야속한 마음은 좀처럼 가지지 않았다. 하지만 아들 총이에게 만은 더 이상 눈물을 보일 수 없었다. 무엇보다 아버지를 아버지라 부르지 못하는 총이의 마음을 달래는 것이 더 우선이었기 때문이었다.

그러던 중 지방 수령이 이들 모자를 안타까이 여기고 조그마한 궁을 지어 바쳤다. 이른바 별궁이다. 어린 총이는 여기서 생활하면서 어머니와 함께 먼발치에서 아버지의 그리운 모습을 그렸다. 지금도 그곳에는 원효가 수행을 하던 자재암의 일주문과 원효대, 아유다가 매일같이 기도를 올렸다는 공주봉 그리고 요석별궁지 등이 남아 오늘날 우리에게 역사 속의 인물을 만날 수 있게 하여 주고 있다.

[참고문헌 : 소요사 자재암 창사 연기설화]

2) 갈림길

여러 기록과 정황으로 보아 설총은 아버지의 고향인 현 경산시 유곡동에서 태어나 얼마간 유천동에서 보냈지만, 원효가 출가(出家)한 후 자신의 생가를 초개사로 바꾸어 기거할 곳이 마땅치 않아서 후에 아버지가 창건한 반룡사 또는 어머니의 거처였던 경주 반월성 인근의 요석궁에서 보낸 것으로 알려지고 있다.

아유다는 처음 아들 설총에게 아버지의 뒤를 잇게 할 요량이었으나, 시대가 바뀌면서 승려들의 역할이 점차 축소되면서, 아들에게 유학에 정진하도록 유도한 것으로 보인다. 그러나 설총이 유학자의 길을 걷게 된 것은 무엇보다 아버지 원효의 영향이 컸다고 생각된다.

설총은 태어나면서부터 재주가 많았고, 하나를 가르쳐 주면 열을 깨달았다. 아버지로부터 어머니와 함께 세속적 버림을 받았으니, 어머니에게 효도하는 것만이 자신이 할 일임을 깨달았다. 바로 그것이 학업에 전념하는 것이었으니, 어머니 역시 이런 자식을 가르치는 즐거움을 느꼈을 것임은 자명하다. 당시 설총이 면학정진하던 모습을 "유년 시절 성장지인 유촌동 독자골에서 독경하는 소리가 경주까지 들렸다."고 기술하고 있다.

이리하여 설총은 경사(經史)에 박통(博通)하게 되었고, 우리말로 《구경(九經)》을 읽고 후생을 가르쳐 우리나라 유학의 종주(宗主)가 되었다. 그리고 결국 신라십현(新羅十賢) 중 한 사람이 되는 반열에까지 오르게 되었다.

[참고문헌 : 《홍유후실기》]

3) 부전자전

자신이 걸어야 할 길이 유학자임을 깨우친 설총은 독학으로 구경(九經)을 모두 섭렵하여, 이에 관한 한 신라에서 독보적 위치에 오르게 되었다. 그러자 유교를 받아들여 왕권을 강화하려던 신문왕은 설총을 발탁하여 한림원의 중요 자리에 제수하였다. 이를 계기로 설총은 신라의 교육체계를 정립하게 되었으니, 그것이 바로 신문왕 때에 국학(國學)을 설립하는 데 주동적인 역할을 한 것이다.

우리가 신라의 3문장이라고 하면 강수(强首) · 설총(薛聰) · 최치원(崔致遠)을 일컫는데, 전기에 따르면 이들은 각자의 장기(長技)가 다른 것으로 나타난다.

강수(强首)는 서기 630년쯤 지금의 충북 충주인 중원경에서 태어났다. 그는 임나가야(任那加耶 : 지금의 경북 고령인 대가야) 사람으로 562년(진흥왕 23) 가야가 신라에게 멸망한 이후 중원경으로 집단 이주한 귀족층의 후손이다. 강수의 아버지가 "우리 아들은 잘 기르면 장래에 국사(國士)가 될 것"이라고 했다는 기록에서 볼 때 강수의 집안은 신라의 신분제도인 골품제에서 6두품(六斗品)에 속한 것으로 보인다. 이들은 왕족이었던 진골에 눌려 제6관등인 아찬까지밖에는 오를 수 없었기에 열심히 학문을 닦아 자기 능력으로 중앙 정계에 진출하는 수밖에 없었다. 관료가 된 강수는 해독이 어려운 당나라의 조서를 막힘없이 풀어냈고, 통일전쟁기에 숱한 국서를 써서 이름을 날렸다. 그래서 문무왕이 "강수의 문장 덕에 고구려와 백제를 평정할 수 있었다."고 칭찬할 정도였다. 또 학계에서는 신문왕 때 교육기관인 국학의 설립에도 주도적인 역할을 했을 것으로 보고 있다. 이런 점에서 강수는 일찍이 관직에 진출하여 중국으로 오가는 외교문서를 담당했던 관각(館閣) 문인으로 보아야 할 것 같다.

설총(薛聰, ?~?)은 통일신라 시대의 대표적인 학자이다. 자는 총지(聰智), 호는 빙월당(氷月堂)이다. 원효와 요석 공주(태종 무열왕의 딸) 사이에 태어났으며, 벼슬은 한림(翰林)에 이르렀다. 어려서부터 유달리 총명하여 널리 경사(經史)에 박통했으며, 유학과 한문학에 조예가 깊었다. 설총은 고대 한국어를 한문으로 표현한 첫 문자 체계인 이두와 구결 문자를 처음 만든 것으로 널리 알려져 있으나, 그것은 잘못된 것이다. 설총은 다만 그때까지 존재하던 향찰의 집대성자였으며,《육경》을 읽고 새기는 방법을 개발하여 한문을 국어화하고 유학 연구를 쉽게 하고 그리고 빨리 발전시키는 데에 공이 컸다. 강수와 함께 9경을 처음으로 구결(口訣)로 강론하여 후학을 지도하였다. 또 신문왕 때에는 지금의 국립대학인 국학을 세우는 데에도 중요한 역할을 하였고, 많은 제자들을 가르쳐, 우리나라 유학의 큰 스승이 되었다. 그의 작품으로는「화왕계」라고 불리는 왕의 어질지 못함을 풍자한 글이 전하고 있다. 이와 같이 설총(薛聰)은 정확한 생몰 연대는 알 수 없으나 대략 무열왕 대에 태어나 문무왕—신문왕—효소왕을 거쳐 성덕왕 대까지 생존한 것으로 추측되며, 우리나라의 유학을 체계화시킨 학자요, 국학을 설립한 교육의 선구자로 보아야 할 것 같다.

최치원(崔致遠 : 857～?)은 857년(문성왕 19)에 태어나, 869년(경문왕 9) 12세의 나이로 당(唐)나라에 유학하여 874년 빈공과(賓貢科)에 합격하였고, 876년(헌강왕 2) 당나라 선주(宣州) 표수현위(漂水縣尉)가 되었다. 그리고 879년 황소(黃巢)의 난에 제도행영병마도통(諸道行營兵馬都統) 고변(高騈)의 종사관(從事官)이 되어 4년간 표(表)·장(狀)·서계(書啓)·격문(檄文) 등을 직접 지었고, 특히 「토황소격문(討黃巢檄文)」은 명문으로 이름이 높다. 885년 귀국하여 시독겸 한림학사 수병부시랑 지서서감사(侍讀兼翰林學士守兵部侍郎知瑞書監事)에 임명되었으나, 진골 귀족 중심의 독점적인 신분체계의 한계와 국정의 문란함을 깨닫고 외직(外職)을 원하여 대산군(大山郡)·천령군(天嶺郡)·부성군(富城郡) 등의 태수를 지냈다. 893년 하정사(賀正使)에 임명되었으나 도둑들의 횡행으로 당나라에 가지 못했고, 894년 시무책(時務策) 10여 조를 진성여왕에게 올린 것이 받아들여져 6두품 신분으로서는 최고 관등인 아찬에 올랐다. 그러나 당시 사회적 현실에서는 자신의 개혁안이 실현될 수 없음을 비관하여, 자신의 정치적 이상과의 사이에서 심각한 갈등을 겪은 뒤, 전국 각지를 유랑하다가 만년에는 가야산 해인사(海印寺)에서 여생을 마쳤다고 전한다. 고려 현종 때 내사령(內史令)에 추증되고 문창후(文昌侯)에 추시(追諡)되어 한국인으로는 처음 문묘에 배향되었다. 조선시대에는 태인(泰仁)의 무성서원(武成書院), 경주 서악서원(西岳書院), 함양(咸陽) 백연서원(柏淵書院), 영평(永平) 고운영당(孤雲影堂), 대구 계림사(桂林祠) 등에 제향되었다. 저술로는 시문집과, 사서(史書), 고승전 등이 있었으나, 오늘날에는 《계원필경》·「법장화상전」·「사산비명」만이 전한다. 이와 같이 최치원은 신라 말기의 한문학의 개산시조(開山始祖)이며 학자라고 할 수 있다.

위에서 보다시피 강수와 설총은 둘다 신라 통일기에 활동하였으며 생존 연대가 약간 겹치고, 최치원은 약 2세기 뒤 신라 말기의 인물이다. 강수가 외교문서를 담당한 관료라면, 설총은 국학의 기초를 세운 학자이고, 최치원은 한문학의 개산시조인 문장가로, 각각은 자신의 담당했던 분야에서 신라의 문화에 큰 영향을 미친 문화영웅이라고 할 수 있을 것이다.

[참고문헌 : 홍유후실기]

4) 수리파(修離破)의 길

요석궁에 홀로 기거하던 아유다 공주는 출산달이 다가오자 이리 뒤척 저리 뒤척하면서 좀처럼 깊은 잠에 들 수가 없었다. 궁을 나선 원효는 아유다가 임신했는지도 모르는지 9개월이 지나도록 감감 무소식이었다. 잠을 설친 지가 벌써 한 달도 더 넘어, 만삭의 배는 나날이 불러왔지만 얼굴은 더욱 수척해져 갔다.

내시로부터 이런 소식을 접한 아버지 무열왕은 딸을 왕궁에 들도록 하여 대화를 나누었다.

"공주는 어디에서 출산을 할 계획인가? 아무래도 경산은 서울[경주]에서 먼 거리에 있고, 또 출산을 도울 산파도 마땅찮으니 시녀의 도움을 받아, 요석궁에서 몸을 푸는 것이 좋지 않겠느냐?"

"첩의 생각은 그렇지 않사옵니다. 그렇지 않아도 과공주(寡公主)가 임신했다는 소문이 계림 장안에 파다하게 퍼져 몸둘 바를 모르겠는데, 어찌 시댁이 없는 것도 아닌데 홀로 요석궁에서 자식을 출산할 수가 있겠어요? 이제는 뱃속의 아이가 원효 스님의 자식임을 세상에 떳떳하게 밝히고 싶어요. 그리고 고래로 자식은 시댁에서 낳는 것이 도리가 아니겠어요? 그러니 경산 초개사로 관리를 보내 앞으로 30일 후에 첩(妾)이 시댁에서 해산할 예정이라고 통보를 해 주세요."
라고 하였다. 무열왕은 딸의 말을 들어보니 사리에 맞는 것 같아 내시에게 명령하여, 공주의 출산에 필요한 물품을 미리 챙기고, 초개사로 관리를 보내 아유다 공주의 출산이 임박했으며, 시댁에서 해산할 계획임을 알리도록 하였다.

초개사에서 무열왕이 보낸 관리의 방문을 받고, 요석 공주가 임신했고 출산이 임박했다는 소식을 접한 원효 스님은 이루 말할 수 없는 번뇌의 바다에 빠지고 말았다.

평민들에게 가까이 가고자 한 스스로 선택한 파계이었건만, 그것이 결국 속세의 인연에 더욱 얽매이는 자식을 낳게 되리라고는 미처 깨닫지 못했다. 남편이 되기를 포기하고 떠난 몸인데, 어찌 다시 아버지가 될 수 있단 말인가? 관리에게 요석 공주가 초개사로 오지 말도록 부탁도 하고 싶었지만 왕명이니 어찌할 도리가 없었다.

일찍이 승려가 되면서 자신이 태어난 집을 초개사로 바꾸었는데, 어찌 이곳에서 아이를 출산하게 한단 말인가? 고민에 고민을 거듭하였지만 뚜렷한 대책을 세우지도 못하던 차에 출산이 임박한 요석 공주 일행이 초개사로 들이닥쳤다.

"스님! 저와 스님과의 인연은 비단 사흘이라는 짧은 기간에 불과했지만 하루 밤에도 만리장성을 쌓는다는 말이 있다시피, '누가 나에게 자루 빠진 도끼를 빌려준다면, 나는 하늘을 지탱할 기둥을 깎으리라(誰許沒柯斧 我斫支天柱)'는 스님이 부른 노래처럼 저는 새 생명을 잉태하여 여기에 이르게 되었습니다. 이왕 여기까지 이르렀으니 순산하여 이 나라에 꼭 필요한 인재로 키워야 하지 않겠습니까?"

"공주! 소승은 잠시 미망에 빠져 그대와 부부의 인연을 맺었지만, 이미 속세를 떠난 몸이니, 남편과 자식 문제에 구속되어 다시 계율을 깨트리는 일이 없도록 하여주면 좋겠소. 세간에서는 내가 부른 '몰가부'를 여인을 유혹하는 노래로 이해하고 있지만, 실로 나는 화두를 깨치고 득도하여 중생을 제도하겠다는 뜻으로 노래를 불렀다는 점도 알아주구려. 어차피 이곳에 이르렀으니 우리 설씨 문중에서 공주의 출산에 따른 뒷바라지를 해 줄 것이오. 그러나 순산을 하게 되면 빠른 시간 내에 이곳을 떠나는 것이 나의 수행을 돕는 일이 될 것이오. 또 공주가 이곳을 떠나면 나도 다시 운수납자가 되어 전국 방방곡곡을 떠돌 예정입니다. 이와 같이 나는 이미 속세의 사람이 아니니, 나를 더 이상 찾지도 말고 또 태어나는 아이에게도 나를 찾게 하지도 말 것이며, 공주 홀로 자식을 꿋꿋하게 길러 주시오."
라고 하였다.

공주가 문중 재실에서 설총을 낳았으나, 설총은 아들에 대하여 도대체 관심을 보이지 않았다. 그러나 공주는 아무리 남편이 현재 승려의 길을 걷는다고 하지만 파계시 낳은 자식을 어찌 못 본 체할 리가 있겠는가 하면서, 시간이 지나면 원효의 생각이 바뀔 것이라고 여기면서 시댁에서 어린 설총을 키우려고 마음 먹었다. 그러나 시간이 지날수록 원효의 냉정함은 금강석처럼 더욱 굳어갔고, 더욱이 유천동은 산간 경사지에 형성된 마을이라 생활여건이 열악하고 물산이 풍족하지 못하여 어린 설총을 키우는데 불편한 점이 이만저만이 아니었다.

이런 사정을 감지한 초개사의 원효 스님의 시자는 인근에 있는 왕실 사찰인 반룡사의 주지에게 통문을 보내어 요석 공주 모자가 기거할 수 있는 공간을 마련해 줄 것을 부탁하였다. 그러자 반룡사 주지는 주지실 옆에 작은 방을 마련하여 요석 공주 모자를 이곳으로 모셔오도록 조치를 취하였다. 그러고 보면 설총은 불교를 모태신앙으로 하여 태어났고, 유아기를 반룡사에서 보냈으니 한창 수학기에 아버지처럼 불교에 경도되었음을 알 수 있다.

그러나 남편인 원효도 고향을 떠나 운수납자의 길로 떠나버렸고, 언제까지 반룡사에 신세를 질 수도 없는 일이어서 다시 설총을 데리고 요석궁으로 돌아왔다. 요석궁은 왕궁인 월성의 지척에 있는지라, 시간만 나면 설총은 첨성대와 문천 옆에 있는 백구정으로 가서 왕후장상들의 자제들과 뛰어 놀았다. 그런데 언젠가 친구들과 어울려 소꿉장난을 하고 있었는데, 하루는 정명[후대 신문왕이 됨]이 다짜고짜

"앞으로 너하고 안 놀거야."

하였다. 그러자 총이

"왜 그러는데?"

라고 하자, 정명은

"너는 아버지가 없잖아."

라고 하는 것이 아닌가. 이에 총은 어머니에게 달려가서

"나의 아버지는 누구이고, 왜 나는 아버지와 함께 살고 있지 않은 거예요?"

라고 물었다. 그러자 요석 공주는 한참 동안 말이 없다가 무겁게 말문을 열었다.

"너의 아버지는 우리나라의 유명한 스님인 원효 대사이시다. 일찍이 불문에 입문했었으나, 내가 너무 사랑한 나머지 파계의 길을 걷게 만들었으나, 나와 잠시 인연을 나누었을 뿐 다시 승려의 길로 돌아가셨다."

고 하였다. 그러자 총은

"어머니! 제가 알기로는 우리나라에는 대처승도 있다는 말을 들었는데, 왜 아버지는 나를 한 번도 찾아오지 않고 또 어머니는 나를 한 번도 아버지에게 데려다 주지 않는 거예요? 원효 스님이 진짜 나의 아버지가 맞긴 맞는 건가요?"

라고 따졌다. 그러자 요석 공주는 더 이상 할 말이 없었다. 남편이 초개사를 떠나 전국 탁발에 나설 때 다시는 나를 찾지 말라는 남편의 당부가 귓전에 맴돌았다. 간간이 남편이 무애춤을 추면서 평민들에게 부처님의 법을 전하고, 때로는 도리사에서 때로는 장안사에서 불사를 일으키고, 때로는 낙산사에서 의상대사와 선문답을 나누고 있다는 소식이 들려오기도 했다. 얼마 전에는 남편이 소요산 자재암에서 수행전진하고 있다는 소식을 지눌스님을 통하여 전해 들었다. 저렇게 아버지를 보고 싶어 하는 아들을 위해 당장 천리길을 떠나고 싶은 마음이 들었지만, 혹여 자신과 아들을 냉대한다면 그때 총이가 받을 충격을 생각하면서 소요산으로 찾아가고 싶은 마음을 억제하고 있었다.

그러나 총이도 이제 어느 정도 컸으니 이쯤해서 아들에게 아버지를 상면시킬 필요가 있다고 생각했다. 그리하여 왕궁에 들어가 아버지 무열왕에게

"첩이 원효 대사를 못 본 지도 벌써 6년이나 지난 것 같아요. 들리는 소문에 의하면 전국으로 다니면서 불사를 하고 평민을 구제한다고 하니 언제 계

림으로 돌아올지 알 수가 없어요. 이제 총이도 일곱 살이 되어 아버지를 찾을 나이도 되었으니, 총이를 데리고 소요산에서 정진중인 원효 대사를 찾아가려 하오니, 대왕께서는 하인과 용비를 내려주시어 첩의 내왕에 불편이 없도록 하여 주세요."

라고 하였다. 이에 무열왕은

"내왕에 불편이 없도록 명령하는 것은 어렵지 않으나, 아녀자가 어린 총이를 데리고 천리길을 떠난다고 하니 걱정이 앞서는구나. 그러나 총이가 아버지를 보고 싶어 하는 마음을 그토록 애절하다고 하니 만반에 준비를 하여 다녀오너라."

하고 허락하고는, 이어 내시에게 명하여 거마꾼과 호위군을 붙여 공주 모자의 내왕에 불편이 없도록 하라고 명하였다. 이에 총이는 나도 아버지를 만날 수 있다는 마음에 들떠 천리길도 멀다 하지 않고 더위와 추위도 참고 그리고 거친 음식도 탓하지 않으면서 한 달이나 걸려 소요산에 도착할 수 있었다.

소요산에 도착하자 사전에 통지를 받은 지역 현감은 공주의 거처를 마련해 주었다. 이에 공주는 시녀에게 명하여 공주 모자가 자재암 입구에 여장을 풀었음을 원효 스님에게 전하도록 하였다. 그리고 이제나 저제나 기별이 오기를 기다렸으나 함흥차사였다. 하루 이틀이 지나자 설총은 기다리다 못해 어머니의 손을 뿌리치고 단걸음에 내달려 자재암 법당 앞에 이르렀다. 그리고 좌선중에 있는 원효의 등 뒤에서 "아버지!"라고 외쳤다. 그러나 원효 스님은 미동도 하지 않고, 시자에게 설총을 돌려보내라는 하명을 하고, 법당 문을 닫도록 했다. 어린 설총은 과연 저 분이 나의 아버지가 맞긴 맞은가, 이렇게 냉대를 받기 위해서 천리길을 한 걸음에 달려왔던가. 왕자들과 놀이를 할 때 왕따를 당할 때마다 나도 아버지가 있다고 속으로 외쳤던 자신이 부끄러워졌다. 그리고 어머니에게 아버지와 해후하기 위해 먼 길을 떠나자고 재촉할 때도 선뜻 동의하지 않은 이유를 알 것만 같았다.

허탈한 마음으로 어머니에게 돌아와 아버지가 만나주지 않는다고 말하자, 공주는 그저 "야속한 사람!" 이 한 마디를 할 뿐이었다. 그러나 소요산 입구에서 얼마간 생활하면서 기다리면 조만간 상면의 기회가 있으리라 생각하면서, 설총에게 곧 아버지를 만날 수 있을 것이라고 다독거려 주었다. 그러나 하루가 지나고 이틀이 지나도 원효 스님으로부터 아무런 기별이 없었다. 기약 없는 상면만 기다리고 있다가 한 달이 되는 날에 갑자기 자재암으로부터 시자가 원효 스님이 보낸 편지를 가지고 왔다. 요석 공주는 다급히 편지를 펼쳐 보았다. 그러나 얼마간 읽어내려 가다가 갑자기 편지를 땅에다 떨어트리는 것이 아닌가. 옆에 있던 설총은

"어머님! 아버지로부터 온 편지가 아닙니까? 자재암으로 빨리 오라는 전갈인가요?"

라고 하면서 땅에 떨어진 편지를 주워서 읽어 내려가기 시작했다.

"공주! 읽어 보구려. 먼 길을 떠나 이곳에 왔지만 이미 나는 가족을 버린 몸, 이제 와서 어찌 소승이 내자와 아들을 챙기겠소. 재출가 때의 마음을 가지고 수행정진하여, 한 가정의 아버지가 아니라 모든 백성을 구제하는 아버지가 되도록 노력하고 있으니 부디 나의 굳은 생각을 꺾지 마시구려. 이미 속세를 떠난 몸, 이제 나에게는 속세로 돌아가는 차편이 없어졌으니, 그만 총이를 데리고 경주로 돌아가시구려."

편지를 읽는 총이의 눈에는 눈물이 그렁그렁 맺혀 있었다. 그리고 이를 악물고

"어머님! 아버지는 오래 전에 우리와 세속적 인연을 끊으셨습니다. 그러니 경주로 그만 돌아가시도록 하지요."

하자, 공주는 눈물을 삼키며 가마꾼과 호위병에게 경주로 갈 채비를 하라고 명령하였다. 천신만고 끝에 경주 요석궁에 도착한 총이는 결연한 마음으로 어머니에게 자신의 뜻을 밝혔다.

"소자는 한 때 아버지의 뒤를 이어 스님이 되고자 하는 뜻이 있어 불경을 외운 적도 있었습니다. 그러나 남편을 남편이라고 부르지 못하고 아버지를 아버지라고 부르지 못하는 것이 불교라면, 소자는 그 길을 가고 싶지 않습니다. 오늘부터 유교경전을 읽어, 우리나라의 최고의 유학자가 되어 실생활에 도움이 되는 유학을 부흥시키도록 노력하겠습니다."

라고 말한 뒤 본인의 결연한 의지가 흔들리지 않도록 가정에 전해 오는 불경

을 모두 불살라 버렸다.

[참고문헌 : 소요산 자재암 창사 연기설화]

5) 설총의 효심

원효는 부마(駙馬)가 되었음에도 불구하고 제도권에 들기를 거부한 채 평생 동안 사부대중들과 생사고락을 함께 하다가 70세(686, 신문왕 6년)에 경주의 혈사(血寺)에서 입적하게 된다. 아마도 태사공 신분이지만 신분이 6두품 출신이기 때문에 왕실불교단의 일원이 되어 중앙으로 진출함에 어려움이 있었으리라 생각된다. 오히려 그것이 원효를 진정한 대중불교의 화신이 되게 한 것이 아닐까?

유년기 시절의 설총은 어머니를 모시고 아버지와 상면하기 위하여 전국 방방곡곡 원효가 주석하고 있는 사찰로 찾아가는 고행을 겪어야 했다. 그러나 어린 소년에게 돌아오는 것은 항상 혈연을 끊는 듯한 아버지의 비정하기 짝이 없는 냉대와 외면이었다. 불원천리(不遠千里)하고 떠났건만 아버지의 얼굴도 보지 못하고 돌아오는 때가 비일비재했다.

그러나 수학기에 접어들면서 아버지가 선택한 구법 수행자의 길을 이해하게 되면서, 이제는 아버지를 결연히 떠나야 함을 알게 되었고, 나아가서는 아버지의 틀을 깨어버려야 함을 알게 되었다. 그 구체적 실천이 유학자의 길을 걷는 것이었다. 아버지는 평생 사랑하는 가족과의 인연을 끊는 출가의 길을 걸었지만, 설총은 반대로 현실과 유착된 유학자의 길을 걸었기에 나라에 충성하고 부모에게 효도하는 것만이 자신이 선택할 수 있는 전부였었다. 그러기에 비단 아버지는 처와 아들을 버렸지만 아들은 아버지를 버릴 수 없었다. 그 구체적인 증거가 다음과 같은 일화에서 그대로 드러나고 있다.

"설총은 아버지 원효가 세상을 떠나자 유골을 부순 가루로 원효의 소상(塑像 : 찰흙으로 만든 사람의 형상)을 만들어 분황사에 안치하고 예불을 드리니 소상이 고개를 돌려 설총을 바라보았다."

여기서 아버지의 소상을 만든다는 것에서 이 겨레의 영원한 스승으로 삼으려는 설총의 의도를 엿볼 수 있다. 여기서 설총은 효심이 지극한 유학자이지만 아버지를 위하여 불교 예식을 주관했음에서 종교를 초월한 실천적 유학자였음을 말해 주는 것이다.

그리고 원효가 비단 속세를 떠나 평생 승려로 살아왔지만, 입적한 후에라도 아들의 효성을 모른 체할 수 없었으니, 바로 그것이 사후에 만든 소상이 고개를 돌리는 이적으로 답례한 것이 아니겠는가?

[참고문헌 : 《삼국유사》 권4 「원효불기」]

3. 설총의 지혜

1) 구경(九經)의 해독

설총은 10세에 박학하여 각종 경에 통달했고, 항상 백구정(白鷗亭)과 선덕여왕이 선생을 위하여 지은 첨성탑(瞻星塔) 주위에서 뛰놀았다. 현재에도 첨성탑 꼭대기에는 첨성탑이란 제목의 선덕여왕 친필이 남아 있다.

신라와 당나라와의 외교는 진평왕 43년에 시작되었다. 이러한 사신 왕래는 주로 조공사와 책봉사가 많았고, 그 외에 청병사(請兵使) · 구법사(求法使) · 숙위(宿衛) 등의 형태도 있었다. 그리고 기록들을 보면 신라는 백제와 고구려의 끊임없는 압력에 대항하기 위해 당나라와 군사동맹 관계를 구축했는데, 결국 당나라의 힘을 빌려 신라는 삼국통일을 할 수 있었다. 통일 후 논공행상을 할 적에 무장들의 전공도 치하했지만, 외교문서를 담당했던 문신들의 공로를 치하하는 내용이 다음과 같이 《삼국사기》 열전 「강수전」에 잘 나타나 있다.

문무왕은,

"우리 선왕 태종이 당에 원병을 청하여 고구려, 백제를 평정한 것은 비록 무공이라고 할지라도 또한 원병을 청하는 강수의 문장이 큰 도움을 주었으니 강수의 공로를 어찌 소홀히 여길 수 있겠는가?" 하고 강수의 공을 높이 치하하면서 사찬(제8품)의 벼슬을 주고 세조 2백석을 내렸다.

이러할진대 당시 신라에서는 당나라로 가는 사신은 당대 최고의 문장가를 보냈음은 자명한 사실이다. 그리하여 일부 문인과 학자는 문장으로 당나라 조정을 깜짝 놀라게 한 바 있으니, 다음에서 설총이 그중 한 사람이었음을 알 수 있다.

설총이 신문왕조에 백의정륜학사 신분으로 중국에 사신으로 갔을 때 천자가 자랑스럽게 구경(九經)을 내어 보이면서,

"신라에도 이 책이 있는가?"

하였다. 이에 설총은,

"저희 나라에는 없습니다. 청컨대 신이 머무는 곳으로 반출하여 보기를 원합니다."

라고 하니 허락하였다. 이에 하룻밤 만에 모두 다 암기하고 다음날 입조하여,

"신라에는 이 책이 없으니, 원컨대 한 질을 하사하기를 원합니다."

하였다. 그러나 천자가 불허하여 설총은 빈손으로 귀국하였다. 그런데 설총이 귀국하자마자 갑자기 동방에 상서로운 기운[瑞氣]이 보이며 천둥소리가 나자, 천자가 경황없이 가까이 있는 시신(侍臣)들에게 이유를 묻자, 한 신하가 아뢰기를,

"설총은 동쪽 나라의 이름 있는 현인으로, 만인이 숭앙하는 인물인데, 우리 나라에서 제대로 대접을 하지 않아서 하늘이 필시 경계를 보인 것입니다."

하였다. 그때서야 천자는 입조할 때 설총을 제대로 보지 못한 자신의 불민함과 또 9경을 들려보내지 못한 것에 대하여 크게 뉘우쳤다고 한다. 그러나 설총은 사행에서 돌아와 하룻밤만에 암기한 것을 바탕으로 9경을 편찬하여 후세에 전했으니, 그 총명함을 어찌 말로 다 표현할 수 있겠는가.

또 동쪽 바다에 해일(海溢)의 변괴가 있으면, 선생이 조용히 나아가 음률을 읊조리면 해일이 바로 잠잠해졌다. 설총은 여러 벼슬을 역임하면서 유교 경전을 많이 편찬했고, 높은 벼슬[崇班]에 오래 있었다. 하루는 간사한 사람의 비난으로 자못 임금에 대한 결례를 범한 것으로 오해를 받게 되자, 기회를 틈타 관복을 벗고 산중으로 물러나 기거했다. 이후 3일이 되었는데 갑자기 해와 달이 숨어버려 온 나라가 어두워지자, 왕이 크게 두려워하여 여러 신하에게 그

이유를 물으니 모두가 이르기를,

"설총은 일국의 명현(名賢)으로 만인으로부터 추앙을 받는 바가 있는데, 이제 무고히 물리침을 당하여서 하늘이 필시 경계를 보인 것 같습니다."

하였다. 이에 왕은 크게 깨우치고, 설총이 기거하는 산중으로 직접 찾아가 보니 산중의 해와 달까지도 작아져 온화한 빛을 잃었다. 이에 왕이 크게 놀라 사과하며 친히 설총을 다시 맞이하니 바로 해와 달이 광채가 나면서 다시금 밝아졌다고 한다.

[참고문헌 : 《홍유후실기》 동사본전(東史本傳)]

2) 이두 언해

설총은 삼국시대로부터 수용해 온 중국의 훈고학을 익혔으며 당나라 시대에 유학의 경전이 하나로 통일되자 이를 우리말로 해석했다. 그는 이를 위해 석독구결(釋讀口訣)을 창안했는데, 이는 신라의 국학에서 교수용으로 쓰였을 것으로 추정되며 13세기까지도 표준적인 해석법으로 학습됐다. 석독구결은 경전에 우리말의 조사, 어미 등을 나타내는 토를 붙여 한문을 우리말로 풀어 읽는 방법을 표시한 것으로 이 방법이 보급되면서 향찰, 이두, 구결의 발달을 가져왔다.

《삼국사기》에는 설총이 "우리말(方言)로 구경을 읽고 후생을 훈도하였다(以方言讀九經 訓導後生)."라 하였고, 《삼국유사》에도 "우리말(方音)로 화이(華夷)의 방속(方俗)과 물명(物名)을 이해하고 육경(六經)과 문학을 훈해(訓解)하였으니, 지금도 우리나라〔海東〕의 명경(明經)을 업(業)으로 하는 자가 모두 이를 전수(傳受)하여 끊이지 않는다."라고 하였다.

이 두 기록을 가지고 고려말부터 조선초에 걸쳐서 설총 이두 창제설(薛聰吏讀創製說)이 비롯되었던 것이다. 그러나 여러 기록에서 '吏讀·吏道·吏吐·吏套·吏頭·吏札' 따위로 불리는 이 방법은 향가 표기법인 향찰(鄕札)을 가리키는 것인데, 우리말로 육경을 읽는 데 능통하였다고 하여서 이것을 이두 내지 향찰의 고안이라고 함은 잘못이다.

향가 표기식 방법 즉 향찰의 사용은 이미 설총 이전부터 있었으니, 568년(진흥왕 29)에 북한산 비봉(碑峯)에 세운 진흥왕 순수비문 가운데에도 이미 나타나 있고, 또 설총 이전에 향찰로 표기된 향가 작품으로는 진평왕 때의 「서동요(薯童謠)」·「혜성가(彗星歌)」와 선덕여왕 때의 「풍요(風謠)」가 있는 것으로 미루어보아, 설총이 향찰[이두]을 창안한 것이 아니라 향찰을 집대성하고 정리한 것이며, 따라서 설총은 당대 향찰 표기의 권위자로 봄이 타당하다.

우리는 한자 차용표기 하면 이두와 향찰을 이야기하는데 현재 전하는 한자 차용표기에는 서기체 · 이두체 · 향찰체 · 구결체 등이 있는데, 이 모두가 설총이 정리한 이두체 영향으로 발전한 표기 방법이라고 할 수 있다. 이들 예로 살펴보면,

① 서기체(誓記體) 표기인데, 이는 한자를 우리 어순에 맞게 배열하는 표기법이다.

예문) "二人竝誓記 天前誓 今自三年以後 忠道執持 過失无誓"(두 사람이 함께 맹세하며 기록한다. 하늘 앞에 맹세한다. 이제부터 삼년 이후에 충도를 가지고 과실이 없기를 맹세한다. 「壬申誓記石」)

② 이두체 표기인데, 이는 한자에다 문법관계 표기(조사, 어미, 부사 등)를 개발하여 사용한 표기법이다.

예문) "本罪律乙 依良 施行爲齊"(본 죄율을 따라 시행하져)
"良人亦 他人矣 婢子乙 行姦爲在乙良 凡姦例以 論爲乎事"(양인이 타인의 비자를 행간하견을랑 범간례로 논하올 사)

③ 향찰체 표기인데, 일명 시가 표기식 이두라고도 할 수 있다. 이는 기능부뿐만 아니라 의미부도 국어 모습대로 표기하기 위해 의미부를 훈으로 표기한 표기법이다.

예문) 生死路隱 생사로는
此矣 有阿米 次肹伊遣 예 이샤믹 저희고

吾隱 去內如 辭叱都	나ᄂᆞᆫ 가ᄂᆞ다 말ㅅ도
毛如 云遣 去內尼叱古	몯다 닏고 가ᄂᆞ닛고
於內秋察早隱風未	어느 ᄀᆞ술 이른 ᄇᆞᄅᆞ매
此矣彼矣浮良落尸葉如	이에 저에 ᄠᅥ딜 닢다이
一等隱枝良出古	ᄒᆞᄃᆞᆫ 가재 나고
去奴隱處毛冬乎丁	가논곧 모ᄃᆞ온뎌
阿也 彌陀刹良逢乎吾	아으 미타찰에 맛보올 내
道修良待是古如	도닷가 기들이고다

④ 구결식(口訣式) 표기인데, 이는 한문 문장에 토(吐)를 부착하는 표기법으로 구결만 빼면 한문문장에 불과하다.

예문) "孟子伊曰 父子有親爲旀……朋友有信是羅爲是尼"(맹자가 이르기를 부자유친하며…… 붕우유신이라 하시니)

설총은 위와 같은 방법으로 육경을 읽고 새기는 방법을 발명함으로써 한문을 국어화하고 유학 내지 한학의 연구를 쉽게 그리고 빨리 발전시키는 데에 공이 컸음은 주지의 사실이다. 이런 업적으로 설총은 죽은 뒤에도 계속 숭앙되어 한국의 유종(儒宗)으로 추앙받았고, 고려 현종 13년(1022) 정월에 홍유후(弘儒侯)라는 시호를 추증받았다. 또 한국인으론 처음으로 문묘(文廟) 동무(東廡)에 신라 2현이라 하여 최치원(崔致遠)과 함께 종향(從享)되었으며, 경주 서악서원(西岳書院)에도 배향되었다.

[참고문헌 : 《설총 선생과 국어》, 국립국어연구원 2001. 10.]

3) 신문왕과 「화왕계」

신라는 660년에 백제를, 668년에 고구려를 무너뜨리고, 675년에는 당나라 군대까지 이 땅에서 몰아내고 마침내 삼국을 통일하였다. 하지만 흩어지고 갈라진 삼국 백성들의 마음을 한데로 모으기란 그리 쉽지 않은 일이었다. 이에

681년 문무왕으로부터 왕권을 이어받은 신문왕(神文王, 681~692)은 10여년 동안 신라를 진정한 통일국가로 거듭나게 하려고 애쓰고 있었다.

신문왕의 집권기에는 당풍(唐風)의 중앙집권적 율령제가 완성되고, 전제왕권의 확립을 위하여 과감하게 왕권정치의 장애물이었던 귀족 세력의 숙청을 단행한 시기였다. 또한 유교정치의 이념을 구현하고자 애쓴 시기였으며, 이러한 것들을 통해 점차 통일국가로서의 면모를 갖추어 갔다. 그러한 상황 속에서 진골 귀족의 세력이 일반적으로 약화되는 반면에 육두품의 세력은 상대적으로 부각되게 되었다. 즉 육두품 귀족들은 학문적 식견에 의해 국왕의 정치적 조언자가 됨으로써 중요한 정치적 구실을 담당하게 되었다.

그러한 육두품 귀족들의 학문은 한 마디로 유학으로 대표되는데, 유교에 의하면 어떤 신분이나 지위를 막론하고 심지어 국왕까지도 예외 없이 모든 사람이 절대적인 도덕률 밑에 놓이게 되었다. 이러한 유교의 성격 덕분에 진골 밑의 신분층인 육두품에 의해서 환영되고 적극 수용될 수 있었다. 즉, 전제왕권 국가로의 체제 변화 속에서 육두품들은 신분적 제약보다는 유교의 도덕을 앞세우고 왕권에 다가갔고, 국왕 역시 그들의 지략과 경륜이 필요했기에 그들은 서로 결탁할 수 있었다.

설총은 문무왕 · 신문왕 · 효소왕 · 성덕왕, 이상 4대에 걸쳐 산 인물이다. 신라의 석학으로 추앙받았던 설총은 육두품 귀족 출신으로 그 아버지가 원효이다. 당대 유명한 승려였던 원효의 아들인 설총이 유학자가 되었다는 사실에 우리는 주목하여야 한다. 그는 처음에는 중이 되려다가 유학에 정진하였는데, 이는 설총에게 정신적인 고민이 있었을 것임을 말해주는 것이다. 당대의 육두품 출신의 귀족들은 외국으로 떠나거나 유학을 닦음으로써 출세하고자 했으나, 그들이 가진 학문적 경륜으로 문장이나 짓고 외교문서를 작성하는 데만 쓰이는 현실을 비판하고, 나아가 왕으로 하여금 백성에게 덕치를 베풀도록 하고 관료 조직을 정비하여 특권층의 횡포를 억제하도록 실제적인 구실을 할 수 있기를 바랐다. 그리하여 통일 신라 이후 정치 사회적 변혁으로 국왕과 육두품 귀족들이 가까워졌을 때, 설총도 자신이 가지고 있는 정치적 신념을 왕에게 피력하려 했을 것이다. 이러한 사회적 배경 속에서 신문왕과 설총의 결탁이 이루어졌다.

신문왕은 신라 제31대 왕으로 문무왕의 맏아들이다. 왕이 즉위하던 해인 681년 8월에 왕의 장인인 김흠돌을 비롯한 파진찬(波珍湌 : 4등급) 흥원(興元), 대아찬(大阿湌 : 5등급) 진공(眞功) 등의 모반사건이 있었으나 모두 평정하였다. 이어서 684년 안승의 족자(族子) 대문(大文)이 모반하자 그를 주살하고, 고구려 유민들을 금마군(金馬郡)에 분산하여 거주하도록 하였다. 왕 주변에 있던 인물들의 반란은 왕권 전제화의 계기를 만들어주었던 것으로서, 반란의 원인은 상세히 알 수 없으나, 이 사건에는 많은 귀족이 참여하고 있었는데 여기에 대해서 신문왕은 주동자뿐만 아니라 말단 가담자까지도 철저한 숙청을 감행했다. 더구나 문무왕 때 상대등이던 이찬(伊湌 : 2등급) 벼슬에 있던 군관(軍官)까지도 이 반란의 모의사실을 알고도 고발하지 않았다는 죄목을 들어 처형하게 하였다. 신문왕은 이 기회를 이용하여 상대등(上大等)으로 대표되는 귀족세력을 철저하게 탄압하려는 의도에서 과감한 정치적 숙청을 단행하여 전제왕권의 확립을 꾀하였다. 아울러 682년 국학(國學)을 세우고 경(卿) 1인을 두었다

이와 같이 신문왕은 전제왕권 국가를 만들기 위해 모반세력을 숙청하고 자신의 왕권을 공고히 하기 위해 고독한 군주의 길을 걸어야 했다. 이러한 그에게 위안을 줄 수 있는 인물은 오직 육두품 귀족 출신의 유학자들이었으리라 생각된다. 때마침 국학을 세우고 경(卿)을 두었으니, 그가 설총이 아닌가 하는 추측을 하여 볼 수 있다. 무열왕(29대)이 외할아버지고, 문무왕(30대)은 외삼촌이니, 신문왕(31대)은 설총의 외사촌이다. 신문왕으로서는 설총이 고종사촌인 셈이다. 그러니 사사로이 술자리를 함께 할 수도 있었을 것이다.

때는 바야흐로 신문왕 11년 임진년 5월[仲夏]이었다.

신문왕은 높고 쾌적한 방에 앉아 설총을 왕궁으로 들도록 명하였다. 설총이 조복을 갖추어 황급히 신문왕이 쉬고 있는 편전(便殿)에 이르자 다짜고짜,

"이보게 빙월당(氷月堂)! 오늘은 비도 오고 바람도 선선하오. 비록 좋은 찬과 애절한 가락은 있지만 고상한 이야기와 좋은 웃음거리로 우울한 가슴을 푸는 것만 못한 것 같소. 그대는 반드시 그럴 듯한 항간의 이야기를 많이 들

었을 터이니 나를 위하여 이야기해 주지 않겠소?"
라고 하였다. 그러자 설총은 잠시 고민하더니,
"예전에 들었던 이야기를 말씀드려도 될까요?"
라고 하자, 신문왕은
"어떤 이야기도 좋소."
라고 하였다. 여기서 설총이 전해오는 이야기라고 둘러댄 것은 임금에게 직접적으로 충간하는 것이 예가 아니었기 때문일 것이다. 이에 설총은 이야기를 시작하였다.

"화왕[花王 : 모란]이 처음 이 세상에 나왔을 때, 인간들이 향기로운 동산에 심고, 푸른 휘장으로 둘러싸 보호하였습니다. 따뜻한 봄 호시절에 예쁜 꽃을 피우니, 어떤 꽃보다 빼어나게 아름다웠습니다. 그러자 멀고 가까운 곳에 있던 여러 꽃들이 다투어 화왕을 뵈러 왔습니다. 깊고 그윽한 골짜기의 맑은 정기를 타고 난 탐스러운 꽃들이 다투어 와서 문안인사를 드렸습니다.

이 때 붉은 얼굴에 옥 같은 치아와 신선하고 탐스러운 감색 나들이옷을 입고 아장거리는 무희(舞姬)처럼 화왕에게 다가와 얌전하게 다음과 같이 아뢰는 자가 있었습니다.

"저는 백설의 모래 사장을 밟고, 거울같이 맑은 바다를 바라보며 자라났습니다. 봄비가 내릴 때는 목욕하여 몸의 먼지를 씻었고, 상쾌하고 맑은 바람 속에 유유자적(悠悠自適)하면서 지냈습니다. 제 이름은 장미라 합니다. 임금님의 높으신 덕을 듣고, 꽃다운 침소에 그윽한 향기를 더하여 모시고자 찾아왔습니다. 임금님께서 이 몸을 받아 주실런지요?"
라고 하였다. 그러자 이번에는 베옷을 입고, 허리에는 가죽띠를 두르고, 손에는 지팡이, 머리는 흰 백발을 한 장부 하나가 둔중한 걸음으로 나와서 공손히 허리를 굽히며 말했다.

"저는 서울 밖 한길 옆에 사는 백두옹(白頭翁)으로, 일명 할미꽃이라고도 합니다. 아래로는 창망한 들판을 내려다보고, 위로는 우뚝 솟은 산 모퉁이에 의지하여 살고 있습니다. 가만히 보옵건대, 좌우에서 보살피는 신하는 고량진미(膏粱珍味)와 향기로운 차 그리고 술로 수라상을 받들어 임금님의 미각을 흡족하게 하고, 정신을 맑게 해드리고 있사옵니다. 허지만 고리짝에 저장해 둔 양약으로 임금님의 원기를 돕지만, 한편으로 금석의 극약으로써 임금님의 몸에 있는 독(毒)을 제거해야 한다는 말이 있습니다. 그래서 이르기를 '비록 사마(絲摩)[24]가 있어도 군자된 자는 관괴(菅蒯)[25]라고 해서 버려서는 안 되고, 또 부족에 대비하지 않음이 없다.'라고 하였습니다. 임금님께서도 이러한 뜻을 가지고 계신지 모르겠습니다."

라고 말하였다. 이에 옆에 있던 한 신하가 화왕께 아뢰기를,

"두 사람이 왔는데, 임금님[화왕]께서는 누구를 취하고, 누구를 버리시겠습니까?"

라고 하였다. 그러자 화왕[모란]은,

"장부의 말도 도리가 있기는 하나, 그러나 미인을 얻기도 어려우니 이를 어찌할꼬?"

라고 결정하지 못하고 뒷말을 흐렸다. 그러자 장부[할미꽃]가 앞으로 나와 정색을 하고 말하기를,

"제가 온 것은 임금님께서 총명하셔 모든 사리를 잘 판단한다고 들었기 때문입니다. 그러나 지금 뵈오니 그렇지 않으십니다. 무릇 임금된 자로서 간사하고 아첨하는 자를 가까이 하지 않고, 정직한 자를 멀리 하지 않는 이가 드물다고 하였습니다. 그런 까닭에 맹자(孟子)는 불우한 가운데 일생을 마쳤고, 능력있는 풍당(馮唐)[26]은 낭관(郎官)에 머물러 머리가 백발이 되었다고 합니다. 예로부터 이러하오니 저인들 어찌하겠습니까?"

라고 말하며 물러나려 하였다. 이에 화왕은 잠시나마 자기가 올바른 판단을 하지 못한 것에 대해 뉘우치는 바가 있어,

"백두옹! 내가 잘못했소. 내가 잘못했소."

라고 말하였다고 합니다.

---

24) 사마(絲摩) : 명주실, 삼실과 같은 좋은 물건

25) 관괴(菅蒯) : 기러풀[띠], 왕골과 같은 거친 물건

26) 풍당(馮唐) : 한(漢)나라 안릉(安陵) 사람. 어진 인재였으나 발탁되지 못하여 벼슬이 낭관(郎官 : 상서를 도와 정무를 맡아 보던 보잘 것 없는 직책)에 그쳤다.

「화왕의 이야기」를 다 들은 신문왕은 신하다운 신하가 없는 현 신라의 조정에서 자신의 왕도정치를 제대로 펼칠 수 있는 유일한 길은 충신을 가까이 해야 한다는 설총의 깊은 뜻을 직감적으로 알 수 있었다. 그리고 이 이야기는 전해오는 이야기가 아니라 설총이 직접 만들어낸 이야기라고 생각하였다. 이에 신문왕은 무릎을 치면서 이르기를,

"그대의 우언(寓言)에는 정말 깊은 의미가 있으니, 글로 써서 후대 왕들의 계감(戒鑑)으로 삼을 수 있도록 해 주기를 바라오."

라고 하였다. 그리고 나서 신문왕은 자신에게 치도를 제시해 준 설총을 발탁하여 한림학사란 높은 관직에 임명하였다.

[참고문헌 : 《삼국사기》 권46 열전 설총조]

4. 남은 명성

1) 입신양명

유년기 설총에게 하루는 관상장이가 찾아왔다. 다짜고짜

"그대는 제비 목에 호랑이 머리를 가진[鷰頷虎頭] 두상이어서 날면서 고기를 먹으며 만리를 날아가는 제후의 상이라."

하였다. 과연 관상자의 예언대로 10살이 채 못 되어 이미 서사(書史)에 두루 통하고 고금의 사적을 두루 꿰뚫었다.

그래서 신문왕조에 백의정륜학사(白衣正輪學士)가 되었다.

신문왕 11년 임진에 설총을 발탁하여 높은 벼슬[高秩]에 올렸다.

신문왕 12년 계사에 여진기도위병마도원수(女眞騎都尉兵馬都元帥)로 부임하여 여러 도적을 평정하였다. 이로서 이름이 신라에 두루 떨치게 되었다. 또 아는 것이 많고 글을 잘 지었다. 방언으로 구경의 뜻과 훈을 풀어서 후생들을 훈도하였을 뿐만 아니라, 우리말로 우리글을 만들어 관청에서 쓰도록 했다.

성덕왕 10년 임자에 한림박사겸이부상서(翰林博士兼吏部尚書)가 되었다.

한림원 태학사 설총은 승문원 태학사 방천경과 함께 일찌기 당나라에 들어가 문학과 예법이 홍성함을 보고 신라에 베풀어 오랑캐의 풍속을 일신하고자 마음 먹었다. 귀국하여 방천경은 육례회통(六禮會通)을 건의했고, 설총은 구경대의(九經大義)를 주상(奏上)하여 신라인에게 비로소 문학과 예법이 있게 되었다. 만년에 두 선생이 화산의 남쪽에 은거하여 문하생을 훈도하여, 오랑캐의 풍속을 씻어버릴 수 있었다. 이에 당시인들이 설총을 화산선생, 방천경을 화천선생이라고 칭하였다.

경주 20리 동오문 밖에 월토산 자좌(子坐)에 설총의 비가 있는데, 비명은 "신라홍유후설총지묘"이다.

고려 현종 13년 임술 봄 정월 갑오일에 신라 한림 설총에게 홍유후를 추증하고 성묘(聖廟 : 문묘)에 함께 종사토록 했다. 송도부에 숭유원(崇儒院)을 창건하고 춘추로 향사를 지냈는데, 임금이 친히 와서 향을 피우고 축문을 올렸다.

[참고문헌 : 《登官錄》, 《海東儒苑總論》]

2) 유학의 체계

설총 선생이 지은 「화왕계」에 보면 "비단실과 삼실[麻]이 있다 하더라도 골풀과 기령풀[菅蒯]을 버리지 않고 어떤 군자들이라도 부족할 때는 대용으로 쓰지 않는 것이 없다."라는 구절이 나오는데, 이는 《춘추좌씨전》에 나오는 구절로 "비록 지금 가장 좋은 것이 아니더라도 장래를 위하여 비축해 두는 것이 제왕의 도리"임을 강조한 고사이다. 이는 중국 경전을 정확히 이해하는 사람만이 구사할 수 있는 내용인데, 이외에도 「화왕계」에는 《시경》, 《서경》 그리고 중국 역사와 문학에서 인용한 고사가 두루 보인다. 이런 점에서 볼 때 설총은 중국의 경전과 문헌에 두루 해박했음을 알 수 있다.

특히 《삼국사기》 열전 「설총」조에 우리말로 구경(九經)(시경, 서경, 역경, 춘추, 예기, 의례, 주례, 논어, 효경)을 읽고 후학들을 가르쳤다는 구절이 나오는 것으로 보아서 삼국통일 후 새로운 문화 기반을 구축하는 데 유교 경전이 지대한 역할을 하였음을 미루어 짐작할 수 있다.

설총이 창안하여 후대에 사용되었을 것으로 예상되는 구결의 예를 전하는 문헌에서 제시하면 다음과 같다.

1) 復爲隱 他方膣 量乎音 可叱爲隱 不知是飛叱 衆 有叱在旂(《舊譯仁王經》)
또한 他方의 量함직하지 않은 衆이 있으며
2) 諸筆師等 各香花捧 右念行道爲 作處中至者……坐中昇 經寫在如(《華嚴經寫經造成記》)
모든 筆師들이 각각 香花를 받들고 右念行道하여 만드는 곳에 이르면……자리에 올라 經을 쓴다.
3) 或有如佛性隱 闡提人隱有豆亦 善根人無如好尸丁 或有如佛性隱 善根人隱有豆亦 闡提人如好尸丁(《釋華嚴經敎分記》)
或 佛性은 잇다. 闡提人은 두여 善根人 없다 홇뎌 或 佛性은 잇다. 善根人은 두여 闡提人 없다 홇뎌

구경이 사회체제 정립에 크게 기여하였다면, 구경을 지은 성인에 대한 숭배는 당연하다고 할 수 있다. 《홍유후실기》에 따르면

"설총은 불서(佛書)가 이단이고 허탄함을 깨닫고 집에서 선대로부터 소장하고 있던 불서를 모두 수습하여 불태웠다. 박학하고 경전을 꿰뚫고 이두를 잘 지어 어리석음을 깨우쳐 후학을 인도했다. 이로써 지각이 있는 자들은 공자의 무리가 있음을 알고 또 자신의 도로 삼아 따르게 되었다."

고 하였다. 설총이 신문왕을 보좌했을 때 왕에게 국학을 설립할 것을 권하면서,

"본을 세우기[立本] 위해서는 존경하는 자를 앞세워야[先尊] 하고, 본을 세운다는 것은 존경하는 스승의 사당[師廟]을 세우는 것입니다. 그러므로 공자에게 제사[祀]를 지내야 함은 마땅한 것이옵니다."

하였다. 이에 신문왕이 받아들여 본을 세우려 하였으나 성과를 거두지 못하고 승하하였다. 그리하여 효소왕(孝昭王)에게 권하기를

"나라에서 경비를 내어 사신을 중국에 보내 삼가 성인(聖人)의 화상(畵像)을 받들고 전적(典籍)을 구입하여 와서 선왕의 큰 덕[성덕]을 계승하소서!"

라고 하였다. 그러나 효소왕이 따르지 않자, 관직을 버리고 전장(田莊)으로 돌아와 띠풀[茅]을 잘라 대요사(大堯祠)를 짓고 순 · 우 · 탕 · 문무왕(舜禹湯文武王)을 배향했다. 경(經)을 살펴 당시 찬익지신[贊翊之臣]의 위판을 모시고, 제향은 직(稷)과 설(契) 임금에게만 하고 동서무(東西廡)에는 제향하지 못하였다. 요임금 사당 동서(東西)에다 사당을 짓고, 설(契)을 동쪽 사당에 모시고, 탕임금 이후 중흥의 성인인 부열(傅說) · 비간(比干) · 기자(箕子) · 미자(微子) · 백이(伯夷) · 숙제(叔齊)의 무리를 배향했다. 직(稷)을 서쪽 사당에 모시고 공유(公劉) · 태왕(太王) · 왕계(王季) · 태백(太伯) · 우중(虞仲) · 성강(成康)을 배향했다. 시경을 고증한 후 중산보(仲山甫) · 윤길보(尹吉甫) · 위무공(衛武公)의 무리를 이곳에 배향했다. 요임금 사당 뒤에 복희(伏羲) · 신농(神農) · 황제(黃帝) · 소호(少昊) · 전욱(顓頊) · 제곡(帝嚳)의 묘를, 요임금 사당 앞에 공자의 묘를 세우고 70제자를 배향했다. 또 옛날 중국 선유(先儒) 중에서 가히 후세에 스승으로 삼을 만한 자를 뽑고, 본국의 유덕지사를 뽑아서 전후좌우 적절한 공간에 별도의 사당을 지어 위치시켰다.

성덕왕이 정치의 요결[政要]을 묻자, 설총은,

"정치의 근본은 나랏돈을 내어 사신을 중국으로 보내 여러 성현의 화상 · 제기 · 성법 · 전모를 구하여 사당을 세우고 춘추로 제향하고 가르치는 자를 임명하고 서울 군읍 여항에 전적을 지급하고 사람을 가르쳐 실력을 배양토록 해야 하는데, 재주가 없는 자는 농공상에 종사토록 하고, 재주가 있는 자는 뽑아서 학문을 가르치는데 심통의습토록 하고 불교에 드는 것을 금지하고 변속은 하나의 것으로 할 뿐입니다. 그 외 별도의 술책에 대해서는 노신은 알지 못합니다."

라고 하였다. 성덕왕이 이를 받아들이자 선생의 문도 신수충 등 30 여인을 추천하여 보냈다. 다시 성덕왕이 정치의 요결[政要]을 묻자, 설총이 권하기를,

"전사(典祀) · 전속(典屬) · 예부(禮部)를 설치하고, 백관을 규방(規方)에 나아가서 간쟁(諫爭) 고역(告逆)의 도를 익히고, 연장자에게 기민의 구휼과 홀아비와 과부의 봉양 그리고 병을 고치는 법을 배우도록 하여야 하옵니다."

하였다. 이에 왕은 모든 것을 따랐다.

이는 신라 성덕왕 16년(771) 당으로부터 문선왕·10철·72제자의 화상을 들여와 태학에 두었다는 기록과 일치하며, 또한 요즘 향교의 배치와 배향은 모두 설총에게서부터 비롯되었음을 알 수 있다. 현재 우리나라의 향교의 배치에 대해 설명하면 다음과 같다.

첫째, 중국 5성[공자를 중심으로 안자, 증자, 자사, 맹자], 공문 10철(맹손, 염옹, 단목사, 중유, 복상, 염경, 재여, 염구, 언언, 전손사), 중국 4현(주자, 정명도, 정이천, 주희), 송(宋)대 6현(주돈이, 정명도, 정이천, 소강절, 장횡거, 주회암) 그리고 우리나라 유학의 발전에 큰 영향을 끼친 열여덟 명의 학자(1. 홍유휴 설총, 2. 문창후 최치원, 3. 문성공 안향, 4. 문충공 정몽주, 5. 문경공 김굉필, 6. 문헌공 정여창, 7. 문정공 조광조, 8. 문원공 이언적, 9. 문순공 이황, 10. 문정공 김인후, 11. 문성공 이이, 12. 문간공 성혼, 13. 문원공 김장생, 14. 문열공 조헌, 15. 문경공 김집, 16. 문정공 송시열, 17. 문정공 송준길, 18. 문순공 박세채)를 모신 대성전이 맨 위에 있다. 이곳은 유교의 중심부로 공자를 비롯한 여러 선현에게 제사를 지내는 장소이다. 대체로 음력 2월과 8월 초에 좋은 날을 골라 이들의 정신과 학덕을 기리기 위해 석전대제를 올린다. 대성전 부속 건물로 제사 관련 기구들을 보관하는 동무(東廡)와 서무(西廡)가 있다.

둘째, 대성전 아래에는 교육기능을 가진 명륜당(강당인 동시에 선생의 거처)이 있고, 부속건물로 학생들의 기숙사격인 동재(東齋)와 서재(西齋)가 있다. 명륜당에서 대성전으로 가는 입구로 삼문이 있다. 사람은 동문으로 들어가 서문으로 나오면, 중문은 신문으로 선현의 혼백과 임금만이 다니는 문이다.

셋째, 제사에 필요한 물건을 보관하는 제기고(祭器庫 : 典祀廳]가 대성전 가까이에 있으며, 선현들의 문집과 목판을 보관하는 존경각(尊經閣)이 명륜당 부근에 있다.

넷째, 향교 입구에 통상 누각을 설치하는데, 이는 유생들의 풍류와 사색의 장소로 이용되었고, 이외에도 향교를 관리하는 인원이 거처하는 고직사(庫直舍), 향교임을 알리기 위해 입구에 세우는 홍살문, 그리고 공자가 모셔져 있는 곳이니 통행하는 모든 사람은 말에서 내려 걸어가는 뜻의 하마비(下馬碑)가 세워져 있기고 하다.

유교를 받아들여 왕권을 강화하려던 신문왕은 설총을 발탁하여 한림원의 중요자리를 제수하였다. 이를 계기로 설총은 신라의 유교교육 체계를 정립하게 되었으니, 그것이 바로 신문왕 때에 국학(國學)을 설립한 것이다. 국학이란 유학을 가르쳐 지식인을 양성하여 국가를 이끌어갈 인재를 양성하는 국가 최고 교육기관으로 오늘날 국립대학이라고도 할 수 있다. 이미 진덕여왕 5년(651)에 설치되었던 것으로 삼국을 통일하고 나서 새로운 왕국에 적합하고 왕권에 충성할 수 있는 관료를 양성하기 위해 교육체제를 정비한 것으로 생각된다. 이 때 설총 그 주동적인 역할을 한 것뿐만 아니라, 국학을 자신의 생장지인 요석궁에 설치했다는 점이 주목할 만하다.

요석궁은 어머니 요석 공주가 생활했던 곳으로 신라의 왕성인 월성의 지근거리에 있다. 어머니가 돌아가시자 빈 공간으로 방치되어 있던 이곳에 신라 귀족 자제들의 교육기관인 국학을 설치할 때 설총은 신문왕에게 이곳을 적극적으로 국학의 자리로 추천을 했을 것이다. 더군다나 자신이 국학의 수장 역할을 하였을 것으로 추측되는 바 어린 시절 자신이 성장하고 학문에 정진했던 곳이니 더더욱 애착을 가졌을 것이다.

[참고문헌 : 《話東人物誌》]

3) 현종의 꿈

현종(顯宗, 992~1031)은 고려 제8대 왕(재위 1009~1031)으로 이름은 왕순(王詢)이고, 자는 안세(安世)이다. 태조(太祖) 왕건의 여덟 째 아들인 안종(安宗) 욱(郁)의 아들이며, 어머니는 경종의 비 효숙왕후 황보씨(孝肅王后皇甫氏)이다.

12세 때 대량원군(大良院君)에 봉해졌으나 천추태후(千秋太后)가 김치양(金致陽)과의 사이에 낳은 아들을 왕위에 앉히려고 그를 숭교사(崇教寺)로 보내 승려로 만들었다. 그 이후 숭교사에 자객들이 들이닥쳤으나 목종과 숭교사 내 승려들의 도움으로 목숨을 구하여 1006년에 신혈사(神穴寺, 현재 서울 진관사)로 거처를 옮겨갔다. 여러 차례 김치양이 자신의 목숨을 노리자 신혈사의 주지승인 진관대사가 그를 보호하기 위해 땅굴을 파서 그를 그 곳에 대피시킨 뒤 그 위에 침대를 배치하는 기지로 위기를 모면하였다. 1009년(목종 12년) 서북면순검사 강조(康兆)가 목종을 폐하고 옹립하여 왕위에 오르게 되었다.

고려 왕조가 개국한 지 거의 1세기가 지난 시기에 왕위에 오른 현종은 고려왕조의 기틀을 다지는 데 크게 기여한 군주였다. 태조 왕건이 고려를 건국하면서 「십훈요(十訓要)」를 통해 제시했던 국가의 기본방향이 성종대에 일단계 정비되고, 현종대에 이르러 비로소 기틀을 다지게 되었다. 대내적으로는 호족세력에 의해 형성된 정치체제를 청산하고, 국왕을 정점으로 한 강력한 중앙집권체제를 지향하였다. 대외적으로는 고구려의 옛 영토를 회복하려는 강력한 북진정책의 실천으로 북방민족에 대해 자주적인 입장을 확립하였는데, 이러한 정책은 현종대에 구체화되었고 상당한 효과를 거두었다.

고려 현종 때의 무신인 김훈(金訓 : ?~1015)과 최질(崔質 : ?~1015)은 1010년(현종 1) 거란이 침입하자, 이들을 격퇴하여 상장군까지 올랐다. 그런데 정부는 거란의 침입 이후 군대의 증강에 따라 백관의 녹봉이 부족해지자 경군(京軍)의 영업전(永業田)으로 충당하려 하였다. 이에 군인들은 정부의 조치가 자신들의 물적 토대를 빼앗는 것이었기 때문에 불만을 품었다.

1014년(현종 5) 김훈과 최질은 박성(朴成)·이협(李協)·최가정(崔可貞)·임맹(林孟) 등과 군대를 이끌고 궁궐로 들어가 백관의 녹봉을 영업전으로 충당하게 하자고 주장한 황보유의(皇甫兪義)와 장연우(張延祐) 등을 포박하고, 왕을 협박하여 이들을 귀양보냈다. 또한 이들은 무신인 상참(常參)은 모두 문신을 겸하게 하였으며, 어사대(御史臺)와 삼사(三司)를 금오대(金吾臺)와 도정서(都正署)로 바꾸었다. 이에 따라 무관이 문관을 겸하여 정사를 함부로 다스리자, 국가의 기강은 문란해졌다. 이에 현종은 전 화주방어사 이자림(李子琳)이 올린 계교에 따라 그를 서경유수판관(西京留守判官)으로 임명하고, 서경의 장락궁(長樂宮)에서 잔치를 베풀었다. 이때 이자림 등은 술에 취한 김훈·최질·이협·최가정·임맹 등 19명의 무신을 주살하였다. 그리고 황보유의와 장연우를 다시 불러 기용하고 무신들이 고친 관직의 이름도 모두 복구하였다.

김훈과 최질의 난은 당시 문신을 우대하고 무신을 천시한 데에서 시작된 우리나라 최초의 무신의 난이었다. 그럼에도 불구하고 현종의 문신 우대정책은 계속된 것으로 보인다.

특히 1024년에는 불교와 유교의 발전을 도모하여 폐지된 연등회(燃燈會) · 팔관회(八關會)를 부활시키고, 선유(先儒)를 존숭하는 뜻에서 설총(薛聰) ·최치원(崔致遠) 등을 추봉(追封)하고 문묘(文廟)에 종사(從祀)하여, 한국 최초로 문묘종사의 선례를 만들었다. 아마 현종이 설총을 문묘에 종사하게 했던 역사적 사실에 근거하여 다음과 같은 꿈 설화가 탄생할 수 있었을 것이다.

예부터 성인은 죽어서도 후대인에게 이적을 보이는 예가 허다했는데, 설총이 현종의 꿈에 나타나 유교를 진흥하라는 계시를 내린 점은 유학의 조종으로 숭배되는 인물이라는 점에서 그럴 듯한 현몽이라고 생각된다.

고려사(高麗史) 현종조에 설총이 현몽한 기사가 실려 있지는 않으나, 신유 12(1012)년 여름에 가뭄이 극심하여 하사월(夏四月) 경오(庚午)에 비를 빌고(禱雨), 오월 경진(庚辰)에 성중에 토룡을 만들고 무당을 불러 기우제를 지냈으며(造土龍於南省庭中集巫覡禱雨), 경인(庚寅)에 비가 왔다는 기록이 있으니, 이 설화는 역사적 사실에 매우 근접한 내용이라고 생각된다.

고려 현종 신유년(辛酉年)에 가뭄이 극심하여, 왕은 걱정하여 신령을 섬겨 모시는 곳[妥靈處]에서 정성껏 기도하였으나 별 효험이 없었다.

경인일(庚寅日)에 왕이 꿈을 꾸었는데, 숭유각에서 홀연히 검은 두건에 도복을 입은 선비가 나타나 남쪽으로부터 와서 전각 섬돌 위에서 절을 하는데 그 거동이 범상치 않았다. 이에 왕도 몸을 굽혀 답례하고 손을 들어,

"그대는 누구이고 어디로부터 온 선비냐?"

고 물었다.

그러자 선비가 일어나 다시 절을 하면서 이르기를,

"저는 신라 정륜학사 설총입니다. 저의 영혼이 아직도 임금님께 해원해 주십사 하는 바가 있는데, 저의 원통함이 풀리면 반드시 단비가 내릴 것입니다."

라고 하였다. 이에 왕이,

"삼가 듣고자 하오. 그리고 학사를 만나고부터 광채가 온몸에 넘치니 말하고자 하는 바가 어떤 원한인지요?"

라고 하였다. 그러자 학사가 대답하기를,

“하늘과 땅[泰極]을 욕되게 하지 않음은 천도이고, 홍진비래는 인간사의 도입니다. 신의 해골이 계림 동쪽 월토산 자좌(子坐) 언덕에 묻혀 있는데, 이제 조복(趙復)의 집 기둥이 그곳에 세워져 있어 회운이 되지 못하고 있습니다.”

라고 하였다. 그러자 왕이 이르기를,

“그대의 영혼이 이와 같이 곤경에 처해 있으니, 내 어찌 가서 바로잡지 않으리오?”

라고 하였다. 학사가 말하기를,

“음택과 양택 사이에는 고랑을 두고 있으며, 아무리 달이 차더라도 해를 흐리게 할 수는 없습니다.”

라고 하였다. 왕이 깨어나니 꿈이었다.

이에 문무신에게 전후 사정을 말하고 이자림(李子琳)을 파견하여 조복의 집을 허물고 그 땅을 확보하여 신라학사 설총의 묘로 삼았다. 그리고 명령하여 다시금 봉분을 만들고 사당을 짓고 묘갈을 세우도록 하였다.

그러자 하늘에서 비가 내려 가뭄을 해결할 수 있었다고 한다.

[참고문헌 : 《홍유후실기》 이적(異蹟)]

5. 설총의 유적

설총 선생의 생몰연대는 정확하지는 않지만, 다른 한편으로 설총 선생과 관련된 유적은 여러 곳에 산재해 있어, 인간적 학문적 사상적 면모를 살필 수 있는 좋은 재료가 되고 있다. 여러 기록에는 생장지역, 인연사찰, 묘, 재실, 배향서원 등이 다양하게 나타나고 있다.

1) 출생과 성장

설총의 출생에 대한 기록은 《자인지(慈仁誌)》, 도동재 편액인 도동재기(道東齋記), 《경주지》, 《홍유후실기》에 다음과 같이 실려 있다.

· 도동재기(道東齋記) : 설선생의 탄생지는 영남의 자인현 유천촌에 있다.(薛侯之生在於嶺之慈仁縣柳川村)
· 자인지 : 설총선생은 자인현 서쪽 유천촌에서 태어났다.
· 도동재단소 창설사실기 : 설총선생은 유곡에서 태어나 유천에서 자랐으며, 도수암에서 배웠다. 유천은 유곡의 동쪽이요, 도수암은 유곡의 남쪽이다.(先生實記曰 生於油谷 長於柳川 講于道修庵 柳川卽油谷之東也 道修乃油谷之南也)
· 경주지 : 설총은 유곡에서 태어나 유천에서 자랐다.(薛聰 生於油谷 長於柳川)

여기서 볼 때 어떤 기록에는 설총의 탄생지를 유천으로 어떤 기록에서는 유곡으로 보고 있는데, 특히 "薛侯之生"을 설총의 출생지가 아니라 설총의 성장지로도 해석할 수 있다는 점에서 유곡에서 태어나 유천에서 자란 것으로 보는 것이 타당하리라 생각된다. 유곡은 현재 경산시 유곡동(油谷洞 : 속칭 지름골]이고, 유천은 현재 경산시 여천동(麗川洞 : 속칭 버드네]인데 유천 · 유등천이라고 하다가 소리가 바뀌어 려천으로 부르게 되었다. 유곡동에서 동쪽으로 낮은 구릉을 넘으면 바로 여천동으로 이어지고, 양 동네 사이에 있는 저수지를 여유지(麗油池)라고 하는 것으로 볼 때 태어난 곳과 성장한 곳을 도식적으로 구분할 필요가 없고, 주로 성장했던 곳을 고려하여 유천에서 태어나 자랐고 수학했다고 하는 것이 좋을 것 같다.

유곡동 골짜기 설총이 태어난 곳을 불당곡이라고도 하는데, 이는 원효가 출가하면서 자신의 집을 절로 만들었다는 전설에서 유래하는 것으로 이곳이 도수암이 아닌가 추축되며, 현재 이 부근에 원효사와 불광사[일명 총금사]가 세워져 있다. 설총은 불당곡[도수암?] 정자나무 아래에서 공부를 하였는데 책 읽는 소리가 쩌렁쩌렁하게 골짜기를 울려 외할아버지[무열왕]에게 "손자가 이렇게 열심히 학문에 정진하고 있습니다."라고 외치는 것 같아 주변 사람들이 그 글 읽는 소리가 경주까지 들렸다는 설화를 만들어내기도 하였다.

[참고문헌 : 현지조사]

2) 인연 사찰

원효사는 경산시 유곡동 227번지에 있는 사찰인데, 경내에 1913년[융희후 3년] 유림들이 세운 홍유후설선생신도비가 있고 오래된 것으로 추정되는 탑재와 토기, 기와조각들이 산재하여 있어 이곳이 《자인읍지》에 원효가 창건한 것으로 나오는 신림사지가 아닌가하는 추정을 하고 있다.

불광사는 경산시 유곡동 239번지에 있는 사찰인데, 처음에는 총금사(聰金寺)라고 하였다. 이 절은 유곡지를 지나 지름골 한가운데 있는데, 이곳이 원효의 아들 설총이 출생하여 수학한 곳이라는 설화를 바탕으로 창건되었다.

불광사 전경

반룡사는 경산시 용성면 용전리 118번지에 있는 통일신라 시대 원효 대사가 창건한 사찰이다. 반룡사 오른쪽 산길을 따라 운문면 지촌으로 넘어가는 고개가 있는데, 이 길로 무열왕이 넘어와 압독지역에서 훈련중인 병사들을 격려하는 한편 반룡사에서 기거하고 있던 요석 공주와 외손자 설총을 친견하였다고 하여 이 고개를 왕재라고도 한다. 설총이 유곡에서 태어나 유천에서 자라기는 했지만, 지금도 보다시피 이곳은 너무 궁벽한 곳이라 기거와 수학에 어려움이 있어, 주변인의 도움으로 당시로서는 호국사찰이며 아버지 원효가 창건한 반룡사에서 어린 시절 어머니와 함께 기거하면서 학업에 정진했던 것으로 생각된다.

[참고문헌 : 현지조사]

3) 묘(墓)

조선후기 이래에 만들어진 각종 자료에 나타난 설총의 묘소에 관한 자료는 다음과 같다.

전(傳) 설총의 묘

조선후기인 1799년(정조 3, 가경(嘉慶) 4) 9월 예조(禮曹)에서 발급한 명문(明文)에 "홍유후 설총(弘儒侯薛聰)의 자는 은지(字隱智)로 경주에 묻었다.(葬慶州)"고 되어 있다. 조선후기인 1848년(헌종 14) 편찬된 《순창설씨족보(淳昌薛氏族譜)》 (무신보(戊申譜)에 의하면 "묘는 월토산 자좌에 있다.(墓月土山子坐)"로 되어 있다. 조선후기에 편찬된 것으로 추측되는 《경주지(慶州志)》에는 "설총분묘(薛聰墳墓)는 경주 이십리 동쪽(慶州二十里東) 오문 밖(五門外) 월토산 자좌(月土山子坐)에 있고, 비왈(碑曰) 신라홍유후설총지묘(新羅弘儒侯薛聰之墓)로 되어 있는데, 월토산은 계림에 있고(月土山在鷄林), 이는 오늘날 경주부이다.(今慶州府是也)"라고 되어 있다. 이러한 서술의 근거가 된 저본은 확인할 수 없으나, 1912년 간행된 《홍유후문집(弘儒侯文集)》에 인용되어 있다.

왕의 무덤을 제외하고는 신라시대 사람들 대부분의 무덤을 잘 알 수 없는 것이 일반적 현상인데, 마찬가지로 설씨 문중에서도 홍유후 설총선생의 확실한 무덤 위치를 몰라 애를 태우고 있었다. 그런데 1954년 경 후손 아무개의 꿈에 할아버지가 현몽하여,

"내가 보문리에 묻혀 있는데, 그 마을 이 아무 댁에 가서 물어보라."

하므로, 다음 날 보문 마을에 가서 이씨 어른을 만나 인사를 드리니,

"그렇지 않아도 홍유후 설선생 묘라고 전해오는 무덤이 있는데, 관심있는 후손을 못 만나 이러고 있었는데 무덤을 찾아 드리리다."

하면서 설총의 무덤으로 안내했다고 한다. 무덤의 크기는 지름 15m, 높이 7m이고 둥글게 흙을 쌓아 올린 형태로 보호석의 흔적이 보인다. 무덤 앞에는 상석이 놓여져 있다. 신라 진평왕릉에서 500m 정도 떨어져 있는데, 경주시내에서 보문 저수지로 가는 4번 국도와 경포산업우회도로가 만나는 네거리에서 동쪽으로 700m 가면 진입로임을 알리는 표석이 있다. 거기서 농로를 따라 1400m 더 가면, 단기 4317년(1984년)에 후손들이 세운 비석과 상석이 있는 무덤이 있으니, 이것이 바로 전해져 오는 설총의 묘이다. 후손들이 세운 비의 이름은 홍유후 설선생 휘 총지묘(弘儒侯薛先生諱聰之墓)로 되어 있지만, 학계에서는 설총의 묘라는 명확한 근거를 찾지 못하여 전 홍유후 설총묘(傳弘儒侯薛聰墓)로 소개하고 있다. 경주시 보문동에 있으며, 경북기념물 제130호이다.

현재 경주(慶州) 및 순창(淳昌) 설씨(薛氏) 후손들에 의해 설총(薛聰)의 분묘라고 주장되고 있는 명활산 동쪽 능선 아래에 위치한 이 원형봉토분은 족보상의 '묘월토산자좌(墓月土山子坐)'는 산(山)의 명칭에서 차이를 보이고 있다. 단지 단석산(斷石山)을 월생산(月生山)으로 부른 예가 있음을 보아 명활산(明活山)을 월토산(月土山)으로 불렀을 가능성은 없지 않고, 《경주지》의 내용과도 부합된다.

한편 일제강점기에 이 원형봉토분이 위치한 경주시 보문동에 거주하던 한 노파의 꿈에 설총이라고 자칭한 인물이 현몽하여 혈식(血食) 곧 봉사(奉祀)를 원한다는 말을 남겼다고 하는데, 이의 신빙성 여부는 판가름할 수 없다. 이로 인해 경주 및 순창 설씨들의 후손들에 의해 이 분묘는 설총의 무덤으로 받아들여져 이들에 의해 관리, 봉사가 이루어지게 되었다고 한다. 조선후기 이래

의 이 분묘가 설총의 무덤이라는 구전과 관련을 가지고 있을 것이다. 이상과 같은 사유로 인해 이 무덤은 세간에서 설총의 무덤으로 인정되어 왔고, 그 결과가 1977년 문화재관리국에 의해 편찬된 문화재총람 중 설총묘로 등재되기에 이르렀다.

[참고문헌 : 현지조사]

4) 재실

도동재

원래는 유곡동 안골에 있는 원효사에 있는 신도비에서 설총선생의 향사를 올렸으나 이곳의 지세가 험하고 교통이 불편하여 이 지역 유림들이 1924년 경산시 남산면 하대리에 설총선생의 재실인 도동재를 다시 세웠다. 이 때 원효사에 있는 신도비를 그대로 복사하여 1925[乙丑]년 3월 1일 이곳에도 「홍유후설선생신도비」란 제호의 비를 세웠다. 그리고 신도비 옆에 단소를 마련하여 이곳에서 춘추로 제사를 올리고 있다. 도동재 내에는 도동재기, 도동재 단소 창설사실기, 도동재중수기 등의 편액이 걸려 있어 이를 통해 도동재 건립 배경과 설총선생의 탄생과 성장 그리고 수학의 장소를 미루어 짐작할 수 있다.

최근 자인향교 유림들의 공의로 도동서원으로 바꿨다.

[참고문헌 : 현지조사]

5) 배향서원

설총선생은 한국의 유종(儒宗)으로 추앙받아오다가 고려 현종 13년(1021)에 홍유후라는 시호를 추증받았고, 문묘(文廟) 동무(東廡)에 신라 2현이라 하여 한국인 최초로 최치원(崔致遠)과 함께 종향(從享)되었다. 또 경상북도 경주시 서악동(西岳洞) 615번지에 있는 서악서원[경상북도 기념물 제19호]에도 배향되어 있는데 그 과정은 다음과 같다.

서악서원

서악서원은 원래는 조선 명종(明宗) 16年(1561) 경주부윤(慶州府尹) 이정(李楨, 1512~1571)이 김유신(金庾信) 장군을 기리기 위해 세운 사당(祠堂)이었다. 그러나 당시 경주지역의 선비들이 통일신라기 대표적 학자와 문인인 설총(薛聰)과 최치원(崔致遠)의 위패(位牌)도 같이 모실 것을 건의하자, 이정은 퇴계(退溪) 이황(李滉)과 의논하여 조선 명종(明宗) 18년(1563) 함께 배향하게 되었다. 이 때 퇴계 선생이 서악정사(西岳精舍)라 손수 글씨를 써서 현판을 달았다고 한다. 그러나 임진왜란으로 서원이 모두 불탔고, 인조(仁祖) 때 다시 세워지자 당시 진사였던 최동언(崔東彦) 등이 조정에 진소청원(陳疏請願)하자 인조는 1623년(인조 1)에 서악서원이라는 이름[賜額]을 내렸는데, 현판은 당시의 이름난 서예가 원진해(元振海)가 쓴 것이다. 현재 매년 2월 중정(中丁 : 두번째 丁日)과 8월 중정에 향사를 지내고 있다.

[참고문헌 : 《한국문화와 역사인물탐구》-원효 설총 일연-, 경산시청, 2001.6.]

보각국사 일연
(普覺國師 一然)

1. 탄생과 시련

1) 장산의 빛

고려 희종 2년(1206), 날로 격심해 가는 몽골의 간섭과 약탈이 그 도를 넘었고, 그 고통은 실로 엄청났다. 조정의 이런 것도 아랑곳하지 않고 한가위를 갓 지난 가을, 장산의 산전 마을은 포근하고 넉넉하기만 하였다.

이 마을을 두른 동학산, 사방이 산으로 둘러싸인 전형적인 농촌 마을인 산전의 동녘에 해가 솟았다. 그러나 이른 새벽에도 두 젊은 내외는 깊은 잠에 빠져있다. 방안에 잠들어 있는 부부의 정겨운 모습이 평화롭다. 검정과 붉은 색이 아로새겨진 이불은 바둑판처럼 기워져 있었다. 갑자기 아내 쪽으로 한 줄기 햇살이 굵게 비춰지며 해가 구르듯 이씨 부인의 품안으로 파고든다. 놀라 깬 이씨 부인은 눈이 휘둥그레졌다. 그러자 옆에서 누워 자던 남편 김언필 공도 놀라 함께 일어난다.

"아니! 벌써 해가 중천에…… 그래, 부인은 자다 말고 무슨 일이오?"

"정말 이상하네요, 오늘이 세 번짼데 같은 꿈을 꾸어서……."

"무슨 꿈을 꾸었기에 그리도 놀라시는 게요?"

"해괴하게도 이른 새벽에 해가 내 품안으로 뛰어드는 꿈을……."

"해가 품안으로……? 그것 참 예사롭지 않구려!"

"벌써 사흘째나 같은 꿈이라서……."

김언필은 잠시 천정을 바라보더니

"아무래도 부인에게 삼신 할머니가 훌륭한 아기를 점지해 주시려나 보오."

"그럼, 태몽이라는 말씀입니까?"

"아무래도 그런 듯하오."

그러던 어느 날 이씨 부인은 태기가 있었고 그로부터 열 달 후 해산에 이르렀다. 언필은 방안을 이리저리 오가며 들락거리며 안절부절못한다. 이러기를 두 시각이 지나자 갑자기 아기 울음소리가 집밖으로 퍼져나왔다.

어제까지 내린 봄비는 오색영롱한 무지개 같은 찬란한 햇살로 바뀌어 문틈

사이로 숨어들고, 김언필은 재바르게 사립문에 금줄을 걸고 빨간 고추를 매달았다.

벌써부터 동네 우물가 아낙들은 시끌벅적하다.

"김 훈장댁이 생남을 했데. 우리 마을에 경사야!"

분이 엄마도 맞장구를 쳤다.

"근데 말이야, 아침에 애기를 낳았는데, 집 안팎이 온통 오색 구름이었다데."

"뭐라고! 오색 구름?…… ."

"그렇다면 우리 마을에 큰 인물이……"

"글쎄 말이야! 이건 분명 예삿일이 아니야!"

그 때 훈장네와 가까이 지내던 순이 엄마가 나서며,

"내 얼마 전에 들은 장산댁 이야긴데 아기를 가지기 전에 사흘 동안이나 해를 끌어안는 꿈을 꾸었다지 아마."

"해를 끌어안는 꿈?……."

"그렇다면?"

"아무래도 우리 마을에 훌륭한 인물이 태어난 게 틀림없어?"

이야기는 점심 나절까지 이어졌다.

언필은 갓 태어난 아기 이름을, 해를 끌어안는 꿈을 꾸었다 하여 '견명'이라 하였다. 아기는 무럭무럭 자라 벌써 네 살, 어버이의 기대는 물론이고 이웃 사람들의 사랑과 관심 속에 한 떨기 들국화처럼 소담하게 커 갔다.

[참고문헌 : 《보각국사비첩》]

2) 유년의 시련

고려 희종 6년(1211). 동네 아이들과 어울려 뛰어 놀고 있던 견명이가 황급히 집으로 달려 들어갔다. 들판에는 갑작스런 천둥 벼락 소리와 함께 굵은 소낙비가 한바탕 쏟아졌다.

견명이가 막 사립문에 들어서려는데 방안에서 어머니의 통곡 소리가 집안에 가득하였다. 뒤뜰에 감나무가 벼락에 부러지고 사방은 칠흑같이 캄캄하였다. 견명이 방안에 들어서니 벌써 그의 어머니가 무명 홑이불로 누군가를 덮어놓고 흐느끼고 있었다. 견명은 무슨 일이 일어나고 있는지 도무지 알 수가 없었다.

"어머니!……."

슬픔에 못 이긴 어머니는 견명을 와락 끌어안았다.

"견명아!……."

잠시 동안 방안에는 무거운 침묵이 흘렀다. 할 말을 잃었던 어머니가 이윽고 말문을 열었다.

"견명아! 너의 아버지가……."

"아버…… 아버지가요?……."

그러나 이들 모자에게 슬픔은 그리 오래 가지 못하였다. 서당 훈장으로 끼니를 이어오던 김 훈장이 갑작스럽게 세상을 떠나자 이젠 먹고 사는 걱정이 태산이었다. 이웃의 도움으로 가까스로 장례를 치르기는 하였지만 앞날이 캄캄하였다. 그러니 남편을 떠나보내는 이씨 부인의 가슴에는 서러움의 강물이 술렁이며 흘렀다.

"저, 저런! 한창 살 나이에 세상을 떠나다니, 쯧쯧쯧……. 젊은 새댁과 아이를 두고 어떻게 갔나?"

"훈장님은 그렇다지만 이제 견명이와 새댁은 어찌 사노? 저 꽃 같은 나이에……."

이 때 집 앞을 지나던 한 스님이 집안으로 들어왔다.

"보살님! 너무 슬퍼 마십시오. 이 모든 게 다 부처님의 뜻입니다."

"스님!…….

이씨 부인은 와락 스님의 장삼자락을 부여잡는다.

"이제 어찌합니까? 저야 어쨌든 살 수 있지만 저 어린 자식을……."

이 말에 잠시 동안 견명을 살펴보던 스님이,

"그러면 이 아이를 저에게 맡기시지요. 언제라도 저의 절로 찾아오세요."

이씨 부인은 대답이 없고 스님의 눈을 하릴없이 쳐다보았다.

"제가 가르쳐 보겠습니다. 제 보기에 보통 아이가 아닙니다."

"스님!"

이씨 부인은 순간 허리를 굽혀 스님에게 합장의 예를 올렸다. 스님은 잠시 동안 견명을 살펴보았다.

"아니! 얘 보게나. 어리지만 저 늠름한 걸음걸이, 그리고 호랑이 같은 눈, 아무리 보아도 예사 어린이가 아니야!"

그리고 그 스님은 훌훌히 떠났다.

그로부터 열흘 뒤, 이씨 부인은 스님이 일러준 대로 앞 뒤 생각할 겨를도 없이 정들었던 마을을 떠나기로 했다. 젊디젊은 나이에 지아비를 잃고 떠나는 지어미 마음은 생살을 찢는 아픔이었으나 그에게는 자신보다 아들 견명의 앞길이 먼저였다.

그날 해질 어름 그녀는 견명의 손목을 꼭 잡고 보퉁이 하나 옆구리에 낀 채 말없이 집을 나섰다. 해는 어느덧 지고 초승달이 비쳤다. 얼마를 걸었을까, 동학산 계곡을 지나 대덕산에 이르니 저만치서 밀암사가 눈에 잡힐 듯 아스라이 다가왔다. 이씨 부인은 무엇인가에 쫓기듯, 숨을 몰아쉬며 견명에게,

"얘야! 서둘러라. 우리가 이렇게 밤에 집을 나선 줄 알면 문중 어른들이 모두 걱정하실 거야!"

"어머니! 왜 이리 서두르십니까?"

"미안하구나. 지난 날 우리의 딱한 사정을 들은 저 산 너머 사는 스님이 너를 돌봐 주시기로 했단다. 그래서 이렇게 서둘러 간다."

"어머님도 같이요?"

"…… 글쎄. 그렇게 되면 얼마나 좋겠냐마는……."

어느새 병풍산 정상에 이르니 저만치 밀암사 종각이 어스름 달빛아래 드러났다. 그렇게 이들 모자가 밀암사에 다다랐을 때 스님은 벌써부터 모자를 마중 나와 있었다.

"어서 오시지요. 보살님!"

그는 그들 모자를 정중히 반기면서 문득 견명의 얼굴을 뚫어져라 바라보았다.

"정말 총명한 아이로다. 예사 아이와는 분명히 달라……."

스님의 말에 이씨 부인은 고맙기도 하였지만 내심 불안하였다. 주지승은 이들을 승방으로 안내한 후 또 다시 견명을 뚫어져라 바라보았다. 한참을 이리저리 살펴보던 주지승은 무엇인가 결심이라도 하듯 입을 열었다.

"보살님! 내일 날이 밝으면 다시 떠나셔야 하겠습니다."

갑자기 방안에는 긴장이 감돌았다.

"그 무슨 말씀, 떠나라니요?"

찬물을 끼얹는 듯, 이씨 부인은 바뀌진 분위기에 눈 앞이 캄캄하였다. 그러나 주지승의 목소리는 의외로 부드러웠다.

"아무래도 이 아이는 소승이 감당하기로는 너무나 큰 재목인 듯합니다."

"큰 재목이라면?"

스님은 고개를 끄덕이며,

"예, 이 아이는 아주 총명하여 소승보다 학덕이 높으신 스님을 찾아 가르침을 받아야 할 것 같습니다."

이씨 부인은 스님의 말에 앞이 캄캄하였다.

"그렇다면?.……."

스님은 한 동안 먼 산을 바라보더니 벼루와 먹을 끌어당겼다.

"내 편지를 써드리겠으니 해양(현재 광주광역시)에 있는 무량사로 가세요. 그곳에는 나의 스승께서 계시니 마땅히 도와주실 것입니다."

스님의 얼굴은 사뭇 진지하였다.

때는 고종 1년(1214), 견명 모자는 몇 날 며칠을 허위허위 고생하여 가까스로 해양 무량사에 다다랐다. 이곳에서 5년 동안의 시자생활은 견명 모자에게는 꿈만 같은 기간이었다. 적어도 그곳에서는 아들과 본인의 교육과 밥 걱정을 덜 수 있었기 때문이었다.

어느 날 갑자기 주지 스님이 견명을 찾는다는 전갈이 왔다. 무언가 견명 모자에게는 예감이 좋지 않았다.

"찾으셨습니까? 스님!"

"네, 보살님!"

주지는 다소 미안한 듯한 표정이었다.

"보살님! 견명은 정말 뛰어난 아이입니다. 저로서는 이 아이에게 더 이상 가르칠 것이 없습니다."

"아닙니다. 스님!"

"그러니 이 길로 설악산에 있는 진전사로 가십시오. 거기에는 이 아이에게 스승이 될 만한 훌륭한 스님이 계시니까요."

"예?……."

"날이 밝거든 바로 떠나시지요. 더 지체할 이유가 없습니다."

주지의 목소리는 무거웠다. 이씨 부인은 그냥 있게 해 달라고 사정사정 해 보았지만 주지는 더 이상 마음의 문을 열지 않았다. 절에서 쫓겨나다시피 산문을 나선 견명 모자는 그로부터 두 달 뒤 구사일생으로 강원도 설악산에 있는 진전사에 도착하였다.

견명은 나이 14 살에 힘겨운 고행을 견디며 이 고을 저 고을을 지나면서 사람들의 이야기와 그들이 살아가는 모습을 보고 들으면서 많은 것을 생각했다. 진전사에서 4년여 시자 생활은 그에게 가지 않은 새로운 시련의 길이었다. 대웅장로로부터 구족계를 받아 스님의 길을 걷게 된 것이다. 견명은 이제 견명이 아닌 일연(一然)이라는 이름으로 세상 앞에 나서게 된 것이다.

[참고문헌 :《보각국사비첩》]

3) 행자의 길

진전사

일연 모자가 진전사를 찾아간 것은 찬 바람 부는 늦가을이었다. 밤만 되면 벌써 양양 바다는 을씨년스럽기 그지없었다. 선방에서 새우잠을 잔 모자의 첫날 밤은 헤어지는 아픔의 시간이었다. 아이를 두고 되돌아서야 하는 이씨 부인은 차마 발길이 떨어지지 않았다. 아침 예불 시간에 일어난 일연은 어머니를 따라서 날이 새도록 탑돌이를 하였다. 애간장이 타는 듯한 어머니의 애원 섞인 흐느낌.

"부처님! 저의 아이를 부처님께 맡기오니 불쌍히 보시고 제발 너그러이 안아 주소서. 나무관세음……."

두 손을 모으고 빌고 또 비는 동안 벌써 바다에 둥근 해가 솟아 있었고 늦가을 썰렁한 아침의 절은 자욱한 안개에 싸여 있었다. 그렇게 하루 밤이 짧게 지나갔다. 그리고 대웅스님을 찾아 인사를 드렸다.

"큰스님, 이렇게 염치없이 아이를 맡기고 가옵니다. 드릴 말씀이 없습니다."

"보살님, 먼 길에 살펴 가십시오. 제가 편지를 드릴 테니 가시다 날이 저물면 몇 몇 절에 들러 보십시오. 그리고 견명이 너는 어머님께 인사드리고 곧장 내 방으로 오너라."

눈물로 헤어진 모자의 거리는 점점 멀어져 갔고 손을 흔드는 어머니의 모습은 안개 속으로 묻혀 갔다. 이내 큰스님의 선방으로 들어갔다.

"행자 생활이 어렵다. 적어도 한 사오년은 견뎌내야만 스님의 옷을 입을 수가 있느니라. 나도 그런 과정을 다 거쳤다. 머리만 갖고 스님이 되는 게 아니다. 마음 공부를 끊임없이 해야 하느니라. 정말 괜찮겠느냐?"

"예, 큰스님! 해보겠습니다."

때는 고종 8년(1221) 세상 민심이 흉흉하였다. 몽골이 침략하여 나라에 큰 전쟁이 일어날 거라는 이상한 소문이 전염병처럼 마을마다 떠돌아다녔다. 아니나 다를까. 그 해 8월 가뜩이나 흉년이 들고 가을 가뭄이 심하여 마실 물마저 넉넉지 않았을 때 몽골의 사신 저고여(著古與) 일행이 개경으로 들어왔다. 귀중한 고려의 토산물(土産物)을 요구하여 왔다. 세모시[細苧] 2천 필이며 솜 1만 근 등 그밖에 요구한 것은 이루 다 기록할 수 없었다. 설상가상, 아예 고려의 처녀들을 내어놓으라는 것이었다.

이런 시절이란 각박함은 절이라고 별반 다를 수가 없었다. 새로 들어온 행자를 먼저 들어온 행자들이 반기는 기색이 없었다. 다들 못마땅히 여겼다. 자기들도 절밥 얻어먹고 살기가 빠듯한 판인데. 공부는커녕 하루 종일 물 길어 오기며 불 때기, 나무 해오기 등 허접한 일은 모두가 견명의 몫이었다. 불평할 겨를이 없었다. 예서제서 도끼눈을 뜨고 부려먹으려고만 하였다. 이곳에 온 지 여섯 달이 지났건만 공부하라는 이야기가 없다. 이런 분위기에서 언감생심 엄두도 못 내었다. 그러던 어느 날 큰스님이 부르신다고 연락이 왔다. 가서는 큰절을 하고 두 손을 공손하게 모으고 읍을 하고는 다소곳이 서 있었다.

"견명아! 견딜만 하냐? 아픈 데는 없느냐?"

"예, 큰스님!"

"가 봐라."

실망, 그런 실망이 없었다. 공부하라는 말씀이 있을 줄 알았건만. 큰스님한테 다녀온 뒤로 먼저 들어온 행자들의 왈짜가 더욱 심해졌다.

"너, 큰스님한테 다녀왔다며?"

험상궂고 주먹깨나 쓴다는 홍칠이가 다가와서는 견명을 쥐어박는다.

"너 글깨나 좀 한다고 그러는 모양인데 선배 맛이 어떤 건가를 한번 보여줘야 하겠구나. 오늘 저녁에 몸을 닦아야 하니까 물을 길어다 물을 덥혀 놓아라, 알겠지."

"……."

가까운 샘은 가뭄에 다 졸아 들었고 먼 샘은 한식경이나 걸려야 길어올 수 있었다. 이건 아예 잠을 자지 말라는 것이었다. 대들어보았자 돌아오는 건 매밖에 없었으니…… 마침 달이 밝기는 했다. 물 지개를 지고 언덕을 오르는데 나무 뒤에서 숨었다 갑자기 누군가 튀어나왔다.

"야! 힘들지. 이리 줘, 내가 져 줄게."

수동이었다. 유일한 행자 동무였다. 며칠 먼저 들어오기는 했어도 선배는 선밴데.

일연의 그릇 됨을 알아주기라도 하는 듯, 여러 가지 어려운 일이 있을 때마다 도와주었다. 넌지시 반가운 소식을 알려주었다. 다음 달 초하루 재를 모신 뒤로 다 같이 글공부를 가르쳐 준다는 거다. 밤새도록 일을 해도 어렵지 않다고 생각하였다. 힘이 났다. 희망이 생겼다. 공부하러 왔다가 일만 실컷 하고 만다면 어쩌나 걱정이었는데, 이윽고 그 날이 다가왔다. 대웅 큰스님이 학승들과 행자들을 대웅전으로 불러 모았다.

"너희들은 모두 부처님의 제자들이다. 이제부터 법문과 독경을 공부하기로 한다. 모임이 끝나는 대로 견명은 내 방으로 오너라."

모임이 끝나자 견명은 큰스님 방으로 찾아갔다. 읽고 있던 「반야심경」을 덮어 놓고 가까이 오라고 하였다.

"너, 색즉시공이란 말을 아느냐?"

머뭇거리던 견명은 용기를 내었다.

"색은 푸른 하늘이고 공은 바람입니다."

"그래?……. 가 봐라."

그 뒤 두어 달쯤 지났을까. 다시 큰스님이 견명을 찾으신다는 거다.

"내 너를 찾은 것은 내일부터 금강경을 읽고 공부하도록 할 것이다. 그리고 며칠 뒤 법회에서 이를 공포할 것이다."

대웅스님은 견명의 그릇 됨을 짐작하고 있었다. 하지만 행자로서 견명이 수련을 게을리 할 수 있을까를 걱정한 나머지 훈련을 시키고 있었다. 일종의 배려였다.

「반야심경」을 외우라는 과제가 주어졌다. 한 달 뒤에 법문이 끝나고 학승들이며 행자들이 모인 가운데 공개적으로 하는 시험이었다. 날짜가 다가왔다. 학승들과 행자들이 눈여겨보는 탑신 옆의 나무 아래였다. 다음으로 풀이하는 과제였다. 색즉시공이라는 부분에 가서 천천히 낭랑한 목소리로 읊조린다.

"색이란 글이요, 공은 생각입니다. 생각을 말로 다시 쓰면 글이 되니까요. 세상은 꿈이며 보이지 않는 진리에 따라서 이루어지는 것이라고 봅니다. 그러니 우리는 모두 같은 것이지요. 색물 들인 옷 입는 귀족이나 평민이 부처님 앞에서는 다 같다고 봅니다."

함께 자리했던 학승들과 행자들은 조용했다. 어린 행자가 무슨 저런 비유를 들어 법문을 하는 큰스님 같은 이야기를 늘어놓고 있는 게 아닌가. 이윽고 대웅 큰스님이 회중들을 둘러보았다.

"견명의 공즉시색 풀이는 훌륭하다. 다음 해 석가 탄신일 법회 때 구족계 의식을 하겠고 법호는 일연(一然)으로 하도록 하겠다. 이제 다 같은 학승으로 예를 갖추고 대하기를 바란다. 일연! 그 동안 애 많이 썼다. 앞으로 우리 사문의 등불이 되거라."

"예, 가르쳐 주십시오."

주위에 있던 학승과 행자들은 모두 혀를 내들렀다. 과연 듣던 대로다. 광주 무량사에서 이리로 보낼 때에는 다 그만한 이유가 있었으니까. 스님으로서 갖추어야 할 수행을 마쳤다고 주는 구족계는 일종의 통과제의였다. 이제부터 시작이다. 어머니가 흘리시던 눈물을 잊을 수가 없었다. 밤하늘에 남녘으로 날아가는 겨울 철새들을 보며 어머니에게 허리 굽혀 절을 하였다. 그날 밤 늦도록 관음전에서 불경을 읽다 깜박하는 사이 환하게 웃는 고향의 어머니의 얼굴을 보았다. 큰스님은 일연의 어깨에 누비 가사를 덮어주었다.

[참고문헌 : 《보각국사비첩》]

4) 방황과 번뇌

고려 고종 22년(1227). 밤이 깊어가는 줄도 모르고 독경을 하며 번뇌를 잊으려 하는 일연. 때는 진달래가 곱게 피던 봄. 일연은 주지 스님의 심부름으로 영월 세규사로 바쁜 걸음을 재촉하고 있었다. 삽당령을 넘어 영월로 가는 아름다운 길은 다름 아닌 그가 어릴 때 보았던 고향 장산의 산천과 같았다. 그는 아지랑이 속으로 불찬가를 흥얼거리며 속가의 산천을 그리다가 문득 지나가는 젊은 아낙의 분 냄새에 춘정이 타올랐다.

영월의 금장강 벼랑길은 너무도 아름다웠다. 위에서 내려다보니 벼랑에 핀 꽃이 물위에 춤추듯 휘날리니 여기가 극락이 아닌가 하였다. 그 때였다. 태평소 소리가 나며 강릉 태수의 행차가 그의 옆을 지나쳤다. 잠시 머뭇거리며 합장의 예를 한 뒤 그 행렬 속으로 파묻혔다. 얼마 후 행렬이 벼랑길 쉼터에서 잠시 휴식을 취하였다. 이 때 함께 동행한 태수의 딸이 가마에서 내렸다. 태수의 딸은 곱게 핀 진달래를 바라보며 벌써부터 춘몽에 젖어있었다. 순간 그녀를 바라다본 일연은 잠시나마 낭자의 아름다운 자태에 넋을 잃고 말았다.

'나도 저런 아내를 얻어 한평생을 함께 살아봤으면…….'

이 때 사방을 두리번거리던 낭자가 태수에게 다가서며,

"아버님! 벼랑 위에 저 꽃이 너무나 아름답습니다."

하자 태수는 순간적으로 벼랑 쪽을 바라보며,

"하지만 벼랑이라 어찌할 수가 없구나."

태수는 딸의 청을 만류하였다. 그러자 옆에 있던 사령이,

"꺾어다 줄 사람을 찾아보겠습니다."

하더니 대중을 보고 소리쳤다.

"누가 아씨에게 저 꽃을 꺾어다 주겠느냐?"

하자 모두가 절벽에 매달린 꽃들만 바라볼 뿐 아무도 나서지 않았다. 바로 그 때 군중 속에 끼어있던 일연이 나섰다.

"소승이 저 꽃을 꺾어 드리겠습니다."

"아니, 스님께서……."

그는 몸도 가볍고 날쌘데다 용력이 있어 어렵지 않게 벼랑길을 기어올라 진달래꽃을 단숨에 꺾어다 태수에게 바쳤다. 태수의 딸은 자신을 위해 벼랑의 진달래를 꺾어다 바치는 젊은 일연을 바라보다 혼자 중얼거렸다.

'와. 저 부리부리한 호랑이 같은 눈매, 그리고 황소 같은 걸음걸이, 정말 믿음직한 스님이시구나!'

태수 또한 얼핏 보기에도 일연의 풍모가 예사롭지 않았다.

"어느 절에 계시는 뉘신지? 오늘 신세가 컸습니다."

"아닙니다. 소승은 설악산 진전사의 일연이라고 합니다만……."

이 말만 남기고 일연은 해질 무렵 세규사에 들러 진전사 주지 스님의 편지를 전하고 그 이튿날 되짚어 절로 돌아왔다. 그런데 이게 웬일인가. 전날 보았던 그 낭자의 모습이 눈앞에 아른거려 도저히 정진이 되지 않았다.

어느 새 주지가 일연의 번민에 대한 낌새를 채고 채근도 해 보았으나 여전히 그는 마음을 가누지 못하였다.

"이제 선불장에 갈 날이 얼마 남지 않았는데 딴 생각일랑 하지 말고 정진해라!. 우리 절에서 과거 급제하는 승려가 나온다면 더할 나위 없는 광영이 아

니겠느냐? 부디 번뇌 망상은 버리도록 해라!"

"예…… 예, 큰스님!……."

밤은 깊어 가는데 소쩍새는 울어대니, 그는 무릎을 꼬집어도 낭자 생각에 잠을 이루지 못하였다. 일연은 관음전으로 나아가 번뇌를 잊으려고 새벽이 오도록 독경을 하다 그만 잠이 들었다. 비몽사몽간에 일연은 조신이 되어 관세음보살을 찾아가 지난날 만났던 낭자와 결혼을 하게 해달라고 애걸하였다.

"네가 조신이냐? 너는 출가사문으로 어찌 미혹을 뿌리치지 못하느냐?"

부처님의 말씀이 어디선가 크게 울려 퍼졌다. 그러나 조신은 당당하였다.

"무간지옥에 떨어져도 좋으니 그 낭자와 인연을 맺게 허락하여 주십시오."

그 때 법당 밖에서 한 여인의 목소리가 들려왔다. 그는 본능적으로 여인을 향하여 고개를 돌렸다.

"저를 기억하시겠습니까? 금장강 벼랑 위에서 꽃을 꺾어다 주시던 일, 소저는 부모님 영을 따라 다른 사람에게 시집을 가게 되었습니다만, 도저히 스님을 잊을 수 없어 이렇게 도망 오게 되었습니다. 부디 저와 함께 멀리 스님의 고향마을로 가 함께 살면 원이 없겠습니다."

"낭자! 이게 생시요, 꿈이요? 어서 빨리 떠납시다."

아무것도 가진 것이 없었지만 그냥 함께 있다는 것만으로도 더 이상 바랄게 없었다. 다른 사람들의 집에 가서 일을 해주고 밥을 얻어다 먹고 추녀에서 잠을 자도 너무 행복했다. 어느 사이에 세월이 흘러 그들은 다섯 아이의 부모가 되었다.

호사다마라 했던가, 잇단 흉년에 인심마저 박해지고 일 해주고 밥 얻어먹기가 몹시 어려웠다. 그러니 애들은 많고 끼니 굶기를 밥 먹듯 하였다. 아이들이 동냥을 나섰으나 그마저 문전박대가 일쑤였고 게다가 큰아들이 병까지 얻고 말았다.

하루는 삽당령을 넘다가 큰아이가 마침내 쓰러졌다. 그는 허기진 배를 움켜쥐고 굶어 죽은 것이다. 슬퍼하는 가족들의 마음도 잠시 뿐 그들은 고개 마루에 죽은 아이를 묻고 돌탑을 쌓아주었다. 다시는 고통이 없는 세상에 태어나기를 기원해 주었다. 다시 먹거리를 구하기 위하여 이집 저집을 방황할 수밖에 없었다.

또 하루는 아침거리를 구하러 갔던 둘째가 밥은 얻지 못하고 미친 개에게 물려서 돌아왔다. 피투성이가 된 애는 정신없이 개 흉내를 내며 미치광이처럼 뛰어다녔다.

"어찌 이럴 수가? 부처님! 너무나 가혹하십니다."

조신은 가슴을 쳤다. 옆에서 몇 번이고 실신을 하였던 그의 아내가 조신에게 다가왔다. 그리고 그는 무언가 한 동안 말을 못한다. 그 곱던 모습은 어디 가고 허둥지둥 정신이 없어 보이는 부인의 모습이 너무도 처절하다. 가여웠다. 부인은 작심하고 조신에게 단호하게 말을 꺼내었다.

"여보! 이쯤 해서 아이 둘씩 나눠 갖고 헤어져 따로 사는 편이 좋겠습니다. 나는 당신에게 당신은 나에게 서로 짐만 되니 더 이상 어려워지기 전에 여기서 서로 갈라서는 것이 옳을 듯합니다. 자식들을 위해서라도……."

한참 동안 천정만 바라보던 조신이 무거운 입을 열었다.

"……. 그렇게 합시다."

그리고 조신은 하늘을 향해 소리쳤다.

"부처님! 이 모든 것을 꿈이 되게 하소서!"

몸부림치는 조신의 목소리는 아예 아우성이었다.

바로 그 때 조신은 눈을 떴다. 그는 긴 시각을 꿈속에서 자신이 사랑하였던 여인을 만난 환상을 본 것이다. 그것은 긴 시간의 꿈이었다. 온몸에 땀이 흘렀다.

'아! 모든 것이 꿈이었구나! 부처님께서 나의 그릇됨을 책하신 것이야…….'

일연은 잠시나마 조신을 통하여 헛된 꿈을 꾸게 된 것을 참회하였다.

"부처님! 이 못난이의 죄업을 어찌 씻을 수가 있겠습니까? 참회합니다. 참회합니다. 이 미혹한 중생이 그만 헛된 꿈을 꾸었나이다. 참회하나이다."

다 꺼져 가는 촛불 위로 관세음보살의 자비로움은 예와 다름 없었다. 멀리서 아침 예불을 알리는 범종 소리에 정신을 차려 옷깃을 여미고 밖으로 나왔더니 바람이 차다. 새벽별은 유난히도 밝게 빛나고 있었다.

[참고문헌 : 《삼국유사》 권4 탑상]

5) 선불장의 꽃

일연의 나이 22살, 고종 14년(1227), 승과 선불장에 나아간 일연은 장원인 상상과에 합격하여 교지와 어사화를 받았다.

진전사의 대웅장로 또한 자신이 급제라도 한 것인 양 기뻐하였다. 그러나 그것도 잠시뿐, 일연은 상상과의 영예를 접고 설악산을 떠나 비슬산 보당암으로 내려와 정안의 초청으로 남해 정림사로 가는 44세(1248) 때까지 청장년 시절의 수행 시기를 보낸다. 비슬산으로 온 지 11년쯤 되었을까, 불력으로 몽골군의 약탈을 막기 위하여 오자주(五字呪) 염송을 발원의 화두로 하여 정진하였다. 그 뒤 남해로 간 것은 대장경을 만들어 그 원력으로 몽골군을 물리치려는 일연 국사의 일념 때문이었다.

어느 날 일연이 주지를 찾아 귀향 의사를 전하였다. 이에 주지는 극구 만류하였다.

"이럴 때 자네는 꼭 귀향을 하여야 되겠는가?"

"저에게는 병드신 어머니를 돌볼 사람이 없습니다. 그러니 부디 허락하여 주옵소서!"

"그래 어디로 가려느냐?"

"비슬산으로 갈까 합니다."

"비슬산[27]이라……, 그래 자네의 법력으로 이 어지러운 세상의 빛이 되었으면 하네."

"부끄럽습니다."

"이게 다 인연 따라 이루어지는 것이 아니겠는가."

"스님!…… ."

그들 앞에는 지나온 8년의 긴 세월이 꿈결처럼 스쳐지나갔다.

[참고문헌 : 《보각국사비첩》]

---

27) 비슬산은 포산(包山)이라고도 한다. '비슬'은 빛을 적은 이두식 표기로 보인다. 'ㅄ다'로 표기되는 형과 소리가 비슷하여 뒤에 포산이라고 적은 것이다. 상징적으로는 어두운 세상의 빛이요, 현실적으로 화산의 불빛을 뜻할 수 있다.

2. 깨달음의 순례

1) 비슬산의 해탈

비슬산

달은 밝고 바람은 부는데, 지나온 날들의 추억이 달그림자처럼 따라 붙는다.

바람결에 흔들리는 나무들의 그림자……, 그래 사람의 일생도 저 그림자와 같은 것일까? 뒤따라 나선 시자의 모습도 사뭇 진지하였다.

"시자야! 넌 저 그림자가 바람에 쓸리는 것을 보고 무엇을 느끼느냐?"

"가을바람이라 어쩐지 쓸쓸하기만 하옵니다."

일연은 자신을 따라 나선 동자에게 문득 어린 시절 자신을 생각하며 넌지시 되물었다.

"너는 이곳에서 관기와 도성에 대한 얘기를 들은 적이 있느냐?……."

"아닙니다. 스님!"

동자는 일연 옆을 바싹 다가섰다.

"예전에 도성암에는 도성이란 스님이 계셨고, 저 남쪽 관기봉에는 관기라는 스님이 수도하고 계셨지. 항상 두 스님은 서로 만나지 않아도 마음으로 서로를 이해하고 성불을 위해 정진하셨지."

"그럼 길벗이시네요?"

"길벗 이상이지. 그런 사이를 도반이라고 하는 거란다. 때때로 오고 가면서 수행 정진함에 있어 서로가 용기를 북돋우고 어느 날 어떤 쪽이 먼저 극락으로 가면 나머지 한 사람도 따라서 가기로 마음을 먹었단다. 관기 스님이 도성 스님을 부르고자 하면 나무들이며 풀들이 모두 남쪽으로 쓸리고, 반대로 도성 스님이 관기 스님을 부르고자 하면 나무와 풀들이 북쪽으로 쓸렸다는 거야."

"말 못하는 나무와 풀들도 스님들의 마음을 이해하셨군요?"

"그렇지. 그런데 이상한 일이 일어났어. 매일 같이 도성 스님이 높은 바위 위에 오르기를 즐겨 하셨는데, 어느 날인가 바위 사이로 몸이 하늘로 솟구치더니 어딘가 간곳도 없이 사라졌는데, 그 뒤로 얼마 있지 않아 관기 스님께서도 돌아가셨지."

"지금도 저 바위를 바라보면 관기 스님이 달 밝은 밤을 오가며 도성 스님과 시를 읊조리는 듯하니 말이야!"

시자는 고개를 끄덕이며,

"두 분의 교감은 정말 남달랐던 모양입니다."

"그렇지!"

일연은 더 이상 입을 열지 않았다. 그리고 그는 가던 걸음을 재촉하였다. 며칠이 지났다. 이지러진 달이 밝은 스무 하룻날 밤, 일연은 오늘도 달빛 아래 홀로 앉아 지나온 자신을 되돌아보았다. 스무 해가 넘도록 그토록 바삐 지나갔던 날들……. 그러나 오늘도 어김없이 그의 옆에는 그림자처럼 어린 시자가 따라나섰다.

"스님! 오늘도 재미있는 이야기를 들려 주십시오."

시자의 청에 일연은 잠시 눈을 지그시 감더니만,

"지난 해 성범이란 스님이 오셨는데, 그 분에게는 현풍 쪽에 사는 신도 스무 명이 해마다 결사를 하고 향나무를 모아서 절에다 바쳤다 하더군. 그들은 산에 들어가서 향나무만을 모아 쪼개 가지고서 발 위에 말리었다는데, 밤만 되면 그 향나무에서 빛이 난다고 했어! 마을 사람들이 하도 신기하여 이는 두 스님의 염력이며 신령이 도운 것이라고들 했는데, 그 산신령이 곧 정성천왕이시지."

"두 분의 모습은 어떠하였습니까?"

"두 스님은 항상 나무와 풀잎으로 옷을 만들어 추위와 더위를 피했다고 하지. 참으로 고귀한 도인의 삶이 아니었더냐?"

"네, 스님!"

시자는 고개를 끄덕이며 머리를 숙였다.

"내 이 두 스님을 위해 지은 글귀가 있는데 어디 한번 들어 보겠느냐?"

"네, 스님!"

일연은 두 눈을 지그시 감고 과거를 회상하듯 시를 읊조렸다.

나뭇잎으로 옷을 삼고
명주 베를 짜지 않았다네.
꿈에도 혼은 세속에 때 묻지 않고
구름은 무심하게 흘러가네.
두 암자는 쓸쓸하게 쑥대밭이 되었구려.
산 사슴만 뛰노누나.[28]

"깊이 알 수는 없으나 너무나 아름답습니다."

"그래?"

"진리는 바로 현실에 있다는 스님의 말씀이 문득 생각이 났사옵니다."

"그렇지! 우리가 사는 이 세상은 한낱 꿈이야……."

"꿈이라시면?"

"그래! 한바탕의 꿈이야!"

"원효 대사와 같으신 말씀입니다."

"허허……."

"스님! 이야기도 수행이라 할 수 있습니까?"

"글쎄!"

순간 일연은 답을 잃고 말았다. 자신의 선문답이 어린 시자의 마음을 어떻게 움직이고 있는가를 그는 알고 있었기 때문이다.

어느덧 저만치 오른 산길을 돌아서는 발걸음은 가볍지만 않았다. 그것은 시자와의 선문답에서 문득 자신의 어린 시절을 보고 있었기 때문이다.

[참고문헌 : 《한국불교설화》]

---

28) 《삼국유사》 권 5 피은 제 8 포산(包山) 이성(二聖).

2) 고골관(枯骨觀) 수행

무주암으로 옮긴 뒤 일연의 말수가 부쩍 줄어들었다. 무슨 고뇌가 있었을까. 삶이란 게 무엇이고 깨달음이란 무엇인가. 전쟁으로 죽어간 사람들의 해골이 온 산과 들에 나도는데 아직도 고려의 창공에는 푸른 하늘이 보이지 않았다.

진달래 피는 오월의 비슬산. 저녁 노을은 유난히도 아름다웠다. 어쩐지 일연의 가슴이 타들어가는 것은 붉은 노을 때문은 아니었으리라. 해가 지기 무섭게 열사흘 달이 도성암 쪽으로 얼굴을 내민다. 이 고통과 질곡의 땅. 희망은 어디에 있는가. 달빛에 희부옇게 바라다 보이는 작고 큰 돌들이 전쟁터에서 죽은 사람들의 해골같이 보였다. 일연의 뇌리를 스쳐지나는 상념들.

"나도 죽으면 저 돌 같은 해골만 남아 뒹굴 텐데…… "

옆에 있던 시자가 대쳐 묻는다.

"큰스님! 어디 편찮으세요?"

"아니야, 아니야."

아침저녁으로 바라다보이는 돌들을 보면서 산책길에 나서면서, 독경을 하노라면 돌들이 해골 같은 모습으로 떠오른다. 도성암 바위에 올라 도성스님이 관기스님과 이야기하고 수도를 하던 모습이며 목소리를 듣고 있다. 나뒹군 돌을 보며 도성스님과 이야기를 주고받는다.

"부처님 세계가 아름다운가요? 정말 슬픔도 괴로움도 없는, 배고픔도 없는 그런 좋은 세계인가요?"

달밤에 보이는 진달래 핀 숲속에서 소쩍새가 운다.

"그러하오. 눈비가 내려도 바람이 불어도 그저 한갓 변함없는 돌일 뿐이라오. 살아 있을 때나 지금이나 부처님의 깨달음을 그리며 지낸다오."

"돌이 된 뒤에도 무슨 느낌이 있던가요?

"온갖 번뇌를 떠나 오직 한 생각, 내가 성불을 하여 다시 이승의 몸으로 환생하리라는 꿈을 꾸며 말이오."

"스님! 잘 알겠습니다. 저도 돌이 되고 해골이 되는 고골 수행을 해 보겠습니다."

새벽 예불이 끝나고 일연은 고골 수행으로 들어갔다. 일종의 가상 죽음에 대한 명상 수련이다. 먼저 죽으면 창상(脹想)이 되는 모습을 그리며 자신의 육신이 변하는 모습을 그리는 과정이었다. 자신이 죽은 뒤에 온몸이 썩는 과정에서 팅팅 부은 몸으로 마늘이 썩는 냄새 같은 독한 부패의 과정인 것이다. 매일 같이 닦고 씻던 얼굴이며 온몸이 썩은 물로 되어 서서히 뼈만 앙상하게 남는다. 밖에는 봄바람에 아름다운 개나리며 진달래가 피고 꾀꼬리가 운다. 그 옆 골짜기에서는 나의 육신이 썩어 문드러져 가다니. 이제 괴상(壞想)이다. 자신의 오장 육부가 터져 나와 진한 고름 같은 물과 살가죽이 갈라져 더 이상의 형체를 알아볼 수가 없다. 혈도상(血途想)에 가니 온몸이 피고름 범벅이 되는 단계. 나의 탐욕과 번뇌가 응어리져 이렇게 피고름으로 흐르는가 싶었다. 수레에 깔려 죽은 쥐의 모습과 다를 바가 없다.

얼마쯤 지났다. 썩은 몸에서 구더기 같은 벌레들이 기어 나온다. 벌레로 다시 살아나는 것일까? 이게 농란상(濃爛想)이 아닌가. 썩다가 비바람에 몸의 색깔이 변하여 푸르뎅뎅하게 변해 버린다. 이름하여 청어상(靑瘀想)이다. 이제 까마귀 같은 새들이 날아와 나의 시체를 쪼아 버린다. 이는 담상(啖想)이다. 살아 있을 동안 많은 먹거리를 먹고 살았으니 죽은 뒤라도 다른 짐승들에게 쪼아 먹힐 법도 하지 않은가.

나머지 살붙이들이 흩어져 작은 흙덩이처럼 더러는 흙이 되어 자취조차 사라져 버린다. 모인 것들은 다시 흩어져 사라진다. 이게 영원한 진리인 것을. 그나마 남은 뼈들만 앙상하게 남아 비바람에 지나온 세월의 업보를 씻어낸다. 말하자면 골상(骨想)이다. 이제 나머지는 불에 살라 아무것도 없는 소상(燒想)의 모습으로 돌려준다. 부처님도 그렇고 나 또한 다를 게 뭐 있겠는가. 이른바 고골관 혹은 백골관 수행이다. 자장 스님도 이러하셨겠지.

며칠이나 되었을까. 선정에 든 지가 보름이 지났다. 밖에서 문 두들기는 소리가 요란하다.

"큰스님! 문을 부수겠습니다. 큰일 나십니다."

"웬 야단인가?"

"큰스님! 벌써 보름이나 지났습니다. 빨리 나오시어 죽도 드시고 물을 흠씬

마셔야 합니다

무극의 걱정이 태산이었다. 상좌가 스님의 건강을 챙겨드리지 못한 잘못이 크다는 말투다.

"무극! 무슨 걱정이 그리도 많아? 괜찮아. 진표스님은 온몸을 바위에 다 으스러지도록 부딪히기도 하셨는데. 이 친구야! 다음의 골쇄관 수행 때는 어이 하려고 이렇게 야단이야?"

"저도 스님을 따라가겠습니다. 몸도 많이 약해지셨고 중생들을 위하여 하실 일이 많이 남으셨는데 이렇게 하셔서는 아니 됩니다."

겨우 정신을 차려 어질어질한 상태에서 마실 물과 시자가 갖고 온 죽을 들었다. 마침내 모두가 다 썩을 몸인데, 또 마시는구나 싶었다.

우란분절 백중이 지나고 절간이 조용해졌다. 절간이라야 무주암은 상좌와 어린 동자승 그리고 가끔 절에 필요한 먹거리를 날라다 주는 보살 몇 사람이 전부다. 하지만 일연 선사가 이 암자에 주석한다는 말을 들은 사람들의 발길이 끊이질 않는다.

"딱한 사람들. 나도 성불을 못하고 뭘 제대로 못 하는데 나한테 무얼 배우겠다는거야. 부처님! 참회하옵니다."

바위 쪽으로 새겨놓은 돌부처를 향하여 한 나절이 다 지나도록 점심 공양은 생각도 아니 한 채 삼천 배를 올린다. 그 옆에서 함께 절을 올리던 동자승은 일천 배 뒤에는 무릎이 아프다며 주저앉았다.

벌써 가을 바람이 부는 상강이 지났다. 울긋불긋한 비슬산의 가을이란 참으로 곱디 고왔다. 남해로부터 정안거사가 정림사로 와서 팔만대장경을 만드는데 함께 도와 달라는 전갈을 받은 지가 벌써 서너 달 되었건만 답을 하지 않은 상태다. 내 몸도 추스르지 못하고 정신을 올바르게 못한 사람이 무슨 팔만대장경 같은 거룩한 부처님 사업을 한다는 말인가.

다시 자장스님이 거치신 고골관 수행의 두 번째 단계였던 골쇄(骨鎖)관 수행이다.

그 동안 일연의 가슴 속에 품었던 선종과 교종을 화합하고 이렇게 저렇게 불교 수행의 지도자가 되어 보겠다던 꿈도 야망도 다 허망한 것이고 꿈이었다. 늦가을이라고는 하지만 산바람은 차고 매서웠다. 벌써 서리가 내리고 얼음이 얼더니 엊그제는 가는 눈마저 내렸다. 콜록거리며 기침이 심하다. 차츰 가슴이 죄어 오기도 하였다.

"큰스님! 골쇄관 수행이 괜찮으시겠습니까?"

"삶에 지친 중생들의 고통에 비하면 이건 아무것도 아니지 뭐."

무극은 할 말이 없다. 본인도 따라서 골쇄관 수행을 하려 했으나 절의 일이며 일연 큰스님의 수행에 따른 뒷바라지를 해드려야 했다. 일연이 바위굴로 들어간 지 보름이 되어도 나오지를 않는다. 큰일이었다. 무극은 시자와 함께 도성암 아래 절벽 쪽 어름에나 있는 조그만 바위굴로 들어갔다. 더러 족제비한테 잡혀 죽은 토끼들의 뼈들이 앙상하다. 가여운 것들. 그러나 이렇게 먹히고 먹는 게 삶이란 숲속의 법칙이 아닌가.

한군데 굴로 가 보았으나 거기도 없고 다음에도 찾아보았으나 헛일이었다. 어이할까. 날은 어두워가고 큰스님을 찾을 길을 없고. 그런데 돌아오는 길에 무덤 같은 돌무더기가 있어 혹시나 하고 들여다보니 무덤을 만들어 놓고 그 안에 일연 스님이 돌 속에 파묻혀 있었다.

"큰스님! 빨리 나오셔요. 들리세요. 빨리요. 나무관세음보살."

"나 아직 죽지 않았네그려. 무극!"

"아, 이게 무슨 일입니까?"

"나도 자네도 모두가 다 백골로 보이데그려. 온 세상이 다 백골처럼 보이더니 모든 게 다 꿈만 같으이. 이게 말하자면 초습업(初習業)이지. 남은 건 나의 해골 가운데 반쪽이야. 이제 이것도 지나면 반쪽 뼈도 없어지는 모습을 보는 이숙수(已宿修)인데 여기까지는 그런대로 정진했다고 보는데. 마지막 반쪽 뼈도 없고 눈썹 사이로 관조하면서 고요한 마음으로 돌아가 모든 욕망에서 벗어나는 초작의(超作意) 정진에 아직 이르지 못하고 있네. 그래야만 나와 백골이 하나 되는 유식(唯識)에 이르게 되겠지. 당분간 날 찾지 말게나."

무극이 말씀을 어쩌지 못하여 되나오려는데 돌 사이로 찾아든 뱀들이 떼를 지어 웅크리고 있다. 혀를 날름거리는 독사며 살모사도 더러 보인다.

"큰스님, 큰일 납니다. 뱀을 조심하셔요."

"그 친구들도 추워지니까 기어든 것을 누가 탓을 하겠나.? 어여 가시게나."

무극은 순간 이상한 느낌이 들었다. 일연 선사가 사람인가 짐승인가. 아니면 신인이란 말인가. 자장율사께서 수행정진하실 적에 가시로 둘레를 막고 호랑이와 더불어 하셨음을 들었다. 본인이 무슨 경문왕도 아니련만. 뱀을 겁내지 않다니. 본디 도인이란 저런 모습이었던가. 나하고는 너무나도 먼 당신이었다. 더 추워지기 전에 나오셔야 할 텐데.

큰스님 생각에 잠을 이루지 못하는 무극의 꿈에 일연이 수행 글에 써준 화두가 떠오른다. "모든 게 꿈이고 삶이란 줄지 않고 불계란 늘지 않는다." 꿈에서 깨어난 무극은 일연 선사를 전에 없이 참된 스승으로 모시게 되었다.

돌로 변한 중생들은 오늘을 사는 우리들에게 무엇을 원하고 있을까. 고려가 몽골의 말발굽 아래 신음하는 저 소리를 듣지 않고 평화를 되찾고 민족혼의 꽃 피는 그런 시절을 원하지 않겠는가. 그래 바로 그거야. 흩어진 민심을 바로 잡고 땅에 떨어진 민족의 정체성을 바로 세우는 길이다. 그래 그러자면 《삼국유사》부터 그런 역사적인 진실을 바로 알리는 것이라고 굳게 다짐을 둔다. 이 생명 다하도록. 돌들 앞에서 변하지 않을 서원을, 부처님 앞에서 성심을 다할 것을 천배로써 다짐을 둔다. 벌써 새벽이 밝아오고 있었다.

3) 원종의 부름

고려 23대 원종 2년(1261). 일연은 몽골의 침입이 계속되는 동안 남쪽의 포산, 남해, 윤산 등지에서 전란을 피하면서 수행에 전념하였다. 그의 나이 54세(1259)에 대선사가 되고 56세(1261)에 원종의 부름으로 선원사(禪源寺)의 주지로 옮겼다. 이는 일연이 목우화상(牧牛和尙) 지눌의 계승자임을 인정을 받은 것이다.[29] 그럼 보조 국사(普照國師) 지눌(知訥)은 누구인가. 그는 많은 사람들의 존경을 한 몸에 받던 사굴산문의 종주였다. 정작 본인은 가지산문의 선종사람이 아니던가. 사람은 가도 그의 작품, 저술은 남는다. 일연은 지눌 스님이 쓴 불교 개혁론에 깊은 감동을 받았다. 강화도로 온 지가 벌써 반 년 남짓.

---

29) 《고려사》 원종 부분 참조.

일연은 지눌의 《수심결(修心訣)》 책장을 넘기다 깊은 상념에 잠긴다.

선원사지

말하자면 원종이 일연을 통해서 교종을 뒤로 하고 신흥 불교 세력으로 등장하게 된 선종을 다스리기 위한 행보로 보인다. 이 시기에 일연은 남해 분사도감에서 대장경 조성에 이바지하였던 공을 인정 받아 대선사에 오른 것이다. 아울러 《삼국유사》 편찬의 기초가 되는 역대연표(歷代年表)를 간행하였다. 또한 경상도 여러 사찰에 머무르면서 가지산문의 재건에 힘을 쏟았으며 고승 100명을 초청한 법회를 주관하는 등 불교계의 지도자로 자리 잡았다.

오늘은 대웅전에서 임금님을 모시고 법회를 여는 날이다. 아침부터 부산하다. 참으로 감회가 새로웠다. 몽골 항전의 북새통에 선왕이 이곳으로 옮겨와 몽골에 항전하는 동안 남해분사에서 만든 대장경 판목을 바닷길로 해서 여기까지 숨기다시피 하여 옮기던 일이 주마등처럼 스쳐지나간다. 임금이 앞장을 서 원나라와 화친을 한 터라 나라 안이 다소 잠잠해진 때이기도 하였다.

"대선사를 모시고 오늘 이렇게 법문을 듣게 되니 참으로 기쁩니다. 이게 다 불은이 아니겠소? 대선사!"

"전하! 송구하옵니다. 소승의 법력이 보잘 것이 없어 망지소조(罔知所措)이옵니다."

말은 그렇게 하였지만 평안을 찾은 조정과 선원사에 모인 고승들은 임금의 정치와 함께 불력에 의하여 나라가 지켜져 왔음에 내심 안도하는 분위기였다.

"오늘 전하를 모신 가운데 지눌 화상의 수심결(修心訣)에 대하여 말씀 나누게 됨을 매우 기쁘게 생각합니다. 대장경 판목을 배로 실어 나르던 때가 엊그제 같은데 이렇게 전하를 모신 자리에서 뵙게 되니 이 얼마 만입니까?"

평소 삼가는 마음으로 공부하던 지눌화상의 수심결을 공개적으로 법문에 올리니 일연은 격앙된 마음이었다. 물 흐르듯 한 일연의 법문은 이제 막바지에 다다랐다.

"지눌 큰스님의 가르침에 귀를 기울일 필요가 있습니다. 선종이 따로 있는 게 아닙니다. 선(禪)을 몸으로, 교(敎)를 방법으로 삼으면 그뿐입니다. 우리는 한 뿌리에서 나온 가지들이 아닙니까? 부처님 덕에 먹고 사는 우리들이 서로 생각이 다르다 하더라도 사람들의 본이 되어야 합니다. 뭉쳐야 합니다. 나무관세음보살. "

불을 뿜는 듯했다. 선원사 추녀에 풍경 소리가 바람에 뎅그렁거린다. 바다를 나는 갈매기의 울음소리가 메아리로 답하는 듯 꾸룩꾸룩 거린다.

그 때 그림자처럼 무극이 따라 나섰다.

"선교의 갈등이 어제 오늘의 일이 아닌데 교종에서 별 말이 없으셨습니다."

"지눌국사님의 불교 개혁은 매우 중요한 의미가 있어! 그것은 어떻게 하면 선종과 교종의 갈등을 넘어설 수 있나 하는 것이지."

"그것이 우리들의 마음입니까?"

무극은 일연의 달그림자를 뒤로 하고 앞으로 가까이 다가섰다.

"사람들이 따라올까요?"

"다른 길이 없는 걸. 알맹이는 모두가 한 마음인데. 원효성사의 화쟁과 단군의 홍익인간이 뿌리가 될 수밖에……. 그게 바로 하나됨의 일연(一然)이야."

"그렇군요."

일연과 제자 무극 사이에 선문답은 밤늦게까지 이어졌다. 일연이 전하는 지눌 사상은 사람의 마음에 대한 갈래짓기를 바탕으로 그 실천체계로서 세 가지를 제시했다. 돈오점수(頓悟漸修)와 선오후수(先悟後修)에 기초한 정혜쌍수(定慧雙修)와 원돈신해(圓頓信解)다. 화엄과 선이 하나다. 지눌이 궁극적으로 표방한 것은 간화선인데, 간화선에 이론적인 얼개를 부여한 것은 중국 간화선과 다른 지눌의 독창성이었다. 지눌의 불교는 대립관계에 있던 선과 교를 이론적으로 일치시켰을 뿐만 아니라 그것을 실천한다는 점이다. 이러는 지눌에 대하여 일연과 무극은 밤새껏 깊은 바다 같은 선문답을 나누었던 것이다.

[참고문헌 : 《고려사》]

4) 강도(江都)의 봄바람

지긋지긋하던 몽골의 말 발굽 소리도 들리지 않던 고려 원종 2년(1261). 일연은 왕명으로 강화의 선원사(禪源寺)로 부름을 받는다. 최씨 무신정권도 물거품이 되었다. 왕권도 무너졌다 다시 일어나니 정녕 고려의 봄은 오고 있는 것인가. 이 모두가 나라와 겨레를 지키려는 중생들의 힘이었다. 용인의 처인성에서 농사꾼들이 쳐들어가 몽골의 최고사령관인 살리타이를 처단하는 데서 그 거센 몽골도 간담이 서늘해졌다. 임금이나 고관 대작들은 섬이나 어디엔가 다 몸을 숨기는 판인데도.

일연은 남해 분사도감에서 대장경을 완성한 일로 대선사에 임명되었으나 그건 그렇게 달갑지가 않았다. 진흙탕의 개싸움으로 끝날 줄 모르는 교종과 선종의 다툼은 끝이 보이지를 않았다. 마침내 그 싸움의 최전방에서 진두지휘를 해야 하는 자리가 아닌가.

그게 싫어서 대장경 만드는 일에만 전념하였던 것인데. 그렇다고 피해 갈 수도 없는 형편. 하지만 마음 속으로 흔쾌히 선원사의 주지를 수락하였던 것은 사굴산문의 지눌(知訥) 대선사가 계시던 곳에 와서 후학으로서 배우고 올곧은 수도자의 길이 무엇인가를 되돌아보게 된 일이 가장 기뻤다. 무극에게 상좌는 물론이고 수도승들을 모두 모이라 일렀다.

"부처님의 진리는 멀리 있는 게 아니오. 중생이 도량이요, 우리가 눈으로 확인할 수 있는 가장 명백한 삶의 현장이 우리들의 기도처가 되어야 하오. 보조국사 스님을 존경하지요? 여러분! 교종과 선종의 하나됨을 가장 중히 여겼던 어른이시라고 보오.

모든 게 다 중생을 위하여, 그리고 나 자신과 수도자를 위하여 있는 것이라고 생각하오. 불경권이나 읽었다고 달라지는 것이 하나도 없다면 그건 안 읽은 것과 다를 바 없소. 밑 빠진 동이에 물 붓기이겠지요. 말 한마디, 행동 하나하나를 부처님의 자비심으로 풀 한포기라도 대할 수 있다면 게서 더한 보살 수행이 어디에 있단 말인가?"

백여 명이나 넘는 승려들을 이끌고 병들어 죽어가는 사람들을 찾아가며 부처님의 자비를 이야기하고 공양미 한 줌이라도 나누어 주었다.

대선사라는 분이 모심기 현장에 나아가 사람들과 어울려 모를 심는다. 때로는 그들과 나라의 정치는 어떻게 함이 좋겠는가에 대한 이야기도 듣는다. 윷판도 같이 놀고 꽹과리를 두드리며 초상집에 가서 조문 삼아 「반야심경」을 읽어 주기도 하였다.

하지 무렵이면 보리 거두기를 한다. 보리 까끄라기를 마다 않고 모자라는 일손을 도와주기도 하며 관아의 군수에게 통지하여 함께 나오라고 하여 어울리기를 힘썼다.

"대선사님! 힘든 일은 저희들이 하겠습니다. 귀하신 대선사께서 이런 일을 하실 수가 있습니까?"

"아무 일 없습니다. 언제든지 일손이 필요하면 연락하십시오. 일을 잘 하지 못함이 그게 문제지요."

바람이 불고 절 앞의 개펄에서 물이 빠지면 사람들은 너나없이 개펄에 나가서 고막을 줍고 해삼을 캔다. 그것이 저네들의 양식이며 생업이었다. 일연대선사는 아무 스스럼없이 장삼을 벗어 던지고 일을 돕는다. 벌써 쉰여섯 나이에 힘도 많이 부칠 텐데. 꼬부랑 할머니를 부축하여 짐을 대신 들어 드리며 뭍으로 나온다.

"아이고. 대선사 스님이 무슨 일로 이렇게 늙은이를 돕느라고 이렇게 수고를 하신다요?"

"아무 일 없습니다. 고향에 노친 같은 어머니가 살아 계시지를 않습니까?"

인삼 꽃 피는 사월이면 강화도의 사람들은 고양이 손이라도 빌리려고 한다. 땅 속에서 용트림 하듯 솟아올라서 하얀 잇빨 같은 꽃봉오리들이 올라올 때 그때 꽃을 따주기가 십상이다. 더러는 씨앗을 받기 위하여 둬두는 밭엔 빨간 열매들이 딸기처럼 열린다. 앞서거니 뒤서거니 한참을 하다 보면 허리가 아프다.

"큰스님! 허리 안 아프셔요?"

"왜 힘든가?"

"이렇게 일을 해서 농사를 지어도 흉년이 든다든지 하면 보통 사람들은 한 해 농사로 다음 해 그맘때까지 양식을 대기가 어렵다. 너희들은 그런 걸 잘 모르잖아? 하루 종일 일을 하고 나면 허리도 아프고 햇볕을 쬐고 나면 머리가 지끈거리고 쑤시기도 하지."

풀 한포기 돌 한 개라도 부처님 뜻이 아닌 게 없다고 현지에서 행자들에게 살아 있는 법문을 들려주었다. 어느 사이 해는 지고 절간으로 돌아와 저녁 예불 시간을 끝내고 저녁 공양을 마치고 고단한 몸을 이끌고 행자들은 드르렁 거리며 잠을 이룬다. 그런 평화로운 모습에 일연 대선사는 선원사의 행복한 하루를 보내기도 하였다. 그러면서도 어머니 생각을 하면 고향 생각에 잠을 이루지 못하였다.

선원사에서 보낸 삼년의 세월이 어느 사이에 흘렀는지 대선사는 이미 갑년의 고개 마루를 넘어가고 있었다. 고향으로 돌아가겠다는 서신을 전하에게 올려야 한다. 여름이 오기 전에.

5) 인흥사의 향기

고려 원종 5년(1264), 운제산 오어사에서 일 년여를 머물던 일연이 어느 날 왕명을 받아 비슬산 인홍사(仁弘寺)로 자리를 옮겼다. 당시 인홍사에는 교계의 형님벌인 만회(萬恢)스님이 주지로 있었다. 그는 만회 앞에 나아가 정중히 고개를 조아렸다.

"스님! 일연입니다. 통문도 드리지 못하고 이렇게 불쑥 찾아뵙게 된 소승을 용서하십시오!"

"어서 오시오. 회연!"[30]

만회도 뜻밖에 반가이 맞이해 주었다.

---

30) 회연(晦然)은 일연의 자(字)였다.

"저를 상좌라 생각하시면, 앞으로 조실 스님으로 모시겠습니다."

만회에게는 뜻밖이었다. 대선사에다가 임금의 신임이 두터운 일연이 고개를 숙이고 들자 만회는 그간의 긴장이 봄눈 녹듯 하였다.

"원 별말씀을 다……."

이 말에 일연은 더욱 겸손하였다.

"아닙니다. 큰스님!"

이에 만회는 당황이라도 한 듯,

"아니!…… 큰스님은 무슨?"

만회의 얼굴은 눈 녹은 봄날같이 환하게 피어나고 있었다. 그는 일연에게 아랫목을 권하고는 그간의 안부를 물었다.

"회연께서는 최근에《삼국유사》를 집필하신다는 말씀을 들었습니다만, 하시는 일은 잘 되시나요?"

"네 부지런히 적고 있습니다만 뜻대로 되지는 않습니다."

"어떠하든 짓밟힌 겨레의 자존심과 나라의 권위를 되잡아야지요. 저는 회연이 이곳 인홍사로 오신 까닭을 익히 알고 있습니다. 나에게 부담 갖지 말고 무엇이든 시킬 일 있으시면 말씀해 주시오."

두 사람의 이심전심은 밤새껏 이어졌고 이에 만회도 모든 시름이 사라졌다. 이로써 둘은 한 형제라도 되는 듯했다.

인홍사로 온 지 십 년이 되는 원종 15년(1274), 임금은 친필 사액으로 인홍사를 인흥사(仁興寺)로 고쳤다. 이 해 충렬왕이 즉위하였다. 이때부터 일연에 대한 충렬왕의 신망은 그가 세상을 떠날 때까지 이어졌다.

인흥사에 머무는 11년 동안 일연은《삼국유사》연표의 밑그림인 '역대연표'를 구상하였다. 이를 지켜보던 제자 무극이 물었다.

"스님! 역대연표 간행은 해야 합니까?"

"그것은 남해 시절에 알고 지냈던 사람들과 연통을 하시게나."

"알겠습니다. 시간이 걸릴 듯합니다. 나라 안이 소란해서요."

"그러게 말일세."

그로서 역대연표의 간행은 일연이 인흥사를 떠난 뒤인 1278년이었고, 당시

간행자의 이름이 새겨지지 않았다. 그 이유는 일연이 팔만대장경의 증의(證義)를 맡으면서 손금 보듯 간행의 과정을 꿰고 있었기 때문이다.

지금도 왕력을 작성하였다는 대구시 남평 문씨 인흥 마을의 종가 집에는 고려정(高麗井)이 남아 있다. 이 우물은 일연 당시의 인흥사 우물터로 격세지감을 안겨주고 있다. 나그네의 시선은 어둠에 묻혀가고 있었다.

[참고문헌 : 《삼국유사》 권4 의해]

6) 용천사의 샘물

용천사(湧泉寺)는 신라 제 30대 문무왕 10년(670), 의상대사가 세운 화엄 십대 사찰 중 하나이다. 절의 이름은 본디 옥천사(玉泉寺)였다.

일연이 70대의 노구를 끌고 제자 무극과 함께 이곳을 찾았다. 한나절이 넘게 산길을 넘나들다 보니 둘은 몹시 지쳐 있었다. 일연과 무극은 다짜고짜로 샘물이 철철 넘쳐흐르는 용천정(湧泉井)을 찾았다. 무극이 물 한 바가지 떠다 들고 스승인 일연에게 건넸다.

"스승님! 몹시 힘드셨지요?"

"아니야! 농부들의 농사일에 비하면 아무것도 아니야."

일연은 제자 무극이 건네주는 물바가지를 받아 들고 꿀꺽꿀꺽 한 바가지를 죄다 비웠다.

"야! 시원하다. 이 물처럼 나라 안에도 시원스러운 소식들이 있었으면 좋겠네."

일연은 자신이 마신 물바가지로 다시 물을 떠 무극에게 건넸다.

"고맙습니다."

일연은 길게 목을 빼 물 한 모금을 넘기는 무극에게,

"무극은 이 용천사를 아느냐?"

하자 무극은 기다렸다는 듯이,

"예, 스승님! 한창일 때는 이 절의 승려가 천여 명이 넘었고 달려있던 암자만도 47암자라면서요?"

"그밖에도 24명의 도인이 나왔고, 앞으로 104명의 도인이 나올 것이라는 예언이 있는 곳이기도 해."

"너무나 거룩한 곳입니다."

"그렇지. 여기서 우리가 구상하는 《삼국유사》 또한 우리 민족의 샘이 되었으면 해."

"스승님의 불일결사문(佛日結社文)의 중요한 내용을 여쭤보아도 되는지요?"

"그야 무엇보다 이 어둡고 힘든 암흑 같은 세상을 부처님의 말씀으로 풀어나가고자 하는 거지. 무엇보다 자네의 힘이 필요할 것이야!"

"별말씀을……."

"자네가 이 일에 대들보가 되어야 하네."

우물가에서 스승과 제자 간의 각오는 마치 솟아나는 용천사의 물줄기와 같이 용솟음 쳤다.

고려 원종 8년(1267), 일연은 그 곳에다 절을 다시 세우고 먼저 불일사(佛日寺)라 하였다가 샘물의 이름을 따 용천사라 고쳤다.

일연은 대웅전의 앞면과 옆면이 3칸 규모로 못을 전혀 쓰지 않았으며, 기둥은 아름드리 칡덩굴을 사용하였다. 어느 날 제자 무극이 말했다.

"스승님! 본디 「출요경(出曜經)」에는 칡이나 등덩굴은 집에는 심지 않는다는데 칡덩굴을 쓰신 연유는 무엇인지요?"

"좋은 질문일세! 본디 칡이란 옆으로 자라는 것이지만 이 칡은 하늘로 솟은 넝쿨로 세상의 모든 시련을 이겨 내었다는 의미를 두었다네!"

"그렇게 깊은 뜻이……."

"저 용천수를 보시게! 얼마나 힘 있게 솟아오르나."

용천사의 이름은 맑고 풍부한 바위틈에서 흘러나오는 물이 끊임없이 용솟음쳐 흘러내리고 있어 용천(湧泉)이라 붙여진 것이다. 이 샘물은 가물 때나 장마가 질 때도 늘 일정한 양의 맑은 물이 흐르고 마르지 않으며, 한겨울에도 얼지 않는다. 이는 일연의 기상이 오늘에도 변함없이 이어짐을 상징하는 것일까, 그저 산사에는 무심한 산새 소리가 물소리에 흥겨움을 더한다.

[참고문헌 : 《삼국유사》 권4 의해]

7) 행재소의 탄식

일연 선사가 운문사에 머물고 있을 때 속가에서는 그를 운문화상이라 불렀다.

당시는 충렬왕 7년(1281), 일연은 76세의 노구였다. 충렬왕은 몽골의 일본 정벌을 지원하기 위하여 몸소 개성을 떠나 경주에 행재소(行在所)를 설치하고 그 곳에서 일연을 불렀다. 원나라 황제가 일본을 정벌하기 위하여 차린 경주의 행궁인 셈이다.

일연은 왕의 부름을 받고 운문사에서 곧장 경주로 올라가 충렬왕을 알현하였다. 번민에 싸였던 충렬왕은 용상에서 내려와 너무도 반갑게 그를 맞이하였다.

"국존! 그대가 짐의 곁에 와주시니 이제 마음이 놓입니다."

"전하! 성은이 망극하옵니다."

"국존! 이 일을 어찌하면 좋겠소?"

"……."

일연은 말문을 열지 못하였다.

"국존! 말씀을 해주시오."

충렬왕은 가슴이 터질 것만 같았다. 그러나 일연은 이미 몽골의 야심을 익히 알고 있는 터라 그들을 위해 고려 백성들을 희생시킴은 아무런 명분이 없다는 것을 알고 있었다. 일연의 가슴 또한 충렬왕 못지않게 먹구름 하늘이었다.

"전하! 고정하십시오. 이 전쟁은 아무런 명분이 없습니다. 저 오랑캐 몽골의 야심을 우리가 익히 아는 바 우리는 백성들의 마음을 읽어야 할 것입니다."

일연의 얼굴은 지쳐 있었다.

"그렇다면?"

충렬왕도 내심 일연의 마음을 읽고 있었다.

"네, 전하! 대장경의 낙성회를 통하여 저들의 마음을 끌어들이는 것입니다."

"대장낙성회(大藏落成會)라……."

"그러하옵니다. 규모는 작더라도 몸과 마음이 하나 되게 뭉치는 것이 무엇보다 중요합니다."

"좋은 말씀이오. 그렇게 합시다."

일연은 머리를 조아리며 진언하였다.

"탑은 불에 타 없어졌지만 황룡사가 적합할 것이라 사료됩니다."

"그거 좋은 생각이오. 국존이 알아서 행하여 주시오."

"네, 전하! 심려를 놓으시고 심기를 굳건히 하옵소서!"

"고맙소. 국존!"

일연은 어전에서 물러나 불타버린 황룡사 구층탑 앞에 이르렀다. 타는 목마름으로 절로 되돌아왔다. 하늘로 날아오를 듯 위용을 자랑하던 황룡사 9층탑이 이처럼 허망하게 잿더미로 변하고 말았으니 무엇으로 민심을 수습한단 말인가? 어떻게 하면 이번 전쟁에서 백성들의 희생을 최소화 시킬 수 있을까? 일연에게도 별다른 묘안은 없었다.

그는 우선 주변을 정리하기로 하고 절 머슴들을 동원하여 화마의 흔적을 지우기로 했다. 그리고 지난 번 대장낙성회를 준비하였던 김용검 근시를 불러 일렀다.

"근시 영감! 어떻게 가능하시겠습니까?"

"예. 국존님! 최선을 다하겠습니다."

"이번 법회는 그 옛날 원효성사의 화쟁을 바탕으로 하는 화엄법회가 될 것입니다."

"그러하옵니다."

근시 김용검은 일연의 마음을 훤히 꿰뚫고 있었다.

"국존님! 이번 법회가 끝나면 이곳은 소관에게 맡기시고 전하와 함께 회궁하십시오."

"회궁?……."

일연은 회궁의 의미가 무엇인지 누구보다 잘 알고 있었다. 그러나 조금만 기다려 준다면 집필 중인 《삼국유사》를 완성할 수도 있을 터인데, 하지만 그로서는 자신의 입장을 잠시 접을 수밖에 없었다.

법회는 칠월 백중에 열렸다. 어디서 몰려왔는지 화엄종과 천태종 그리고 선종의 여러 산문에서도 수좌들 이상 거의 백여 명이 넘었다. 거기다가 행재소에 국왕을 모시는 사람들은 말할 것 없고, 이웃해 있는 경주부의 속현과 영현의 관장들이 모여들어 거의 이 백여 명이나 되는 사람들이 야단법석에 참여하였다. 작심한 듯 일연이 입을 열었다.

“저 연못에 피어 있는 연꽃을 보십시오. 진흙에 뿌리를 내리고 저리도 고운 향을 피우며 무엇 하나 버릴 것이 없지 않습니까? 가장 천해 보이는 사람일지라도 부처님의 진리를 꽃피울 수 있는 것입니다. 손에 손을 잡고 이 어려운 난국을 헤쳐 나아가 불국토의 아름다운 화장 세계를 만들어 나갈 수 있습니다. 그 아름답던 9층탑도 없어지면 그만이나 그 모습은 우리 영혼 속에 영원히 갈무리되었습니다.”

일연의 목소리는 크고 웅장하였지만 그의 내심은 탄식의 아우성이었다. 국왕과 백성, 사부대중들의 모습도 진지하였으나 그들은 닥쳐올 몽골의 간섭에 치를 떨었다. 그렇게 황룡사에서 열린 대장낙성회는 사람들의 흐느낌 속에 끝이 났다.

[참고문헌 : 《삼국유사》 권3 탑상]

8) 《고기(古記)》 의 홍익인간

고려 25대 충렬왕 10년(1284), 일연은 이른 아침부터 자신의 마음과 몸을 다잡지 못하였다. 이미 손이 떨리고 넋이 나간 사람 같았다. 무극(無極)과 선린이 그의 앞에 나서며,

“큰스님! 어찌 이러십니까? 무슨 일이 있으십니까?”

“쉬……!”

“…….”

일연은 대답 대신 온몸에 잔잔한 전율이 흘렀다. 그는 너무나 흥분한 상태로 자신의 마음을 다잡지 못한 터다.

“여보게. 이 《고기(古記)》를 보시게.”

무극과 선린은 이 말에 안도의 한숨을 내 쉬었다. 그리고 그의 얼굴을 찬찬히 바라보았다. 칠순 노구의 일연의 얼굴은 동안처럼 밝아만 보였다. 일연은 《위서(魏書)》와 《고기(古記)》를 펼쳐 놓고 잠시 주체할 수 없는 흥분 속에 사로잡힌 것이다.

"어디 이 《고기(古記)》를 한번 보라니깐"

일연의 흥분 상황은 여전하였다. 무극과 선린은 그가 가리키는 《고기(古記)》를 살폈다.

"큰스님! 과연 믿을 수가 있을까요?"

"그래? 중국 하도낙서(河圖洛書) 같은 성인의 이야기는 우리가 자연스럽게 받아들이면서 우리 조상들의 이야기는 왜 믿지 못한다는 것인가?"

"큰스님!……."

무극과 선린은 아무 생각 없이 한 말인데 따지고 보니 할 말이 없었다. 두 사람은 함께《고기(古記)》에 나온 단군의 이야기를 돌아가며 읽어 내려갔다.

환인의 서자 환웅이 인간세계를 다스리기를 꿈꾸었다. 아버지 환인이 인간세계를 굽어보니 삼위태백(三危太伯)이 인간을 유익하게 할 '홍익인간'에 알맞은 곳이라 여겼다. 환웅에게 천부인 세 개를 주며 환웅이 내려가 인간세계를 다스리도록 했다. 그러자 환웅이 바람, 비, 구름 스승을 비롯한 3천여 명의 부하를 거느리고 태백산 꼭대기 신단수 아래로 내려와 그곳을 신시(神市)라 부르며 다스리니 그를 환웅천왕(桓雄天王)이라 했다. 그는 곡식, 목숨, 질병, 상벌, 선, 악 등 360가지 일을 맡아 제사와 정사를 함께 다스렸다.

이 때 같은 동굴에 사는 곰과 호랑이 한 마리가 환웅을 찾아와 인간이 되고 싶다고 빌어 왔다. 이들의 소원을 들은 환웅이 이들에게,

"신령스러운 쑥 한 타래와 마늘 스무 쪽을 주며 이것만 먹고 백일 동안 햇빛을 보지 않으면 사람이 될 수 있다."

"알겠습니다. 살펴 주십시오."

마침내 곰은 참고 견디며 스무 하루 만에 여인으로 변하였으나 호랑이는 참지 못하고 뛰쳐나가 사람이 되지 못했다. 그러나 곰 아기씨는 자신과 혼인할 사람이 없자 신단수 아래에서 환웅에게 아이를 갖게 해달라고 기도했다.

"저도 아이를 갖고 싶습니다."

"……."

마침내 환웅은 잠시 남자로 변해 웅녀와 혼인하였다. 그 뒤 웅녀는 아들을 낳았으니, 그가 단군왕검이다. 왕검은 요임금이 즉위한 50년 뒤인 경인년에

평양에 서울을 정하였다. 나라의 이름을 조선이라 했다. 훗날 서울을 백악산(白岳山) 아래 아사달로 옮겼다. 단군은 천 오백년 동안 조선을 다스렸고 주나라 무왕(武王) 즉위년에 기자를 조선 왕으로 봉하고 자신은 장당경(藏唐京)으로 들어갔다. 아사달로 돌아와 산신이 되었는데, 단군의 나이는 1908세였다.

"어때? 여기 홍익인간이 나오는데, 이는 인간에게 두루 이롭게 한다는 뜻이 아닌가?"

"네, 큰스님!"

일연은 《위서》와 《고기》를 읽고 지금까지 고민하여 왔던 민족의 일체감을 생각하였다. 그리고 그는 이로써 《삼국유사》의 첫 장을 열어갔다.

[참고문헌 : 《삼국유사》 권1 기이]

9) 큰 바위 얼굴

고려 제 22대 희종 2년(1206). 경산에서 태어난 겨레의 스승 일연, 그의 몸은 비록 떠났지만 그가 남긴 《삼국유사》와 팔만대장경은 우리 민족의 정기를 일깨우고 나라 사랑의 의지를 몸소 보여 주었다.

시대가 영웅을 부르고 영웅이 그 시대를 이끌어 간다. 대몽항쟁의 피바람 속에서 겨레의 자존을 지키고 불력으로 이를 막고 우리 조국의 산하를 보듬었던 국사의《삼국유사》와 팔만대장경은 우리 문화의 꽃으로 국보로 지정되었다.

지나가는 길손이 인각사의《삼국유사》문화관에 들어가 일연의 초상 앞에서 고개를 숙였다.

"스님께서는 평생 원효성사를 스승으로 모셨습니까?"

"난 그분의 화쟁사상에 반했던 사람이야! 자네도 이를 아는가?"

"네. 성사께서는 당시의 신라가 안고 있던 여러 국가적 갈등을 풀어 보려는 심산이 아닌가 합니다만……."

"바로 그걸세. 평민과 귀족, 귀족과 왕족, 선종과 교종, 고구려와 백제의 유민들이 풀지 못한 한의 응어리를 왕의 사위였던 자신이 본을 보인 것이지."

"그럼 고려에도 화쟁이 필요하셨나요?"

“물론이야! 몽골의 깃발 아래 온 강토가 갈가리 찢겨 나가고 백성들은 희망을 잃고 나날이 신음에 찌들어 살고 있었으니 내가 할 수 있는 일이 무엇인가. 우리들에게는 희망과 자존의식이 필요하다고 본 게지. 썩어도 준치라고 우리는 하늘이 내린 백성임을 알게 한 거야. 백운거사 이규보 선생의 《동명왕편》에서 자극을 받고 동안거사 이승휴 선생의 《제왕운기》가 나에게 큰 용기를 주었지. 김부식 선생의 《삼국사기》는 거꾸로 큰 가르침을 준거나 다름없지 뭐. 사대사상에 빠져선 안 된다는 뭐 그런 거 말이야.”

“구체적으로 고려가 필요하였던 화쟁은 무엇이었는지요?”

“글쎄!”

“이를테면요?”

“아 글쎄. 나라는 몽골에게 외침을 당해 쑥대밭인데, 무슨 교종이니 선종이 하고 중들이 다툼질이고 무신이란 사람들은 문신을 누르고 어떻게 하면 임금을 등에 업고 뇌물을 받아 챙길 수 없을까 몰두하니 나라꼴이 뭐가 되겠소. 간신배들은 독재정권에 빌붙어 벼슬자리 하나 걸릴까 날마다 이리떼처럼 몰려다니고. 그러니 백성들은 설 자리가 어디 있겠는가? 그래서 원효 스님의 화쟁사상을 다시 이어야 했어.”

“그렇군요.”

길손은 일연 선사의 영정 앞에서 당시의 상황을 그리며 자신과의 대화를 나누고 있었다. 그리고 길손은 홀로 중얼거렸다.

《삼국유사》가 없었던들 단군 이야기를 어찌 알 수 있었으리. 단군신화는 물론이고 우리 문학의 자랑거리인 향가가 《삼국유사》에 실림으로써 오늘에 이르러 세계문학 속의 한국의 자리를 굳건하게 해주고 있지 않은가? 오늘날 문화산업시대에 《삼국유사》는 문화원형으로서 문화콘텐츠 산업에 백두산이 되고 있는 것이야. 여기서 ‘해리포터’ 나 ‘반지의 제왕’ 같은 걸출한 작품들이 나올 수 있지 않을까? 《삼국유사》와 팔만대장경은 분명 한국 문화산업의 큰 바위 얼굴이 될 것이야.‘

나그네는 가슴이 벅찼다.

깨달음은 처음으로 금강삼매경론을 펴내고
춤 출 때의 뒤웅박은 마침내 모든 거리의 바람에 달았도다.
달 밝은 요석궁의 봄밤을 자고 갔거니와
문 가린 분황사에는 돌아보는 모습이 눈에 선하구나.

[참고문헌 : 《삼국유사》 권4 의해]

10) 하양관 연회

하양포교당

일연은 임금에게 분황사의 삼룡변어정 이야기를 하다가 문득 하양관 부분에서 마음 속에 우러나오는 뭉클 하는 심장의 박동을 느꼈다. 그의 얼굴은 상기되어 있었다.

"국존! 어디가 불편하오?"

"아닙니다. 전하!"

"그렇다면?"

"본시 소승의 고향이 장산인 터라……."

"그렇군요."

"무슨 사연이라도?"

일연의 이야기는 물이 흐르는 듯하였다.

신라 제 38대 원성왕 11년(795), 당나라 사신이 머물다 돌아가자 급히 원성왕 앞에 두 여인이 나타났다.

“대왕 마마! 저희들은 서라벌 서북쪽 금학산 기슭에 있는 동천사(東泉寺)의 동지(東池)와 청지(靑池)에 사는 두 호국용의 아내입니다. 어제 당 나라 사신과 하서국(河西國) 사람들이 주문을 외워 우리 남편과 분황사 팔각정에 사는 호국용을 작은 물고기로 변신시켜 대롱 속에 넣어 가지고 갔습니다. 저희들 남편을 구해 주십시오.”

당시 청지는 동천사 우물로, 전해 오기로는 동해의 용이 오가면서 여기서 설법을 들었다는 곳으로, 진평왕 때 축조한 것으로 5백 나한과 5층탑이 있다.

원성왕이 두 여인의 탄원을 듣고 크게 노하며,

“나라를 지키는 용을 물고기로 변신시키다니 이는 있을 수 없는 일이로다. 이들은 분명 우리 신라를 해치기 위하여 용을 물고기로 변신시킨 것이 틀림없다!” 하며 원성왕이 몸소 날쌘 기마병 50명을 거느리고 사신을 뒤쫓아 그들이 묵고 있는 하양관(河陽館)[31]의 객사로 달려갔다. 왕이 친히 노고를 치하하는 잔치를 베풀겠다고 사람을 시켜 당나라 사신에게 미리 전하였다. 그러나 전날 내린 폭우로 갑자기 건천이 불어 산내 쪽으로 왕재를 넘어야 했다.

원성왕은 동행한 장수를 향해,

“이 재는 역대 선왕들께서 넘나들었던 재가 아닌가?”

“그러하옵니다. 파사대제와 지마, 일성대제, 그리고 무열대제께서 이 재를 넘었던 것으로 알고 있습니다.”

“그렇소, 무열대제 시는 백제 정벌 중이라 압량에서 군사들을 양성하였다지요?”

“그렇사옵니다. 당시만도 이 재 아래에는 원효 대사가 주석하셨기에 요석공주와 설총공께서도 이 재를 넘었던 것으로 알고 있습니다.”

“그렇지. 어떻게 이뤄 놓은 이 나라인데 감히 당의 사신이 짐을 능멸하다니…….”

그 때 당나라 사신 일행도 또한 전날 폭우로 금호강물이 불어나 어쩔 수 없이 하양 객사에서 2~3일 더 머무를 수밖에 없었다. 그들은 원성왕이 뒤쫓고 있다는 사실도 모른 채 사신 일행은 신이 나 있었다.

31) 하양관의 자리는 오늘날 하양포교당으로 추정하고 있다.

“멍청한 신라 왕을 보시오. 아무것도 모르고 여기까지 뒤쫓아와 우리들을 위로를 한다니…….”

“이제 신라는 더 이상 우리 당나라를 능멸하지 못할 것이오. 그들은 이제 나라를 지켜준 호국용마저 잃었으니…….”

점술사는 용의주도하였다.

“혹 신라 왕이 우리들의 계략을 눈치 챈 것은 아니겠죠?”

사신 중 한 사람이 말을 거들었다.

“무슨 소리! 아 그래 분황사가 어떤 절인가? 그 물에서 용을 잡아 고기로 만들었을 때도 모르던 이들이 어떻게 갑자기 그런 지혜가 일어날 수 있단 말이오. 그럴 리가 없소.”

“그러나 신라를 예사롭게 보아서는 아니 됩니다.”

한참 동안 이런 저런 이야기가 오가고 있을 때였다. 그 때 신라의 한 신하가 객사로 들어오며 왕이 하양 현청에서 친히 연회를 열었으니 지체 없이 모셔 오라는 영을 받았다고 전한다.

당 사신 일행은 거드름을 피우며 오찬장에 나타났다. 그 때 원성왕이 갑자기 그들을 꾸짖어 말하기를,

“그대들은 어찌하여 신라를 지켜주는 용을 잡아 이곳까지 왔는가? 만일 사실대로 털어놓지 않으면 살아 돌아가기 어려울 것이야!”

순간 장내는 물을 끼얹은 듯한 침묵이 흘렀다.

“그래도 사신들은 짐의 말에 시치미를 뗄 것인가?”
하며 다그쳤다.

“아 그게 저…….”

“듣기 싫소. 당장 그 고기를 내어놓으시오.”

이윽고 사신 일행은 대롱 속에 들어 있는 물고기 세 마리를 내어 바쳤다.

원성왕은 그 물고기를 들고 와서 각각 있던 자리에 놓아주었더니 놓은 곳마다 물이 한 길이나 솟아오르고, 용이 기뻐 뛰놀면서 물 속으로 들어갔다. 당나라 사신은 신라 왕의 슬기로움에 놀라고 돌아가서 당나라 황제에게 아뢰기를,

“다시는 용을 훔쳐 올 생각을 하지 않는 것이 좋겠습니다.”

"뭐라?"

"저희들의 계책을 신라 왕이 귀신 같이 알고 있었습니다. 소신들의 지혜로는 아니 되겠습니다."

이때부터 당 나라는 감히 신라를 넘보는 일을 하지 못했다. 하양은 곧 일연의 고향인 장산의 영현이라는 데서 신라를 지키던 호국용을 구할 수 있었던 이야기는 곧 일연 자신의 애국충정을 드러낸 속마음일 수도 있다.

이렇듯 이런 저런 사연으로 호국용은 다시 신라를 지키게 되었고, 분황사의 우물은 그로부터 '삼룡변어정(三龍變魚井)'이라 하였다. 이 삼룡변어정이 다시 '삼어변룡정(三魚變龍井)'이 된 것이다.

이 우물은 조선시대에 와서 억불숭유 정책에 따라 사찰 안의 여러 돌부처의 목을 잘라 이 우물 속으로 처넣었다는데, 그 흔적은 지금까지도 남아 있다.

[참고문헌 : 《삼국유사》 권2 기이]

11) 오어사의 향수

고려 第23대 고종 22년(1235), 몽골의 3번째 침략은 고려를 초토화시켰다. 고려의 민심은 흉흉하였고 정국은 안정을 되찾지 못하였다.

일연은 국난 극복과 민심 수습을 위하여 밤잠을 설쳐 가며 불력으로 고려가 다시 회생하도록 발원 기도를 하였다. 그는 특히 백성들의 안정을 위하여 이 고을 저 마을을 돌아다니면서 그들의 마음을 위로하고 구국을 위한 결의를 다졌다.

어느 날 한 가난한 여인이 그를 찾아왔다. 그는 지난 겨울 몽골군과의 전투에서 남편을 잃었다 했다.

"스님! 나라를 위해 죽은 저들이 모두 극락으로 갈 수 있을까요?"

"……."

"스님! 온 나라가 전쟁으로 많은 사람들이…… 저의 남편도……."

여인의 타는 마음은 애절하였다.

"보살님! 이 세상 온갖 생명체의 나고 죽음은 다 업이지요."

"업이라시면?"

"그렇습니다. 저마다 하여야 할 일과 해 놓은 일이 있지요."

"그렇다면?"

"예, 몽골의 저 만행도 우리들의 불심 앞에서는 언젠가 무릎을 꿇을 날이 있을 것입니다."

"하루 빨리 전쟁이 끝나야 할 터인데……."

"호랑이한테 물려가도 정신을 차리랬다고. 우리 모두 깨어 있어야 합니다."

고려의 산야는 가는 곳마다 전쟁의 칼바람 부는 얼음판 세상이었다. 죽은 사람의 시신이 낙엽처럼 나뒹굴고 죽은 이의 수를 헤아리기가 어려웠다. 이런 때마다 싸움의 현장에는 일연이 있었다.

고종은 일연에게 '선사'를, 그리고 원종 1년(1259)에는 그에게 '대선사'의 작호를 내렸다. 그 후 고종이 승하하고 태자인 원종이 그 대를 이었다. 그는 원나라에서 제국공주와 함께 귀국한 지 그리 오래지 않았다.

일연은 원종의 왕명으로 강화 선원사의 주지가 되었다가 원종의 부름을 받고 그의 곁에 있었다. 원종은 하루라도 일연을 가까이하지 않으면 마음이 놓이지 않았다.

"대선사! 짐의 곁을 지켜 주십시오."

"전하! 황공하옵니다."

그러던 중 강화도의 3년 세월은 덧없이 흘렀고, 그는 운제산 오어사를 찾았다.

4대에 걸친 60여년의 최씨 무인정권이란 안개는 걷혔다. 그러나 몽골의 서리 같은 야욕의 칼날이 기다리고 있었으니.

일연의 나이 쉰아홉. 그에게는 인생에서 중요한 변화가 시작되었다. 이 시기에 일연은 동해 바다 일대를 편력하면서 《삼국유사》의 기틀을 마련할 수 있었다.

그가 찾은 운제산(雲梯山) 오어사는 그 유명한 혜공선사와 원효 대사의 일화가 살아 숨쉬는 곳이었다.

일연은 그곳에서 일 년여를 머물다 달성에 있는 인흥사로 떠났다. 그가 오어사 주석 중, 남긴 제자 무극과의 일화가 흥미롭다.

"스승님! 오어사의 전설에서 혜공과 원효 스님의 도력을 되살아난 고기에 비유할 수 있습니까?"

"그보다 먼저 혜공 스님에 대하여 알아볼 필요가 있겠지. 본래 혜공(惠空) 스님은 천진공(天眞公)의 집에서 품팔이 하는 할머니의 아들로, 어릴 때 이름은 우조(憂助)였지! 우조 집에 주인 어른이 일찍이 종기를 앓아 거의 죽게 되자 이를 문병하려는 이들이 골목을 가득 메웠는데, 그 때 우조는 일곱 살이었다네."

이야기는 이어졌다.

우조는 집안에 늘어나는 객이 궁금하여 그의 어머니에게 말했다.

"어머니! 집안에 웬 손님이 이다지 많습니까?"

하자 그의 어머니는 겸연쩍은 듯,

"주인 어른이 나쁜 병에 걸려 돌아가시게 되었단다."

"주인 어른께서요? 그럼 제가 그 병을 고쳐 보겠습니다."

"아니! 네가 무슨 재주로?"

이 말을 들은 그의 어머니는 반신반의하였지만 이를 천진공에게 알렸다. 그 후 그가 천진공 앞에 나서니 잠시 후 종기가 터졌다.

일연은 제자 무극에게 그밖에도 여러 사실을 일러 주었다.

"그 때 우조가 바로 혜공스님이시지!"

무극은 다시 물었다.

"오어사의 물고기와는 무슨 인연인지요?"

"두 큰스님이 공양으로 고기를 잡아먹고 다시 방생하였다는 유명한 이야기지."

"어찌 사람의 뱃속에 들었던 고기가 살아남을 수 있답니까?."

"그러니 도력 있는 스님이라 할 수밖에."

"하지만 그 도력은 오히려 물고기가……."

그 말에 일연은 무릎을 치며,

"그래! 바로 그것이야!"

하였다.

"그것이라면?"

일연은 환한 미소를 머금고 제자 무극에게 말했다.

"그 고기는 곧 부처님의 현신이지, 그러니 그들의 힘내기는 무승부란 것이야!"

일연은 너털웃음을 남기고 자리에서 일어났다.

[참고문헌 : 《삼국유사》 권4 의해]

12) 팔만대장경의 증의

먼동이 틀 무렵에 일연 일행은 남해 고현면 대사리 쪽에 배를 대었다. 그곳에는 정연거사와 그를 따르는 사람들이 마중 나와 있었다.

"대선사님! 어서 오십시오. 이렇게 저희 절을 찾아주시니 너무 고맙습니다. 영광입니다. 고단하실 텐데 수레에 오르시지요."

"아닙니다. 이제까지도 잘 걸어왔는데요."

일연은 무극을 앞서게 하고 곧장 갈 길을 재촉하였다. 배를 댄 포구에는 바다 물속에 떠 있는 벚나무며 자작나무, 후박나무들로 마치 등을 내민 고래처럼 보인다. 더러는 바람에 밀리면서 등을 부딪는 것처럼.

남해 정림사지

한편으로는 가슴이 답답하면서도 설레는 심사를 누를 길이 없었다. 하루빨리 팔만대장경을 만들어 불력으로 원나라의 침략을 막아 내겠다는 결심은 벌써부터 일연을 흥분시키고 있었다.

그는 이 일을 감당하기 위해 정림사 남해 분사도감 증의(證義)[32]직을 맡게

---

32) 증의(證義)란 판각에 쓰인 글자를 정확하게 새겼는지 틀린 글자는 없는지를 확인하고 점검

된 것이다. 그러나 그가 정림사에 부임한 지 벌써 한 달이 지났는데도 정거사는 아무 말이 없었다. 일연도 아무 할일 없는 사람 모양으로 판목 만드는 곳과 새기는 곳을 오가며 서성거리기만 하였다. 그러나 밤이 되면 촛불을 밝혀놓고 무언가를 쓰고 있었다.

무극은 그러는 스승이 답답하기만 했다.

"스승님! 무슨 글을 이렇게 밤새워 쓰십니까?"

"정말 할 일이 너무나 많다네. 자네의 할 일도 많을 것이야."

"저도요?"

"그렇다네. 자넨 내일 날이 밝으면 글자 새김을 하는 각수들 가운데 명장 몇 사람을 골라잡아, 정거사에게 청하면 적당한 사람을 찾을 수 있을 것이야. 시간이 그리 많지 않네."

"그들을 골라서는요?"

"차차 알게 될 걸세."

"알겠습니다."

그로부터 달포가 지났을까. 그는 각수 열 명을 데리고 왔다. 일연은 조촐한 차 자리를 만들고는 느티나무 그늘 아래에 멍석을 깔아놓고 둘러앉게 하였다.

"일은 잘 되어 갑니까?"

"워낙 여러 사람이 하기 때문에 들쭉날쭉 하여 어떤 통일된 기준이 마련되면 훨씬 정확하고 빨리 할 수 있을 겁니다."

"그래서 내가 여러분들을 오시라 하였소. 내가 그 동안 분사도감에 와서 증의를 하면서 적어놓은 기준들을 정리한 것이니 무극 스님에게 설명을 듣고 궁금한 것이나 보탤 것이 있으면 이야기해 줘요. 그러고 나서 책자로 만들어 더 많은 증의 과정을 하나의 잣대로 끝낼 수 있도록 하면 좋을 듯하오. 나 혼자 하는 데는 한계가 있소이다."

둘러선 대중들이 일연이 적은 글을 바라보고는 경탄했다.

"언제 그 많은 글을 다 쓰셨습니까?"

놀랍다는 눈치였다. 역시 대선사다운 처사였다. 그는 몇 차례 토론을 거쳐

하여 틀린 것은 다시 만들게 하는 대장경 판각의 결정적인 역할을 뜻한다.

팔만대장경을 만드는 데 반드시 알아두어야 할 속내를 적은 내용을 판각하여 《대장수지록(大藏須知錄)》33)이란 책을 찍어냈다. 물론 찍은 곳은 남해 분사도감이었다.

정거사와 함께 몇 사람이 모여 간단한 예불을 한 뒤 선방에서 차를 나누었다.

"거사님! 이번에 제가 대장경을 증의에 필요한 《대장수지록》이란 책자를 3권으로 만들어 보았습니다. 한번 살펴보시지요."

책장을 넘기는 정안의 얼굴에는 놀랍고 너무 반가운 일이었다.

"선사님! 언제 이런 글을 쓰셨습니까?"

"이제 글을 알고 눈 밝은 사람들을 뽑아 이 책으로 훈련을 하면 저와 똑 같이 증의를 할 수 있을 것입니다. 1~2권은 경(經)에 관한 것이고 3권은 율(律)과 논(論)에 관한 것입니다."

"우선은 쓸 수 있겠지만 차츰 보탤 부분을 찾아내야 하니 시간을 내시어 반드시 살펴주셔야 좋을 듯합니다."

"알겠습니다. 집사! 선사님이 지으신 《대장수지록》을 공부할 사람들 우선 10명만 알아봐 주시게."

열 명의 증의가 생겨난 셈이었다. 만들어내는 판목을 미쳐 증의 과정이 못 따라가서 일이 늦어지곤 하였는데 이제 그런 일은 없게 되었다.

정림사로 온 지 두어 해가 흘렀다. 증의를 다 마친 판각들은 배에 실려 강화도로 갔다. 대장도감의 총책임을 맡은 수기(守其) 총통은 말할 것 없고 고종은 한 시름 덜었다는 믿음에서 너무 기뻐하였다. 난리 통에 국고가 거의 비어 있을 지경이었으나 고종은 특별 지원금을 남해 분사도감에 보내도록 하였다.

"스승님! 대장도감에서 왕명으로 100석의 쌀을 보내왔습니다. 스승님 앞으로요."

"손발이 터지도록 일하는 이들에게 먹이고 입히는 데 다 쓰도록 하게나. 거사님에게 보고하고 상의를 드린 후에 집행하시게."

---

33) 현전하는 내용이 없어 안타까운 일이다. 그러나 그 책 이름만으로 속내를 가늠할 수밖에 없다. 수지(須知)는 반드시 알아야 함을 이른다. 그러면 대장경을 판각함에 있어 반드시 알아야 할 속내를 적어서 기록한 책이란 뜻으로 보아야 한다.

"스님은요?"

"나야 부족할 게 없네."

밤이 늦도록 《대장수지록》을 놓고 공부를 하며 그 기준으로 판각을 살피는 젊은 증의들의 판각 넘기는 소리며 판목을 목도로 옮기며 영차영차 하는 소리와 독경을 하는 소리가 어울려 온 대사리 절골 마을에 저녁 안개처럼 퍼지고 있었다.

[참고문헌 : 《보각국사비첩》]

13) 사람 공부가 어려워

일연 선사는 정림사로 오면서 대장도감의 증의를 맡았다. 뿐만 아니라 불경의 경판을 쓰는 것에서부터 이를 판목에 새기고 거두어 보관하는 것까지 엄청난 일을 해내야 한다.

오늘은 애서리로 판목이 들어오는 날이었다. 말하자면 처음으로 남해 고현 앞 바다로 벚나무와 자작나무, 그리고 후박나무가 지리산 쪽으로부터 들어오는 날이었다. 애서리란 말 그대로 아이로 원목을 서려 두는 곳을 이른다. 이곳을 달실〔月谷, 槤室〕이라고도 한다.

밀물 때 터머리까지 나무를 들어오게 해서 썰물이 되면 가마소에 가라앉힐 나무를 민물과 바닷물이 만나는 덤벙내에 띄워놓아야 한다. 언제 물이 들어와서는 언제 나가는지를 잘 알아야 작업의 진행을 할 수 있다. 물론 영역별로 맡은 책임자의 보고를 받기는 하지만. 정안거사는 당시 국자감의 제주(祭酒)를 맡고 있었다.

일연이 주로 맡아 보는 일은 증의 과정이므로 경판지에 구양수체 글씨로 불경을 정확하게 쓰는 일과 이를 판목에 붙여 새기는 과정과 불경지에 찍어 내는 과정을 책임 맡은 것이다. 애서리에서 들어오는 길에 불경을 옮겨 적는 사경각에 들렀다. 여기 경판지에 제대로 써 놓아야 판목에 붙여 새기면 제대로 된 불경지를 찍어서 책으로 간행할 수 있기에 그러했다.

경판지에 불경을 옮겨 베끼는 일이 쉽지 않았다. 사경 요원 가운데는 상당

수가 승려이지만 일반 선비들도 상당수가 된다. 말하자면 《삼국사기》를 편찬하는데 도왔던 이들의 후손까지도 끼어 있다. 스님들의 말을 고분고분하게 듣지 않는다. 뭔가 아니꼽다는 표정이 역력하다. 늙수그레한 선비가 담배를 피우며 너스레를 떤다.

"세월이 좀 먹나. 천천히들 해요. 잉."

"하모. 난리 바람에 서울로 가보았자 먹고 살기도 힘든 판에 하루 해만 뜨고 지면 그만인 걸. 뭐 때문에 머리 빠지게 힘들여 해야 하나 이거지."

"맞습니다. 난리만 끝나면 이 일도 끝인기라요."

주거니 받거니. 일연 선사가 남해로 온 지 이제 겨우 한 달 남짓이니 아직 사람들 얼굴도 잘 모를 뿐더러 일머리를 제대로 알지 못하는 터다. 버젓이 일연 선사가 증의로 와 옆에서 있는데도 들어보라는 말투다. 서울서 온 김선비다. 아주 까칠하다는 말을 들어 본 적이 몇 번 있다. 과거에서 장원을 한 선비였다.

"지금 대장경 과업이 시간의 여유가 없소. 김선비가 가장 잘 하는 분이니 나를 도와서 잘 진행해 주기를 바라오. 내가 잘 모르는 것은 좀 가르쳐도 주고 말일세."

"저희는 불경을 공부하지 않아서 떼고 붙이는 곳을 전혀 아시 못합니다. 일일이 가르쳐 주셔야 할 것 같습니다. 선사께서는 워낙 고명하시니까요. 더욱이 범어가 많아서요."

벌써 말씨가 곱지 않다.

"하여간 잘해 봅시다."

해거름 하여 빗게(卑刂偈)에 들러 경게각(經偈閣)에서 땀을 흘리며 판목에 경판지를 붙이는 사람들과 새기는 사람들을 둘러보았다. 머리가 허연 노인에서부터 이제 한창 꿈 많은 시절의 스무 살도 안 되는 젊은이들이 판목에 글자를 새기고 있다. 한 자 한 자 공을 들여 확인을 하느라 독경을 하는 소리가 마치 신세 한탄하는 그런 목소리였다. 어쩐지 종이 빛이 한결같지가 않아서인지 또렷하게 글자가 잘 보이지 않는 곳이 많았다. 선사가 물었다. 어떤 이들은 손을 헝겊으로 처매고 글자를 새긴다. 다친 모양이었다. 팔만 장이나 넘는 경판을 만들자면 많은 사람들이 다치고 죽겠구나. 가슴이 철렁 내려 앉는 듯하였다.

"이 판각은 왜 이렇게 글씨가 또렷하지 않을까요?"

경판각의 장인이 대답한다.

"종이가 너무 고르지 않아서 그렇습니다. 선사님!"

"그럼 어떻게 하면 이런 현상을 막을 수가 있나요?"

나이 든 각수 한 사람더러 물었다.

"지소에서 알아보시면 될 것입니다요."

"지소라니?"

"한지 마을 말입니다. 제 보기로는 닥나무의 질이 고르지 않을 뿐더러 물이 맑지 않아 그럴 겁니다. 지난 번 비에 흙탕물이 많이 졌거든요."

"종이 만드는 과정을 시일을 두고 기다려서 할걸 그랬소그려."

다시 에로(恚爐) 마을에 들러 대장간의 일하는 모습을 보러 갔다. 숯은 있는데 원석이 아직 오지 않았다. 본디 에로란 용광로를 이름이다. 뜨거운 불구덩이에 쇠를 넣고 더러는 강하게 혹은 그 모양을 달리 만들어 공구로 사용하고 직접 배를 만드는 골재로 쓰기도 한다. 그뿐인가. 나무를 바닷물에서 끌어 올린 뒤 다시 가마에 놓고 말리려면 적절한 온도를 맞춰 불을 일정 시간 때야 한다.

"다른 애로 사항은 없소이까?"

"땔감나무가 있기는 한데 불 힘이 약하여 지리산이나 다른 데서 화력이 강한 참나무로 잡목을 대신하여야 하겠습니다. 지금 작업은 그저 조그만 공구를 벼르는 데만 제한적으로 일을 하고 있답니다. 벌써 연통은 하였으나 장마로 하여 일을 못하기에 한 보름 이상 나무 반출이 늦어진다고 합니다. 빨리 와야 하는데요. 걱정입니다."

강화도의 대장도감에서는 하루가 멀다 하고 경판 작업의 속도를 당기라고 재촉이 심청의 뱃사공과 같은데, 이러고들 있으니 이거야말로 죽을 맛이다. 그렇다고 손 묶어 매고 있을 수도 없고. 하지만 이는 나라의 안위가 걸린 문제인 만큼 선택이 없질 않은가.

선사는 도감으로 돌아왔다. 무극 상좌보고 다 적어 놓으라고 했지만 확인을 하나하나 해 보니 생각보다 아직도 일하는 사람들의 과정이나 애로 사항을 잘 모르고 있는 것이 너무 많았다.

대국성(大國城)에 올라 바람도 쏘일 겸 배가 들어오는 애서리쪽이며 지소가 있는 한지마을이며 빗게 마을의 경판각과 서당, 그리고 평장까지 모두가 한 눈에 들어왔다. 대국성이라. 말 그대로 나라의 중요한 대사를 이루어 내는 성이라는 뜻이 아닌가. 줄잡아 일하는 이들이 천 명이 넘는다.

"사람 공부를 해야 하겠네그려. 일하는 분야에 따라서 모두가 다 서로 다른 성격과 취향을 갖고 있으니 다 비위를 맞춰 줄 수도 없고. 잘하는 이들을 칭찬해 주고 상을 주는 방법은 어떨까? 게으름 피우고 잘못하는 이들을 일깨우면서도 북돋워 줄 방법은 무엇인지 살펴야 한다. 들어누우면 하늘의 별만큼이나 많은 일과 사람들이 눈에 떠오른다. 모두가 다 나에게 말을 걸어온다. 당신은 얼마나 잘하고 있느냐고.

"부처님! 고맙습니다. 사람들을 만나 새로운 공부를 하게 해 주셔서."

바다를 건너 여기까지 와서 일을 하다가 고향에도 돌아가지 못하고 죽어간 사람들이 묻힌 삼봉산 동쪽의 빈장터가 눈에 선하다. 그네들의 극락왕생을 빌어야겠다. 무극을 깨워서는 정림사 불전 앞에 가서《반야심경》을 읽으며 고단한 몸으로 저들의 명복을 비는 오백 배 절을 하고 나니 몸은 곤하나 정신은 훨씬 맑아 온다. 새벽별처럼.

3. 만년의 효선

1) 그리운 얼굴

때는 충렬왕 9년(1283), 경상도의 민란도 잊어갈 무렵 충렬왕은 어디엔가 기대고 싶었다. 지치고 힘겨운 옥좌가 원망스럽기도 했다. 그럴 때마다 떠오르는 것은 운문 화상의 넉넉함이었다. 그는 이번 기회에 일연을 자신의 스승으로 받들어 많은 사람들의 영혼 속에 생기를 불어 넣으리라 다짐하였다.

인각사

어전 회의가 열리기도 전에 충렬왕은 이미 격앙되어 있었다. 평생에 소원이던 정신적인 버팀목인 운문 화상을 국사로 모시게 되다니, 그는 그것이 자신의 큰 행운이라 믿었다. 임금이라 하기에는 너무나 괴롭고 힘든 나날이었다.

원나라 제국공주를 왕비로 맞아 귀국하여 아버지 부왕의 유지를 받들어 왕위에 오르기는 하였으나 사사건건 원나라 조정에서 파견되어 온 다루가치들의 간섭이, 사나운 호랑이보다도 더 무섭고 싫었다. 게다가 몽골에 맞서려는 민란은 왜 그리 자주 일어나는지, 운문화상을 만나 불법에 대하여 말씀을 듣고 이야기를 나누는 순간순간들이 번뇌에 찬 나날을 보내야만 했던 왕에게는 유일한 낙이요, 기쁨이었다. 왕의 목소리는 조금씩 떨리고 있었다.

"우리 선대 임금께서는 모두가 덕이 높은 사람을 얻어 왕사로 삼았고, 덕이 더욱 큰 이를 얻어 국사로 삼았소. 어찌 나에게만 없는 것이 옳은가. 듣기로 운문화상의 도가 높고 덕이 성대하다 하니 과인이 어찌 홀로 자비로운 은택을 입으려 하겠소. 마땅히 온 나라와 함께 하고자 하오."[34)]

문하시중 유충준이 나선다.

"전하의 말씀이 옳으신 줄 압니다."

"별호는 원경충조(圓鏡沖照)라 하면 어떠시겠소?"

---

34) 운문 화상(雲門和尙)은 일연 국사를 이르는 말이다. 국사가 서울로 임금을 따라 올라 오기 전에 청도 운문사에 주석하였던 관계로 임금은 편하게 그리 불렀을 것으로 보인다.

문하시중 황충준은 조용하고 힘차게 말하였다. 문무의 신하들은 임금의 제안을 흔쾌히 받아들였다. 안 그래도 달포 전에 우승지 염승익을 보내와 국존의 예를 구했을 적에 그렇게 고사를 했건만, 이번엔 아예 어전 회의에서 중신들 앞에서 못을 박자는 것이다.

열흘이 멀다 하고 근시 김용검을 보내 문안을 해 왔다. 진달래 피는 봄과 여름이 지나갔다. 가을비 내리는 늦은 밤 추녀에 지는 빗소리가 유난히도 국사의 마음을 어지럽게 했다. 이름하여 나라의 존귀한 스승이 아닌가. 화상에게는 선사라는 부름말이 가장 마음에 들었다. 비슬산 시절이 그리웠고 무엇보다도 병드신 어머니의 안부가 걱정스러웠다.

"까마귀도 나이 들면 새끼들이 먹이를 날라다 어미 새를 보살피는데 하물며 사람이…… , 그것도 병든 어머니를…… ."

벌써 두 번째 상사리였다. 밤비를 무릅쓰고 찾아온 근시에게 고향으로 돌아가 어머니를 돌보겠다는 귀성 청원의 편지를 임금께 드리라고 주어 보냈다. 며칠이 지났으나 답이 없다. 궁금했다. 궂은비는 자꾸 내리고. 몇 년 전엔가 경산의 어머니가 옴병에 걸리셨다는 이야기를 들었으나 나랏일에 제대로 확인조차 못하였다. 밥을 먹어도 맛을 모르고 아름다운 꽃을 보아도 시들했다. 얼마 만에 근시가 찾아왔다. 대궐에서 국사의 법회를 갖고자 하니 초닷새 날 궁궐로 모시러 오겠다는 전갈 뿐. 훌쩍 떠날 수도 없고. 답답 송서방이었다. 순조롭게 법회는 끝이 났고 임금과 원나라 출신의 제국 대장공주 왕비가 있는 자리에서 다 공양을 하자고 했다.

"국존! 오늘의 법회는 너무 마음에 와 닿았소, 원효 스님의 「금강삼매경소」에 대한 말씀, 화쟁을 들으니 짐의 마음에 큰 힘이 되었어요."

"화쟁은 좋으나 아버님 나라에 큰 화근이 될 수 있습니다. 화상! 다음엘랑 화쟁에 대해서는 얘기도 꺼내지 마시오. 무슨 일이 벌어질지도 모르니. 아시겠소이까?"

도끼눈을 한 왕비의 화살 같은 말에 독기가 서려 있었다. 임금은 아무 말도 못했다. 고향으로 돌아가겠다는 편지글에 대한 대답을 기다리고 있었건만.

"전하! 행여 소승이 올린 귀성 청원의 글을 보셨습니까?"

"이르다 뿐이겠습니까."

"소승의 어미, 신병이 깊고 나이가 있는지라 소승이 모셔야 할 처지입니다."

"여러 가지 나라 일을 함께 상의해야 할 사람이 누가 있습니까? 국존밖에요. 조금만 있다가 조용해지면, 그 때 말씀을 나누시지요. 도와 주세요. 워낙 나라 안이 뒤숭숭한 때니."

왕비가 못마땅하다는 듯이 임금에게 말을 건넨다.

"국사가 저리 청을 하시는데 전하께서는 잘 생각하시어 윤허하시지요."

"중전! 짐의 마음을 잘 알면서도 그러시다니……."

허사였다. 무거운 발걸음으로 돌아왔다. 왕비는 계속하여 국사에게 곱지 않은 눈치다. 선종의 얼굴인 일연을 임금이 좋아하니까. 선을 중시하는 이들은 원나라 따위는 안중에도 없기에 더욱 그러했다. 그러니 일연인들 왕비의 눈에 들 리가 없었다. 그렇다고 왕이 저리도 일연을 존경하니 왕비로서도 당장 이렇다 할 투정을 늘어놓을 처지는 아니었다. 칼바람 부는 그 해 겨울은 몹시도 추웠다. 고향 아주머니 집에서 얹혀 지내다 옴병까지 들었으니 이 추운데 어디 간들 누가 있어 반겨 줄 리가 있겠는가. 앞이 캄캄하였다.

어머니 생각만 하면 잠이 오지 않는다. 옴병은 다름 아닌 문둥병이다. 못 먹고 물 나쁜 곳에 살면서 이 집 저 집으로 다니면서 일을 해주고 끼니를 해결하다 보면 옮을 수도 있을 것인데. 자식이 나라의 국사인데도 불구하고 방법이 없으니…….

어느 새 봄보리 익어 가는 유월 초순, 저녁 예불이 끝날 무렵, 근시가 왔다. 그러잖아도 달포 전에 보냈던 세 번째 귀성 청원에 대한 답을 기다리고 있던 참인데, 초여드렛날 어전회의가 있으니 그 때 입궐하라는 전갈이었다. 하루가 몇 달같이 지루하였다. 국사는 어전 회의장으로 나아갔다.

"국존! 어서 오시오, 잘 오셨소. 상한[35]이나 없으신지요?"

"소승은 무탈하오나 전하께서 강녕하시온지요?"

"국존의 별호가 목암이라 했소이까? 당나라에서 효행으로 이름 높은 진존숙

---

35) 감기를 상한(傷寒)이라 한다. 글자대로라면 추위에 몸이 상한다는 뜻이다. 하기는 감기가 만병의 시초라고 하는 주장도 있으니까 무리가 없는 표현이다.

화상의 고향이 목주(睦州) 아니더이까? 진화상의 고사를 들려주시겠소? 웬만하면 짐의 옆에 있어 주시오."[36]

"진존숙 화상은 고향으로 돌아가서 어머니를 모시고자 평소 수행을 하는 사이에 틈을 내어 짚신을 삼았더이다. 해서 그 신을 팔아 어머니에게 보내드리고 어머니가 돌아가시고 난 뒤에는 어머니 생각에 만든 짚신을 나그네들이 지나가는 길섶 나무 가지에 걸어 놓았다고 합니다. 나이 든 분들이 신고 다니라고요. 소승은 진화상의 일을 가슴에 담고 지냈습니다. 저의 어미는 90평생을 홀로 사셨으니까요."

"그래, 고향으로 꼭 돌아가셔야 되겠소?"

"……. "

우부승지 염승익이 말을 거든다.

"전하! 국존의 뜻이 간절하오니 윤허하소서."

우부승지의 나지막한 말소리였다. 다른 신하들도 머리를 조아리며 혀를 찼다. 어느 누가 국존이라는 고귀한 자리를 박차고 고향으로 가기가 쉬울까. 회의는 끝이 났다. 임금은 국존을 다시 불렀다.

"다시 생각을 고쳐 돌릴 수는 없으시겠소?"

왕비는 단호하게 말을 잘라 임금에게 명령조다. 마치 자신이 임금이라도 된 듯,

"국사의 뜻대로 보내드리면 될 것 아닙니까? 무얼 그리 말리십니까?"

왕비의 못 마땅한, 그러면서도 내심 잘 되었다는 속내가 선연하다. 날이 밝자 근시 황수명이 모시겠노라고 찾아왔다. 그럴 필요가 없다고 사양하였으나 왕명을 거스를 수는 없다는 것이다. 고향에서 다소 떨어져 있는 화산 인각사로 가기로 한 것이다. 근시가 아뢰었다.

"하필이면 그리도 궁벽한 의흥입니까? 특별한 뜻이 있으시옵니까?"

"내 영원한 스승이신 원효 대사가 선덕주 시절에 세우신 절이 아니던가? 그것보다도 내 어머니의 고향 동네지. 여우도 죽을 때는 머리를 태어난 곳으로 둔다 하지 않던가?"

---

36) 목암(睦庵). 목주에 살던 진존숙 화상의 효행을 떠올리면서 언제나 어머니를 잊어서는 안 된다는 뜻으로 일연 국사의 별호를 목암이라 하였다.

더 말이 없었다.[37] 그렇다. 개인적으로는 같은 경산의 삼성산 어름의 고향 어른이면서도 대사의 화쟁 사상을 몸소 실천해 왔던 국사의 마음 속에는 다른 선택이 없었다. 게다가 병드신 어머니를 모심에 있어 어머니의 고향 동네이면서 외딴 절이 가장 좋았다. 《삼국유사》의 여러 스님이 나오지만 유독 원효에 대해서만 성인 성자 성사를 붙였음을 보면 얼마나 일연 국사가 원효 대사를 흠모하였던가를 알 수 있는 대목이다.

[참고문헌 : 《보각국사비첩》 음기]

2) 영원한 미소

삼성산 기슭 어름에 움막에서 문둥병 치료를 하고 지내던 어머니를 모셔오기로 하였으니 얼마나 기막힌 일인가. 어느 친척이 있다 한들 문둥이 할머니를 좋아하겠으며 모실리가. 낙랑부인 이씨[38]는 스스로 산기슭 쪽에 움막을 지어 놓고 집을 삼아 살고 있었다. 움막이라야 거의 짐승들이 오고 갈 정도로 겨우 비바람이나 피할 둥 말 둥한 그런 움막이었다. 일연이 국사로 책봉되면서 국사의 어머니는 낙랑 부인으로, 돌아가신 아버지 김언필공에게는 좌복야라는 별호를 임금으로부터 받게 되었다.

어느 날 갑자기 건장한 교꾼 몇 사람이 낙랑부인의 움막을 찾아왔다. 가마를 갖고 와서 모셔 오라 하여 왔다는 것이다. 어리둥절한 채 따라와 보니 꿈에도 그리던 아들을 만나게 된다니. 이 게 생시인가 꿈인가 싶었다.

동네 부인들이 우물가에서 이야기꽃이 만발하였다. 한 아낙이 아주 새로운 이야기라도 된다는 듯이 말을 꺼낸다.

"잘난 아드님 두어 노인 할머니 이제 고생 줄 놓으시겠네. 낙랑부인의 별호도 받았다던데. 우리 동네 경사 났네."

수군대는 동네 아낙들. 그러잖아도 문둥이 할머니를 보기도 싫었는데 잘 되었다는 이야기를 하는 사람들도 있었다.

---

37) 인각사는 선덕여왕 11년(642) 의상대사가 세웠다는 설도 있다.

38) 낙랑군(樂浪郡) 부인. 일연이 국사가 되고, 경산에 계신 그의 어머니는 낙랑군 부인을, 돌아가신 아버지 김언필 공은 좌복야(左僕射)로 추증되었다.

“부인이고 무인이고 문둥이 할머니 떠나고 나면 하루 빨리 움막을 불태워 버려야 할 테니 손 없는 날을 잡아 서낭 앞으로 모입시다. 앓던 이가 쑥 빠졌네.”

중씰한 사내들이 삼삼오오 모여 한결 같은 이야기를 나누었다. 한참을 가다 보니 벌써 가마는 금호 나루를 건너 와촌 기왓골로 접어들었다. 벌써 해는 중천에 걸리고 힘깨나 써 보이는 가마꾼들이 번을 갈아 가며 낙랑부인을 모시고 덜렁거리고 동강 마을을 지난다. 가마꾼이 낙랑 부인에게 말을 건다.

“할머니는 좋겠습니다. 이제 그 고생 안 해도 되잖아요? 사람 팔자 두고 보아야 한단 말이 빈말이 아니지요. 부인도 되시고요. 축하드립니다.”

부인을 태운 가마가 갑티를 넘는 굽이마다 진달래 고운 봄이 손짓하고 있었다. 힘에 겨운지 부인은 고개 마루에서 쉬어가자고 한다. 마루턱까지 마중을 나온 아들 일연을 보고 한동안 말을 잇지 못했다. 힘도 없고 지칠 대로 지친 몸이라. 너무도 할 말이 많았다. 이슥고 모기만한 목소리로,

“국사! 진달래꽃이 곱구려. 국사가 어렸을 적에 저 꽃을 뜯어 화전이며 떡을 해주면 잘도 먹더니만. 우리 모자 이게 얼마만이오? 어디 손 좀 봅시다.”

“어머니! 어찌 그리 아프시더이까. 너무 너무 죄송합니다. 모시지도 못하구요.”

“내가 바라던 바였으니 너무 자책하지 마오. 나이 들면 다 그런 걸 누구 탓을 한단 말이오? 모진 목숨이라 너무 오래 살았지.”

“한때 어머니가 저를 이 절로 데리고 오셨잖아요? 그 땐 공부하는 게 그렇게 좋았습니다.”

“곧 바로 다른 절로 가라면서 보낼 땐 그저 앞이 캄캄했지요.”

“그렇고말고. 희망이 없었지 뭐. 벌써 육십년도 넘었네그려. 세월이 많이 흘렀소. 국사!…….”

나이 팔십을 바라보는 아드님이 구십이 넘은 어머니를 만난 것은 해가 질 무렵이었다. 인생의 노을이 물들고 밤은 깊어가고 오랜만에 모자간에 이야기는 학소대 벼랑에 도란거리는 물소리에 어우러져 흘러가고 있었다, 소쩍새 소리와 함께. 아드님을 알아보고 이야기를 할 뿐 자신의 몸 하나도 가누기가 힘들어 보였다. 짓무른 눈썹이며 사타구니에서 흘러내리는 진물, 그것도 말라붙어 온몸에 딱지가 져 있었다. 참으로 눈뜨고 보기 어려운 지경이었다.

부인은 하루 종일 물 한 모금 마시지 않는 때가 많아졌다. 일연은 손수 물을 끓여 근시가 놓고 간 백화사(白花蛇) 가루를 먹여 드리나 약을 드는 둥 마는 둥이었다. 쥐엄나무 탕을 올려도 시큰둥했다. 어서 약을 잘 드시고 빨리 나으라는 아드님의 주문이다.

"이 약은 임금님 병을 고치는 어의가 특별하게 보내온 약입니다. 먹기가 좋지 않더라도 들어보세요. 어머니!"

"좋은 약이면 국사나 드시게나. 나는 안 하네. 이제 다 죽게 된 할망구가 뭘 더 살겠다고. 뜻을 이룬 아들을 보았으면 됐지. 더 이상 다른 소원일랑 없네 그려."

"내 걱정일랑 하지 말고 자네나 좋은 약을 드시고 힘을 내 국사가 쓰고 있는 상구이산가 하는 거 부지런히 하시게나. 인제 죽어도 원이 없겠구먼."

"왜 그런 말씀하십니까? 건강하게 사시고 제가요, 《삼국유사》 다 쓰는 걸 보도록 사세요. 그 땐 훌훌 털고 가시지요. 안 말릴 테니까. 아시겠어요?"

매일같이 약 때만 되면 아귀다툼, 미음 때문에 씨름판이다. 살을 파고드는 학소대 바람은 예사가 아니었다. 눈 내리고 날씨는 찬데 오늘 내일 하며 낙랑 부인은 끝없는 악몽에 시달렸다. 국사는 불을 밝히고 틈을 보아 김대성의 이야기를 적고 있었다. 전생의 어머니를 위하여 석굴암, 현생의 어머니를 위하여 불국사를 짓고자 애를 쓰던 대성의 효행을 적다가 그만 더 이상 적지 못하였다.

비수처럼 가슴을 에듯 파고드는 회한이 가슴을 저며 온다. 봄은 왔으나 어머니의 봄은 멀기만 했다. 어머니와 함께 한 지 이제 겨우 한 해가 가까워 온다. 가물거리는 등잔불처럼 힘이 없어 보이는 어머니를 향하여 꿈 이야기를 한다.

"어머니! 조신 스님의 꿈 이야기해 드릴까요?"

"해 보시게. 모든 것이 다 꿈만 같은 거라. 안 그런가. 국사! 나 죽거들랑 국사의 절이 보이는 볕 바른 언덕에 나를 묻어 주시게나. 숨이 차. 힘이 들어. 어서 가 일 보시게."

"…… 별말씀 다 하십니다. 죽긴 왜 죽어요? 오래오래 사셔야지요."

한동안 말이 없고 선사는 혼자말로 중얼거리기만 한다. 어머니의 작은 목소리가 들리지 않는다. 이상하다. 몸이 싸늘하다. 번뇌도 놓고 근심 걱정 병마도 놓고 가버리시다니.

"어머니, 어머니요! 어……."

낙랑 부인은 웃고 있는 듯. 문수보살의 영원한 미소로. 풍경 소리만 고즈넉이 들린다. 밤이 새도록 《금강경》을 읽는 국사의 목소리는 울음인 듯 독경인 듯 밤바람 소리에 묻혀 멀리 나뭇가지에 걸려 만장처럼 펄럭이고 있었다.

둥딩이골을 찾아가자니 눈물이 앞을 가린다. 아! 본디 산다는 게 다 이렇게 외롭게 왔다가 외로이 가서 한 줌 흙으로 돌아가는 것이련만. 볕 바른 양지녘에 모신 지 벌써 한 해, 잔디가 잘 살지 않고 벌건 흙살이 보인다.

진달래는 올봄도 아름다운데. 80 노승이 어머니 무덤 앞에서 절을 하며 통곡을 하고 있다. 인생무상을 입버릇처럼 이야기하지만 자식 된 일연도 어머니 앞에서는 별 수가 없나보다. 혼자서 얼마나 힘들게 살아오셨을까. 자식이 버젓이 있는데도. 국사면 뭘 하고 임금이면 무얼 한다는 말인가.

나도 어머니 가신 이 길을 따라갈 텐데……. 성묘를 마친 선사는 매달리듯 명아주 지팡이에 의지하여 산길을 내려온다. 해 그림자를 밟고 깊은 시름에 젖는 스님의 모습은 허허롭기만 했다.

[참고문헌 : 《보각국사비첩》 음기]

3) 구산문도회의 화두

구산문도회

고려 충렬왕 10년(1284), 낮에도 호랑이가 나온다는 화산 골짜기 작은 절에서 구산문도회(九山門都會)를 연다니. 참으로 기가 찬 일이었다. 충렬왕이 임금이 된 지 십 년이건만 세상은 여전히 소란스러웠다.

경상도 민란도 잊혀 갈 법도 한데. 신라 부흥 운동에 대한 열망으로 가득 차 있던 사람들은 실망에 실망을 거듭하였다. 게다가 원나라의 간섭과 수탈이 말이 아니었으니. 더욱이 일본을 치겠다고 경주를 행재소로 하여 임금이 직접 나와서 원나라의 다루가치들을 적극 지원하면서 저네들의 군수품을 대는 일은 모두 영남 사람들의 몫이었다.

없는 집의 제사 돌아오듯 가뭄은 왜 그리 자주 드는지. 교종의 위세는 최씨 무신정권의 몰락과 함께 사라지고, 선종을 앞세워 정치세력을 추슬러 보려는 밑그림을 그리는 정국이었다. 국사로 책봉된 지 채 일 년도 안 되어 병드신 어머니를 모시기 위해 고향 쪽 화산 인각사로 돌아왔다. 사실상 은퇴한 것이다. 그런데 뜬금없이 구산문도회를 연다니. 난마처럼 뒤엉킨 교종과 선종, 선종끼리의 날선 대립을 하나의 통합불교로 만들어 볼 속셈이었다. 상좌가 궁금하다는 듯이 물었다.

"스님! 조용하게 좀 쉬시고 법회는 뒤로 미루면 안 될까요?"

"불 다 꺼진 담에 밥 하라고?"

"흉년도 해를 거듭해 들고 했으니 스님들도 형편이 안 될 건데요."

"우리 둘이 하면 되겠네…… 어떻게 안 되겠나. 가만 있어 보게나."

사람을 모으는 일이 그리 녹록하지 않았다. 또 미리 먹거리며 잠자리며 어떻게 감당을 하려고 저러는지 상좌 마음속에는 먹구름만 가득했다. 시골 내려와 수행이나 할 노릇이지. 나이 들어 주책 떠는 것 아니냐는 투였다. 날은 다 저문데 난데없이 서울에서 근시 김용검이 내려왔다. 오랜만에 인사를 나눈다.

"국사님! 평안하신지요? 구산문도회를 하신다면서요? 왜 알려 주시지 않고요?"

"그래, 무슨 일로 오셨나? 날도 저문데. 어서 들어오시오."

"법회가 두어 달 남았습니까? 전하께서 법회 때 쓸 용비를 보내드리라고 하시어 이렇게 황망하게 왔습니다. 전하께서는 정사 관계로 법회 참석이 어렵다고 하셨습니다."

"난리 통에 궁중에서 쓰실 용비도 모자랄 건데."

더 이상 다른 말이 없다. 전하의 건강과 원나라의 약탈에 대하여 물어볼 뿐.

아무 걱정이 없는 이 같았다. 날이 새자 근시는 돌아가고 없었다. 상좌는 한시름 놓았다. 구산문도회에 참여한 사람들 가운데 대선사가 19명이나 되고 선사와 수좌가 각 12명씩, 그밖에 산림과 삼중, 대선과 입선, 그리고 참사까지 186명이나 되었다. 문도회는 보통 적게는 한 달에서 석 달까지도 이어진다. 하루 모였다가 다음 날 흩어지는 그런 모임이 아니다. 문도회의 전신은 담선회(談禪會)였다. 이규보의 담선회 방문을 보면 보제사를 필두로 최우 정권이 선종을 장악하기 위하여 시작하였지만 속성상 선종의 스님들이 호락호락 말을 듣지 않았다. 백 사람이 모이면 백 사람 모두가 돌아가면서 선에 대한 자신의 체험담을 이야기하는 과정의 모임이라고 보면 된다. 일종의 선 수행에 대한 체험담이라고 할까. 상좌가 국사에게,

"이 번 법회의 화두는 무엇으로 하십니까?"

"자네부터 말해 보시게. 뭐로 하면 좋겠나?"

"줄다리기가 어떻겠습니까?"

"줄다리기라……? 줄다리기. 제법인걸."

"도사가 다 됐네."

"글쎄요, 괜찮겠습니까?"

"공짜가 없지. 내공을 많이 닦아야 해."

네가 옳다 내가 옳다 해봤댔자 몽골에게 엎드려 살아야 하는 판에 다투어 보았자다. 닷새 전부터 멀리서 온 문도들이 들어오기 시작하였다. 이제 법회까지 사흘 남았는데 벌써 오백 명이 넘어섰다. 남루한 옷차림에 온 사람들이 더 많다. 먹을 걸 싸갖고 온 사람들도 있었다. 도력이 높은 국사의 설법을 들으러 왔단다. 법회 날 아침 열시쯤 종을 치고 문도들이 한 군데 모여들기 시작하였다. 거의 천 명에 가까웠다.

부제 스님이 사회를 맡아 그간의 경과를 설명하고 문도회 일정에 대하여 친절하게 안내해 준다. 이윽고 국사의 호랑이 같은 눈빛이 번득거리며 야단을 오른다. 상좌와 시자들이 단에 오름을 도와준다. 손을 내젓는다. 하지 말라는 말이다.

"반갑습니다. 도반 여러분! 줄다리기를 아시지요? 어느 한 사람이라도 한 눈 파는 이가 있는 편은 지게 마련입니다, 팽팽하게 맞서 있는 판에. 어떻습니까?

마음이 없으면 먹어도 그만, 입어도 그뿐, 들어도 들리지 않습니다. 우리들은 우리 자신과 줄다리기를 하고 있습니다. 잘해 봅시다."

약 보름 동안의 법회가 끝이 나던 날, 다시 모여들었으니 그 때는 학소대 골짜기가 사람으로 꽉 차는 듯했다. 앞으로부터 옆으로 뒤로 구름 같은 사람의 물결이다. 수척한 몸을 가누지 못하는 듯 일연은 숨을 몰아 쉰 뒤 말을 이어가기 시작한다.

"삶과 죽음은 하나. 조상이 뼈를 묻은 이 땅에 우리 겨레에게 필요한 것은 서로가 손을 잡고 가슴을 마주 대는 일입니다. 머리를 깎던 초심으로 돌아가 마음을 비우고 우리 겨레와 나라를 위한 길이라면 그 어떤 경우에도 마다하지 말아야 합니다. 나라는 짓밟히고 겨레의 자존은 땅에 떨어질 대로 떨어졌습니다. 우리 마음과 힘을 모읍시다. 정신 차립시다. 부디 부처님의 가피로 건승하시고 살펴 돌아가시기 바라오. 다음 모임에 또 만납시다."

독경 소리는 물소리와 함께 어우러지고 구름은 산을 넘어 간다. 바람을 거슬러 오르는 독수리의 날개 짓이 한층 힘차 보인다. 흩어져 돌아가는 이들의 가슴 속으로는 뜨거운 눈물과 용솟음치는 결심이 용트림하고 있었다.

[참고문헌 : 《보각국사비첩》 음기]

4) 열반의 언덕

인각사 정조탑

고려 충렬왕 10년(1284). 매우 일찍 철 장마가 졌다. 그날 따라 비가 하루 종일 내렸다. 일연은 어머니의 사십구재를 모두 마쳤다. 그에게 남은 건 언제나 그러하듯 생전에 잘 모시지 못하였던 눈물의 소낙비가 가슴으로 그의 영혼 속으로 뚝뚝 떨어져 내렸다. 서울에서 근시 김용검이 내려왔다. 그렇게 오지 말라고 했건만, 막무가내였다.

"무슨 일로 오셨는가? 오지 말라 했잖소. 거 참."

"전들 무슨 뾰족한 수가 있겠습니까? 왕명이니까요……."

논과 밭 100여 경을 들여서 국사가 편안하게 생활할 수 있도록 하라는 왕명이란다. 이듬해 자리가 잡힌 뒤 선종을 중심으로 두 번째로 구산문도회도 잘 마무리되었다. 하루 종일 공양도 안 하고 글을 쓴다. 《삼국유사》를 마무리할 요량이었다. 상좌들도 아침 점심 저녁 공양도 못하고 있다.

"큰스님! 저녁 공양이 다 되었습니다. 쉬엄쉬엄 하시지요."

"물 걱정일랑 놓게. 자네들이나 챙기시게. 우리가 지금은 비록 남의 나라의 속국이 되었을망정 하늘이 내린 겨레들이란 걸 분명하게 잊지 말고 광개토대왕 시절 초원의 빛을 되찾을 수 있어야 해. 나무아미 관세음보살."

혼잣말로 중얼거렸다. 속이 뒤집혔다. 우리가 어쩌다 이 지경에 이르렀을까. 밤낮 없이 《삼국유사》를 쓰면서 구름과 바람을 벗 삼았다. 단군조선 시대의 하늘 겨레임을 밝히는 부분에 가서 너무 벅찬 감회가 끓어올랐다.

"그래 그래. 우리는 하늘의 거룩한 정기를 받은 사람들이다. 사람들이 믿겠나. 그래도 우리는 우리들의 자리를 되찾아야 한다. 되찾아야……."

소쩍새 절절하게 우는 충렬왕 13년(1287) 늦은 봄 이승휴의 《제왕운기(帝王韻紀)》가 나왔다. 너무나도 기뻤다. 우리 겨레의 자존심을 세우고 사람들에게 용기를 북돋우는 그러한 책이 나왔다. 《제왕운기》는 중국과 우리 민족과의 지리적·문화적인 차이를 강조함으로써, 우리는 중국과 달리 자주성을 지닌 뛰어난 문화민족임을 모든 이에게 자각하게 하여 몽골의 정치적 간섭에 맞서는 정신적 디딤돌로 삼고자 하여 지은 책이다.

우리 겨레는 단군을 시조로 하는 단일민족이고, 신화로만 전해 오던 단군신화를 한국사에 당당하게 넣었다. 또한 발해를 처음으로 고구려의 대통을 이은 나라로 인정, 만주 일원도 고려의 영토였음을 역사적으로 살펴서 영토회복의 큰 뜻을 드러내고 있지 않은가. 하면 모든 이가 너와 나가 없이 뭉쳐야 한다는 것이다. 일연은 너무 너무 좋아하였다.

"보시게나. 여러 도반들. 휴휴가 해냈네. 우리가 지금은 비록 이렇게 쭈그렁 밤송이가 되어 원의 지배나 받고 살지만 휴휴[39]의 말처럼 만주까지 위대한 광개토 시대를 다시 열어야 한다는 말이지. 안 그런가? 《삼국유사》도 부지런히 끝내야 할 텐데. 그 친구 용기 있고 훌륭하단 말이야. 허허. 십년 묵은 체증이 확 뚫리는 듯해."

잠이 오지 않았다. 너무나도 가슴이 벅차오르는 순간들이지 않는가. 집필을 하루 속히 끝내야 할 텐데. 눈 더 어둡기 전에. 혼잣말로 중얼댄다.

"옳지 단군조선과 가락국기와 향가와 위만의 이야기를 얼른 마무리했고 이제 효 선편만 마무리하면 되겠어요. 어머니, 제가 해낼 겁니다. 조금만 더 살아 계시면 좋을 뻔했습니다."

너무도 흥분이 된 나머지 어떻게 하루가 어떻게 지나갔는지 밤낮도 없이 《삼국유사》의 감통 · 피은편을 거쳐 효선편을 한숨에 써 내려갔다. 가난한 딸이 눈먼 어머니를 모신다는 이야기다. 가난한 딸은 아마도 일연 자신이었을 것이다. 비몽사몽간에 어머니를 뵈었다.

"어머니! 말씀하시던 책을 다 썼습니다. 보세요. 빨리요."

"장하이. 큰 일을 했어. 정말 잘 했네. 우리 아들."

꿈이었다. 책상머리에서 깜빡하고 잠이 들어 있었다. 꿈에 어머니를 뵈온 게 아닌가. 충렬왕 15년(1289) 벌써 유월이었다. 지난해부터 안질에다 상한에다 시름시름 앓기 시작한 게 벌써 너덧 달이 지났다. 일연은 이제 이승의 인연이 다함을 몸으로 느끼고 있었다. 임금에게 올릴 글을 쓰고 모시는 시자에게 마무리를 하도록 하여 염승익 공에게 보내도록 하였다. 해가 기울도록 그 날은 다른 선승들과 문답을 했다. 절간에 지장이 없는 날을 물어 확인하고서 선승들이 북을 치게 하고는 국사의 봉인을 자선 별감 김성고에게 봉함하도록 하였다. 상좌에게 일렀다. 다들 모이라고.

---

39) 휴휴(休休)는 이승휴의 아호다.

"하늘에서 천사가 찾아와서 노승의 뒷일을 보고자 한다."

한 선승인 듯한 늙수그레한 나그네가 들어와 국사에게 물었다.

"스님께서 백 년 뒤로 돌아가신다면 정말 필요한 물건이 무엇일까요?"

"다만 이것뿐이라네."

또 한 선승이 나와 물었다. 이것이 무엇일까? 선문답일진대 확실한 현재를 가리키는 말이었다. 여기 그리고 지금이 문제란 말씀이다. 멀리 가서 진리를 구하지 말라는 말씀이다.

"스님께서 이승에 계시되 없는 듯이 하시고 육신이 있되 없는 듯이 하셨습니다. 이승에 살면서 큰 불법의 수레바퀴를 굴리심에 어떤 거리낌이 있었습니까?"

"때와 장소에 따라서 부처님의 일을 하였던 것을."

"그대들이 동산양개화상의 일을 기억하는가?"

"모르겠습니다. 큰스님!"

"동산 화상께서는 당나라 대중 말엽부터 신풍산에서 문하생을 지도하였기 때문에 신풍노인이라 불리었지. 이후 동산에서 가르침을 크게 펼치신 연고로 동산양개라는 별호가 붙었어. 조산본적 같은 훌륭한 제자를 두셨어. 이로부터 동산양개의 오묘한 문풍이 세상에 퍼졌으므로 선풍을 가리켜 동산종(洞山宗) 혹은 조동종(曹洞宗)이라 불렀네."

무슨 이야기를 하려나 하고 주변의 제자들이 궁금하게 여겼다.

"화상의 열반이 다가오자 가부좌를 한 채로 조용히 아주 조용히 입적하셨네. 그때 사람들이 슬프게 통곡하자 홀연히 눈을 뜨더니 대중에게 말씀하셨어. 출가 사문이라면 마음에 걸리는 것이 없어야 진정한 수행이다. 죽는 것은 괴로운 삶을 마감하는 것인데 그리도 소란스럽게들 야단을 떨어 무슨 쓸모가 있겠느냐? 그리고는 대중에게 어리석음을 깨우치고 수행 정진하라는 우치재(愚癡齋)를 준비하도록 하여 7일 동안 더 계셨지. 7일 후에 우치재 준비가 모두 갖추어지자 다음과 같이 말씀하셨다. "승가 대중이 무사하려면 모름지기 세상을 떠날 때 야단법석을 떨지 말아야 한다." 그리고는 선방으로 돌아가 단정히 앉아서 입적하셨네. 나 또한 조용하게 보내주시게나."

더 이상의 말씀이 없었다. 가슴에 금강인을 맺은 채 고요히 숨을 거두었다.

흰 구름이 우산처럼 덮여서 하늘로 뻗쳐올랐다. 죽어서도 살아 있는 듯. 멀리서 국사의 열반 소식을 듣고 달려온 이들이 구름처럼 몰려들었다.

숨을 거둔 지 한참 되었을 때였다. 국사의 문도였던 선원사의 정(頂) 스님이 탑비 세울 장소를 어찌 할까를 고심하고 있었다. 국사께서 자리에서 조용히 일어나 대중을 돌아보며 일렀다.

"여기서 동남쪽으로 약 사 오리쯤을 지나면 숲이 있다. 땅의 높낮이가 무덤과 같으니 거기다 탑을 세움이 좋을 것이다."

아무 일도 없었다는 듯이 인각사는 어둠 속에서 쭈그린 짐승처럼 숨을 헐떡이고 때로는 예불하는 선사의 모습처럼 보였다.

[참고문헌 : 《보각국사비첩》]

5) 다비장의 연꽃

고려 제 25대 충렬왕 15년(1289). 예정대로 7월 정해일에 인각사 동편 부도를 세울 언덕에서 국사의 다비를 치렀다. 아침부터 국사를 흠모하던 스님들과 조문객들로 절간 마당이 가득하다. 솔숲에 학들이 날아들 듯 다비장에 마련한 연화봉이 보인다. 점차 불꽃은 세차고 피어오르고 연기는 구름이 되어 절간을 뒤덮는다. 나무아미타불 관세음보살 하며 외는 독경 소리는 멀리서 들리는 한갓 헛된 산 메아리같이 들린다.

국사를 따르던 저 많은 중생들. 얼마나 많은 기쁨과 슬픔을 겪으며 80여 평생을 살아왔던가. 모두가 다 꿈이요, 구름이라던 국사의 말씀처럼 한 점 구름이 되어 화산 봉우리로 오른다. 당신의 고혈을 짜듯 영혼을 쏟아 부었던《삼국유사》와 팔만대장경. 몸은 갔지만 국사의 얼은《삼국유사》속에 시들지 않는 겨레의 꽃으로 향을 발하리라. 다 타고 남은 벌건 불꽃 잿더미 속에서 국사의 사리를 거두었다. 사리와 같이 국보 306호가 된《삼국유사》며 국보 32호가 된 팔만대장경의 판각에 아로새겨진 국사의 얼과 땀방울이 영롱한 아침 이슬이 되어 풀잎에 무지개로 피어오른다. 나그네는 혼잣말로 지껄인다.

"국사님! 누구나 한 백년 살다 가는 것인데 고귀한 생애를 보여 주셨고 당신의 사리 속으로 빛나는 민족에 대한 사랑이 남아 이 산하를 지켜보는 듯합니다. 《삼국유사》와 팔만대장경을 만들던 그 마음으로 이 강산을 지키고 진달래꽃을 피워 나갈 것입니다."

"……."

"국사님! 너무 고맙습니다."

"……."

와 계신 듯한데 말씀이 없으시다. 팔공산 위로 날아오르는 솔개들의 날개짓이 한층 드높아 보인다.

[참고문헌 : 《보각국사비첩》]

4. 저술과 사유

1) 정림사의 종소리

고려 고종 33년(1249). 일연의 나이 44세 무렵이다. 이때 일연은 22년간 머물던 비슬산을 떠나 새로운 거처인 남해 정림사에 주석하였다.

이 때 일연을 초청한 사람은 당시 최씨 무인정권의 실력자 정안(鄭晏)이었다. 정안은 최충헌에 이어 두 번째 집권자인 최이의 처남이 된다. 그가 중앙정계에서 은퇴하여 고향으로 돌아와 절을 짓고 일연을 주지로 초대한 것이다.

정안거사는 평소 무인정권의 불합리한 점을 알고 조용히 은퇴하여 고향인 남해에서 불교에 깊이 몰입해 있었다. 개인 재산을 들여 국가 사업으로 진행하던 대장경 간행사업을 돕는데, 판각 경비의 절반을 댈 정도로 신심과 헌신이 깊었다. 거사의 생각으로 대장경의 마무리를 잘 하려면 정말 불경을 깊숙하게 알고 책임감 있는 분을 모시고 싶었을 것이다.

정안이 일연을 정림사로 초대한 그 해 최이는 정권을 아들인 최항에게 물려주고 죽는다. 최항은 정안에게 조카지만 최이의 부인이자 정안의 누이 되는 이에게 아들이 없어 기생을 보아 얻은 아들이었다. 어려서부터 행실이 좋지 않아 만전(萬全)이라는 이름으로 출가를 시켜 산청 단속사에서 살게 하였다.

하지만 승려로서도 행실이 올바르지 못하고 민폐를 끼쳤다. 환속하여 최항(崔沆)이라는 이름으로 매사를 그르치게 만들었다. 마침내 외삼촌인 정안이 자신의 행패를 비판하였다 하여 그를 죽여 버린다.

시간을 거슬러 올라가서 다시 일연 선사를 찾아 나섰다. 지난번처럼 나타나 말씀을 들려주실 지에 대하여 의심을 가지면서 남해 고현면 대사리 마을의 정림사 터로 추정되는 마을의 정지장군 탑 앞에 섰다. 조용히 눈을 감고 조심스레,

“선사님! 어디 계셔요?”

“이야기해요. 무슨 일로 오시었소?”

“정림사에 대하여 말씀 좀 들을까 하여 찾아뵈었습니다.”

“대사리 마을은 큰 절이 있던 마을이라는 뜻입니다. 여기가 정림사라고 보면 됩니까? 무슨 장군 탑이라 전해오는 탑신이 하나 있거든요. 어떤 이들은 절이 있던 곳이라 하여 절 탑이라고도 합니다.”

겉으로 보아 탑신은 고려시대 양식을 한 돌탑이다. 이를 두고 왜구를 무찌른 정지장군의 무공탑이라고 한다. 무슨 기록이나 근거가 있어 그리하는 것은 아니다. 김 아무개라는 사람이 무너져 있던 탑을 세워놓고 남해군지에 정지장군 전승비라고 한 뒤로 사람들은 모두 정장군의 전승기념탑이라 한다. 그 이전에는 대사리에 큰 절이 있으니까, 절 입구에 세운 탑이라고 불렀다. 고려시대에는 탑의 모습을 한 송덕 기념물이 없다는 것이 학자들의 공통된 견해이고 보면 아무도 주목하지 않았던 현지 노인들이 주장하고 있는 절을 표하는 탑이라는 주장이 옳았다. 한참 있다가 이윽고,

“서생! 그거 하도 오래 되어 나도 가물가물 하지만 정림사로 보면 됩니다.”

“당시 정안 거사가 죽임을 당할 때 스님은 안전하셨습니까?”

“그럴 리가. 최항 저도 중 출신이면서 중들을 매몰차게 부리고 종처럼 부려먹었지요. 미운 오리 새끼였던 정안이 스승으로 대하던 나를 그냥 놓아 둘 리가 없잖아요? 그래 제자들의 권유도 있고 하여 그믐밤에 윤산 쪽으로 올라가 길상암으로 우선 몸을 숨겼지요. 무슨 생각을 했나 더 이상은 쫓지 않더라고.

나중에 들은 이야긴데 대장경을 만들어 자신의 아버지가 정권을 유지하는 데 무슨 도움을 주었다나.“

“거사가 죽임을 당한 것은 서울로 불러 올려다 참지정사란 높은 벼슬을 주어 놓고 나서니까 나하고는 좀 떨어져 있었지.”

“그 경황 중에도 《중편조동오위(重編曺洞五位)》가 써지시던가요?”

“이나저나 삶과 죽음이라는 게 둘은 아니잖소?”

선사는 마무리를 하였다.

“평소에 마음먹은 걸 하다 죽는 편이 낫다 싶었소.”

“말씀 고맙습니다.”

날 저문 남해 바닷가의 파도 소리는 당시에도 같은 소리였을 터. 남해의 갈매기 소리는 오늘 밤 유난히 크게 들렸다. 은하수 건너로 초승달이 걸려 있었다. 일연 선사의 영혼처럼.

[참고문헌 : 《보각국사비첩》]

2) 재가 된 대장경

해인사 장경각

고려 고종 19년(1232) 몽골군의 침략으로 불에 타 연기로 사라진 부인사의 절 회랑을 돌아 처음으로 만들어 보관하던 대장경을 두었던 곳은 어디일까?

가슴이 저미어 옴을 느끼면서 선방으로 들어가는 일연 선사의 가슴은 답답하였다. 부인사 절은 신라 선덕여왕 때 세웠고 당시에는 절 이름이 부인사(夫人寺)였다. 여기 부인이라 함은 선덕여왕을 그리 부른 것이다. 더러는 선덕여왕이 그의 어머니 마야부인의 명복을 빌고자 하여 세운 것이라는 이야기가 전해 온다. 일연은 헛기침을 하면서 스님을 찾았다.

"스님! 계시나요?"

"대선사님! 어인 일로 여기까지 오시다니요?"

"그 동안 잘 지내셨는지요?"

"요즘도 이야기를 모으시는지요?"

"늘 그렇습니다. 하오니 절 세운 이야기나 들려 주시지요."

"이 절을 세운 분은 선덕여왕이지만 여왕을 위해서가 아니고 그의 어머니 마야부인을 위해서 세운 절이라 합니다. 어느 설이 맞는지 잘 알 수가 없네요."

"예전에는 여기 승시장(僧市場)이 섰다면서요?"

"절로 들어오는 길섶으로 스님들끼리 사고팔던 승시장이 있었답니다. 한창 때는 39개의 암자가 있었고 스님들만 해도 약 2천여 명이나 살았다고 합지요. 승시장(僧市場)이 서기도 했던 절이건만, 오늘날은 경내가 돌로 된 부재들만 남았고 땅 속에 묻혀 말이 없네요."

"큰스님! 적어 드릴까요?"

"괜찮아요. 행여 초조 대장경에 대한 이야기를 들어본 일은 없으신지?"

"안타까울 뿐입니다. 초조 대장경판은 고려 현종 2년(1011) 돌아간 부모의 명복을 빌고 거란의 침략을 불력으로 물리치고자 대장경 판각을 시작하여 선종 4년(1087) 무렵 개경의 흥왕사에서 만들어 가지고 뒤에 팔공산의 부인사로 옮겼다고 하나 고려 고종 19년(1232)에 몽골군의 침략이 있을 때 잿더미가 된 것입니다. 가슴 아픈 일이지요. 황룡사까지도 불에 타 없어지는 판에 뭔들 성하겠습니까? 한 마디로 고려의 자존심이 한꺼번에 사라진 거지요."

일본의 남례사에 초조 대장경의 일부인 1,715 판목이 남아 있고 인쇄본으로 부분씩이나마 나라 안의 박물관이나 일본에 소장되어 있다. 무극은 선덕여왕이 공산까지 왔다는 게 궁금한 듯,

"스승님! 선덕여왕이 무엇 하러 부인사까지 행차를 하셨을까요?"

"신라의 어려움을 이겨내고 나아가 일통삼한의 통일 신라를 이루겠다는 소원을 공산의 산신에게 빌기 위하여 몸소 공산에 왔다고 봐. 한 때 신라에서는 명산 5군데에 산악제를 올렸는데 가장 중심에 있던 산이 바로 공산 곧 오늘의 팔공산이었던 까닭이지. 전해오는 이야기를 빌리면 김유신장군이 공산에 와서 불굴사의 바위 굴 안에서 삼국통일을 위한 구상과 수행을 하는 가운데 난승(難勝)이란 도인으로부터 보검을 받고 자기 암시 같은 확신을 가졌던 곳도 공산이라고 하지."

일연을 모시고 따르던 무극이 나서 재조 대장경 판각에 대한 이야기로 화제를 돌린다.

"스승님의 《대장수지록(大藏須知錄)》에는 대장경을 만드는 데 필요한 요강을 기록하셨는데 남해에서 만드신 팔만대장경과 무슨 관련이 있습니까?"

"그렇고 말고. 누구나 한 번 읽으면 쉽게 잘 알 수 있도록 해야 새기는 사람이나 증의를 보는 사람이 빠른 시일 안에 판각을 마칠 수 있도록 한 것이지."

"여기 부인사에 보관되었던 것은 거의 70년 이상 걸렸는데 재조 때에는 30년밖에 안 걸렸는데 《대장수지록》을 보고 했기 때문인가요?"

"그럴 수도 있겠으나 판각에 참여한 이들의 성심과 이를 뒷받침한 정안거사와 나라의 배려가 한데 어우러진 열매라고 할 수 있지."

유형 문화재 제 16호로 돌로 된 석등과 통일 신라 후기의 양식을 가진 3층 석탑이 을씨년스럽다. 일연은 어떡해서든 팔만대장경을 다시 만들어 일으켜 세워야겠다는 결심을 굳힌다.

언젠가 저 석등에 불을 밝히며 조국의 통일과 평화를 발원할 날이 있겠지 하면서 떼져 날아가는 겨울 철새들의 군무를 본다. 서산에 해 그림자가 길게 드리워졌을 무렵 일연 일행은 바람 부는 팔공산 기슭을 돌아내려 선사의 보금자리로 돌아갔다.

[참고문헌 : 《삼국유사》 권5 의해]

3) 《중편조동오위(重編曺洞五位)》

고려 고종 43년(1256). 일연이 남해의 윤산(輪山)의 길상암에 머물면서 그 동안의 조동오위에 대한 그릇된 풀이나 관점을 바로 잡으려고 지은 것이 《중편조동오위》 다. 여기에는 그의 선사상과 역사의식도 찾아볼 수 있다.

《중편조동오위(重編曺洞五位)》란 일연 선사가 조동오위를 새롭게 고쳐 쓴 책이다. 그럼 '조동오위'란 무엇인가. 선종 계통의 선승들이 가장 기본적이고 중요한 교리 가운데 하나로서 수도자가 닦아야 할 다섯 가지의 정(正)과 편(偏)의 모습을 이른다. 중국의 선승 동산양개(洞山良价)가 주창하여 편정오위설(偏正五位說)이라 한다. 일연을 따르던 무극이 중편조동오위에 대하여 물었다.

"《중편조동오위(重編曺洞五位)》의 두드러진 특징은 무엇입니까?"

"다섯 가지로 간추릴 수 있을 거야. 동산화상의 가르침이 세월이 지나면서 어지러워지거나 끊길 처지에 놓였음이네. 그 동안 풀이가 너무 어렵다는 점을 들 수 있을 거야. 그래서 노겸 화상이 당시에 유행하던 송본(宋本)을 가지고 다시 풀이하여 간행한 것이지. 이 또한 보태야 할 점이 많다고 보이더라고. "

"그럼 노겸본에 스님의 풀이를 아우른 것이라고 보면 되겠습니까?"

"그런 셈이지."

"흔히 조동오위라고도 하거든요. 이건 또 어떻게 된 겁니까?

"조산의 편정오위와 동산의 오위현결을 합한 거지."

"스승님! 정과 편을 어떻게 비유하여 풀이할 수 있을까요?

"글쎄. 군신 관계로 비유할 수 있겠나? 정은 다분히 주종 관계의 주이고, 편은 주종 관계의 종이라고 보면 좋지."

머리를 갸우뚱하며 다시 풀이하는 선사의 소리는 좀 가라앉는 듯했다.

"편중지라 함은 현실 속에서 진리에 이르는 것이야. 정중래(正中來)가 정의 한 쪽만 추구하는 것이라고 하면, 편중지는 편의 한 쪽으로만 추구하는 셈이지. 정반합의 경우처럼 편정(偏正)이 서로 조화로운 경지에 이르게 됨을 말하고자 하는 것이야. 군왕과 신하가 서로 조화로워야 백성들이 편안하게 살 것 아닌가?"

옆에서 듣고 있던 중썰한 선승이 나서며 조산 본적에 대하여 묻는다.

"동산화상의 편정 오위를 간추리면 어떻게 할 수 있겠습니까?"

"보통 사람의 생각과 성인의 생각이 뚫린 대롱과 같아. 모름지기 그것을 열린 상태로 통하면 그만이야. 말 속에 말이 없고 말 없는 가운데 말이 있는 거지."

일연의 설명은 다시 이어졌다.

"말씀 한 구절 한 구절이 모두가 뼈 속까지 사무치네. 말씀은 아주 짧지만 그 속내는 깊어 하늘과 같고 바다가 넓지 않을 정도라 하겠지. 번뇌의 바다를 벗어나 신령스러운 구슬을 얻으려면 글을 잘 생각하여 보며 맑은 거울이 사람을 비추듯이 살피면 되네."

"알겠습니다. 스승님께서 풀이하시는 편중지의 편은 세상에 일어나는 여러 가지 현상을 이르는 것인가요?"

"그렇지. 진리란 어느 곳에나 다 드러나 있게 마련이야. 다만 어떤 현상만을 보아서는 안 되고 본질을 꿰뚫어 보도록 하는 수행을 할 필요가 있어요."

"또 겸중지란 무엇입니까?"

"좀 복잡한가? 겸중지란 주관과 객관, 곧 정중편과 편중정이 서로 어우러지는 조화로운 진리의 상태를 이르는 말이야. 자연 상태의 조화로움이라고나 할까?"

묻고 대답하는 사이에 점심 공양이 들어왔다. 공양을 하고 다를 마시고는 삼삼오오 모여 앉아 갸우뚱거리며 알듯 모를 듯한 대선사의 말씀을 서로가 이야기하는 수군거림으로 어수선해진다.

그럼 일연 대선사가 이른 군신관계로 비유함은 우리 시대와는 어떤 관계가 있는가에 대하여도 궁금한 점이 많아 보인다. 처음부터 무언가 궁금증이 많아 보이는 젊은 학승이 퉁명 맞은 듯한 소리로 묻는다.

"큰스님! 지금 말씀하시고 풀이하신 것과 우리가 처한 참담한 현실과는 어떻게 관계를 지을 수가 있겠습니까?"

"나라와 겨레가 어려움을 당한 지금 귀족과 평민이 따로 없고 임금과 신하가 따로 있다면 말이 될까요? 모두가 하나 됨의 마음으로 이 어려움을 이겨나

가야 된다고 보오."

"그럼 이제 저희들은 동산양개 화상과 조산본적 화상을 떠올려 당시의 선승들과 묻고 대답하던 장면을 돌이켜 보도록 하겠습니다. 어떻습니까?"

"그래, 그게 좋겠소."

일연은 흔쾌하게 동의했다. 진리 앞에서 모두는 다 평등하니까.

[참고문헌 : 《중편조동오위》]

4) 조산과의 대화

신라 헌덕왕 16년(824). 명상 중에 일연 선사가 조산화상에게 오위군신지결(五位君臣旨訣)에 대하여 물었다.

"스님! 오위군신지결에 대하여 좀 더 알기 쉽게 말씀해 주실 수 있습니까? 저의 머리 속은 짙은 안개와 같습니다. 오리무중입니다."

"그래. 내가 뭘 잘못 이야기한 건 아니오?"

조산이 좀 더 느긋한 몸가짐으로 일연을 돌아보며 말씀하기 시작했다.

"정위(正位)란 잘 보이지 않는 공계(空界) 곧 주관적인 생각이라 할까. 말로는 잘 드러낼 수도 없고 논리로도 잘 풀이할 수도 없는 본디 아무것도 없는 비어있음이오. 한편 편위(偏位)란 눈으로 잘 보이는 색계(色界) 곧 사물의 세계로서 객관적인 삼라만상의 드러남이라 할 수 있소."

이야기를 듣던 일연은 뭔가 용어를 정리할 필요가 있었다.

"그럼 정중편(正中偏)과 편중정(偏中正), 그리고 겸대(兼帶)란 또 무엇인가요? 주관과 객관이 함께 잘 어울린 상태를 이르는 것입니까?"

"내공을 많이 쌓으셨구먼. 정중편(正中偏)은 보이지 않는 진리를 통해서 현상의 세계를 파악해 나아가는 것이오. 편중정(偏中正)이란 거꾸로 현상의 관점에서 진리를 이해하는 것이랍니다. 겸대(兼帶)란 그윽한 진리가 온갖 현상의 사물에 드러나는 것으로서 온갖 갈래〔諸有〕로 적용되지 않는 것이오. 해서 더럽힘이 있거나 깨끗함이 있거나 올바르다 혹은 치우친다든가 하지 않는 것이라 할 수 있소. 마침내 겸대는 그윽하고 열린 큰 도리로서 어떤 이론에도 연연하지 않소. 예로부터 선사들은 이 겸대위(兼帶位)를 통하여 가장 오묘하고 가장 그윽한 것으로 삼았다. 그러니 모름지기 자세히 살펴 알아야 할 것이다."

함께 따라온 무극이 다시 정리하듯이 묻는다.

"하면 군신과의 비유로 다시 한 번 말씀해 주실 수 있겠습니까?"

"오위를 각각 군왕과 신하의 관계로 비유하면 이렇습니다. 임금이 정위라면 신하는 편위며, 신하가 임금을 모시는 것은 편중정이고, 임금이 신하를 향해 명령하고 다스리는 것은 정중편이며, 임금과 신하가 함께 마음을 합하여 나라를 이끌어 감은 겸대어라고 보면 좋지요."

이번엔 일연의 상좌라 할 선린이 나섰다.

"여기에서 임금이란 무엇을 말하는 겁니까?"

"덕이 오묘하여 하늘처럼 드높고 위엄이 높기로는 허공과 같이 밝은 것이오."

"또 신하란 무엇을 말하는 겁니까?"

"슬기로워 임금의 덕을 크게 드날려 올바르게 많은 중생을 이롭게 하는 것이 신하요."

"신하가 임금을 떠받드는 건 무엇을 뜻하는 겁니까?"

"온갖 다른 것을 돌아보지 않고 오로지 임금만을 정성껏 모시는 것이오."

"하면, 임금이 신하를 향해 명령을 내리고 보살펴주는 것이란 무엇을 말하는 겁니까? 그럼 유교와 같습니까?"

"임금의 그윽한 모습은 누구에게나 그 덕화가 결코 치우치지 않는 것이오. 이 길에 유불이 따로 있겠소?"

"임금과 신하가 함께 의기투합하여 정사를 펼치는 것이란 무엇을 말하는 겁니까?"

조산이 조용하고 힘 있게 설명한다.

"서로가 하나가 되어 평화롭게 융합하여 상하가 평등한 것이오. 여기에서 말하는 임금과 신하, 그리고 진리〔正位〕와 현상〔偏位〕 등이 서로 어울리고 서로 기워주는 상호작용이 결코 중도를 범하려는 것은 아니오. 때문에 신하가 임금을 뭐라 하더라도 임금의 말에 등 돌리지 않는 것이 바른 길이오. 이것이 우리 도풍의 뿌리지요."

여기 조산화상은 조산본적을 말한다. 화상은 동산양개(洞山良价)의 제자로서 스승의 선맥을 튼실하게 이으면서도 나름대로의 그 깊이를 더하여 그의 사상이 널리 알려졌다. 그러므로 조산본적과 동산양개의 선풍을 일러 조동종(曺洞宗)이라 하였다. 조산본적은 달리 조산탐장(曺山耽章)이라고도 불렀다. 죽은 뒤 시호를 따라서 조산원증선사(曹山元證禪師)라고 알려진 선승이다. 《전등록(傳燈錄)》과 《오등회원(五燈會元)》 등에 그의 행장이 전한다. 《조산어록(曺山語錄)》은 조산의 법문을 중심으로 그의 언행을 적은 책이다.

특히 그의 스승이던 동산양개의 「오위현결(五位顯訣)」에 풀이와 주를 더하고, 나아가서 오위의 다섯 항목에 찬시라고 할 게송을 붙인 '축위송(逐位頌)'과 '오위지결(五位旨訣)'은 조동오위의 교의에 중요한 의미를 드러냈다.

이제 《조산어록》에서 화상의 선사상을 맛볼 수 있는 것을 나름대로 가려서 문하생들과 대화 속으로 들어가 보고자 한다. 하루는 조포납(稠布衲)이라는 제자가 뜬금없이 찾아와서 안부하고 나서는 찬 한 잔을 들면서 평소 궁금하였던 선맥에 대한 물음으로 시작한다.

"스님! 선법을 잘 지키려면 세 가지를 주의하라 이르셨는데 좀 더 자세한 가르침을 받고 싶습니다."

조산본적이 별 것 아니라는 듯이 설명한다.

"보통 사람과 거룩한 성현의 생각이 서로 소통하는 그윽한 길이다. 조사 스님들의 밝은 가르침을 올바르게 이으려는 게 정명식(正命食)이요, 모름지기 세 가지 종류에 떨어짐을 주의하는 것〔三種墮〕을 갖추면 되네. 첫째, 짐승의 털을 뒤집어쓰고 뿔을 받아 태어나니 곧 짐승으로 태어나는 것이다〔披毛戴角〕. 둘째, 소리와 색깔 같은 오관의 세계를 뛰어 넘지 못하는 것이다〔不斷聲色〕. 셋째, 음식을 받아먹지 못하는 것이니 이르자면 나한이 되지 못하는 것이다〔不受食〕."

그 때 옆에서 듣고 있던 일연이 물었다.

"짐승의 털을 뒤집어쓴다 함은 어디로 떨어짐을 주의하라는 것입니까?"

"그것은 사생육도(四生六道) 짐승의 갈래로 떨어지는 것을 주의하라는 것이다, 이를 유타(類墮)라 한다."

"부단성색(不斷聲色)이란 어디로 떨어짐을 주의하라는 겁니까?"

"외부 대상의 경계에 따라서 가는 것이다. 이를 수타(隨墮)라 한다."

"그럼 불수식(不受食)이란 어디로 떨어지는 것을 주의하라는 겁니까?"

"자신의 존귀함을 추구하는 것이다."

"스님! 명심하겠습니다."

무엇인가 홍얼거리며 조산은 자신의 생각을 한 수의 시로써 읊조리기 시작한다.

참된 도인이라면 모름지기 먼저 자기 가풍의 종지를 알 일
진리와 잡된 것을 뒤섞이게 해서는 더욱 안 될 일인 것을.
괜스레 이상한 진리를 찾으려는 것은 도리어 어둠의 세계라
인연이 찾아오면 만날 뿐 중도를 이렇다 저렇다 하지 말라.
한 말은 떠벌리지 말고, 행동은 조용하게 옛 사람같이 하라.
주관도 없고 객관도 없음은 분별을 뛰어넘는 것이라
나그네도 주인도 없음은 도리어 주객의 분별에 떨어지느니.

일연은 그 동안 궁금했던 바를 문답을 통하여 어느 정도 정리가 되었다. 무엇보다도 정중편과 편중지, 겸대어와 원효성사의 화쟁을 잘만 연결하면 이음고리를 지을 수 있으리라는 생각을 굳히게 된 것이 기뻤다.

[참고문헌 : 《중편조동오위》]

5) 대장낙성회의 주맹

일연은 수행 정진하는 참선의 틈을 내어 대장경을 읽고 이에 대한 선배 스님들의 풀이와 연구를 속속들이 적고 생각하고 서책을 두루 익혔다. 유교의 서책까지도 게을리하지 않았다. 고려 원종 9년(1268)에는 16년에 걸친 대장경의 완성을 기념하는 법회, 대장낙성회가 왕명으로 운해사(雲海寺)에서 열렸다.[40] 그 자리에 대선사 일연은 주도적인 역할을 맡은 주맹이 되어 선종과 교종의 학덕이 높은 스님 100명을 초청하여 낮에는 대장경을 읽고 밤에는 불교

의 교의에 대한 토론회를 열었다. 강화도에서 대장경 조성에 온 힘을 기울였던 수기(守其) 승통도 한 자리에 모였다.

교종과 선종의 사사건건 모든 일마다 반목 대립하는 일이 얼마나 많았던가. 교종을 가늠하는 화엄종의 한 수좌(首座)는 일연 선사가 주맹이 됐다는 점을 이해할 수 없다는 듯 나선다. 일연에게,

"큰스님! 이 번 낙성회에 주맹을 맡으셨는데 이거 또 한 번 우리 화엄종을 누르려는 것은 아닙니까?"

"오해가 있으신 것 같은데 그 이야기는 나중에 말씀 나누기로 하고 먼저 대장경 낙성회 진행에 대한 담론을 합시다."

"큰스님! 주맹으로 마치 대장경을 만든 것을 선종의 업적으로 하려는 뜻은 없는지를 먼저 밝혀 주시기 바랍니다. 아니면 저희들 화엄 문도들은 다 가겠습니다."

"수좌 스님! 말씀을 잘 알겠습니다. 나라 안팎이 많이 어려운 가운데 있습니다. 우리가 하나 되는 모습으로 지치고 병든 중생들의 마음을 위로하고 왕생극락의 꿈을 불러일으켜야 되지 않겠습니까?"

"참고로 백운거사의 군신 기고문을 읽도록 하겠습니다."

낙성회의 부제를 맡은 선사가 조심스레 나와서 기고문을 읽어 내려간다.

"큰 보배가 없어졌는데 힘들다고 어찌 다시 만드는 일을 꺼리겠습니까? 큰 서원을 발하여 관청에 담당을 두고 시작하려 합니다. 원하옵건대, 부처님과 천신들은 간곡한 정성을 굽어 살펴 주시옵소서. 신통한 힘을 빌려 오랑캐들을 멀리 쫓아내어 우리 국토를 밟는 일이 없게 해 주시고 정권 다툼이 그치어 나라가 편안하게 백성의 행복이 만세토록 유지되게 해 주십시오."

일연 대선사가 다시 조용한 소리로 말하며 사람들을 바라본다.

"앞으로 제가 낙성회를 진행함에 있어 조금이라도 저의 편만을 드는 부당한 일이 있을 때에는 거리낌 없이 말씀해 주시오. 부처님 앞에 부끄러운 일이 있다고 판단되면 제 자리를 내 놓겠습니다. 되었습니까? 우리 서로의 생각을 떠

40) 팔공산의 영천 은해사를 일명 운해사라고도 한다. 이곳이 일연 국사가 대장낙성회를 열었던 곳인지는 확실하지 않다. 일설에는 황해도라고도 한다.

나서 원효 스님의 화쟁으로 돌아가 이 나라와 겨레에 보답하는 마음으로 이번 낙성회를 기점으로 우리 불교계가 좀 더 대승적으로 하나가 되었으면 참 좋겠습니다. 이게 바로 정중편이 아니겠습니까?"

"승통 스님! 한 말씀 해 주시지요."

뒤에 아무 말도 없이 있던 대장도감의 총책임을 맡았던 화엄종의 수기스님이 조용하고 나지막한 소리로 설명을 한다.

"대선사님의 말씀이 전적으로 옳다고 봅니다. 나라와 겨레가 이 지경이 된 것도 다 우리 불자들 탓이 크다고 생각합니다. 나라가 다 송두리째 빼앗기게 된 마당에 교종이다 선종이다가 무슨 의미가 있겠습니까? 대장경을 일연스님의 절대적인 지도와 도움으로 16년만에 이루어졌고 마무리를 대선사께서 해 주시니 정말 이런 큰 행복이 어디 있겠습니까? 실질적인 대장경판의 조성 작업은 남해 분사도감에서 이루어졌다. 증의 과정에 정성껏 책임을 맡으셨던 일연 대선사님 공덕의 열매였습니다. 일연 대선사님의 훈도와 편달이 없었다면 이 대장경은 없었습니다. 우리 이번 참에 마음을 열고 우리가 확연하게 잘 몰랐던 장경에 대하여, 서로 다른 생각을 털어 놓는 계기가 된다면 좋겠습니다."

실로 놀라운 발언이었다. 어떻게 저리도 종파가 다른 지도자에 대하여 인정하고 마음을 열어놓고 이야기할 수가 있겠는가. 회중에 모인 고승대덕들도 더 이상 낙성회에 일연이 주맹을 맡은 점에 대하여 아무도 토를 달지 않았다. 그것은 화엄의 승통이고 누구보다도 대장경 조성에 대하여 너무나 잘 아는 수기 스님이 저렇게 나오니 그 이상의 논쟁은 뱀 그림에 발이었다.

[참고문헌 : 《보각국사비첩》]

6) 《삼국유사》 담론

깊어 가는 가을 밤 귀뚜리 소리를 벗하면서 일연은 불을 켜놓고 골똘하게 생각에 잠겨 있다가 붓을 들었다 놓았다. 고개를 갸우뚱하며 거침없이 글을 써 내려간다. 쓰던 책을 덮고는 두 손으로 합장한다. 겉장에는 《삼국유사》라는 글씨를 써내려 간다. 인각사의 새벽이 오고 있었다. 학소대의 물소리가 더욱 크게 들렸다 끊였다 하면서, 메아리치는 물소리와 새소리가 어우러진다.

아침 예불을 알리는 범종 소리가 골짜기에 울려 퍼지고, 아침 법문은 없었다. 일연 선사는 방으로 들어가고 몇몇 상좌들과 선승들이 공양을 준비하느라 바쁜 보살들과 간간히 인사를 주고받는 듯 다시 절간의 아침은 고요했다.

고려 25대 충렬왕 10년(1284). 한가위를 앞두고 《삼국유사》에 대하여 자유롭게 묻고 답하는 자유토론이 있는 날이었다. 수태사와 부계 삼존석불의 암자에서 선산 도리사에서 은해사와 동화사와 부인사에서 선승들이 몰려 왔다. 비슬산의 인홍사와 용천사의 선승들도 보이고 운문사에서도 왔다. 점심과 다 공양이 끝났다. 다소 부산한 모습이다. 도대체 《삼국유사》가 어떤 내용을 담고 있는가를 궁금하게 생각하는 스님들이며 김부식의 《삼국사기》에 조예를 지닌 선비들도 상당수 자리에 보였다. 그 가운데는 어디 한판 붙어보자고 벼르는 사람들도 있었다. 인각사에서 학덕이 높고 평소 일연과는 교분이 깊은 산립이 말문을 연다.

“큰스님 하면《삼국유사》가 떠오릅니다. 그만치 우리 고대의 역사, 지리, 언어, 문학, 민속, 종교, 미술 등에 관한 많은 이야기를 실었고, 고대 자료의 원형을 그대로 실었기 때문이라고 생각됩니다. 국사로서, 그것도 엄청스레 큰 전란을 겪으면서도 이 책을 쓰신 이유가 무엇입니까?”

“그 땐 참말로 어려운 시절이었지. 침략자들의 사나운 칼날에 우리들의 목숨은 가을바람에 낙엽이라. 굶주리고 짓밟히고 겁탈당하고 임금도 굽실굽실이거 나라꼴이 말이 아니었지. 가장 무서운 건 좌절과 용기와 희망을 잃어간다 이거지. 잠시 우리의 역사에서 엄청난 시련을 겪고 있을 뿐 호랑이한테 물려가도 정신은 차리자는 이야기를 힘주어 하고 싶었네. 우리는 하늘이 내린 백성이며 단군 할아버지의 한 겨레라는 걸 강조하여 사람들에게 전달하고 싶었네. 지난 일을 생각하면서 앞으로의 힘을 기르자는 것 아니겠나?“

“피바람 속에서도 역사에 길이 남을 불후의 보물을 남겨주신 점, 뭐라 고마운 말씀을 드려야 할지 모르겠습니다. 그런데 왜 역사의 사(史)를 안 쓰고 굳이 ‘유사(遺事)’라 한 건 왜 그렇습니까?”

“훌륭한 물음이라. 사(事)란 기전체(紀傳體)의 형식과 내용이 주는 틀에서 벗어나 내가 듣고 느끼고 본 역사를 써 보려고 했던 것이라. 또 이미 《삼국사기》나 《해동고승전》 등 역사서와 전기가 있었지만 우리 겨레의 민족정기를 깁고 보태어 쓴다는 뜻도 있었지."

"《삼국유사》에는 바로 극락으로 가기도 하고 용왕이 등장해서 일을 벌이는 이상한 이야기가 많습니다. 어떤 사람들은 큰스님이 세상 사람들을 속인다고 합니다. 안타깝습니다. 이렇게 신비하고 이상한 이야기가 많이 있는 건 왜 그렇습니까?"

"삶이란 사실을 뛰어넘는 게 있다네. 누구나 이해할 수 있는 이야기를 쓰는 건 좋지만 자기가 모른다고 하여 왕따 시키는 건 그르다고 보네. 신비스런 전설에는 사실인가 아닌가를 떠나 그 때 그 시절 사람들의 눈높이로 사실들을 담고 있네. 호랑이 담배 먹던 시절에는 그 나름대로의 이야기 하는 방식이 다른 걸 가지고 그 게 왜 다르냐고 하는 건 오히려 역사를 그르치는 거지."

한참 묻고 대답하는 가운데 해양 보림사에서 왔다는 남도 선승이 불쑥 나타나 말을 가로채 묻는다. 어색한 얼굴로 좀 못마땅한 표정이다.

"《삼국유사》는 신라 서라벌의 얘기가 많습니다. 그래 어떤 이는 '신라 유사'가 아니냐고 비판을 하기도 합니다. 큰스님의 이야기를 듣고 싶습니다. 좀 불만입니다."

"《삼국유사》를 쓰겠다는 생각은 20대부터였소. 그래 인연 따라 이곳저곳 절을 옮길 때마다 많은 곳을 답사하곤 했소. 이런 저런 유적과 유물은 물론 마을 사람들의 이야기에 귀를 기울였소. 그러나 내가 살아온 때는 이미 고구려와 백제가 이 땅에서 사라진 지 어언 600여 차례의 봄가을이 지나 자료도 많지 않았고 특히 옛 고구려와 백제 땅에는 그리 갈 일이 많지 않았소. 아쉬운 일이지요. 다음 기회에 보완하도록 할 것이오. 아주 좋은 물음인데……."

"큰스님께서 20대부터 꿈꾸어 온 일을 80대에 마무리했다면 정말 많은 곳을 다니셨을 텐데 가장 기억에 남는 일은 무엇입니까?"

"굳이 꼽는다면 황룡사지. 비슬산 시절에 보았던 황룡사에서 이 땅이 바로 부처님께서 나타나신 극락이라는 생각을 했소만 훗날 갔을 때는 몽골군들이 불을 싸질러 잿더미가 되었지. 그 안타까움과 슬픔을 어찌 말로 다 하겠소?

힘을 길러야 된다 이거지요.”

“《삼국유사》에는 많은 고승대덕들이 나옵니다. 그런데 딱히 원효(元曉) 스님에게만 성사(聖師)라고 쓰신 이유가 있습니까? 행여 고향이 같기 때문은 아닌가요?

“어허, 그럴 리가. 성사께서는 제왕의 불교를 평민의 불교로, 내생을 현세로, 산림을 세간으로, 출가를 재가로도 전파시키셨지요. 생활은 가장 중요한 화두지요. 생활 불교에 관심이 있다면 성사를 어찌 본으로 삼지 않을 수 있겠소. 그러나 성사의 뛰어난 점만 남기려 했던 것은 아니오. 오어사의 전설에서 성사는 혜공스님의 도력에 미치지 못했고 의상법사는 관세음보살을 친견했지만 성사께서는 뵙지 못했다는 이야기도 있소. 법을 말함에 있어 어찌 구구한 감정이 있을 수가 있겠소?”

보림사 선승 옆에서 눈을 지그시 감고 듣던 선승이 눈을 뜨며 묻는다.

“어려운 사람들 이야기를 주로 다룬 이유라도 있는지요? 《삼국유사》에는 굶주린 처지에서도 늙으신 어머니를 위해 아이를 묻으려고 하거나, 짚신을 엮어 사는 사람, 주인보다 계집종이 먼저 극락으로 간다는 이야기며, 한겨울에 길거리에 나앉은 가난한 사람들의 얘기가 많이 나오지요?”

“나는 단순히 힘들고 지친 삶 자체를 그리려 하지 않았어요. 거기서 나는 가슴 찐한 공감을 느꼈기 때문이요. 그게 바로 믿음과 효선이지요. 행복이란 잘 먹고 잘 입는 데서 오는 게 아니라 사람다움을 잃지 않고 믿음을 지킴에 있다고 보오.”

“큰스님께서는 78세에 국존(國尊)으로 책봉되셨음에도 고향의 어머니를 모시겠다며 내려오셨습니다. 어차피 출가자의 신분인 바에 세속에 너무 연연하신 것은 아닌가요?”

“가슴 아픈 일이오. 나의 어머니는 열아홉에 날 낳으신 뒤 70여년을 홀로 사셨지요. 아홉 살 때 어머니 손을 부여잡고 울며불며 헤어진 뒤로 한 순간이나마 그 분을 잊을 수 없었어요. 그러나 나는 출가자였기에 가까이 모실 수가 없었소. 불효자였지요. 그래 마지막이나마 구순이 넘고 옴병이 드신 어머니를 누가 있어 모시려고 했겠소? 그 때가 내 평생 가장 행복한 시간이었어요. 효심과 불심은 하나지요."

자리에서 흐느끼는 소리가 난다. 시자가 가져온 물을 한 모금 마시고 모인 사람들 가운데 산문이 다른 동화사의 한 선승이 앞으로 나와 두 손으로 읍하면서 묻기 시작한다. 선사는 조금 목이 마른 듯 다시 물을 마신다.

"재 너머 동화사에 있습니다. 큰스님께서는 도의국사의 법통을 이은 가지산문 스님이신데 조동선의 맥을 잇는 《중편조동오위》를 쓰셨는데 얼핏 이해가 가지 않습니다."

"말씀인즉 그렇게 볼 수 있겠네요. 법을 너무 형식에 가두지 않음이 좋다고 봅니다. 서울로 가는 길도 여러 개가 있듯 수행 정진 하는 길도 그렇다고 보오."

"그렇지만, 《삼국유사》에 도의국사 같은 구산선문을 열었던 선사 등에 대한 언급을 찾기가 어렵습니다. 큰스님께서도 같은 선사이시면서요? 좀 이상합니다."

"내가 이상한 사람인가요? (허허) 선사님들의 행적이야 두말할 나위가 없겠지만 당시 선(禪)은 민중들 속에 깊이 자리 잡지 못했지요. 하지만 범일 국사가 정취보살을 만난 얘기는 세인들이 많이 이야기했던 만큼 《삼국유사》에 실었소. 나는 선맥에 대한 것은 다른 기회에 내 생각을 정리하려 했소. 그러고 이렇게 해야 선종과 교종이 하나 되는 게 아닐까요?

"큰스님께서는 남해 정림사에서 팔만대장경 조성 사업에 힘쓰셨다고 들었습니다. 어떤 계기로 참여하게 되셨나요?"

"내 이야기만 하려니 재미가 점점 없어집니다. 대장경 사업은 부처님의 말씀으로 백성의 갈라지고 상처받은 마음을 추스르는 일이었어요. 구천을 떠도는 원혼들도 달랠 겸 함께 하고 싶었습니다. 마침 정안(鄭晏) 거사께서 남해 정림사로 와서 함께 장경 사업을 해보자 하기에 갔었지요. 그곳 분사도감에서 대장경 조성에 참여했소. 거사께서는 사재를 들여 절을 만들고 간행 사업에 드는 판각 비용의 반을 댈 정도로 믿음이 깊으셨소. (감회에 젖는다.) 거기서 한 2년 있으려 한 게 10년 남짓 있었어요. 너무 교종의 판각만을 중심으로 한 것도 마음에 걸렸고요. 어느 종파나 좋은 점이 다 있지 않습니까?"

뒤에 듣고만 있던 유건을 쓴 한 선비가 앞으로 나오면서 다소 격앙된 목소리로 묻는다. 단단히 벼르고 온 것 같은 분위기다. 목소리에 날이 서 있다.

"안동에서 온 서생입니다. 잘 들었습니다. 스님께서는 어디에서도 들어 본 적이 없는 단군 이야기를 적고 있습니다. 당장 《삼국사기》에도 없잖아요? 어떻게 곰이 사람으로 된다 이겁니까? 대체 어찌된 겁니까? 그러면 우리가 곰의 새끼들이라 이겁니까?"

"선비 말에 일리가 있는 듯하오. 김부식 선생께서 지으신 《삼국사기》와 틀리지 않느냐 그건데. 그렇지요. 이 어려움을 당한 백성들이 자존감을 잃고 헤매는 것이 너무도 안타까워 어디 좀 시원한 이야기 감이 없나 하여 옛날 기록을 찾아보았어요. 마침 《고기》와 《위서》에 단군과 관련한 기록을 보고 처음엔 나도 선비처럼 허무맹랑하다고 생각했어요. 돌이켜 보면서 다른 나라에서도 그런 건국 신화가 있는 걸 알게 됐어요. 중국의 여와 이야기는 본 적 있는지 모르겠어요? 그러면 선비! 중국은 되고 우린 안 되나요?"

"……그러면 김부식 선생의 사기가 틀렸다 이겁니까? 이거 너무 한 것 아닙니까?

"보는 관점의 차이로 봐야 되겠지요. 같은 부모에게서 태어난 형제라도 모양도 다를 수 있잖소? 나와 같이 수행을 하는 이들은 더 많은 사람들, 그 가운데도 어렵고 삶에 지친 백성들의 삶을 북돋우고 영혼을 달래어 세상을 조금은 따듯하고 밝게 할 책임이 있다고 보는 겁니다. 근거 자료가 전혀 없는 것도 아닌데 말이요. 어렵고 힘든 이 사람들이 우리들의 수행해야 할 도량입니다. 유교에서 제사상 차리는 데도 주자 가례 혹은 정자 가례를 택하는 건 집안마다 다르지요. 그래 가가례라는 말도 있잖아요. 어떻소? 잘 생각해 봅시다."

"…… 알겠습니다. 고맙습니다."

"앞으로 《삼국유사》의 간행 계획은 어떻게 됩니까?"

조용하게 있던 무극이 나선다. 지금으로서 여러 가지 여건이 마땅하지가 않아 간행은 어려울 듯합니다. 나라가 안정이 되고 좀 더 고치고 보태서 국사님께 상의 드려 간행할 요량입니다. 양해 말씀드립니다. 이는 국사님의 뜻이기도 합니다."

"큰스님이 없으셨다면 우리 역사의 뿌리를 송두리째 몰랐을 겁니다. 우리 겨레의 자존심을 되살리고 용기를 불어 넣는 길에 나와 남이 있을 수가 없습니다. 나라가 어려움을 겪었던 만큼 하나 된 마음으로 우리의 도량을 지키고 이 강산에 홍익의 꿈을 연꽃으로 피워 낼 때 그 곳은 우리들의 극락이 될 것입니다. 고맙습니다."

산립의 마무리 이야기로《삼국유사》담론은 끝이 났다. 점심 공양을 마친 선승들은 고개를 넘어 구름처럼 흩어져 갔다.

[참고문헌 :《보각국사비첩》]

5. 문학적 상상력

1) 하룻밤 쉬어 가오

법종골 남사(南寺)를 다다르기까지는 아직 조금 더 가야 했다. 하지만 달이 밝으니 오히려 제격이 아닌가. 일연 일행은 사자바위가 바라다 보이는 산마루에서 쉬어가기로 하였다.

산 아래에서 저녁 공양도 하였거니 이제 절에 가는 건 식은 죽 먹기였다. 바로 옆의 연못에는 달이 비치니 일연은 절로 흥에 겨워 노래 한 수를 읊었다.[41]

골짜기 어두운데 어디서 오는가.
창가에 자리 보아 하룻밤 쉬어 가시오.
밤은 이슥한데 백팔염주 굴리고 또 굴리니
다만 시끄러워 손님의 잠을 깨울까 두렵소.

시자가 아예 이야기에 재미를 들렸는가 보다.

---

41)《삼국유사》권4 탑상 참조.

"큰스님! 누굴 보고 쉬어가라며 백팔염주는 왜 자꾸 굴리나요? 무슨 번뇌가 있었습니까?"

"갑자기 나타난 관음보살이시고 한밤 중에 젊은 여인네가 절에 와서 함께 자고 가자고 하니 고민이 될 밖에. 무극 스님 사설을 풀어 보시게나."

"예, 스승님! 시자, 잘 들으시게."

신라 성덕왕 8년(709)이었다. 부득과 박박은 백월산 무등골에 들어와 노힐부득(努肸夫得)은 미륵을, 달달박박(怛怛朴朴)은 미타를 염불하며 정진을 게을리하지 않았다. 해는 지고 어두운데 스무 살 가량의 젊은 낭자가 박박의 북암에 찾아가 자고 가기를 노래로 청하였다.

"나그네 가는 길에 날이 저물고 길은 멀어 마을도 머니 어디 가 잘꼬? 오늘 밤 암자에서 자고자 하오니 화상께서는 화 내지 마오."

"절이란 그대가 머물 곳이 못 되오니 나를 시험하지 마오."

문을 걸어 닫아 버렸다. 다시 남으로 내려가 부득을 찾아갔다. 노래로 자고 가기를 청하였으니,

"날 저문 험한 길에 인가도 없소. 솔숲은 그윽하고 냇물 소리 오히려 새롭기만하오. 자고 가기를 소원함은 길을 잃어서가 아니라오. 스님을 인도하기 위함이오. 누구냐고 묻지 마오."

부득은 어쩔 수 없다 하고 암자 안으로 들어오게 하였다. 더욱 열성으로 염불을 하며 정신을 가다듬었다. 점점 밤은 깊어 가는데 난데없이 낭자가 부득을 부르는데,

"내가 산기가 있어 그러니 짚자리를 깔고 목욕물을 마련해 주시오."

꼼짝 없이 당했다고 할 겨를도 없이 시키는 대로 하였다. 안 그러면 저 여인이 죽을지도 모르니까.

"가만히 앉아 있지 말고 나와 아이의 목욕을 시켜 주시오."

산 넘어 산이었다. 피할 길이 없는 듯했다. 낭자의 말대로 따랐다. 이윽고 통 속의 물에서 향내가 나며 금물로 바뀌는 게 아닌가. 참으로 신기한 일이었다. 아예 통 속으로 들어와 같이 목욕을 하자는 것이다. 갑자기 정신이 맑아지더니 살갗이 금색으로 변하고 어디선가 연화대가 만들어져 거기에 앉기를

권하였다.

"나는 관음보살이오. 대사를 돕기 위함이니 성불을 하신 것이오."

박박은 궁금하였다. 틀림없이 저 부득이 엉뚱한 생각으로 수도를 그르치지나 않았을까 하면서 아침 일찍이 찾아갔다. 내 비웃어 주리라. 그런데 이게 웬일인가. 연화대 위에 미륵불이 되어 빛을 발하고 있는 게 아닌가?"

"부득스님! 앞으로 나를 인도하여 주시오. 옛정을 생각해서라도."

"통 안에 남은 물이 아직 있으니 들어가 보시오."

물이 조금 모자랐지만 미타상으로 연화대에 모셔졌는데 찾아온 사람들을 향하여 두 성인은 설법을 마치자 구름을 타고 하늘로 가버렸다.

"시자! 잘 들었느냐?"

"……."

성불을 한 듯이 시자는 조용하게 잠들어 있었다. 큰스님을 따라오던 길에 하루 종일 피곤기가 엄습한 탓이었을 것이다.

[참고문헌 : 《삼국유사》 권3 탑상]

2) 연화장의 안식

화창한 봄날이었다. 일연 일행은 경주 금강산의 도량사(道量寺)를 찾아 가는 길이었다. 평소 존경하던 원효 큰스님과 뱀보[蛇福]와의 인연이 서린 도량이 아니던가. 감개무량하다. 태어나면서 말도 못 하고 12살이 되도록 뱀처럼 기어 다니던 장애인 뱀보와 친구가 되어 지냈다는 것부터가 좀 이상하다. 자신도 모르게 일연은 절로 시 한 수가 우러나왔다.42)

조용하게 잠자는 용이 어찌 등한하랴.
떠나갈 때 부른 노래 한 곡 질박하기도 해.
괴로운 삶과 죽음도 원래 괴로움이 아니매,
가서 연화장 세계의 드넓은 곳에서 쉬네.

---

42) 《삼국유사》 권4 의해 참조.

"뱀을 용이라고 하셨나요?"

무극이 물었다.

"용이나 뱀이나 그게 그거지. 뭐."

시자가 끼어들었다.

"큰스님! 무슨 이상한 뱀 이야기입니까?"

"무극이 이야기를 해 보시겠나?"

"예. 스승님!"

이윽고 이야기가 시작되었다. 때는 신라 선덕여왕 시절. 경주의 만선북리라는 마을에 한 과부가 남편도 없이 이상스럽게 아이를 가져 낳았다. 이상하게도 나이 12살이 되도록 일어서지도 못하고 말도 못하여 뱀처럼 기어 다니니 이를 뱀보 혹은 사복(蛇福)이라 불렀다.[43)]

갑자기 뱀보의 어머니가 돌아갔다. 당시 원효는 도량사에 머무르고 있었다. 찾아온 사복을 보고 인사를 하니 사복은 못 본 체하였다.

"그대와 내가 옛날에 불경을 싣고 다니던 암소가 죽었으매 함께 장사를 지냄이 어떠하겠나?"

거두절미하고 본론만 이야기했다. 그러자고 하여 뱀보와 함께 그의 어머니의 주검 옆으로 가서 포살 수계를 주고, 명복을 빌었다.

"나지 말지어다. 죽기가 괴롭다. 죽지 말지어다. 태어나기가 괴롭다."

뱀보가 한 마디 번거로운 말이라며 퉁명스런 소리를 내뱉는다.

"죽고 사는 것이 괴롭다."

두 사람은 상여를 메고 활리산 기슭에 다다랐다. 원효가,

"지혜로운 호랑이를 지혜 숲에 묻음이 옳지 않겠나?"

사복이 답하였다.

"옛적 석가모니께서 사라수 사이에서 열반에 드셨는데 오늘 나는 연화장 세계에 들어가고자 하네."

말을 마치고 띠풀을 뽑으니 그 아래 시원하고 맑은 세계가 있으매 사람 사는 세상은 아니었다. 뱀보가 시신을 업고 그 땅으로 함께 들어가니 곧 다시

---

43) 뱀보는 사복(蛇福)이란 한자의 이두식 읽기다. 훈독과 음독으로 읽은 경우다.

합쳐져 버렸다. 원효는 돌아왔다. 시자가 궁금하였다.

"사복이 같은 장애인도 연화장 세계로 들어갈 수 있습니까?"

"그렇고 말고……."

"연화장 세계는 무덤 속에 있나요?"

"네 마음속에 있느니라."

"연꽃은 물위에 피지만 흙탕물 속에 그 뿌리를 내리지. 맑고 흐림이 따로 있는 것이 아니고 본디는 하나이지."

정상인이냐 아니면 장애인이냐가 중요한 것이 아니고 마음의 길을 닦음이 가장 앞서야 함을 보여준 것이다.

〔참고 문헌 : 《삼국유사》 권4 의해〕

3) 지는 꽃의 향기

달 밝은 호림 숲길은 가끔 부엉이 소리가 들릴 뿐 휘휘하였다. 무극과 시자 한 두 명이 일연과 함께 숲을 거닐면서 몸과 마음을 쉬고 있었다. 오늘 따라 너무나 많은 불자들이 절을 다녀갔는지 모른다. 분황사의 하루는 무척 바빴다. 사람을 많이 대한다는 건 쉬운 일이 아니었다. 앞서서 가다 일연이 독경을 하듯이 노래를 읊는다.[44]

산에서 살지만 세 오라비의 악행은 견딜 수 없어
향기로운 말 한 마디, 그 다짐을 어이 저버릴 수가
소중한 의리 몇 줄기인가. 만 번의 죽음도 가볍거니.
몸을 던져 숲속에서 지는 꽃이 되었구려.

무극이 무언가 궁금하였다.

"스승님! 세 오라비의 악행이라 하심은 누구를 이르시는 것입니까?"

"거 왜 내가 감통편에 적은 거 기억이 안 나시는 모양이네."

44) 《삼국유사》 권5 감통 참조.

"도무지 감이 오지 않습니다."

무극은 조금은 겸연쩍은 듯 말을 머뭇거린다.

"이 친구야! 세 오라비는 호낭자의 오라비들 말이지."

"예, 이제 기억이 납니다. 홍륜사 탑돌이 하고 집으로 김현을 데리고 왔을 때 했던 사연입지요?"

"그래, 이제 기억이 나시는구먼."

"여기가 바로 그 호랑이들로 하여 김현이 자기를 위하여 죽은 호낭자의 명복을 빌기 위하여 호원사(虎願寺)라는 절을 지은 곳이야."

"지금은 절터만 남아 있습니까?"

"그럼 큰스님! 어떤 이야기인데요?"

밀양서 온 시자가 귀를 쫑긋하며 이야기를 해달라고 조르는 형국이었다.

"재미 들리면 안 되는데. 아이들 보는 데 물도 못 마신다고 하잖아."

"무슨 재미있는 사연이 있사온지요?"

"무극! 자네 생각이 나는 대로 내 대신 이야기할 수 있겠나? 이야기도 자꾸 해 버릇해야 되네."

"제가요? 그럼 한 번 해 보겠습니다. 이제 우리는 신라 원성왕 때로 돌아가는 거야. 알겠지?"

"예, 알겠습니다. 스님!"

소리를 가다듬은 무극은 구성진 목소리로 이야기를 하기 시작하였다.

신라 38대 원성왕 때 홍륜사의 탑돌이를 하러 나온 김현(金現)이란 멋진 귀공자가 있었다. 밤이 깊으니 사람들은 거의 집으로 돌아갔다. 그것도 모르고 불심에 젖어 김현은 탑돌이를 하고 있는데 누군가 자신의 뒤를 따라서 탑돌이를 하고 있는 게 아닌가. 밤이 깊었는데. 얼핏 달빛에 보니 너무 아름다워 보이는 낭자였다. 한눈에 정을 느낄 수 있었다. 막 집으로 돌아가려는 참에,

"선비님! 저를 집까지 바래다 줄 수 있을까요? 사람이 많이 살지 않는 곳에 산답니다."

김현은 잘 됐다 싶었다. 그렇잖아도 좀 더 이야기도 나누고 싶었고 함께 달밝은 밤을 보내고 싶은 애틋한 그리움이 솟구쳐 오르고 있었다.

“그리 하겠습니다.”

두 사람은 눈이 맞아 손에 손을 잡고 돌아가는 길목에 숲으로 들어가 정분을 나누었다. 남녀의 정이란 게 나누면 점점 빠져들게 마련. 낭자 혼자서 이 밤중에 돌려보낼 수가 없었다. 더욱이 남자 체면에. 어느 만큼을 따라가니 외딴 숲속이었다. 낭자의 집이란다.

“선비님! 들어오셔요. 저의 어머니가 아직 주무시지 않고 저를 기다리고 계십니다.”

먼저 앞질러 들어간 낭자는 어머니한테 홍륜사에서 있었던 일을 이야기하고 남녀 간의 정을 나누었다는 사연까지도 털어놓아 버렸다.

“망할 것 같으니라고. 어떡하려고 그래. 빨리 들어오라 해라. 조금 있으면 너의 오라비들이 들어오면 무슨 일을 낼지 모른다.”

낭자를 따라서 들어가는데 낭자는 자신이 본디 호랑이라는 걸 이야기하였다.

“이것도 연분인데 이 깊은 밤에 어찌 선비님 혼자 돌아가게 할 수 있겠습니까? 조금 있으면 저희 오라비들 셋이 돌아온답니다. 조심하시고 제가 가르쳐 드릴 터이니 거기 숨어 계셔요.”

김현은 겁이 나기 시작하였다, 호랑이 굴속으로 들어온 것이다. 아니나 다를까 조금 있더니 호랑이 세 마리가 으르렁거리며 집으로 들이닥친다.

“어디서 비릿한 짐승 냄새가 나는데 꼭 사람 냄새 같은데요. 형들!”

어미 호랑이가 야단을 친다.

“무슨 쓸 데 없는 소리를 하고 있는 게냐?”

이 때 뜬금없이 하늘에서 천둥 번개가 치더니 큰 소리가 났다.

“너희들은 남의 목숨 빼앗기를 즐겨하니 너희 셋 중에 하나를 죽이겠노라.”

이 때 호낭자가 나섰다.

“오빠들은 빨리 이 자리를 피하세요. 제가 오빠들 대신 벌을 받겠습니다.”

군말 한 마디 없이 어느 사이엔가 호랑이들은 꽁지가 빠져라 하고 도망치고 없었다. 낭자는 김현을 나오라고 하면서 부탁을 한다.

“하루 밤일망정 서로가 정을 나누었으니 우리는 부부의 의리가 소중한 것입니다. 저는 어차피 갈 몸입니다. 내일 날이 밝으면 서라벌 시내가 온통 호랑이 난리가 날 터인데 임금께서 상을 걸고 저를 잡으라고 할 겁니다. 그 때 낭군께서 나오셔셔 북쪽 숲으로 오시어 저를 죽이십시오, 다른 사람에게 죽는 것보다 낭군의 손에 죽는 것이 좋지 않겠습니까?"

"어떻게 아내를 팔아서 출세를 한다는 말이오?"

"그렇지 않습니다. 제가 죽음으로써 저희 집안이 평화롭고 낭군께도 좋은 일이고, 나라 사람들의 경사가 아니겠습니까?"

말 그대로였다. 이튿날 호랑이가 나와 난동을 부리는 바람에 서라벌엔 아무도 얼씬 못하였다. 마침내 임금이 방을 내걸었다. 호랑이를 잡는 사람에게 상과 2품의 벼슬을 내리겠다고. 김현이 임금에게 나아가 자기가 해 보겠다고 하니 상과 벼슬을 먼저 주었다. 호낭자의 말대로 북쪽의 숲으로 칼을 들고 들어가니 호랑이는 낭자로 변해 있었다.

"서방님. 제가 죽거든 저를 위하여 절을 하나 지으시고 '범망경(梵網經)'을 읽어 주십시오. 그리고 저로 하여 다친 이들에게는 홍륜사의 간장을 발라 주시고 그 절의 나팔 소리를 듣게 하시면 나을 겁니다."

갑자기 김현에게 달려들어 들었던 칼을 빼앗아 자신의 목을 찌르고 죽었다. 낭자가 알려준 대로 했더니 다친 사람들이 모두 나았다. 호낭자의 소원처럼 호원사를 짓고 이 숲을 호림(虎林)이라 부르게 되었다.

시자는 나무 기둥에 기대어 새근거리며 자고 있었다. 옆에 있던 어린 시자가 흔들어 깨워 준다. 무극과 일연은 모른 체하였다. 일연이 묻는다.

"너 꿈속에서 무극 스님 이야기를 들었겠다. 많이 피곤한 게로구나."

"너무 죄송합니다. 저도 모르게 그만."

어느 사이 일연은 범망경을 외우고 있었다, 호랑이의 혼을 위하여 명복이라도 빌 듯. 달은 점점 기울어 서산을 넘고 있었고 달빛에 절간이 보이기 시작하였다. 사람으로 변한 호랑이도 사람의 의리를 중히 여기건마는, 세상은 그렇지 못하였다.

[참고문헌 : 《삼국유사》 권5 감통]

4) 손바닥을 뚫는 아픔

일연의 일행이 진주의 미타사를 찾아서 걸음을 한 지도 벌써 열흘이 넘었다. 욱면(郁面)의 일을 생각하니 그 날따라 좀 더 하심(下心)을 지니도록 힘써야 함을 다짐한 바 있다. 욱면비를 생각만 해도 절로 얼굴이 펴지는 듯. 일연은 노래를 하듯 염불을 외우듯이 시를 한 수 읊었다.[45)]

> 서쪽 이웃 옛 절에 등불도 밝은데,
> 방아 찧고 돌아오니 밤이 깊었구나.
> 염불 한 번 할 때마다
> 성불하리라 다짐하여
> 손바닥을 뚫어 노끈을 꿰매어도
> 그 아픔을 견디었네.

노래를 엿듣고 있던 시자가 고개를 갸우뚱했다.

"방아를 찧고 손바닥을 뚫는 이야기가 나오는데 그 건 무슨 까닭인가요?"

기다렸다는 듯이 무극이 나서서 이야기해 주고 싶다는 표정이었다.

"그거 간단한 이야기야. 그러나 그 속내는 정말 깊은 뜻을 풍기고 있지. 스승님! 제가 한번 이야기해 줄까요?"

"좋은 생각이야. 우리 한번 들어보자."

때는 신라 35대 경덕왕 시절이었다. 오늘날의 진주인 당시의 강주(剛州)에 불신자들이 서방정토에 대한 기원을 드리기 위하여 미타사라는 절을 세워놓고 일만여 날을 정해 놓고 기도를 올렸다. 그 지역에 살던 아간 귀진(貴珍)이라는 사람의 집에는 욱면이란 계집종이 살고 있었다.

그런데 욱면은 주인 귀진을 따라서 절에 가서 주인과 함께 스님을 따라 염불을 하였다. 귀진은 어쩐지 여종과 함께 염불을 한다는 게 마음이 편치 않았다. 귀진은 한 가지 꾀를 내었다.

---

45) 《삼국유사》 권5 감통 참조.

“욱면! 너 오늘부터 벼 두 섬을 더 줄 테니 방아를 찧고 다른 일을 보도록 해라.”

“예. 주인 나으리!”

이상한 일이었다. 어느 새 방아를 다 찧어 놓고 같은 시간에 여전하게 염불하러 나오는 것이 아닌가. 절의 뜰에 서서 스님을 따라 염불을 하곤 했다. 뿐만 아니었다. 긴 말뚝을 좌우에 박아놓고 두 손바닥을 뚫어서 새끼줄로 꿴 다음 합장을 하며 손을 좌우로 흔들어 염불을 하였다.

이윽고 하늘에서부터 소리가 났다.

“욱면낭은 법당에 들어가 염불을 하라.”

얼마만큼의 시간이 흘렀을까. 서녘 하늘에서 음악 소리가 나면서 욱면이 지붕 위로 솟아올라 서쪽들에 가서 육신을 버리고 참다운 모습으로 연화대에 앉아서 빛을 발하며 천천히 가는데 음악 소리가 끊이지 않았다. 왕생극락을 한 것이다. 성불을 한 것이었다.

“그럼, 계집 종 같은 사람들도 성불을 할 수 있겠네요?”

시자는 신기한 듯 눈을 반짝이며 다가 왔다.

“그래 그거야. 부처님 앞에서는 빈부귀천이 따로 없다.”

일연이 큰 소리로 자신도 모르게 소리를 높였다.

“예, 큰스님!”

왕과 신하의 씨가 따로 없듯이 부처님 앞에서는 부자와 거지의 차이가 없는 평등한 세상을 꿈꾸는 큰스님의 생각이 드러난 이야기다. 시자는 신이 나 있었다.

[참고문헌 : 《삼국유사》 권5 감통]

5) 꽃비가 내리던 날

사람의 일생은 짧으나 그의 행적은 오래 남는다. 그렇다. 오늘 따라 금강산의 백률사를 찾아가는 일연의 일행은 옷깃을 여미며 염불하는 마음이었다. 꽃비가 눈처럼 쏟아져 내리고 나무가 부러지고 원숭이들이 떼 지어 울어댔던 그 정경을 떠올렸다. 보시가 아무리 크다 한들 목숨을 바치는 데서 더한 것이 있

으랴. 일연의 마음 한 가운데로부터 샘솟아 오르는 시정을 감출 길이 없었다.[46]

의리를 따라 목숨을 가벼이 여김은 더욱 놀랍거늘
하늘이 꽃을 뿌리고
목에서 흰 젖 솟아남이 못내 애끊는 듯해.
갑자기 단칼에 살신성인한 뒤로는
절마다 치는 종소리 서라벌 성안에 가득하이.

시자가 묻었다.

"무극 스님! 무슨 일이 있기에 하늘이 꽃을 뿌리고 흰 젖이 솟아났을까요?" 그럴싸하다는 듯이 무극이 풀이를 한다.

"이차돈 성인께서 불법의 전파를 위하여 자신의 목숨을 바치셨고 그로 하여 목이 날아가는 엄청난 일이 벌어진 사연이 있었지."

"살신성인은 아무나 못하지 않습니까?"

"그럼. 큰 의리를 위하여 자신의 목숨을 내어놓는 것이 살신성인임을 시자도 잘 알지?"

목숨을 버리는 사람은 하나이지만 그로 하여 더 많은 사람들이 행복해지고 세상이 편해지니 그런 분들을 우러르며 제사를 모시는 거지."

일연은 옆에서 이야기를 들으며 흐뭇한 모습으로 웃고만 있었다. 나는 무엇으로 살신성인을 하는 수도자가 될 수 있을 것인가를 고뇌하는 모습이 선연하였다. 시자는 계속하여 궁금한 것이 많이 있다. 무시로 물어댄다.

"큰스님! 절마다 치는 종소리라 함은 불법이 많이 퍼졌다는 것을 뜻하는 것입니까?"

"그렇지. 귀가 밝구나. 종소리는 소리로써 사람의 마음을 움직이는 것이고 보이지 않는 영혼은 소리에 감응을 받아 메아리를 하게 되어 있지. 무극! 안 그런가?"

"예, 스승님!"

---

46) 《삼국유사》 권3 홍법 참조.

무극이 이어 법흥왕 당시의 이야기를 하는데 어디서 왔는지 시자들과 다른 절의 스님들이 십여 명이 홀려듣고 있었다.

법흥왕 14년(527)의 일이었다. 이차돈은 나이 22살에 궁에서 사인(舍人)의 일을 하였다. 임금이 불법을 받아들여 새로운 세상을 만들어보고자 하나 많은 귀족들의 반대로 불법을 펼 수가 없음을 잘 알고 있다. 사인은 임금의 번뇌스러운 속을 꿰뚫어보고 있었다.

"전하! 나라를 위하여 죽는 것은 신하의 큰 절개요, 임금을 위하여 목숨을 바침은 백성으로서 마땅히 해야 할 일입니다. 전하께서 절을 세우라 하였다고 상대등에게 전할 터인즉 그 책임을 물어 저를 처형하십시오. 일단 절을 세우면 점차 사정이 좋아질 것입니다."

"불법을 펴자고 멀쩡한 사람을 죽인단 말인가?"

"그렇지 않으면 달리 길이 보이지 않습니다. 제가 그 길을 가겠습니다."

"그래도……."

날이 밝아 얼마나 지났을까. 상대등이 궁으로 허겁지겁 들어온다.

"전하! 절을 세우라고 하명하셨습니까? 어찌 이러실 수가 있습니까? 안 됩니다."

"누가 그러던가?"

"사인 이차돈이 그렇게 전하여 이미 절터 닦기를 시작하였습니다."

임금의 얼굴이 울근불근했다. 사인을 당장에 붙잡아 오라고 엄명을 내렸다. 형구가 마련되었다.

"네가 내 명령을 거짓으로 내려 절을 세우도록 한 것이 사실인가?"

"……."

"왜 대답이 없느냐? 네가 사실을 인정한다는 말인가?"

"모든 게 제 탓입니다."

"무엄하다. 저 놈의 목을 베어라."

목을 베자 하늘이 어두워지고 땅이 울리며 꽃비가 내렸다. 함께 일하던 동료들은 그의 죽음을 목을 놓아 슬퍼하였다. 불법에 대한 임금의 뜻에 맞서던 사람들도 쑥 들어가 버렸다.

이차돈의 명복을 빌기 위하여 자추사(刺楸寺)란 절을 지었다.[47] 뒤에 백율사로 이름을 바꾸었고, 아도는 법흥왕과 함께 신라의 삼성(三聖)이 되었다. 일연 일행이 산을 내려오는 길에는 어둠이 깔리고 절간의 종소리가 들렸다.

[참고문헌 : 《삼국유사》 권3 홍법]

6) 와룡의 남행

고구려가 망한 끝물 이야기를 적으려니 마음이 답답해졌다. 너무도 안타까운 일이었다. 무엇 때문에 엉뚱한 당 나라의 도교인 오두미교(五斗米敎)를 받아들여 불법을 약화시켜 망하다니. 가장 먼저 불법을 받아들인 나라가 바로 고구려인데. 안시성을 여는데 오두미 교도들이 열어 나라를 내주었지 않은가. 일연은 붓을 놓고 그 안쓰러움을 한 줄 노래로 읊었다.[48]

불도는 넓고 넓어 바다와 같이 다함 없나니
유교와 도교는 냇물과 같아서 바다로 들어가네.
우습다. 고구려 임금이 진펄에 가두어 두었으나
와룡이 남쪽 바다로 옮겨감을 살피지 못했네.

그림자처럼 함께 하는 무극이 물었다. 시자는 옆에서 귀를 기울이고 있었다.

"스승님! 불도를 바다에 비유하셨는데 다른 것보다 오히려 비현실적인 데가 있는 것은 아닐까요?"

"너무 이해득실에 연연하다 보면 인정이 메마르게 되지. 유도는 지나치게 계층화되는 현상을 막을 길이 없어. 충성이란 것도 살펴보면 임금에게 맞먹지 말라는 뜻 아닌가?"

---

47) 자추사는 '잣'을 적은 것으로 보이며 하여 뒤에 잣 백자 백율사(栢栗寺)로 이름을 바꾼다. 잣나무의 꿋꿋한 기상을 드러내기도 하거니와 '잣'의 원형이 '삿'이다. 이는 싹(芽)으로도 볼 수 있다. 신라 불교의 싹 곧 시작이 되었다는 뜻이기도 하다. 혹은 솟음으로 피가 솟아 오르고 하늘이 감응하였음을, 거룩한 뜻을 드러내고 있다.

48) 《삼국유사》 권3 홍법 참조.

"인의예지신이라는 오상이 있지 않습니까?"

"그건 힘이 없는 사람들에게나 알맞은 이야기고, 임금들에게는 통치하기 위한 하나의 수단화된 그릇일 뿐이지."

"그럼 불도는 무엇이 다를까요? 모든 게 아무것도 아니라고 해 놓고 권력 잡은 사람들 마음대로 휘두르겠다는 이념으로 떨어질 가능성이 높지요. 약해진 왕권을 강화하기 위하여 신라가 불교를 받아들임에 있어 엄청난 대가를 치렀잖습니까?"

"고구려는 어려운 시기에 다른 나라의 말을 들은 건 그들의 소리 없는 전쟁에 이미 무너지기 시작한 것이라고 보아야지. 자기 주도적이지 못했다는 거야."

"여기서 와룡은 불도를 뜻하신 듯합니다. 왜 누운 용에다 빗대어 말씀하신 겁니까?"

일연은 좀 이상하다는 듯 잠시 말을 잇지 못한다. 무극 정도면 잘 알아들을 수 있는 화두라 생각했건만.

"이 친구야! 용이 바다에서 하늘에서 날거나 활동을 해야 하는데 보장왕을 중심으로 한 세력에 눌려 제대로 힘도 써보지 못했다는 뜻으로 한 거야."

시자는 옆에서 듣고만 있다가,

"보장왕이 누구인가요?"

무극이 나서며 풀이를 해준다.

"고구려 제 28대 마지막 임금이야. 연개소문의 쿠데타에 의해 왕이 되었지. 연개소문의 주청으로 당나라의 도교를 받아들였다가 그 세력에 몰려 안시성의 문을 열어 주고 항복의 글을 당나라 황제에게 올림으로써 막을 내렸어."

일연은 끝없는 상념에 잠겼다. 고려도 잘못하다가는 고구려 짝이 나지 말라는 그 어떤 보장도 없으니까. 외세를 모른 척할 수도 없지만 그렇다고 그네들에게 매달려 무슨 일을 꾀한다는 건 정말 위험한 일이라고. 벌써 가을밤이 깊었는지 귀뚜리 소리를 자장가 삼아 시자는 꿈속을 헤매고 있었다.

[참고문헌 : 《삼국유사》 권3 홍법]

7) 온 세상에 평화를

삼국 통일의 대업을 이루고 겨레 지존의 불법을 수호하는 상징으로서 세워진 황룡사탑의 자취를 찾아서 일연 선사 일행은 다시금 일행을 데리고 현장에 갔다.

바로 이 자리에 있었던 탑은 몽골의 난리 바람이 휩쓸던 고종 16년(1229)에 자취도 없이 불타 버렸음을 누구의 탓으로 돌리겠는가. 참으로 기가 막힌 일이었다. 일연은 지난 날 9층탑을 보면서 극락왕생을 빌었던 심정으로 노래를 흥얼거렸다.49)

귀신이 붙들고 서울을 누르나니
찬란한 단청 빛에 용마루는 날아오르는 듯.
올라 보매 어찌 이웃 나라를 항복 받을 뿐이랴.
비로소 온 천지가 평화로움을 깨달았노라.

너무나 억장 무너지는 듯한 스승의 모습에 무극은 움찔하였다. 스승은 마치 통곡이라도 할 것 같은 표정이다.

"스승님! 어디가 편찮으십니까?"

"아니."

"탑신이 불에 타기 전에 종종 오셨습니까?"

"그렇고말고. 경주 사람들은 때만 되면 9층탑을 보러 멀리서 가까이서 다녀가 곤 했지."

"탑신의 위엄이 굉장하였던 모양입니다. 무엇 때문에 9층으로 올렸을까요?"

옆에 서 있던 시자가 나선다. 궁금한 모양이다. 눈을 휘둥그레 뜨고서 묻는다.

"이 탑으로 하여 이웃 나라들이 항복하고 9한(韓)이 신라로 와서 조공을 하게 된다는 믿음이 확고하였지. 나아가 세상이 평화롭게 살게 된다고 믿었지."

무극이 일연 대신에 풀어서 이야기를 들려주었다.

신라 27대 선덕여왕 때 이 탑을 세웠다. 당 나라로 유학을 갔다 돌아온 자

---

49) 《삼국유사》 권4 탑상 참조.

장율사가 돌아와 어느 귀신과의 대화에서 알게 된 일이라며 임금에게 이러한 사연을 말씀 드렸다. 선덕왕이 여러 신하들과 의논한 결과 탑을 절 안에 세우기로 하였다. 백제의 기술자였던 아비지(阿非知)를 불러와 이간 용춘이 기술자 2백 명을 데리고 세우기로 하였다. 절을 세우던 날 밤에 아비지의 꿈에 백제가 멸망하는 꿈을 꾸었다고 한다. 고구려가 신라를 침공하려 할 적에 고구려의 임금이 말하였다.

"신라에는 세 가지 보물이 있어 범할 수 없다고 하였는데 이는 무엇을 말하는가?"

"황룡사의 장육과 9층탑, 그리고 진평왕의 옥대입니다."

막리지가 말하였다. 신라의 정벌을 그만 두었다. 이는 중국에 9정(鼎)이 있어 초(楚) 나라가 감히 북쪽을 엿보지 못함과 같은 것이었다.

"용마루는 탑신의 지붕을 이르는 것입니까?"

시자는 다짐을 하듯이 물어댄다.

"그래. 탑 맨 위에 상탑부에 동글동글한 것이 마치 용처럼 생겼잖아."

"예, 스님!"

지난해 장마에 씻겨나간 주춧돌에는 새똥만 자욱하였다. 일행은 허허로운 마음으로 어떻게 해서든지 이 탑신을 다시 세워야 한다는 다짐을 안고 터벅터벅 하염없이 행재소로 돌아왔다.

[참고문헌 : 《삼국유사》 권3 홍법]

8) 도솔천의 봄

원인을 없애면 결과가 없게 마련. 물고기를 그물로 못 잡게 하기 위하여 그물을 빼앗아 불에 태워 버렸다. 백제 제 29대 법왕 10년(384) 겨울이었다. 임금은 민가에서 기르는 새매를 놓아주며 물고기 잡는 그물을 모두 불태워 버리게 한다. 물고기의 생명도 사람의 그것과 다르지 않음을 중시하여 모든 사물에게 자비를 베풀도록 권한다.

이러한 기록을 적다 보니 일연의 가슴 속에 뭉클 하는 감동이 물결쳐 왔다. 글 한 수를 노래하였다.[50)]

조서를 내려 짐승을 후하게 하니 천산에 그 은혜 미치고
덕은 물고기에도 흡족하니 사해에 어김이 없도다.
거룩한 임금님이 가벼이 이 세상을 떠나셨다 이르지 말라.
저 하늘 가장 높은 도솔천은 한창 꽃다운 봄철이라네.

"큰스님! 왜 물고기 잡는 그물을 불살라 없앴을까요?"

시자가 따라오면서 노래를 듣자 바로 물었다.

"고기를 못 잡도록 하기 위해서지. 다른 이유가 있겠나? 그뿐이 아니고 법왕은 새매까지도 풀어 놓아버렸다는 거야."

"무극 스님이 한 번 이야기를 해 주시게나."

앞뒤가 잘 맞도록 무극은 모든 일을 상황에 맞게 풀어 나아간다. 스승인 일연의 말대로 시자들에게 이야기를 들려 주었다.

백제 제29대 임금이었던 법왕이 즉위하던 1년(599) 겨울. 새매와 물고기 잡는 어구를 모조리 풀어주고 불태워 버렸다. 이듬해 왕흥사를 부여, 당시 사자성에 지으려고 힘쓰다가 터만 닦아 놓고 세상을 떴다.

법왕의 뒤를 이은 임금은 「서동요」에 나오는 무왕이었다. 선대 임금이 하던 일을 이어 다 이루었고 미륵사를 세웠다. 모두가 나라를 잘 다스렸던 백제의 뛰어난 임금들이었다.

사람은 갔어도 그들의 업적은 기록이나 전설로 남아 세상에 평화를 가져왔으니 참으로 훌륭한 일이라고 생각하였다. 일연은 흥얼거리며 생명의 소중함을 다시 한 번 깊이 절절하게 느꼈다.

[참고문헌 : 《삼국유사》 권3 홍법]

9) 서러움 다 씻고

영묘사를 찾아 양지 스님의 발자취를 더듬어 나섰다. 절터밖에 없으나 영묘사의 장륙존상을 세우기 위하여 노래를 부르며 일을 하는 이들의 노래 소리

50) 《삼국유사》 권3 홍법 참조.

가 들리는 듯하다. 일터에는 많은 신도들이 일을 하며 힘든 흙을 날라다 터를 다지는 일을 하고 있었다. 일연의 심회는 자못 황홀하기까지 하였다. 노래를 흥얼거리며 한 수 읊어보는데,51)

재를 올린 법당 앞에 지팡이도 한가롭네.
옷매무시 바로잡고 향로에 전단 타네.
읽다 둔 경전을 마저 읽고 나니
남은 일 바 없어 애오라지
원만한 부처님 모습 빚어 합장하며 뵈옵네.

시자는 큰스님의 지팡이를 보며,

"큰스님! 지팡이가 요술지팡이네요."

"그건 양지 스님의 지팡이었지."

"양지 스님의 지팡이 이야기를 듣고 싶습니다. 큰스님!"

"묻고 싶은 것도 많겠다. 시자!"

무극에게 이야기를 해 보라고 한다. 이런 이야기를 하는 것이 설법을 하는 가장 중요한 훈련이 되는 거라면서 항상 이야기를 재미있게 해 보라고 했다. 군말 없이 이야기를 꺼내 놓는다.

"그럼 먼저 내가 먼저 선창을 할 테니까 너는 따라서 노래를 불러봐."

"예, 알겠습니다."

"온다. 온다. 온다. 온다. 서럽다네. 서러움 많은 무리여 공덕 닦으러 오네."

일연은 상좌와 함께 양지가 부른 「풍요」를 따라 읊었다.

"상좌! 일하면 무엇부터 하겠나?"

"글쎄요."

"모든 일에는 터를 잘 다지는 일이 중요해. 선덕주께서 당시 삼국 통일의 터전을 다지던 것이나 다름이 없었을 거야. 우리도 지금은 어렵지만 처음부터 기초를 잘 닦고 힘을 합하면 못할 것도 없어."

---

51) 《삼국유사》 권4 의해 참조.

"노래하며 일을 하며 힘든 일도 즐겁게 하면 행복한 거 아닌가?"

"같은 겨레들 끼리 싸움질이나 하고 흩어지면 망할 수밖에 없지 뭐."

신라 27대 선덕여왕 시절 양지(良志) 스님은 지팡이 위에 부대 하나를 걸어두면, 지팡이가 저절로 날아서 공양주의 집에 가서 방울 소리를 내면서 알렸다. 그러면 그 집에서 종소리를 듣고 시주를 하는데, 부대가 차면 다시 날아서 돌아왔다. 그래서 그가 있는 절을 석장사(錫杖寺)라고 하였는데, 그의 헤아릴 수 없는 신기하고 이상한 일들은 모두 이와 같았다. 여기 석장은 지팡이를 이른다. 스님의 것은 요술 지팡이였다. 한 보살이 물었다.

"스님! 지팡이에 무슨 신통력이 있나 보지요?"

"신통력은 아니고."

"나를 도와주는 보이지 않는 사람들이 있지."

"저희들은 볼 수가 없다 이 말씀이네요."

"그런 셈이지. 이게 염력이라는 거여."

양지는 글씨와 그림에도 능했다. 영묘사의 장륙삼존상(丈六三尊像), 천왕사 전탑의 기와, 천왕사 탑 밑의 팔부신장은 모두 그의 작품이다. 그는 영묘사와 법림사의 현판을 썼으며 또한 일찍이 벽돌로 하나의 작은 탑을 만들고, 거기에 3천 부처를 새겨서 그 탑을 절 가운데 안치해 두고 모셨다. 절터에 서서 염력으로 눈을 감으며 일연이 양지스님에게 성심을 다하여 물었다. 양지 스님 영혼과의 대화였다.

"큰스님, 저 일연입니다. 글씨와 그림을 잘 하는 기본이 무엇인지요?"

"그림을 그리듯이 노래를 부르듯이, 술에 취한 듯이 글씨를 쓰면 그만이야."

"화중서(畵中書)요, 서중악(書中樂)이네요."

"일연! 문자 속은 기특하군. 한 번 써봐. 자꾸 연습을 해서 내공을 쌓아야 해."

"무엇보다도 글씨나 그림을 함에 있어 열정과 그에 대한 갈닦이가 으뜸이지."

어떡하면 그림과 노래처럼 글을 쓸 수는 없겠나. 이것이 일연의 고민이었다. 《삼국유사》를 쓸 때 그림처럼 노래처럼 잘 이어갈까.

무극이 무슨 생각을 하였는지 옆으로 다가온다.

"적어 놓으신 향가처럼 찬시를 쓰시는 모습이 가장 좋은 듯합니다."

“내 마음을 읽어버렸군 그래.”

“죄송합니다.”

일연은 이야기를 적다 말고 자신이 양지스님이 되어 있다는 생각에 문득 어떻게 하면 그림 같고 노래 같은 글을 쓸 것인가를 놓고 밤이 깊도록 잠을 못 이루었다.

[참고문헌 : 《삼국유사》 권2 기이]

10) 지옥의 뿌리

숲 속으로 난 고개 길을 걸어서 지리산 대현령 쪽으로 일연의 일행은 발을 옮기고 있었다. 무극은 물론이고 여러 사람들이 뒤를 따르고 있었다. 일연은 감흥이 가슴으로 끓어올랐다.[52]

지팡이 짚고 산으로 들어가니 뜻이 더욱 깊거늘
비단과 주옥으로 어찌 마음을 달래리오.
숲속의 군자들이여, 선물을 주지 마오.
지옥의 뿌리가 따로 없소.
다만 한 치 황금 때문인 것을

시자가 나서 참견을 한다.

“큰스님! 군자는 누구를 이르시는 겁니까? 이 산중에”

“생각해 보게. 노래 속에 나오는 도둑패들이지 뭐야.”

“지팡이를 짚고 가는 스님은 누구이신가요?”

일연은 무극보고 이야기를 해 주라고 이른다.

“영재스님이시지. 도둑들은 스님의 말씀을 듣고 칼을 버리고 선량한 백성들이 되었다는 이야기야.”

“도적들이 스승일세그려. 무극! 안 그런가?”

---

52) 《삼국유사》 권5 피은 참조.

신라 제 38대 원성왕 시절. 영재(永才) 스님은 천성이 활달하여 물질에 얽매이지 않았다. 향가를 잘하였다. 늙은 나이에 남산에 숨어 지내려 했다. 하루는 지리산의 대현령을 지나다 60여 명의 도적을 만났다. 죽이려 했지만 영재는 칼날 앞에서도 조금도 두려워함이 없이 의연히 맞섰다. 도적들이 이상하게 여겨 이름을 물으니 영재라 하였다. 도적들이 본래 그가 향가를 잘한다는 소문을 들었으므로 이에 향가를 지어 부르면 살려 줄지 모른다면서 으름장을 놓았다. 영재는 아주 자연스럽게,

제 마음의
모습을 모르고 지내려던 날을
멀리 고락을 겪으면서 알게 되고
이제야 숲속 절로 가고자 하네.
단지 그릇된 파계인의
두려움에서 다시 돌아올 지혜의 밝음이여
이 무서운 칼날의 위험을 지나면
좋은 날이 오리라 여겼더니
아아, 오직 이 내 몸의 한과 설움은
아직 새 그릇이 아니 된 것이오.

도적이 그 뜻에 감동하여 비단 두 필을 주었으나 영재가 웃으며 사양하기를,

"재물이 지옥 가는 지름길이오. 세속을 떠나 깊은 산에 숨어 일생을 보내려 하는데 어찌 이걸 받겠느냐?"

옷감을 모두 땅에 던졌다. 도적은 할 말을 잊어 버렸다. 모두 창과 칼을 던지고 머리를 깎고 스님의 제자가 되었다. 그리고는 함께 지리산에 숨어 다시 세상을 엿보지 않았다. 영재의 나이 90이었을 때의 일이었다.

시자가 나섰다.

"스님! 좋다는 비단도 마다하는 바람에 도적들이 칼을 놓고 양민이 되었네요?"

"중이란 이렇게 물질의 유혹을 뛰어 넘을 수가 있어야 해. 만일 그 때 비단을 받았더라면 영재 스님은 목숨을 잃었을 거야."

“영재 스님의 이름이 특이한데 무슨 깊은 뜻이라도 있나요?”

“그 친구. 제법이네. 그렇지. 향가를 잘한다 했으니 향가를 잘하는 재능을 가졌다고 보아야겠지.”

밤하늘의 은하수를 보며 일연 일행은 다시 행재소 쪽으로 별빛을 밟으며 돌아왔다. 시자는 곧 곯아떨어졌다. 코를 고는 소리가 온 방안에 메아리졌다.

[참고문헌 : 《삼국유사》 권5 피은]